KB262242

화법 개설

An Introduction To Speech

화법 개설
An Introduction To Speech

머리말

오늘날 '화법(話法)'이 전에 없이 교육계와 학계에서 비상한 관심을 모으고 있다.

화법이 인간발달과 함께 사회 공동체 상호 교류에 결여될 수 없는 능력일 뿐 아니라, 정보 공유와 조직의 팀워크를 위해 절실히 필요한 새 학문 체계이기 때문이다.

저자가 1954년 방송 연구를 위한 체계적 방법을 탐색하던 중 스피치(Speech)분야를 찾아내고 여기에 전념해 온 지 벌써 50년을 바라본다. 저자는 1962년 국제스피치학회(S.A.A.)에 회원으로 정식 가입하고 본격적인 연구를 시작하였다.

'스피치 개론'(문학사, 1964)을 선보인 뒤, '화법 원리'(교육출판사, 1967)를 출간하여 화법 연구의 효시를 만들었다.

그러나 '화술의 지식'(을유문화사, 1962)을 먼저 간행하여 저서에 앞서 역서를 냈다.

초기에 '스피치' 용어를 그대로 사용하다가 '화술(話術)'로 옮기고 다시 '화법(話法)'으로 바꾸었다. 저자에게 화법을 개척해 온 긍지가 없지 않으나 동시에 시행착오의 자괴도 없지 않다. 그럼에도 불구하고 화법의 저술 활동을 계속 해 왔다.

'고등학교 화법'(교학사, 1995)과 '국어 화법'(방송통신대학, 1985)을 새로 상재하여 고등학교와 대학교 화법 교육의 초석을 놓고, '느낌이 좋은 대화 방법'(집문당), '짜임새 있는 연설'(민지사), '토의 토론과 회의'(집문당), '토론을 잘하는 법'(거름), '설득의 화법'(민지사) 등을 잇따라 출간함으로써 민주 사회 시민 교육의 토대를 마련하였다. 더욱이 착수한 지 40년 만에 6만 5천 개의 표제어를 수록한 '표준 한국어 발음 사전'(민지사, 2001)을 완성해 놓아 매우 기쁘다. 2002년 문화관광부 선정 우수학술도서이기도 하다. 논문을 한데 모은 '신국어화법론'(태학사, 1998) 역시 우수학술도서로 인정을 받았다.

국어국문학, 언론정보학, 연극영화학, 교육학, 가정관리학, 경영학, 법학, 정치학, 행정학, 국제관계학 등 대학과 대학원 전공 및 교양 선택 과목으로 화법이 뿌리를 내려가는 중에 마땅한 텍스트가 없음을 알고 이번에 '화법 개설(話法 槪說)'을 펴내게 된 것이다.

서구 중심으로 볼 때 화법 연구의 역사적 흐름은 고대 이집트에서 발원하여 고대 그리스와 로마를 거쳐 현재 영국과 미국에서 무게 있는 연구가 지속되고 있다.

화법은 대화, 연설, 토의, 토론, 회의, 방송, 연극, 낭독 등으로 연구 영역이 확대 세분되는 추세이나 대체로 아트(Art)와 사이언스(Science)로 요약할 수 있다. 이 같은 시류에 발맞추어 뜻을 같이 하는 전공 교수들이 학술 정보의 공유와 공동 연구를 목적으로 '화법학회'를 창립한 것은 매우 뜻깊은 일이다.

자연을 사랑하는 사람들이 숲을 아름답게 가꾸어 오듯이, 저자는 화법 저서를 꾸준하게 키워왔다. '스피치 개론', '화법 원리', '국어 화법론' 등의 사례가 그것이다. 1988년 새어문규정이 공표되고 표준 발음법이 첫선을 보이자, 이 부분에 대한 대폭 수정이 불가피하게 되었다. 종전의 '국어 발음’을 ‘방송언어의 발음 실현’으로 바꿔 놓은 것이 ‘화법 개설’이 갖는 특징이기도 하다.

　“생각은 어질게 말은 쉽게 하라”는 아리스토텔레스의 말에서 힌트를 얻어, 본 저서의 기술을 쉽게 하였다. 이 저서에 대한 동학 여러분의 성의 있는 검토와 합리적인 평가를 기대한다.

　도서출판 역락의 이대현 사장에 대한 감사의 뜻도 덧붙인다.

2003년 8월

從心을 맞으며

저자 全英雨

화법 개설
An Introduction To Speech

An Introduction To SPEECH

An Introduction To SPEECH

An Introduction To SPEECH

An Introduction To SPEECH

화법 개설
An Introduction To Speech

An Introduction To SPEECH

인접학문과 화법론

제 1 장

개 관

화법문제를 다룸에 있어 인접학문의 도움이 크게 요청된다. 그 중에서 특히 언어학과, 의미론 분야의 비중이 보다 크다. 의사소통 수단이 언어라 할 때 언어가 갖는 제기능의 이해가 우선 앞서야 하나 이를 뒷받침하는 의미에 대한 기본 이론의 이해가 수반되어야 비로소 화법과 청법의 이론적 토대 구축이 가능하다.

먼로(A. H. Monroe)는 효과적 화법의 제요소를 위시하여 일반 개념의 배경 등 스피치론의 기초를 굳혔고, 맥버니(J. H. McBurney)는 스피치의 기능적 측면을 강조하였으며, 스피치학이 다양한 연구 분야를 갖지만 그 중에서 멀그레이브(D. Mulgrave)는 스피치교육의 이론 체계를 확립하였다. 화법개설은 세 교수의 영향을 바탕으로 정립된 것이다. 그리고 스피치 관련 제학설을 덧붙여 소개하는 것으로 1장을 꾸몄다.

1. 인접학문

1) 언어학

언어를 과학적으로 연구하는 학문이 언어학이다. 언어 사실을 관찰하고, 관찰된 언어 사실을 정리하는 것으로 가설을 세우고, 이 가설을 기초로 다시 언어 사실을 해석해 나가는 학문의 세계이다. 언어학은 개개의 언어를 대상으로 음성, 문법, 의미 등을 연구하는 것은 물론이나 다시 언어의 단위, 본질, 구조, 언어 연구의 일반적인 방법, 표기법과 음성언어와의 관계 등 혹은 언어 습득의 문제, 언어적 보편성의 문제 등을 포함한다. 미국의 구조주의 언어학에서 언어 연구의 모든 부문을 총칭하는 명칭으로 대언어학을 쓴다. 이것을 전단언어학, 소언어학, 후단언어학의 3분야로 나누는 것이 보통이다. 이 같은 부문 역시 언어 이론의 기본을 어떻게 고려하느냐에 따라 크게 달라지므로, 달라지는 기본을 적용하는 언어 이론을 돌연 세부적으로 비교하고, 그 우열을 논의하는 것은 거의 불가능하다.

언어는 종래 다음 3요소가 포함된다고 고려하였다.

<pre>
          ┌─ 의의 Meaning
    언어 ┼─ 음성 Speech sound
          └─ 문자 Letter
</pre>

의의(意義)는 때로 의미(sense)라 부르고 언어의 내용적 관념 내지 개념을 나타낸다. 의의는 내용적이고 추상적인 것이며 이것을 보다 구체적으로 형식화하여 실제 발음하는 것이 바로 음성이다. 그러나 이 음성과 어의 의의와의 연결이 전혀 자의적이다.

음성은 일시적이므로 지속성이 없고 녹음하지 않는 한 먼 곳이나 후세에 전할 수 없다. 고로 구체성과 영속성을 갖는 문자로 써두면 시공을 초월하여 남에게 전달할 수 있다.

언어 요소로서 의의는 사람 머릿속에 내재하는 것이므로 의의만의 언어를 가리켜 내적 언어(inner speech)라 하고, 보다 구체성 있는 외형적 음성 및 문자를 외적 언어(outer speech)라 칭한다. 그리고 외적 언어 가운데 음성을 주로 하는 것을 음성언어, 청각언어, 이에 대하여 문자에 의한 언어를 문자언어, 시각언어라 부른다.

언어를 소재면과 작용면의 두 방면으로 고려하면 소재면을 언어재료, 작용면을 언어행동이라 이름 붙인다. 언어 재료는 또 언어, 語로 불리어질 때가 있으나 소위 자재적 언어로서 사람의 두뇌 가운데 어려서부터 학습하고 기억한 추상적 개개 언어의 습관적 소재이다. 이에 대하여 언어행동은 심리적·생리적 현상을 동반하는 사람의 가장 구체적 언어 경험, 바꾸어 말하면 언어행위이다. 결국 실제 필요에 따라 사회 약속에 쫓아 발표자가 생각하고 느낀 바를 표현한 행동에 대하여 상대방이 이를 해석하고 이해하는 모든 행동을 가리킨다.

바꾸어 말하면, 언어재료는 체계적·지적·객관적 그리고 정적인 데 비하여 언어행동은 개별적·생리적·자주적 그리고 동적이다. 인간은 언어재료의 형태를 써서 언어행동이란 대인활동을 통하여 비로소 언어를 완성한다. 이 관계는 마치 콘크리트와 재목 등의 재료를 써서 건조물을 건축하는 것과 흡사하다.

스위스의 프랑스계 언어학자 소쉬르(Saussure 1857~1913)는 langage(言語活動)와 langue(言語)를 구별하고 있다. 랑가주는 추상적이고 일반적 언어행동을 가리키나 랑그는 개개 사회적으로 존재하는 소재적 언어로, 가령 한국어, 영어가 그것이다. 그리고 또 소쉬르는 parole을 내세우고 있다.

parole은 언어가 언어활동에 의하여 구체적으로 실현된 경우의 소위 개성적 언어표현이다.

영국 언어학자 가디너(A. H. Gardiner) 역시 language와 speech를 대비시

키고 있는데 어떻든 전기한 대로 언어재료와 언어행동의 두 개념과 대체
로 같은 것이다.

(1) 언어의 생리적 기능

언어의 생리적 기능은 인간의 두뇌 곧 대뇌피질의 일부에 존재하는 언
어중추의 활동에 의한다. 이것은 신경세포 및 여기서 파생되는 신경섬유
에 의하여 조직되고 기억, 이해 등의 중추와 긴밀하게 연락 또 눈과 귀
의 감각기관 그리고 입의 발성, 발음 등 실제 운동을 일으키는 기관과
연락되어 있다. 사람은 어려서부터 남의 음성을 통하여 말을 듣고, 음성
의 기억상을 감각성 언어중추에 거두어들인다. 또 음성이 무엇을 의미하
는가를 경험으로 지각, 이것을 개념중추에 쌓아 둔다. 개념 중추는 일정
치 않아 비교적 넓은 부분에 걸쳐 산재해 있다. 그리고 이 음성을 모방
하여 발성 발음하는 사이 이, 입술, 혀 등의 연합운동을 잘 소화 이해하
고 이것을 운동성 언어 중추에 기억시킨다.
그러므로 상기한 제종의 연락 가운데 어딘가 어떤 이상이 발생하든가
혹은 또 어떤 능력이 상실되면 소위 언어장애가 일어난다. 이 언어 장애
를 또 실어증(aphasia)이라 한다. 이 장애는 여러 가지 유형이 있다. 즉,
발음은 되나 언어의 형체를 갖추지 못하는 것, 자기는 말할 수 있고, 남
의 말 또한 들을 수 있으나 의미 파악이 안되는 것, 또 말을 잘못하여
실수하는 외에 글자를 읽지 못하고 쓰지 못하는 등 여러 증상이 있다.
이렇게 볼 때, 언어조작의 근본이 두뇌에 있음을 알게 된다.

(2) 언어의 심리적 기능

언어의 심리적 기능은 전술한 생리적 기능 위에 수립되는 정신면의 언

어 기능이다. 즉, 듣기－말하기－읽기－쓰기처럼 일견 매우 단순한 생리적 현상도 바꾸어 생각하면, 배후에 느끼다－이해하다－알다－생각하다와 같은 심리적 현상이 반드시 수반되므로 개인의 언어생활에서 항상 두 면이 함께 작용함을 이해하게 된다.

화자 의중에 있는 사상, 감정은 병존하는 지적 심상을 통하여 신경을 자극 근육운동을 일으키고 각각의 감각기관을 거쳐 외부로 표출된다. 그리고 다시 공기의 미묘한 파동이 일어 상대방 청자의 고막을 자극, 화자가 표상하고 표현한 것과 동일한 혹은 근사한 사상, 감정을 청자 마음에 환기시켜 전달목적을 달성한다.

(3) 언어의 철학적 기능

언어에 의의가 있어 개념 내지 사상, 감정을 표출한다는 사실은 이미 말한 바 있는데, 여기 문제되는 것은 개념 및 사상 그리고 실제의 물상과 다시 이를 표현하는 언어표상 즉, 언어 자체와 상호관계가 어떤 것이냐는 점이다.

상징인 언어표상은 바꾸어 말하면 어떤 의미의 기호(sign)나 단순한 기호가 아니라, 언어사회 내지 언어단체에 의하여 각각 사회적이고 자의적(arbitrary)인 일정의 습관이다. 각각의 언어사회 내지 각 국어에 의하여 언어표상이 상위하나 표현되는 개념표상, 즉 사상 혹은 개념, 바꾸어 말하면 意義내용은 어떤 언어사회, 어떤 국어에서도 거의 동일하고 더욱 근본 되는 실제 물상 자체는 오히려 일정불변이다.

요컨대, 물상은 관념표상을 통하여 언어표상으로 지시 상징되고, 언어표상은 관념표상을 통하여 물상을 상징 지시한다고 할 수 있다. 따라서 사물은 언어와 원래 별개의 것임에 불구하고 일단 언어로 표상되면 언어표상이 물상을 대표하기 때문에 물상 자체와 직결되어 흡사 각각의 사물을 표시하는 것으로 느끼게 된다. 이른바 완곡어법(euphemism)의 기인이 이런데 있다.

(4) 언어의 사회적 기능

인간이 사회적 동물임은 예부터 자주 거론되는 바이나 현대에 와서 로빈손 크루소(Robinson Crusoe)처럼 단독으로 일반 사회와 절연하여 생활한다는 일은 도저히 상상할 수 없고, 싫든 좋든, 많든 적든, 사람은 사회단체의 구성원으로서 생활해 나간다. 그러므로 사회 성원의 일원으로 사용하는 언어 역시 개인적인 나머지 남에게 통하지 않는 것이어서는 안 되고, 오히려 사회적으로 공통되는 것이어야 한다. 이런 의미에서 언어는 사회제도의 일종인 것이다. 마치 풍속, 습관이 거의 일정하여 동료 간에 아무 불편 없이 생활할 수 있는 것처럼 주위 사람들과 대동소이한 언어를 사용하고 있으므로 별다른 불편 없이 지내고 있다. 거의 불문율로 정해진 약속, 습관에 따른 언어를 사용, 의사소통을 꾀하여 소위 상호전달(communication)을 실시하고 있다.

그러나 한편, 사회는 지역에 따라 또 인종, 기타 환경 등에 의하여 다종다양하게 나누어지므로, 각각 분파된 각 사회에서 작은 폭으로 밖에 통하지 않는 언어까지 타고나는 것이다. 이것은 곧 사회의 발달 분화에 의한 것이고, 이렇게 나누어진 작은 사회의 언어가 곧 특수어 혹은 속어 및 방언에 지역적 분포의 차이를 보이는 지리적 방언 혹은 지역적 방언과 직업, 연령, 성별, 가정 등에 의하여 갈리는 사회적 방언이 있다.

이처럼 세부적으로 분파된 언어는 각각의 소사회, 소집단 속에서 통용되나 일층 광범위한 사회집단에서 일반적으로 통용되지 않는다. 때문에 어떤 사회단체 구성원에도 통하는 말, 즉 공통어 혹은 표준어가 필요해진다. 공통어와 표준어는 반드시 항상 합치되는 것이 아니라 사실상 대체로 일치한다고 보는 것이다. 역시 동종의 언어와 방언이 퍼진 지역을 등어역(isogloss area)이라 칭하고, 경계선을 등어선(isoglottic line)이라 칭한다.

이상은 한 국어 내의 현상이나 일층 무대를 국제간 상호라는 큰 사회로 옮기면 국제간 언어현상이라 하더라도 다양다종한 자국어를 초월한 국제어, 국제보조어가 고려될 수 있다.

2) 의미론

의미는 매우 모호하고 다의적인 용어이다. 의미에 대하여 어떤 정의를 내리는 시도가 현재 뚜렷이 행해지지 않고 있다. 의미란 어를 어떻게 해석하더라도 그것이 우리의 심적 작용에 관계 있다는 점을 부정할 수 없다. 의미의 정의에 심적 요소가 포함되는 사실 역시 어느 정도 불가피하다. 오그든-리처드(Ogden-Richards), 스테른(G. Stern), 울만(S. Ullmann) 등이 thought, reference, idea, expectation, engram, sense와 같은 류의 용어를 사용하는 사실만 보아도 알 수 있다.

블룸필드(Bloomfield)학파는 어떤 언어 형식이 쓰이는 모든 장면의 공통적 특성을 의미라고 해석하였다. 이것은 오그든-리처드(Ogden-Richards) 등의 개념적 규정 방식을 구체적 사물에 근거를 두는 방식으로 바꾸어 놓으려는 의도로 풀이할 수 있다. 오그든-리처드나 블룸필드나 의미 현상의 본질에 다가가는 노력으로 가치를 인정하나, 정의법을 기반으로 의미 연구를 발전시켜 간다는 방법 제공에 힘이 미치지 못함을 절감한다.

오스굿(C. Osgood)의 심리언어학적 방법에 의한 의미 측정법은 조작 가능한 것이나 종래 의미란 명칭으로 고려된 것과 크게 다른 것을 대상으로 하고 있음을 인정하지 않을 수 없다. 이렇게 볼 때, 의미는 무엇인가 하기 보다 의미현상에 관계 있다고 고려되는 것을 어떤 조작 가능한 방법으로 해명해 나갈 것인가에 일층 관심이 쏠리고 있다고 보는 편이 낫다.

최근, 특히 주목되고 있는 것은 쇠렌센(Sørensen, 1970)에 의한 의미정의이다. 그에 따르면, 어떤 기호의 의미는 바르게 지시되어야 하는 것이 충분조건이다. 물론 추상물이 포함된다.

코르지브스키(Korzybsky, 1879~1950)에 의하여 창시된 일반의미론이 있다. 매우 실제적이고 현실적인 행동원리로서 설명되고 있다. 언어 혹은 기호를 일층 깊이 고려, 비판적으로 쓸 수 있게 자기 자신을 훈련, 환경과 그 밖에 인간에 대한 반응의 방법을 개선하고, 마찰과 긴장을 완화하는 것이 목적이다. 소위 언어의 마술에서 벗어나기 위한 언어 연구라 하는 편이 일층 타당하다. 이 내용을 통속적으로 다룬 몇 가지 문헌이 출간되고 있다. 언어 마술에서 벗어남으로써 원만한 커뮤니케이션의 이행이 현저히 증가될 것이란 사실은 충분히 인정되나, 언어를 바르게 사용하기만 하면 빈곤, 공복, 공해, 등이 즉시 소멸된다는 양 과장하는 주장이면 그것은 지나친 것이다.

전통적 『의미론』은 역사적·심리적 의미의 연구가 중심이다. 의미의 일반화, 의미의 특수화, 의미의 양화, 의미의 악화, 은유, 전용 등의 분류가 행해진다. 또 의미의 정의가 크나큰 문제로 논의되고, 언어기호의 의미는 어가 지시하는 사물이 아니고, 지시하는 일 혹은 어가 환기하는 심상이든가, 또 어의 의미는 어와 심상과의 상호 환기작용이라는 등의 주장이 있다. 스테른, 오그든-리처드 울만 등의 이름을 여기 거론할 수가 있다. 블룸필드를 포함하는 미국의 구조주의 언어학은 객관적 구체성을 강조하고, 의미를 자극반응이란 관계로 다루려 하였으나 의미론은 자세히 다루지 않았다.

그러나 촘스키(Chomsky)의 『Syntactic Structures』(1957) 이후 『의미론』 연구가 매우 활발해졌다. 마침내 『의미론』이 언어이론 중에서 명확한 위치를 차지하게 되었다. 특히 변형생성문법이론이 통어, 의미, 음형 부문을 통합적으로 취급하는 틀을 안출한 공적은 크다. 이것으로 문의 의미론도 비로소 이론적 틀을 갖추게 되었다.

한편, 심리학적 측면에서 의미를 보는 각도에 두 경우가 있다.

하나는, 언어와 그 밖의 상징에 의하여 표현된 내용인데, 언어에 의하여 의식 속에 발생된 심리적인 것을 한데 모아 sense라 하고, 일반적 사전식 정의를 meaning이라 한다. 보통 심리학에서 취급되는 것은 센스이다. 발언된 말이 의미를 갖기 위하여 청자가 이해했다는 감정을 가질 필요가 있다. 무의미는 감각기관에 의하여 실증이 없는 경우, 감정적 요소가 강하게 마음의 심층에 관계된 경우(꿈), 내폐성을 보인 경우(정신분열증), 실상징 특히 실어증의 경우이다.

둘째는, 언어에 국한하지 않고 이해 가능한 것이면 그것을 '의미 있다'고 한다. 의미는 이해 가능한 내용이다. 가령, 어느 사람이 시의심이 강한 것은 '몇 차례 남에게 속았기 때문이다' 고 이해된다. 이때 시의심에 의미가 있다. 이에 반하여 정신분열 환자의 시의심은 이유가 이해되지 않는 생리적인 원인에 의하여 설명될 뿐이므로 이 경우 무의미라 말하게 된다.

2. 화법론

1) 맥버니(McBurney)의 화법론

화법의 능력 향상을 포함하는 세부 문제로 들어가기 전에 스피치를 일단 개관해 볼 필요가 있다. 통시적 고찰을 통한 스피치의 교육사적 배경과 연구 발전해 오는 최근의 새로운 원리 그리고 수사학적이고 심리학적인 토대 위에서 스피치 통찰이 절실히 필요하다. 이 같은 투시방법으로 좀더 특정한 세부 문제에 접근할 수 있다. 물론 일부에 대해 간략히 개관해 보는 것은 매우 유용할 것이다.

스피치는 인간이 상호 커뮤니케이션하는 기본적인 방법이다. 빈번하고 무수한 일상의 대화 시, 화자나 청자 입장의 공적인 정황 등에서 스피치 기회와 스피치 책임에 관심을 갖는 것은 매우 당연하다. 인간은 누구나 사회에서 뜻있는 구성원으로 활약하려는 개인적 소망을 갖는다. 따라서 스피치는 공동생활에서 기본적이고 필수적인 사회 적응의 1차적인 방편이다.

인간은 모든 사회관계를 생산적이고 행복한 생활이 보장되는 커뮤니케이션 과정에 의존한다. 민주주의 사회에서 스피치는 심사숙고하는 의견교환의 방편이 되고, 스피치는 토의생활을 통해 인간의 의지를 반향한다.

연구와 실천에 의해 숙달할 수 있는 원리와 기법의 주요 부면을 망라하는 아트(art)로 고려하는 것이 바로 스피치이다. 이 같은 관점으로 보면, 스피치는 하나의 교육적 경험이다. 진실한 인간은 자신에게 뜻 있고, 사회적으로 가치있는 경험을 기대한다.

(1) 개인적 측면

대부분은 인간의 언어생활 능력을 의당하고 당연한 것으로 생각한다. 마치 평소에 숨쉬는 공기의 혜택을 모르고 지내는 것과 같다고 하겠다. 물론 인간이 이 세상에서 출생해 처음 익힌 언어는 곧 새로운 세계로 들어가는 자격 여건이다. 한동안 각각 처음 새로 학습한 언어는 가족적인 것이다. 그러나 오래 가지 않아 생활 주변에서 흘러오는 토크의 홍수로 인해 그 신기함이 크게 감소된다. 바로 이때부터 매사에 사려가 깊지 못한 사람은 스피치를 천부의 혜택이요, 의당한 것이며 또 별로 중요치 않은 간단한 문제인 듯 취급한다.

그러나 만약 인간이 영구히 의사표현력을 상실한다면, 인류 생활이 어떻게 변모할 것인가를 상상하기가 어렵지 않다. 대부분의 인간이 겪는 역경은 격리와 황량의 두려운 감각뿐일 것이다. 어떤 큰 사고로 인해 모든 인간이 스피치 능력을 상실한 것으로 가정한다. 그러면 봉사와 선행의 세계는 붕괴되고, 사실상 문명의 조직은 파괴될 것이며, 토마스 홉스

(Thomas Hobbes, 1588~1679)의 말과 같이, 인간 각자의 생활은 고독하고 가난하고 타격이 심하며 비문화적이고 견식이 좁아지게 될 것이다. 따라서 인성에 대해 정당한 권리를 부여하는 것이 인간의 스피치 능력이다.

일상생활에서 다방면의 스피치 활용과 빈도가 그 때마다 관찰된다. 생명을 낳고 생명을 유지하는 제1의 생물학적 과정을 인정하지 않을 수 없다. 그러나 인간 세계는 인간의 본능적 욕구를 충족시킴에 있어 스피치 활용을 전제로 하도록 조직되어 있다. 딸기밭에서 딸기를 따먹는 식이 아니라, 식료품 점에서 상거래를 통해 대부분의 식품을 구입한다. 단순히 식품에 관해 토크하는 형식으로 생존을 영위하는 것이 아니고 식품을 생산, 저장, 분배하는 것을 포함하는 막중하고 복잡한 기업이 모두 커뮤니케이션에 의존한다.

매일 인간은 근본적으로 사회적인 필요에 부응하는 언어세계를 통해 활동한다. 정보를 구하고 정보를 얻는다. 즉, 반응하도록 영향을 주고 반응을 일으키는 시도가 계속된다. 종종 우리는 교육과 지도에 임하고, 교육을 받는다. 정보의 교환은 물론, 상의하고 상담하며 상대방에게 행동의 자극이나 행동의 억제를 촉구한다. 상대방의 감정을 자극하거나 어떤 감정을 고취한다. 정황과 목적은 각각 다르나 상대방과 교섭하는 방편이 바로 스피치이다.

현대는 책임 있는 지위에 있는 인사에 대해 스피치의 각별한 능력을 요청한다. 분야에 상관없으나 특히 정치, 외교 법률, 교육 그리고 종교계에서 항상 스피치의 특별한 능력을 갖춘 인사에게 문을 크게 개방해 놓고 있다. 직업과 산업의 발달과 다양성이 인간의 선행, 봉사, 계몽, 쾌락을 위해 전화, 회의실, 의사당이 중추신경 역할을 맡게 한다. 각각의 전문직에 종사하는 인사가 스피치를 교환하고, 또 서류와 문건을 읽고 검토하기 위해 회합한다. 그리고 때로 지역 사회에서 스피치를 청탁 받는다. 모든 정황과 주위 환경은 점차 확대 확장해 나간다. 오늘날 대부분 생업의 성공은 스피치 능력에 의존한다. 성공의 탄탄대로를 걷는 인사는 연단이나 토의 석상으로 자주 초청된다.

필자는 스피치의 보다 명백하고 실제적인 활용 예를 강조한다. 그러나 인간의 감각적인 본질을 묘사하고 스피치로 해결되는 실제적인 사실을 초월하는 인간 개성의 일면이 무시될 수 없다. 여기서 인간의 본질에 대한 깊은 투시가 절실하다. 이 점에 관해 맥버니(James H. McBurney)는 다음과 같이 설명한다.

"어느 여름날 저녁 두 사람이 소파에 앉았다. 밤이 이슥하도록 수수께끼 같은 생명과 인간 생존의 길을 말하며 사색했다. 이 수수께끼의 인생경험을 해결할 수 있을 것이라 기대하지 않았으나, 두 사람은 각기 관조를 통해 하나의 소망을 얻었다. 그리고 각자는 이 신비함을 파헤치는 해답을 구하는 것이 누구 혼자만의 일이 아니라는 확신을 얻었다.

다른 한편, 의제는 자유 토론을 위해 여섯 사람이 모였다. 토크는 명백한 목적 없이 이 화제에서 저 화제로 옮겨갔다. 이때 토크는 종교, 미인, 개인 행동의 예법, 인간관계에 관한 아이디어의 활발한 교환으로 끝났다. 그들은 자극에 반응하고 아이디어를 제공하고, 상대방의 아이디어를 시험하는 내적인 충동에 반응했다. 새로운 통찰력과 이해가 쌓이기 때문에 의견과 감정의 교환이 활발해질 수밖에 없었다."

이와 같은 실례는 토크로 기여되는 심오한 인간 소망을 잘 나타내 보인다. 그리고 이 같은 예는 가두에서, 가정에서, 학교에서, 교회에서 강당에서, 헤아릴 수 없는 많은 정황 속에서 재현된다. 그 때마다 자극받는 충동은 어떤 것이고, 추구되는 소망은 어떤 것인가. 인간 각 개는 공동운명체임을 자각하고 동료와의 견고한 연계를 굳힘으로써 안전감이 일층 공고해지는 사실을 직관적으로 알게 된다.

"이 지상에서 최후로 남는 사람이 할 수 있는 말은 무엇이겠는가"고 칼 샌드버그(Carl Sandburg, 1878~1967)에게 질문했을 때, 그는 대답하기를, "모든 사람은 어디에 있는가?"고 반문할 것이라고 했다. 인간은 누구나 거의 의식적으로 스피치가 없는 세계가 아니라 유일성을 구하는 세계를 창조해 나가는 것이 인간의 존재요, 생활이라는 것을 알고 있다. 그러나 두 사람이 동일한 생활 체험을 겪을 수 없다. 바꾸어 말하면 두 사람이 정확하게 동일한 태도와 동일한 정도로 동일한 정황에 반응할 수 없고, 또 그 정황에서 거의 동일한 의미를 획득할 수 없다. 인간 공동생활의 필요와 개성 발휘의 필요는 토크 교환의 수다한 인간의 충동에 의존한다.

인간의 감각작용과 사고과정의 한계에 대해 이미 알고 있고 또 당연히 알아야 할 것이나, 현실 도피자는 예외라도 인간은 누구나 가족 단위에서 벗어나 좀더 폭넓은 관찰, 사고, 감정의 공동사회에 참여하려고 모색한다. 각자는 표현을 위한 내적 충동에 반응한다. 어떤 사물과 사실이 갖는 의미에 관한 지각에서 발생하는 아이디어를 발표하고 경험을 말하고 동일성을 주장한다.

일부는 문예작품, 음악, 도안, 색채 혹은 조각을 통해 의사와 감정을 표현한다. 그러나 스피치는 일층 보편적인 방법이다. 그리고 토크는 본래의 가치와 만족을 가져온다. 토크는 인정, 기질 그리고 지력에서 용출하고, 인간의 공동생활에서 발생한다. 동시에 토크는 다른 형태의 표현에서 찾을 수 없을 만큼 동적이다. 토크를 통해 개인적 자생의 생존 경쟁을 벌이고, 극적인 아이디어에 관계하는 데서 오는 정적이고 지적인 만족 그리고 생활이 평범하고 단조롭지 않게 상호관계와 친목을 도모할 수 있다.

스피치와 청법의 능력을 배양하고 의견 교환에서 그 능력을 현명하고 능숙하게 활용할 수 있도록 학습하는 정도에 따라 공동생활 및 표현의 가치가 비로소 빛을 발한다. 그러나 가능성과 실제는 간혹 유리될 때가 없지 않다. 아침의 첫 하품에서 밤에 코를 골기까지 발언하는 토크를 녹음기에 비밀리에 수록할 수 있다면 토크에 관해 많은 세부사항을 관찰할 수 있다. 기록은 스피치의 막중한 신뢰에 대한 새로운 인식과 스피치의 바람직한 목적을 실제적인 증거를 제시하며 입증해 줄 것이다. 대부분은 불충분한 의사 전달의 빈도에 의해 불안을 느낄 뿐 아니라, 경악마저도 금치 못할 것이다. 그러나 만일 이 기록이 부주의한 습관의 면모라면, 별로 놀라울 것은 없다. 가령 단조롭던가, 혹은 불유쾌한 음성, 불명료한 발음, 조잡한 언어, 단조로운 담화 그리고 문법적인 오류 등을 발견할 것이다. 그리고 원고를 수정 및 교정하는 편집자의 특권을 크게 갈망하게 될 것이다. 가령, 반복되는 코멘트를 삭제하고, 모호한 표현을 명백히 바로잡고, 완전하고 확실하게 태도를 밝힌 불확실한 근거의 의견을 조정하고 남의 의사와 감정을 상하게 하는 부적절한 코멘트를 억제하게 된다.

아이디어를 표현하려고 노력할 때, 자신의 번민과 고통에 사로잡혀 말할 기회를 놓친 기록의 단서로 인해, 더 큰 고역을 치를지 모른다. 이같이 일반화한, 불충분한 커뮤니케이션이 사실의 과장일 것인가. 스피치의 모든 형태에 항상 가깝게 접근하는 경험이 풍부한 관찰자는 예외의 경우가 될 것이다.

따라서 화법과 청법의 능력 신장이 인간 발달을 의미한다.

(2) 사회적 측면

어느 나라 시민도 의도가 깃든 눈짓을 교환하고 상호 교섭하고, 일상적인 잡담을 토로하고, 직업·식량·자녀·질병·고통 등에 관한 인간사를 교환한다. 토크를 통해 인간은 비즈니스를 수행한다. 그리고 스피치를 중심으로 회합한다. 그러나 토크의 차원과 역할 그리고 민주사회와 전체사회의 제도적 측면에 실로 비판적 차이가 존재한다.

비록 각각의 전체 사회가 지방적인 특색을 벗길 때, 모두 고유의 역사를 무시하고 어떤 유일성을 갖더라도, 최소한 하나의 공통분모는 나타낸다. 국가의 중추 및 권력 중심은 상부구조에서 비롯한다. 여기서 정책기획과 정책결정이 행해지고, 독재자와 그의 막료에 의해 독단적으로 법령이 공포된다. 이것이 독재적 사회다. 공중은 교묘하게 다룰 수 있는 유일한 것이고, 필요하면 폭압정치 수단을 쓰고 복종을 강요한다. 공중이익에 관한 일반 시민의 자유공개토의는 알려져 있지 않다. 히틀러의 도이칠란트에서 국가 대사에 자신을 무모하게 강조한 때문에 비극적 종말이 왔다. 그리고 일반의 문의와 비평은 항상 범죄 행위로 간주된다. 그러나 민주국가는 각 지방의 역사를 무시하는 제도적인 형태와 전혀 다른 실례를 보인다. 예를 들면, 미국, 영국, 그리고 스칸디나비아에서 민주적 자세와 절차가 전혀 다른 정치 구조를 형성한다. 그러나 만약 형식적 차이의 이면을 캐들어 가면 많은 유사성과 공통분모가 발견된다.

두 체제가 모두 조직에 활력을 공급하는 자유공개토의의 동맥에 크게 의존한다. 어떤 사회의 부강도 다수에 의존하나 민주 정치의 활력은 회의의 고동에 의해 측정한다. B.C. 431년에 이미, 페리클레스(Pericles, B.C 500~429)는 아테네 사회에서 이 같은 특성을 말했다.

후에 이 뚜렷한 이점은 재삼재사 지각작용과 웅변으로 강조돼 온다. 현대 민주주의 국가의 체험을 서술하면서 미국의 법률가 홈즈(Oliver Wendell Holmes, 1902~?)는 다음과 같이 말한다.

> "소망스런 궁극적인 선에는 아이디어의 자유스러운 의견교환으로 더 잘 도달된다. ― 진실의 가장 최상의 시험은 시장경쟁에서 인정받는 자신을 획득하기 위한 사고력이다. 그리고 진실은 인간의 원망을 안전하게 수행할 수 있는 유일한 근거가 된다."

이 불완전한 세계에서, 민주주의는 선과 진실이 어느 회의의 어느 순간에도 필연적으로 효력을 발생한다는 사실을 보증할 수 없고 보증하지도 않는다. 이것은 강조돼야 하겠으나 가장 중요한 사실은 변화, 수정 그리고 개선을 위해 개방된 문호가 항상 존재하고 있다는 점이다. 여기 민주주의의 뚜렷한 이점이 있다.

이 같은 관점에서 보면, 민주주의는 한 집단의 구성원이나 혹은 집단의 대표가 공중이익을 쟁취하기 위해 문의, 의논, 토의 등에 참가하는 한 방식이다. 정보와 아이디어의 자유스런 교환과 심사숙고를 통해 개체를 위한 만족과 집단을 위한 건전하게 결합된 사회가 비로소 성립된다는 사실은 수세기의 경험에 근거를 둔다. 민주주의 본질은 독단(dogma)이 아니다. 민주주의 본질은 고통의 신음 소리가 들리도록, 불평불만의 호소가 전파되도록, 논쟁이 검토되도록, 창조적인 아이디어가 빛을 발하도록 하는 일련의 조건을 전제로 한다. 기실 민주주의 본질은 이 모든 상황을 포괄한다.

민주주의적 방식의 핵심이 되는 것은 우선 문헌어와 구현어로 표현하는 토의이다. 그것은 시, 희곡, 소설 등의 문학적인 양식일 수 있고, 신문, 잡지, 팜플렛, 논문 등의 형식일 수 있다. 각각의 형식은 각기 제 기능을 다한다. 그리고 인쇄 매체로부터 획득한 정보, 아이디어 그리고 인스피레이션 없이 현대 민주주의가 기능을 다할 수 없다는 사실은 전적으로 수긍되지 않는다. 결국 인간은 의견과 감정을 말할 뿐이다. 가장 생동하는 관심을 포함하는 이슈, 아이디어, 문제를 상호 교환하고, 문의하고, 탐구하고, 토의하고 토론하기 위해, 남녀가 회합하는 경우를 대치할 어떤 적절한 방책은 없다. 인간이 직접 상호 교섭하게 되는 밀도 있는 대면관계 만큼 충분히 민주주의 기능에 공헌하는 바는 없다. 그러나 이 같은 특전이 현대 세계의 방대함과 복잡성의 일익 증대로 위태롭게 변하고 있다. 예를 들어 이런 위험의 인지는 맥버니(James H. McBurney, 1905～?)가 지적하듯이, New England Town Meeting의 원리를 소생시키고 확장시키는 노력을 설명한다. 이 같은 현상의 배후에 있는 가정은 일반 대중 수준에서의 토의가 민주주의에 활력을 증진시킨다는 사실을 알게 된다.

커뮤니케이션의 정교한 수단을 임의로 활용할 수 있음에도 불구하고 고위층의 정치 지도자들은 개인적 의논에 대치할 수 있는 효과적인 커뮤니케이션은 아무것도 없다는 전제로 오직 언행에 커뮤니케이션을 의존한다. 토크는 만족스럽고 생산적이라는 사실을 보증할 보장은 없다. 무책임한 토크, 정보를 모르는 토크, 센스 없는 토크는 다수의 가정, 회의, 조직 그리고 입법 의회를 간혹 궁지로 몰고 간다. 토크는 혼란상태를 야기할 수 있고, 토크는 논쟁을 초래할 수 있다. 우리가 자신을 민주주의에 의탁할 때, 우리는 공중토의와 토론의 능력 향상을 위해 노력하지 않으면 안 된다는 귀결을 얻는다.

교육의 제1차적인 임무는 인간이 지능을 표현할 수 있도록 조력하는 것이다. 이성적인 대다수의 사람이 자신을 불확실과 익명에 맡기는 부분적 이유로 위험한 갭에 처해 있는 것이 오늘의 민주주의이다. 민주주의 사회는 토크에 의해 기여된다. 그러나 본의는 아니나 민주주의 사회에서 생을 향유하는 경우 데마고기(demagogy)조차 인정하지 않으면 안 된다. 언론의 자유가 보장되는 법제하에서 허가를 획득해야 할 경우가 있다. 이것은 필요조건이지 결코 충분조건은 아니다. 과격하고 냉소적이며 공중 측에 유리한 진실의 결여로 인해, 포용력이 공중의 무관심을 초래할 수 있고, 공중 토크가 파괴될 수 있는 위험이 상존한다.

100여년 전에, 미국 문화의 예리한 분석자인 에머슨(Ralph Waldo Emerson, 1803~1882)은 소위 미국의 'pleniloquence' 즉 과장된 표현에 염증을 나타낸다. 그는 풍자적으로 관망하면서, "강이나 바다의 물보다 지하의 천연가스에 미국인이 일층 관심을 경주해야 할 여지가 있다."고 갈피했다.

함축성 있는 커뮤니케이션의 활력을 약화시키며 인후병에 감염되게끔 스피치를 계속한다. 따라서 후보 지명 연단에서 간혹 어수선하게 들뜬 카니발 정신과 무모한 과장된 표현의 소지가 생긴다. 그러므로 능변가의 격언은 아직껏 효력이 있다.

"Fill yourself with your subject, knock out the bung, and let nature caper"

이것이 과연 일반이 현실적으로 희망하고 있는 것일까? 사실은 그렇지 않다.

"일반은 <monkey-talk>를 원치 않는다. 일반은 모두 명백하게 밝혀지는 과장된 표현을 원한다. 일반은 모두 박수갈채를 받는 찬양적인 어구를 원한다"고 에이거(Herbert Agar, 1897~?)는 말했다. "일반은 현명하게 사고하고 선택하는 데 도움을 주는 어떤 리더십을 원한다." 더 나아가 "일반을 부정하는 태도는 부당하다. 불쾌하지 않게 일반의 사고가 그들을 도와주게 하는 리더십을 일반은 수용한다. 연후에 결과에 정신이 집중되게 일반을 강제한다.”

토크가 센스의 구성을 단절할 때, 의미가 어의 범위 외부로 벗어날 때, 토의가 지각있는 신념과 행동을 자초하지 못할 때, 인간은 혼란의 와중에 빠지고 당황하게 되며 직무를 수행하는 공동 역량을 상실하게 된다. 결국 인간은 토크나 혹은 실력을 통해 지배된다. 사고와 스피치는 의미가 괴리돼서 안 된다. 사고가 없는 토크를 개탄하는 것과 같이 토크 없는 사고를 개탄한다.

사고력 있고 교육적인 혜택을 향유하는 인구가 일익 증가하고 있다. 그러나 지역사회와 공공단체에서의 영향력과 지도력을 무시하고 있다. 사회적 책임과 사회 참여에 동참하도록 권고 받고 있으나 다수의 사회인은 취업하고 있으면서 공공연한 사실에 언급을 피하고 있다. 이 현상을 어떻게 설명할 것인가? 생존 경쟁의 사회에서 직업이 생활 방도이기 때문일까? 많은 문제가 미해결의 장으로 남아있어도 그것은 전문가에 의해서 해결되어야 하기 때문일까? 문화가 주의 산만을 초래하기 때문에 인간이 지속적으로 문제의 파악에 충분히 골몰할 수 없기 때문일까?

이 같은 여러 질문의 유일한 가설은 현재 상태에서 어떤 단서는 찾아볼 수 있다는 점이다. 그러나 모든 설명은 민주주의 사회의 각 구성원은 수동적이고 무기력한 현상이 본래의 민주주의 목적에 부합되지 않는다는 사실에 공명하고 있다. 우리는 개인의 희망, 포부 그리고 기대가 사회생활의 보다 큰 이슈에 휩싸인다는 사실을 인식하게 된다. 다양한 과정을 겪으며 인간과 사회에 관한 지식을 누구나 획득하게 된다. 그러나 유감스럽게도 모든 사람이 지식과 아이디어를 전달하는 효과적인 방법을 연구하지 않고 있다. 가정에서, 회의실에서, 지역사회의 포럼에서 그리고 그 밖의 장소에서 지식과 아이디어의 무능한 전달 표현 때문에, 충분한 영향력을 행사하지 못하고 부지불식 간에 무능과 위축의 영속적인 습관으로 굳혀지는 예는 얼마나 많은가. 스피치 연구는 인간의 사회 참여 능력을 향상시켜 준다. 이 참여 능력은 시위 능력과 함께 두 가지 가정에 입각한다. 우선 민주주의 사회의 구두 커뮤니케이션은 본래 사회활동의 일부이고, 나머지 형태의 행동도 실은 이를 바탕으로 발생한다. 이 같은 특징은 법령에 의한 통치와 구두 커뮤니케이션을 분별케 한다. 또 회의 석상에서 토크가 의사 전달에 실패하고 비생산적일 때 효과는 "이야기로 그치는 단순한 회의"로 토크의 누가적인 훼손이 초래된다. 토크가 행동의 어떤 특징을 결정짓지 못할 때, 대부분은 성급, 초조하게 되고, 안이한 처지에서 사리사욕에 따르는 배타적 관심사로 생각을 돌린다. 가치가 없든가 혹은 스피치의 흐름을 혼란케 하는 경건한 상투어, 의미 없고 왜곡된 코멘트, 선동적인 어투, 탈선하는 부적절한 언어표현의 토크에서도 우리는 정황을 정상으로 돌려, 정황을 회복시킬 수 있어야 한다.

스피치의 지식을 갖추고, 인간관계에서 그 활용이 매우 노련한 인사는 단순한 토크를 생산적 토크의 회합으로 분위기를 전환시킬 수 있다.

집단에서 다수의 멤버가 스피치의 능력과 기법을 소유할 때, 수확이 큰 심사숙고가 가능할 뿐 아니라, 자신을 위한 매우 활발하고 만족스러운 경험을 쌓게 된다. 일반 사회에서 이 같은 보상이 당연한 것으로 잘못 인식되고 있다. 스피치 교육은 곧 민주주의 생활의 교육이다.

(3) 사회적 기능

언어기원에 관한 학설은 이미 밝혀진 바 있다. 일부 학자는 놀라운 사실에 대한 자동적인 울음, 고통의 신음, 분노의 씨근거림, 그리고 그 밖의 감정적인 표현 등은 모두 언어의 기초로 형성되는 것이라 확신하고 있다. 인간이 음의 분별을 인식하기 때문에 언어가 발달될 때까지 커뮤니케이션 수단은 의미를 일층 심화했다. 인간은 인간의 공익을 위해 집단적으로 작업하고, 함께 힘을 모아 투쟁해야 할 필요를 느꼈기 때문에, 노력을 집중시키는 청각신호의 유용성을 발견했다는 또 다른 학설이 있다. 따라서 중량이 나가는 물체를 들어 올리거나, 또는 끌어당길 때, 자연 발생하는 "영치기 영차"의 소리는 함께 힘을 집중하자는 신호가 된다.

이 학설은 흔히 Yo-He-Ho설로 불린다.

경험을 말하기 위해, 자연음을 모방하려는 인간의 한 시도로서, 언어가 발생하기 시작했다는 언어기원설이 있다. 그리고 일층 진전된 학설은 심적 양상을 얼굴 표정으로 연출하는 혀, 턱, 입술의 동작이 바로 언어라는 설이다. 그러나 상기한 어떤 학설도 입증이 불가능하다. 그것은 현재, 원초의 기록을 하나도 보전하지 못하고 있기 때문이다. 그러나 밝혀진 언어발달사와 언어조직이나 계통상의 연구는 어느 정도 신빙성을 띤다.

그리고 어린이의 언어 발달은 직접 관찰할 수 있다. 허기가 져서, 고통스러워서 그리고 기뻐서 내는 단순한 감정적 외침으로 시작, 어린이는 곧 배블(babble)기로 접어든다. 배블기는 유희로 모든 종류의 音을 발하는 때를 말한다. 어린이는 점차적으로 이 같은 음이 확실히 어떤 반응을 가져온다는 사실을 안다. 어머니는 어린이가 발하는 다른 音을 제외하고 어린이의 어떤 스피치에 반응을 보인다. 어린이는 音과 반응을 연합하고, 이를 확실히 하며, 語를 발견하려는 목적으로, 의식적으로 음을 활용하기 시작한다. 한편, 부모와 측근에서 어린이에게 대화를 걸고, 어린이는 부모의 語音과 자신의 語音에서 어떤 유사성을 발견한다. 환경의 촉진 때문에, 어린이는 모방을 통해 더 많은 語와 語의 의미를 학습한다. 후에 여러 語는 간단한 문으로 만들어진다. 이 같은 과정을 반복하여 더 복잡한 문으로, 더 정확한 발음으로 확대 진전한다. 어린이의 사고와 행동이 복잡해지며 이에 페이스를 맞추기 때문이다.

사회적 필요에 적응하기 위해, 생존 경쟁에 나설 때, 어린이의 언어가 발달한다는 사실에 주목할 필요가 있다. 이 사실은 토크하기 좋아하는 습성을 뒷받침해 준다. 어린이는 감정을 표현하기 위해 단순히 울고 보챈다. 그 후 남의 어떤 반응을 얻기 위한 語音의 표현을 발견하면서부터 어린이 언어는 발달하기 시작한다. 계속 발육 성장하면서, 운동장, 교실, 가정, 상점 그리고 직업상 스피치가 크게 활용된다는 사실을 인식한다.

지식을 전하고 공동 행동을 구축하는 아이디어의 커뮤니케이션이 바로, 스피치의 사회적 기능이다. 이 같은 방법으로 인간이 고립되는 것을 막고, 상대적으로 자연의 위력에 약해지는 것을 막는다. 산업 및 정치적 조직의 강대한 힘을 발전시키면서 주위 환경을 지배하는 세력에 인간은 가세한다. 나아가 이 공동사업을 공동의 협력으로 행동 방향을 모색해 나간다.

언어기호로 사고하고, 토크하는 방법을 학습하는 것으로써, 인간의 생존 경쟁은 일층 가속화된다. 생물학자 누이(Lecomte du Nouy)는 Human Destiny에서 다음과 같이 주장한다.

> "매우 놀라운 추상력을 갖고 있으며, 비교할 수 없는 천부의 두뇌는 진화론에서 인용되는 불필요한 신체부위를 퇴화시킨다. 두뇌의 혜택으로 인간은 불과 3대의 과정에서 공간세계를 정복했다. 그러나 진화의 과정을 통해 동일한 결과를 초래하는 데 다른 동물은 몇 10만년의 세월이 필요했다. 즉, 우리는 매우 작은 것을 확대시켜 볼 수 있고, 매우 먼 곳을 근접시켜 볼 수 있다. 잘 들리지 않는 것도 크게 확대시켜 들을 수 있다. 결국, 우리는 공간과 시간을 단축시키고 있다. 우주의 위력을 완전히 이해하기 전부터 인간은 자연을 정복했다."

이 과정에서 언어의 중요성에 대해 르꽁트 뒤 누이는 다음과 같은 설명을 부연한다.

> "자동차가 발명된 이래, 수천의 개와 고양이 그리고 수만의 닭과 그 밖의 가금이 도로상으로 뛰쳐나오고 있다. 이 현상은 오래 계속될 것이다. 스피치 부족과 관습으로 인해, 오래 살고 있는 부모가 경험을 어린 자녀에게 전달할 수 없다는 단순한 가정 때문이다. 필요한 스피치만이 확실한 환경에의 적응을 위해 시간을 크게 단축시킨다. 이때, 소위 어린이 교육이 비상하게 빠른 지름길로 대두된다. 생물학적 과정의 적응에 대치되고 수많은 동물의 희생을 수반하지 않고, 보다 더 효과적인 결과를 가져올 어린 세대의 교육이 절실해진다."

따라서 인간발달에 있어 스피치 행위를 포함하는 사회적 과정이 보다 완만한 생물학적 과정의 적응에 대치된다. 한 개체가 다른 개체에 지식을 전하는 이 같은 사회적 기능이 스피치의 가장 중요한 역할이다. 그러므로 스피치를 연구할 때 스피치를 하나의 절연된 분야로 취급할 수 없다. 기능적 배경, 커뮤니케이션의 한 방법, 화자와 청자 사이에 진행하는 과정으로 스피치를 고려함이 타당하다. 때문에 스피치는 표현에 비교적 비중을 둔다. 스피치 효과는 반응에 있으므로 청자 및 청중에 대한 사전 분석이 무엇보다도 중요하다.

(4) 교육적 측면

전술한 대로, 스피치가 개인 및 사회에 이바지할 뿐 아니라. 뚜렷한 사회적 기능을 갖는 것이면 스피치 훈련 및 교육은 광범위하게 인문학적으로 명백히 수용해야 한다. 스피치는 고대 그리스 이래 여러 명칭, 즉 수사학(rhetoric), 웅변술(elocution) 등으로 유럽의 교육 내용에 포함돼 온다. 그러나 스피치 교육사를 통해 개관할 때, 스피치 연구영역이 어느 일정 범위로 국한되고, 또 스피치 기능을 와전한 몇몇 오해가 있어 옴을 간과할 수 없다. 맥버니(James H. McBurney)는 다음과 같이 지적한다.

"13세기경에 쓴 Alain de Lille의 글에 인류의 봉사를 위해, 사상과 감정을 운반할 운반 차체로써, 지식을 공급할 어떤 아트(art)가 필요함을 역설했다. 각각의 아트는 각기 기여하는 바가 있다. 수사학은 차륜도 차축도 아니고, 차체를 끄는 말도 아니다. 또 작용하는 마구의 일부도 아니다. 그것은 hub-caps를 장식하는 금은보석과 같다. 이 같은 스피치 견해는 현재까지 계속 주장되고 있다. 그러나 그것은 거품 <빈말>과 깃털 <거짓말> 외에 아무것도 아니다. 웅변적 절묘함과 문체적 유사함, 즉 의미와 본질이 없는 미사여구와 의례적인 상투어를 즐겨 사용하는 화자와 작자를 비난하는 표현인 mere rhetoric으로 요약된다."

스피치를 구두표현어의 연구로 국한하는 비교적 근대화된 견해도 동시에 쇠퇴하고 있다. 당면한 문제는 바로 이것이다. 바꾸어 말하면, 스피치를 단순한 수사학적 수식이나 또는 후두의 성대운동으로만 볼 수 없다.

스피치의 효과와 목적을 왜곡하는 또 다른 오해가 상존한다. 몰아지경의 부모에게 대사를 암송하는 소녀, 떨면서 연설 어구를 모방하는 발육기의 소년, 감동받은 부인의 언어표출 그리고 다양한 자세와 역할로 항상 해학적인 지도층의 노출된 스피치가 일반적 스피치 이미지일 수 있으나, 이 같은 스피치 견해는 이미 전근대적인 것이요, 시대 착오의 오해일 뿐이다.

또 하나의 오해가 있다. 인간세계에서 성공을 거두는 모든 인사에게 필수적인 요건이 되는 세일즈맨십의 이미지이다. 동료를 이기적으로 이용하는 것이 예술에 취미를 붙인 잡담보다 더 강하다는 사실을 인정하나, 바람직한 스피치의 표현과 목적에 대치되는 이 같은 현상은 스피치 연구에 도움을 주지 못한다.

처음 서술에서, 개인과 사회생활에서의 스피치의 우위를 지적했다. 그리고 개인과 사회에 대한 스피치 가치를 시사했다. 만족스럽고 생산적인 토크가 필요하다면 이 능력을 어떻게 계발해야 할 것인가? 지금까지 있어 온 스피치에 대한 오해를 바람직한 스피치 교육은 어떠해야 하겠는가? 이 물음의 해답에 앞서 먼저 종래의 스피치 학설을 고찰하기로 한다.

2) 스피치 학설

(1) 도구설

① 멀그레이브(Dorothy Mulgrave)의 견해

감정, 사상, 신체적인 인간복리의 정확한 기준은 음성과 스피치에 있다. 스피치 능력을 향상코자 하는 의식적 노력이 뒤따르지 않으면 개성을 발휘할 수 없고 원만한 대인관계를 유지하기 어렵다. 그러나 스피치 능력을 향상코자 하는 욕구가 있고 또 불완전한 발성과 불명료한 발음, 부자연스런 어조 그리고 명랑치 못한 음성을 개선하려고 하면 문제의 해결은 일층 용이해진다. 사전에 의하면, 스피치는 화음을 내는 능력 혹은 아이디어를 표현하는 일련의 어휘라고 했다. 그리고 이 정의를 부연 설명하면, 스피치는 화자가 아이디어를 전달할 목적으로 신체상의 많은 근육과 신경조직을 활용한 청각적이고 시각적인 기호의 체계라고 정의할 수 있다. 더욱이 스피치는 신체적·심리적·신경학적·의미론적·언어학적 요소를 활용한 인간 행동의 한 형태이다. 따라서 스피치는 인간의 사회활동을 위한 가장 중요한 도구라고 생각한다. 이 같은 관점에서 관찰하건대 스피치는 비단 화자의 발성이나 발언만이 아니라 더 많은 세부사항을 포괄하는 실로 연구 대상이 광범위한 것이다. 스피치는 화자의 필요에 따라 구성되고 전개되며 화자가 갖는 아이디어를 전달·표현하는 한 방편이다. 그리고 말할 주제나 청중을 깊이 이해하고 있든 않든, 아이디어를 전달할 때 내용과 형식이 잘 균형 잡히고, 청중에의 적응이 잘되고 있든 않든, 그리고 화자가 완벽하고 열의가 있든 없든 간에, 스피치는 거의 직접 청중에 직면하는 하나의 도구이다.

② 오꾸보 다다도시(大久保忠利)의 견해

일상생활 속에서 여러 가지 문제를 해결하는 데 언어를 활용하고 이것이 숙달되면 연구, 사고, 인식, 이해, 표현의 능력은 증대한다. 성장 발달해 가는 어린이는 일찍부터 언어는 하나의 생활 도구라는 점을 인식하게 되고 어린이가 장차 소유할 가장 큰 지적·사회적 도구인 언어는 다음 세 가지의 용도를 갖는다. 첫째, 언어는 무엇을 발굴하는 도구이다. 언어 활용의 능력은 지식, 이해, 인식을 구하는 연구 분야 및 주제에 깊이 관계하게 된다. 둘째, 언어는 무엇을 건설하는 도구다. 언어 활용의 능력이 풍부할수록 효과 있게 의사를 전달하여 상대방의 이해를 촉진한다. 동시에 보다 나은 인간관계를 형성할 수 있다. 셋째, 언어는 무엇을 연마하는 도구이다. 언어를 효과적으로 활용하여 개인의 문화적 성장을 도모하고 보다 나은 사회관계를 발전시킨다. 스피치의 가장 기본적인 목적은 커뮤니케이션에 있다. 사상이나 감정을 효과적으로 전달하기 위해 화자는 청중에 전달하고자 하는 의도를 분명히 하고, 전달 내용을 분석 평가할 수 있어야 하며, 공사 어느 정황에서도 스피치 원리를 잘 이해하고 있어야 한다. 비록 연극의 대사에서도 스피치는 사상과 감정을 전달하는 유능한 구실을 다 한다.

③ 히라이 마사오(平井昌夫)의 견해

인간능력 중에 불가결의 요소인 스피치에 결함이 있을 때 이것을 용납하기 힘들다. 명백히 음성을 인위적으로 개선하든가 혹은 세련되지 못한 표준어를 세련되게 하는 일은 비약적이고 부자연스런 변화를 의미한다. 스피치 향상의 목적은 부자연스런 매너리즘이나 허식을 불식하고 국어 발음과 스피치를 분석하는 데 있으며, 자신의 의사를 남에게 전하고 남의 의사표현을 수용하는 스피치를 효과적이고 능률적으로 활용하는 기법을 습득하는 데 있다.

첫째, 사회도구로서의 스피치, 대부분의 사람은 연기자 혹은 가수만이 스피치를 분석할 필요가 있고 자기 자신은 연단에서 공식 연설을 할 기회가 거의 없다고 생각한다. 그러나 사회구성원은 모두 매일 대화를 나누고 전화를 걸고 집단의 단체활동에 참가한다. 때로 스피치를 활용하면서 의회의 의원이 된다. 그러므로 대부분의 스피치 활용은 공사간에 행하게 된다. 청자가 하나든 혹은 수천의 청중이든 화자는 그가 처한 환경에 적응하는 방편으로 의식무의식 간에 스피치를 실시한다.

둘째, 직업적이고 전문적 도구로서의 스피치, 사회생활상 직업적이든 전문적이든 명랑한 음성과 명료한 발음 그리고 세련된 스피치 기법은 누구나 희망하는 자질이다. 가령, 어떤 職에 대한 임용후보자일 때, 그는 전인격의 기반 위에서 인물 평가를 받는다. 최상의 추천서나 최상의 이력과 관계없이 아이디어를 간명하고 효과적으로 전달할 수 있는 능력이 있느냐의 여부로 평가된다. 어느 임용시험에서도 임용의 절대적 조건은 세련된 스피치이다. 생존 경쟁에서 남보다 앞설 수 있는 조건도 바로 이 스피치다. 셋째, 민주생활 기본으로서의 스피치, 스피치를 연구하고 스피치에 능숙해지는 본래의 목적은 스피치 전문가가 되기 위한 것이 아니다. 그리고 능숙한 스피치라면 연사의 능변이나, 포즈와 음성적 표현을 중시하는 연기자의 화법이라 생각하는 측도 많다. 한편 민주사회에서 스피치가 가치있게 인식되는 것은 민주사회일수록 개개인의 의사가 존중되기 때문이다. 개인에 따라 이해관계가 다르고 사고방식이 다르며 사상이 다르고 好惡가 다르다. 어떤 의견에 대한 일치점도 없지 않으나 상위점이 많다. 인간은 개인으로 존립한다. 그러므로 개인 간의 의지, 감정, 사상 등의 상호 교환, 환언해서 스피치 커뮤니케이션이 중대한 의미를 갖는다. 스피치 커뮤니케이션의 목적은 첫째, 무엇인가가 정확하게 상대편에 전달된다는 것이다.

둘째, 상대편의 입장을 인식하면서 자신의 이해와 사고를 상대편에게 인식시킨다. 당면한 문제를 해결키 위해 정보를 교환하고 경험에 입각해 협력하고 사고한다. 때문에 민주적 사회에서의 스피치는 필요한 것이 가능한 한 정확하게 상대편에 전해진다는 전달 기법이면서 동시에 각기 다른 입장에서도 평등하게 협력하며 문제를 해결하는 의논행위이다.

(2) 블룸필드(Bloomfield)설

블룸필드는 언어의 기능에 대해 $S \rightarrow r \rightarrow s \rightarrow R$의 이론을 전개하고 있다. 이 공식에서 실제적인 중요성을 띠는 S와 R을 화자의 자극 및 청자의 반응으로 본다. S와 R이 언어적인 발화 $r \rightarrow s$의 의미를 형성한다. 그리고 이것은 mentalistic view에 해당한다. mentalistic view는 개념이나 인식이 발화된 언어 형식에 다소 정확히 반영돼 그 언어 형식을 관찰할 수 있는 자극과 반응에 연결된다고 본다. 의미란 용어는 모든 언어학자에 의해 사용되고 있으나 의미는 포괄적인 것이다. 이 속에는 철학적 또는 논리적 분석에 의해 구별되는 징후의 모든 면, 즉 여러 수준에서의 언어 형식 상호의 관계, 언어 형식과 비언어적 장면과의 관계 및 여러 수준에서의 언어 형식과 그 전달행위에 참가하고 있는 여러 사람의 관계 등이 이에 포함돼야 하기 때문이다. 사회생활에 있어 인간의 언어행동이 어떻게 행해지는가 또는 인간의 언어행동이 어떻게 해서 사회를 성립시켜 나가는가 하는 점을 명백히 하기 위해 블룸필드의 이론을 언어의 의미를 중심으로 고찰했지만 그는 또 1950년판 Language에서 언어행동의 매우 단순한 구체 예로 설명을 덧붙이고 있다.

> jill과 jack은 들 길을 걷고 있다.
> jill은 허기가 들기 시작한다.
> 그때 사과가 큰 나무 위에 익어 가는 것을 본다.
> jill은 입을 움직여 무엇인가를 말한다.
> jack은 나무에 올라 사과를 따서 jill에게 준다.
> jill은 그것을 맛있게 먹는다.

이 일련의 사실을 여러 각도에서 연구할 수 있으나 언어학적으로 볼 때 언어행동과 실제행동의 두 행동으로 나눌 수 있다.

> 언어행동에 앞선 실제행동 ······························· A
> 언어행동 ·· B
> 언어행동에 이은 실제행동 ······························· C

A는 화자 jill에 관련되는 것으로 jill이 허기가 돌아 위의 근육이 긴장해서 분비물이 분비된다. 이때 광파가 빨간 사과를 반사시켜 jill의 눈에 비친다. jill은 jack을 바라본다. jill과 jack의 관계는 어떤 사이라도 좋다.

이것이 jill에게 있어서의 언어행동 이전의 것이기 때문에 이것을 화자의 자극이라고 한다. C는 청자 jack에 관계된다. jack은 사과를 따서 jill에게 준다. 이것은 언어행동 후에 일어난 것이므로 이것을 청자의 반응이라고 한다. 언어행동 후에 일어난 것에 대해서는 jill도 관계된다. jill은 사과를 받아 맛있게 먹었기 때문이다. 화자는 청자 행동의 결과에 어떤 형태로 관계한다. B는 언어행동 그 자체로 당면 문제의 중심이다. 여기서 만약 jill이 단독이었다면 어떠했을까? jill이 나무에 오를 수 없다면 허기진 대로 지나쳤을 것이다. 홀로 있을 때 jill은 말하지 못하는 다른 동물과 다를 것이 없다. 공복의 동물은 식물을 보든 식물의 냄새를 맡든 그 대상을 향해 행동할 것이다. 공복 상태에서 식물로부터 받은 것은 자극이고 약자 S로 표시한다. 식물을 향해 행하는 운동은 반응이므로 약자 R로 표시한다. 홀로 있을 때의 jill이나 말을 못하는 동물은 다만 단일의 행동 즉 S→R로 표시한다. 이 행동이 행해지면서 식물을 획득한다. 그러나 여러 가지 이유로 행동이 이 선에서 구실을 못할 때 그들은 공복으로 끝난다. jill이 여기서 끝나면 동물과 같이 기회가 있어도 힘이 미치지 못하면 무위로 그친다. 사과를 따먹을 수 있는가의 여부는 그렇게 중대사는 아니나 더 중대한 기회가 똑같은 이유로 실기되면 큰 일이다. 그러나 인간에게는 동물에 없는 또 하나의 다른 능력이 있다. jill은 나무에 오르는 대신 매우 작은 노력, 즉 혀를 움직이고 성대를 진동해서 화음을 낸다. 그러면 즉각 jack은 행동을 개시해 jill 대신 사과를 따온다. 이같이 인간은 자극에 대해 실제 행동으로 반응할 뿐 아니라 언어행동으로 반응할 수 있다. 이때 상대편은 언어의 자극에 대해 실제 행동으로 반응할 수 있다. jill의 자극은 언어행동을 통해 jack의 실제 행동으로 반응한다. 이것이 언어의 전달기능이다. 다음에 상세하게 언어행동 B를 살핀다.

B[1] jill은 사과에서 받은 자극에 대해 실제행동이 아닌 발화운동을 했다. 이것은 언어행동 반응 또는 언어행동이라고 하여 대리반응에 의한 반응과 구별하고 이것을 r로 표시한다. 그러면 인간은 두 가지 반응을 보일 수 있다.

S→R 실제행동에 의한 반응
S→r 언어행동에 의한 반응

B^2 jill의 구강내에서 발생한 음파가 주위의 공기를 진동시켜 동일의 음파를 만든다.

B^3이 음파는 jack의 고막을 진동시켜 jack의 신경을 자극하고 jack은 사과를 따온다는 행동을 일으킨다. 이것은 jill의 공복자극이 jack의 행동을 촉진한 것으로 본다. 그러나 실제는 공복의 자극을 직접 jack이 받은 것은 아니고 언어에 의한 대리 자극을 받은 것이다. 인간은 두 자극에서 실제 행동에 의한 반응을 일으킨다.

S→R 실제자극에 의한 경우
s→R 대리자극에 의한 경우

화자 jill과 청자 jack의 사이는 음파에 의해 연결된다. 이것을 점선으로 표시하면 둘 사이에 일어난 일련의 사실 A. B. C는 다음과 같이 상징화할 수 있다.

S→r‥‥s→R
‖   ‖   ‖
A   B   C

S와 R, 즉 언어행동 이전의 사실 A와 그 후에 일어난 사실 C와는 실제적인 사실로 일반적으로는 이에만 관심을 갖고 r…s에 대해서는 별로 주의하지 않는 것이 보통이다. S→r은 화자의 체내에서 일어나고 s→R은 청자의 체내에서 일어난다. 모름지기 서로 다른 두 신경조직이 협동해서 하나의 자극에 대해 유효한 반응을 보이는 것은 온전히 r…s 즉, 언어행동인 B의 결과에 의한 것이다. 언어행동 그 자체는 가치가 없는 듯하나 의미를 내포하므로 중요하다. B는 A와 C를 의미하기 때문에 중요한 것이다.

(3) 벌로(Berlo)설

의사소통 과정의 일반적인 도형은 Berlo의 S-M-C-R이다. 이것은 전체 의사소통 과정에 관련한 가변성 증명과 그 범주를 한계짓는 것이 주된 목적이다. S-M-C-R은 각각 Source, Message, Channel, Receiver의 약자다. Source와 Receiver의 의사소통 과정에 관련되는 가변성 고려는 소통 기교 (Communication skill), 심상(attitudes), 지식(knowledge), 사회제도(social system), 문화배경(culture)인데 반하여 내용의 요인(factors of content), 원리(elements), 구조(structure), 신호법(code), 처리(treatment) 등을 본질적인 메시지(message) 의 가변성으로 간주한다. 한편 채널(channels)은 소통수단이기보다 오히려 감각적인 판단양식으로 이해한다. 여기에 시각, 청각, 촉각, 후각, 미각의 5관이 속한다. 피드백의 중요성을 입증하는 언급이 없지 않으나 이 개념 이 벌로의 S-M-C-R 자체에 포함되지 않고 있다.

(4) 인코딩(Encoding), 디코딩(Decoding)

의사소통 과정의 방식을 설명하는 가장 기본적인 것으로 이 방식의 중요한 요소는 화자, 청자, 피드백이다. 이 방식은 화자의 잠재적인 가변성 즉 화자의 심상과 심상의 인코딩, 청자의 잠재적인 가변성 즉 청자의 상대방 심상과 기호의 디코딩스킬, 그리고 피드백의 가변성 즉 양성화와 음성화로 요약된다. 피드백은 화자의 계속되는 전달 행동을 유형화하고 수정하는 데 구실하는 청자의 공공연한 반응이다. 여기서 보상으로 파악되는 반응 즉 박수갈채, 동의점두, 메시지에 대한 세심한 외면상의 주의 등은 양성적인 피드백이고, 징벌로 파악되는 반응 즉 조소와 조롱, 부주의, 하품, 불쾌한 표정 등은 음성적인 피드백이다. 인코딩은 화자의 심리적 활동인 그의 내적 반응, 사상, 아이디어, 인식을 관찰할 수 있는 언어적이고 음성적이며 신체적인 자극 즉 메시지로 전이하는 작용이고, 디코딩은 화자의 심리적 활동인 청자가 관찰할 수 있는 언어적이고, 음성적이며 신체적인 자극을 청자가 그의 내적인 반응으로 전이하는 작용이다.

(5) 브라이언트(Bryant), 월리스(Wallace)설

일반적인 커뮤니케이션과 같이 스피치에서도 화자와 청자와의 관계는 양극적인 현상이다. 청중은 특정 연제에 대한 특정 연사의 스피치를 듣기 위해 모인 집단이다. 연제에 대한 관심은 연사도 본질적으로 집단의 한 구성원이기 때문에 거의 동일하다. 고로 화자와 청중은 동일집단에 속한다. 이 집단은 최소한 화자와 청중의 명백한 양극 또는 두 초점을 갖는다. 그리고 화자와 청중은 그 집단의 특성을 어느 정도는 인식한다. 집단 내의 양극현상은 모두 커뮤니케이션 국면은 물론 일상적인 대화에서도 명백히 나타난다. 그러나 사적인 담화에서는 공적인 경우보다 양극현상이 비교적 덜 인식되는 것으로 보인다. 일상적인 대화와 공식 연설에 어떤 차이가 있다면 화자와 청중이 정상적으로 갖는 공적 및 사적인 정황에 대한 인식의 차이일 뿐이다. 공식연설의 양극 상태를 강조하는 현상이 없지 않다. 단순히 기립하여 청중과 상면하고 혹은 연단에 선다는 등 화자는 청중보다 항상 우위를 차지한다. 그러나 대부분의 대화에서는 화자가 청중과의 이 같은 간극은 갖지 않는다. 연설에서는 연사가 일방적으로 커뮤니케이션 하는 데 비해 일상 대화에서 청자 및 화자의 처지가 수시로 바뀐다. 연사는 청중보다 유력한 정보를 갖는다. 연사는 임무를 중시하고 정황과 장면에 잘 적응하는 사전 준비를 충실히 하기 때문이다. 그러나 우연한 대화를 위해 특별한 사전 준비를 하는 경우는 거의 없다. 요컨대, 공식연설의 정황은 사적인 대화보다 일층 형식적인 국면을 띤다. 결국 화자와 청중을 강조하는 여러 조건은 부수적이다. 기본적으로 화자와 청중은 단일집단에 속한다. 따라서 지식 확장이나 혹은 논쟁 중인 문제에 대한 입장 표명을 가능케 하는 태도의 강화 및 완화에 화자와 청중이 일반목적을 두고 있느냐 여부로 커뮤니케이션의 효과는 크게 달라진다. 한 집단의 두 극의 감각을 일치시킬 때 공식 연설은 커뮤니케이션의 효과를 획득한 것이다.

(6) 커뮤니케이션

① 커뮤니케이션의 의미

커뮤니케이션은 두 개의 유기체 간의 상호작용에서 필요한 조건이다. 어느 유기체의 행동이 다른 유기체에 자극이 되는 경우에 발생한다. 인간의 경우, 어느 사람(source)이 발한 자극(message)은 여러 가지 매체를 통해 다른 사람(receiver)에게 전달된다. 물론 이 자극을 적절히 수용하는 체제가 리시버에게 확립돼 있지 않으면 메시지는 이해되지 않고 정보의 교환이나 의미의 공유도 성립되지 않는다. 커뮤니케이션에는 소스, 메시지, 리시버가 포함되나 소스와 리시버가 동시에 동일 장소에 꼭 있어야만 하는 것은 아니다. 가령, 어느 사람이 고향의 연인에게 편지를 보내는 경우에도 커뮤니케이션은 성립된다.

사람과 사람의 상호작용의 대부분은 언어에 의존하나 반드시 그렇기만 한 것도 아니다. 눈길(Eye contact)에 의해, 동의점두나 미소에 의해 즉 비언어적인 행동에 의해서도 커뮤니케이션은 이루어진다. 그러나 사회적 상호 작용에서 실제 사용되는 메시지의 전달 수단은 언어일 경우가 많다. 사회적 지각은 사람이 사물을 동일하게 지각하고 환경이나 세계에 대한 사고방법을 공유한다는 데서 성립된다. 동시에 지각이나 사고를 표출하기 위해 공동의 도구인 언어를 학습해 오는 것이 사회적 약속임을 어느 의미로 긍정하고 있다. 소스가 리시버에게 어떤 효과를 기대할 때의 커뮤니케이션을 의도적이라 한다. 그러나 이때 사용되는 기호가 소스와 리시버에게 각기 다른 의미를 갖게 하면 커뮤니케이션은 실패로 끝난다. 커뮤니케이션에 의해 남에게 영향을 주는 기능은 학습으로 점차 획득된다. 유아의 커뮤니케이션과 성인의 커뮤니케이션을 비교하면 용이하게 이해된다. 특히 성인 중에도 커뮤니케이션 기능의 열세가 보인다. 그것은 남의 역할을 자극하는 능력이나 입수한 정보를 분류 판단하는 능력에 관계된다.

② 커뮤니케이션의 회로

모든 구성원 간에 상호 전달이 가능케 한 소집단이 있는가 하면 구성원 간의 상호작용을 제한하고 있는 집단도 있다. 주어진 집단 내에서 어느 구성원이 다른 구성원에게 커뮤니케이션을 하는 경우에 양자 사이에 커뮤니케이션의 회로가 있다고 본다. 이에 대한 장애로 물리적 및 심리적 현상을 지적할 수 있다. 가령, 라디오의 뉴스 아나운서는 개별 청취자와 직접 커뮤니케이션이 불가능하다.(특수한 정황이 있기는 해도). 또 학생이 저명한 원로와 대화 나누기를 두려워하면 커뮤니케이션은 회피되고 만다.

소집단에서 커뮤니케이션 회로를 커뮤니케이션망이라 한다. 대학 강의에 3종의 커뮤니케이션망이 있다. 첫째가 강의 형식, 둘째가 교수 중심의 질의 응답 형식, 셋째가 집단 토론형식이다. 여러 가지 커뮤니케이션망의 효과에 대해서 회로의 개방성, 폐쇄성을 실험적으로 제어하는 방법이 연구되고 있다.

상호작용의 자유도를 커뮤니케이션망의 전도율이라 한다. 그것은 가능한 회로수에 대한 실제 회로수의 비율로 측정한다. 리비트(Leavitt)의 연구에 의하면 커뮤니케이션망의 전도율이 높으면 구성원이 과제를 좋아하는 정도가 증가하고, 따라서 만족감도 커진다. 또 사람이 중심적 지위 즉 직접 혹은 매개를 통해 보다 다수의 사람과 커뮤니케이션 하는 지위에 있으면 그만큼 과제를 좋아하게 되고 이 같은 결과에 일층 만족해 하는 경향이 있다.

③ 커뮤니케이션의 관찰과 분석

주어진 집단 내에서 상호작용을 기술하려면 교환되는 메시지를 유형화하는 것이 필요하게 된다. 베일스(Bales)는 대면적 집단에서 행해지는 커뮤니케이션을 12개의 카테고리로 분류·관찰·분석하는 상호작용 과정 분석법을 고안했다. 이 분석법을 쓰면 소집단 내의 커뮤니케이션 순서를 도표화할 수 있다. 가령, 집단 내의 어느 사람 의견이 일반적인 의견과 대립 또는 불일치할 대 그를 향하는 커뮤니케이션이 증대한다. 그러나 그럼에도 불구하고 그가 자신의 의견을 고집하면 그는 항상 무시되는 것처럼 되어간다는 결과가 보고되고 있다. 또 카테고리 분석법에 의해 집단 내 상호작용의 유형을 총괄적으로 명시할 수도 있다. 가령 동의를 많이 포함하는 커뮤니케이션이 지배적인 집단은 부동의가 많은 집단보다 구성원의 만족도가 높은 경향을 갖는다는 사실을 입증할 수 있다.

④ 커뮤니케이션의 구조

집단이 어느 정도 지속성을 갖는다면 일정의 커뮤니케이션 구조를 갖게 된다. 그것은 집단 내의 사람이 받고 보내는 커뮤니케이션의 양이나 그 내용에 일관성을 보이는 것 같은 사실에 의해 시사된다. 커뮤니케이션의 빈도는 그 사람이 집단 내에서 차지하는 지위에 관련된다. 지위가 높으면 그만큼 커뮤니케이션을 보내고 받는 경우가 많아진다. 그러나 최고의 빈도를 보이는 사람이 가장 훌륭하다고 할 수 없다. 집단이 클수록 고빈도의 사람과 저빈도의 사람 사이에 분리현상이 생기기 쉽다.

커뮤니케이션의 양적인 다과에서 보이는 개인차는 대체로 첫째가 퍼스낼리티이고, 둘째가 집단 기준과의 동조 정도에 관계가 있다고 생각된다. 가령, 내향적인 사람은 동일한 사회적 조건 하에서 외향적인 사람보다 메시지를 보내는 일이 적을 것이다. 또 집단 기준에서 현저하게 떨어져 나가는 사람에 대해서는 동조시키려고 그에게 많은 커뮤니케이션이 향하게 된다. 그러나 그는 완고한 사람으로 인정되고 그가 받는 커뮤니케이션의 양은 최소의 것이 된다.

동료나 친우는 이방인 상호보다 커뮤니케이션의 횟수가 많아진다. 결국 남에 대한 적극적인 감정이나 관심은 커뮤니케이션의 고빈도에 연결되기 쉽다. 젊은이는 부모에 대한 것보다 일층 많이 그의 연인에게 속마음을, 즉 메시지를 전달하기 쉽다. 또 비공식 우애집단에서 영향력 구조가 커뮤니케이션 구조와 거의 같다.

커뮤니케이션과 지위와의 관련에 대해서는 다음 세 타입이 있다. 커뮤니케이션이 ①높은 지위로 향하는 상향형, ②동등의 사람에게 향하는 수평형, ③낮은 지위로 향하는 하향형이 있다. 그러나 쌍방 지위의 동등성에 의문이 있을 때 상호 전달을 회피하기 쉽다. 이 같은 구조는 커뮤니케이션의 과정 및 지위 구조나 영향력 구조 혹은 세력 구조에 관계를 갖는다.

⑤ 언어와 커뮤니케이션

인간관계의 행동현상은 커뮤니케이션에 의해 좌우된다. 여러 사람이 메시지를 교환하는 것에 의해 성립되나 공통의 인식, 희망이나 태도를 갖는다면 일층 충분해진다. 인간의 커뮤니케이션은 주로 언어에 의해 진행된다. 언어에는 첫째, 대상의 기호, 둘째, 대상의 속성 셋째, 대상 그 자체로서의 작용이 있다. 언어에는 외연적 의미와 내포적 의미가 있다. 외연적 의미란 그 어가 지시하는 것인 바 그것을 외적으로 나타내는 것으로 수학이나 과학의 용어가 이에 해당된다. 이에 대해 사회적인 일반어의 대부분은 내포적 의미를 갖는다. 내포적 의미란 그 語에 집합하는 표상, 감정, 행위에 대한 보다 폭넓은 음영을 이른다. 두 개의 語가 동일의 외연적 의미를 갖는 경우에도 그 내포적 의미는 전혀 다를 수 있다. 가령, 콜걸과 매춘부라는 語는 동일의 대상을 가리키는 것으로 쓰이나 각각의 語가 환기하는 뉘앙스는 전혀 다른 것이다.

커뮤니케이션에서 나타나는 語의 의미는 화자의 그 語에 따른 선행 경험과 청자의 그것과의 전체적인 문맥, 객관적 또는 주관적 및 비언어적 문맥으로 규정된다.

컬럼비아대학의 미얼루(Meerloo)교수는 "I love you"라는 간단한 문의 의미를 여러 각도로 말했다. 이 말은 유행가 가수에 의해 의미 없이 연일 반복되고 있다. 일상생활에서 이 말이 의미하는 것은 여러 가지이다.

<나는 당신이 필요하다>, <나는 당신과의 섹스를 원한다>라는 것을 뜻할 때도 있고, <당신이 나를 사랑해 주기를 바란다.>, <당신을 사랑할 수 있다면 하고 생각한다>고 말 할 때도 있다. 미얼루는 이 같은 의미를 예로 들고 있다. "I love you"란 문은 희망, 욕망, 복종, 정복의 의미를 갖지만 그것이 어떤 문맥으로 쓰이는가를 명확히 파악하지 못하는 한 그 문의 진실한 의미를 알 수 없다는 결론이다.

정확한 커뮤니케이션이란 이에 관계하는 여러 사람이 사용하는 문의 의미를 상호 정확하게 이해하는 것으로 보증된다. 두 사람이 문에 대한 경험이 전혀 다르다든가 커뮤니케이션 문맥을 전혀 다르게 지각한다면 쌍방이 수용한 문의 의미는 상이한 것이 된다. 그것은 정확한 의미의 교환에 실패한 것이 된다. 이 현상을 의사 커뮤니케이션이라 한다. 그것은 불안과도 깊은 관계가 있다. 커뮤니케이션 장면이 이유 여하에 관계없이 불안을 불러일으킬 듯한 경우에 커뮤니케이션의 첫째 목표는 아이디어의 정확한 전달보다 오히려 불안의 해소에 있다. 여기에 자신을 지키려는 방어기제가 작용해 정확한 커뮤니케이션은 극히 어렵게 된다.

1. 언어학이 화법과 어떻게 연관되는가를 말해 보라.
2. 의미론이 화법과 어떻게 연관되는가를 말해 보라.
3. McBurney의 화법론을 요약해 보라.
4. Encoding, Decoding을 설명하라.
5. 커뮤니케이션에 대하여 아는 바를 써 보라.

참고 문헌

1. 전영우, 화법원리, 교육출판사, 1967.
2. 전영우, 화법론, 익문사, 1973.
3. 態澤龍, 傳達の可能と條件, 東京, 筑摩書房, 1967.
4. 平井昌夫, 現代話シコトバ科學, 東京, 至文堂, 1965.
5. 大久保忠利, コトバ技術, 東京, 河出書房, 1957.
6. 入谷敏男, 言語心理學, 東京, 誠信書房, 1966.
7. 神保格, 現代言語學紹介, 東京, 泰文堂, 1955.
8. 長谷川浩, 人間關係の社會心理, 東京, 北望堂, 1970.
9. Alan H. Monroe, *Principles and Types of Speech*, Scott Foresman Company, Chicago, 1949.
10. James McBurney, *The Art of Good Speech*, Prentice Hall, New York, 1953.
11. Dorothy Mulgrave, *Speech*, Barnes and Noble, New York, 1954.

화법의 원리

제**2**장

개 관

    화법 구성, 즉 말할 내용을 구성하는 룰과 원리 그리고 효과적 의사 전달의 방법, 결국 화법의 원리가 제2장의 주제이다. 이들 원리는 기본적 성질을 갖고 있는 것이고, 비공식적인 일상회화이든 그룹을 향해 말하는 공식적인 것이든 상관없이 모든 화법에 응용될 원리이다. 우리의 현재 목적은 그룹을 향해 말하는 능력을 신장하는 것 뿐이지만 널리 일상의 대인 관계에 있어서 이 원리는 하나 남김없이 응용할 필요가 있음을 결코 잊어서는 안 된다.

1. 말할 내용

"다른 사람이 어떤 길을 택하느냐는 것은 내가 알지 못하지만, 만일 내게 대해서 말한다면 자유를 달라! 그렇지 않으면 죽음을 달라!" 이 말은 헨리(Patrick Henry)가 미국 혁명 직전 버지니아주 리치먼드에서 연설한 말 가운데 흔히 인용되는 부분이다. 이 유명한 연설을 행한 그는 말해야 할 내용을 가진 사람이었다.

또 제2차 세계대전에서 독일의 침입을 받을 것이 피치 못할 사실이라 판단한 때 처칠(Winston Churchill)은 영국민을 향해 최후까지 싸워야 할 것을 소리 높여 역설했지만 '처칠' 또한 말해야 할 내용을 갖고 있었던 것이다. 프랭클린 루스벨트는 경제공황 당시 대통령으로서 직무를 계속 수행함에 "공포를 두려워하는 것 외에 두려운 것은 하나도 없다"고 미국인에게 말했던 것이다. 이 같은 사례는 모두 정황과 말하는 사람과 청중이 혼연일체가 되어, 말하는 사람의 스피치에 역사의 한 페이지를 제공하리만큼 위대한 순간의 기록들이다.

우리들 대부분은 전국이나 전세계의 시청을 모을 정황에 처할 일은 거의 없지만 말할 때 말할 내용을 확실히 갖도록 해야 한다. 이런 점에서 보아도, 이야기 주제를 선택함에 고려하지 않으면 안될 요소의 결합이 바로 이 장절의 주제이다.

1) 주제선택

이야기 주제를 선택할 때, 항상 고려하고 분석해야 할 다음 사항을 열거한다.

말한다는 것이 바로 사고과정의 표현이란 것은 정곡을 찌른 말이다. 우리는 대저 말이란 것이 사고를 소리로 내는 것이란 표현을 늘 들어 왔고, 또 그것을 입으로 옮기고 있다. 바꾸어 말하면 우리가 하는 말은 우리 자신을 나타낸다. 결국 우리는 경력·경험·지식·신조·감정·관점·견해·소감·사고 등을 나타낸다. 이야기 주제와 자료의 가장 최선의 근원은 우리 자신이란 점을 알아야 한다. 신조와 감정은 환경·교육·직업·교제관계·경험·등의 총체인 것이다. 우리의 지식과 견문 역시 이와 같은 근원에서 나오는 것이다. 이야기 주제를 선택할 때 영향을 주는 다섯 가지 주된 요소를 다음에 검토한다.

(1) 정 황

말해야 할 이유 설정을 위한 일정의 상황, 이를테면 회합의 유형, 프로그램 전체의 성격·그룹자체·일시와 장소 등 이런 것이 모두 모여 하나의 정황을 구성한다.

정황은 자연 주제 선택을 좌우하게 된다. 부하 종업원에게 회사의 새로운 방침을 설명하기 위해 이야기를 준비하는 것과 정찬회에서 할 짤막한 담화를 준비하는 일은 별도의 것이다. 전자의 정황은 주제 선택에 제한을 받지만, 후자는 상당한 여유가 있다. 또 매주 정기적으로 모이는 주레 회합이 주제 선택 범위가 넓다고 생각하기 쉬우나 경우에 맞춰 어떤 주제가 제일 알맞고 중요한가를 결정하기란 실제 어려운 것이다.

최근 다녀온 여행지나 취미생활로 경험한 이례적 체험 등을 이야기할 상황은 정찬회 때일지 모른다. 앞에서 살펴본 것처럼 주제 선택에 우리가 처한 정황이 때로 강한 영향력을 행사하는 요소로 작용하는 것이 거의 명백하다. 봄날 정찬회 때는 야구를 관전하는 법과 같은 화제가 적합한 것이지만, 겨울날에 있을 유사한 정찬회 때는 이 화제를 꺼내는 것이 부적절할 것이다. 또 스피치 길이라는 관점으로 볼 때, 할당된 시간 내에 다룰 수 없는 주제는 버리지 않으면 안될 경우가 생긴다.

주제 선택에 영향을 미치는 정황 말고, 스피치 이유 · 목적 · 계획과 준비에 필요한 주의 깊은 배려 등이 있다. 주제 선택과 관련된 정황 분석은 물론 다른 요소들과 연관지어 고려하지 않으면 안 된다. 여기서 다른 요소란 화자 자신의 흥미와 지식이고, 청자의 관심과 경력이고, 입수된 모든 자료가 바로 그것이다.

(2) 지식, 흥미 및 신조

하나의 주제에 관해 많이 알면 알수록 또 자신이 말할 내용을 깊이 느끼면 느낄수록 화자의 화법은 뛰어난 성과를 가져온다. 이미 이 장절의 머리에서 화자의 경력, 경험, 지식 또는 흥미 등이 스피치 주제를 선택함에 힘 있는 지배요소가 된다는 사실을 밝힌 바 있다.

일단 정황을 분석하고 주제 선택이 화자 책임하에 있다는 판단이 서면, 이 점이 가장 중요한 고려사항이 돼야 한다. 말할 내용이란 화자 자신이 잘 알고 또 깊이 느끼고 있는 것일 때 가장 가치 있다. 지식과 정보가 풍부하면 풍부할수록 또 신념이 깊으면 깊을수록 화자의 말하기 효과는 크게 증대되는 것이다.

따라서 화자 자신의 교양이 화제의 제일 중요한 저장고가 된다. 그러나 배경이나 경험을 음미할 때 화자가 설정한 화제는 어떤 특정 시간에 어떤 특정 청중에 전달되지 않으면 안 된다는 사실을 항상 의식할 필요가 있다. 화제 선택 때는 자신의 지식과 경험을 음미함과 동시에 필연적으로 청중을 꼭 염두에 두고 고려해야 한다. 그러면 다음에 청중분석에 필요한 요소를 살피기로 한다.

(3) 청중분석의 요소

이야기 듣는 청자가 소수이든 다수이든 또 조직의 발전책을 설명하려는 상사이든, 제안 설명을 듣는 부하 직원이든 혹은 누구에게 사업상 부탁할 일이 있는 기업가의 모임이든, 만찬회를 베풀고 있는 친목단체이든 또 그 밖에 어떤 유형의 청자이든 상관없이 청자 그룹이 갖고 있는 흥미와 배경을 고려해 보지 않으면 안 된다. 화자가 말하려 한 주제에 항상 청자의 흥미를 결부시키는 일이 반드시 용이하지 않다. 또 흥미를 느끼기는 해도 관심이 어딘지 모르게 저조한 형편으로 느껴지는 경우가 있다. 하나의 주제를 놓고 볼 때, 청자에게 흥미가 없어도 화자가 흥미를 강하게 느끼고 있으면 청자 또한 화자가 꺼낸 주제에 무난히 기울게 된다.

이 경우 청자가 주제에 흥미를 갖게끔 동기를 부여하는 설명이 필요한데, 바로 그것이 화자가 맡아야 할 임무이다. 청중 자신이 무엇을 가장 먼저 듣고 싶어하느냐를 알지 못하는 경우가 왕왕 있지만 가치있는 내용, 흥미 있는 화법으로 확신을 갖고 성실하게 화제를 던져 나가면 청중 장악이 가능하다. 물론 최상의 주제는 말하는 사람과 듣는 사람 양쪽에 다같이 흥미 있는 것이어야 한다. 만일 주관이 아닌 객관적 처지에서, 사고의 초점을 청자를 향하여 맞추기만 하면, 화자는 얼마든 적합한 주제를 찾아낼 수 있다.

화자의 주제와 목적이 청자의 흥미와 관심을 환기하게 하려면 주어진 정황과 여건을 감안해야 한다. 그러나 우리는 간혹 이 명백한 사실을 무시해버릴 때가 있다. 다음 몇 가지 사항은 청자의 관심과 흥미를 다소나마 파악할 수 있는 관건이 된다.

> **■ 청자에 대한 고려사항**
>
> 나이, 성별, 교육정도, 직업, 가족, 가입한 사회단체, 종교, 취미, 기호, 오락, 관심사 등 이것은 바로 청자의 흥미로 통하는 관건이다.
>
> 이들 가운데, 단 하나의 어떤 요소도 주제 선택과 목적 설정에 큰 영향을 미칠 수 있다. 자동차 생산공장의 현장 감독자들은 국제적 유가 상승이 자동차 생산에 미치는 영향에 굉장한 관심을 기울일 것이다. 그러나 직물 공장의 현장 감독자는 똑같은 관심이 없을 것이다. 여기서 청중의 직업이 미치는 영향을 실감하게 된다.

(4) 이야기 자료

이야기 자료에 대해 이제 서술하게 되지만, 이것은 화자가 어떤 주제에 관해 읽어야 할 참고문헌이 어떤 것임을 지적하려는 의도가 아니다. 손안에 있는 자료가 주제에 어떤 영향을 줄 것인가 하는 관계는 첫째, 화자 가신의 독서, 경험, 여행, 교제 범위, 등의 배경을 검토하게 된다. 가장 잘 알고 있는 주제, 가장 많은 경험을 쌓은 주제, 이에 관한 책을 읽은 적이 있는 주제를 목록으로 적어 본다. 그러면 화자는 한번의 연설용으로 충분한 자료임을 깨닫게 될 것이다. 그러나 자신의 마음 가운데 이미 완전하게 준비돼 있다든가, 자신이 갖고 있는 자료만으로 이야기 전개가 충분하다는 것을 미리 예기해선 안된다.

화자가 주제에 관한 책을 읽을 겨를이 없더라도, 다소나마 자료의 외부 출처에 관심을 돌리지 않을 수 없다. 통상 가까운 출처의 몇 가지를 열거해 본다.

화자 자신, 직업상 교제, 친구, 라디오와 텔레비전, 컴퓨터, 신문, 잡지, 서적 및 기타 참고자료.

만약 회사 내에서 하는 대화라면 가치 있는 정보, 견해, 자료 등을 동료직원이 갖고 있을지 모른다. 그러므로 회사 동료들과 대화해 본다. 이렇게 하여 견문을 넓혀 나가든가 자료에 관한 어떤 시사를 얻기 위해서도 친구와의 격의 없는 대화를 나눈다. 라디오, 텔레비전, 컴퓨터를 주의깊게 시청하든가, 신문, 잡지를 정성껏 읽는 동안 흔히 지나쳐버리기 쉬운 자료를 얻게 될지 모른다.

도서실 또는 도서관에 가면 관련서적과 참고자료가 많이 있다. 당면 문제가 중요할 경우, 주제에 관한 지식이 아직 충분치 못할 경우, 어떤 참고 서적의 도움을 받으려 할지 모른다. 만일 사내에 있으면 회사 도서관을 이용하는 것이 좋다. 자료 출처 등에 대해 중앙 도서관이나 지역 도서관에 가서 상담해 볼 일이다.

매일 우리는 장차 유용하게 쓸 자료에 접하고 있는지 모르고 또 여러 언론를 통해 유익한 말을 듣고 있는지 알 수 없다. 이 같은 자료는 세로 7.5 센티, 가로 12.5 센티 정도의 카드에 기입, 그것을 카드 상자에 넣어 보관한다. 매우 유익한 자료철이 날이 갈수록 풍부해짐을 마음 뿌듯하게 느낄 것이다.

(5) 주의와 관심

이야기 주제의 선택과 이야기 전개와의 관계를 염두에 두고 자료를 수집할 때 누구나 가장 적절한 것을 선택하고자 하는 주된 이유는 화자가 그의 아이디어를 흥미있고 건전하게 또 구체적으로 전개하기 위해서이다. 단순히 길고 오래 말하고 싶어서 자료를 구하는 것은 아니다. 흥미있고 건전한 이야기 구성을 위해 가장 적합한 자료를 발견하려는 것이 목적이다. 말할 내용을 갖는 다는 사실이 곧 장광설을 의미한다고 할 수 없다.

```
┌─ 일어선다 ─ 청중이 볼 수 있게끔
├─ 말문을 연다 ─ 청중이 들어서 알게끔
└─ 말문을 닫는다 ─ 청중이 호감을 갖게끔
```

효과적 화법이란 간단명료하고 전달코자 하는 요점을 제대로 전할 수 있어야 한다는 점을 항상 기억한다. 이야기 길이에 대한 일반 청중의 반응에 관해 다음을 명심한다.

2) 이야기 화제

자신의 경력이나 경험을 더듬어 보면 현재의 지식이나 신념을 형성하는 데 많은 영향을 끼쳐준 실로 다채롭고 광범위한 과거사를 돌이켜 회고하게 된다. 가령, 지금 어떤 소집단을 향하여 무엇을 설명 또는 약술하거나 혹은 무엇을 상대방이 나처럼 느끼게 하든가, 내가 믿는 것 같이 상대방이 믿게 하고 싶어 말하는 경우를 상상해 본다.

그런 경우를 대비하여 평소 말할 내용의 일람표를 만들어 '이러저러한', '무엇무엇'이 어떻게 해서 또 어떤 까닭으로 자신에게 흥미와 관심이 가는가를 메모해 둔다. 이 일에 착수하면 그것을 꾸준히 계속한다. 그리고 하나의 적절한 화제를 택할 때 이모저모 심사숙고하고, 화자 의도에 가장 적합한 항목에 참고 표시를 해 놓는다.

어떤 주제에 청중이 흥미를 갖지 않고, 자신 역시 알지 못한다 하여 주제에 지나치게 비판적이면 안 된다. 화자가 이야기를 잘 전개해 나가고 성의와 열의로써 아이디어가 제시되면 동기가 자극되니 상대방은 새롭게 관심을 일으키고 흥미를 갖게 된다.

말할 내용을 갖는 제 1단계는 가치있는 주제를 선택하는 문제가 된다.

이 과정이 불과 몇 분 사이에 끝날 수 있고, 아니면 주제 선택에 필연적으로 영향을 주는 모든 요소를 면밀히 분석하는 작업이 포함되어 불가피하게 많은 시간이 소모될 수 있다. 여기서 모든 요소란 주어진 정황, 화자 자신의 지식, 흥미와 관심의 대상 및 신조 또는 청자의 배경과 관심 등이다. 나아가 화자가 한 개 주제를 발전시킬 때 활용하는 자료이기도 하다. 말하기 목적과 이야기 주제란 관점에서 보면, 결과적으로 이 모든 요소의 완벽한 결합이 이야기를 훌륭하게 이끄는 기초가 된다. 그러므로 이야기 목적, 체계화, 발전이 다루어진 다음 장절은 가치있는 내용을 말하기 위해 매우 중요하다.

2. 목적을 분명히

남의 이야기를 처음부터 끝까지 듣고 자리를 떠날 때 아마 대부분은 다음과 같은 소감을 갖는 일이 이따금 있을 것이다. 그의 언변은 매우 뛰어났다. 듣기에 대단히 흥미 있다. 그런데 그는 대체 무엇을 말하고 무엇을 이야기했는가? 이런 식으로 자문하다가 그 이상 더 문제를 추구하지 않고 잊고 마는 수가 있다.

청중은 대게 무엇을 목적으로 말하는 것인가에 신경 써야 하는 이야기를 좋아하지 않는다. 청중은 아이디어와 이야기를 일목요연하게 직접 전개시켜 주기를 기대한다. 이야기 목적을 직접 말로 표현할 이유야 없지만 그러나 늘 목적이 선명해야 하며 목적이 모호해서는 안 된다. 청자가 말하기 목적과 아이디어를 좇아 지나치게 신경을 쓰게 되면, 이야기 줄거리에서 이탈, 아무 연결이 닿지 않은 다른 사실을 이것저것 의식으로 흘려 시간만 낭비하게 된다. 목적이 분명한 이야기는 특정 목표가 설정되고, 이야기 내용이 목표 달성을 위해 짜여지며, 목표를 향해 화법이 전개된다. 그것은 마치 표적의 중심을 겨냥하여 과녁을 적중시키는 것과 같다. 특정 목적을 갖고 있지 않은 이야기는 표적 없이 허공을 향해 산탄총을 쏘는 것과 같다. 또 가장 좋은 건축 자재를 가지고 있되 계획 없이 집을 건축하려는 것과 같다. 종점에 이르는 길을 모른 채 목적 없이 방황하는 유랑객과 같다. 무엇을 말할 것인가를 일단 결정했다면 다음 단계를 분석해 보는 것이 매우 타당하다. 화자가 무엇을 달성하고자 계획하고 있느냐를 결정하는 것이다. 따라서 전체 이야기가 이 목적을 향하고 있지 않으면 안 된다. 이 장절은 이야기를 위한 계획 가운데 첫 번째 중요한 단계, 즉 화자의 이야기 목적을 다루고 있다.

1) 이야기 목적

　주어진 기회가 공식이든 비공식이든 이에 구애받음 없이, 누가 말할 때 언제나 어떤 이유가 있기 마련이다. 그 정황이 공식적이면 그런대로 또 긴박성을 띠면 그럴수록 말하는 이유와 목적은 일층 중요성을 내포한다. 직장 내 어느 부서에 할당된 과업과 임무를 훌륭히 완수해 낼 수 있는가 여부는 사원 각자의 맡은 바 직책에 대한 이해 여하로 결정되는 바, 그들에 대한 과업의 설명과 지시가 곧 부서장의 이야기 목적이 된다.
　어떤 상품을 손님에게 파는 경우, 상대방에게 영향을 주고 납득시키고, 꼭 사도록 하는 것이 세일즈맨의 이야기 목적이다. 그리고 사교(社交) 집단에서 상대를 즐겁게 하는 가벼운 유머를 나눌 때 환담하는 능력이 있느냐의 여부가 사교상의 성패를 가늠하는 요소가 된다.
　말하는 모든 정황에서 자신이 무엇을 달성하고자 하는가를 잊어서는 안 된다. 대부분 다음 세 가지 경우가 일반 목적이 된다.

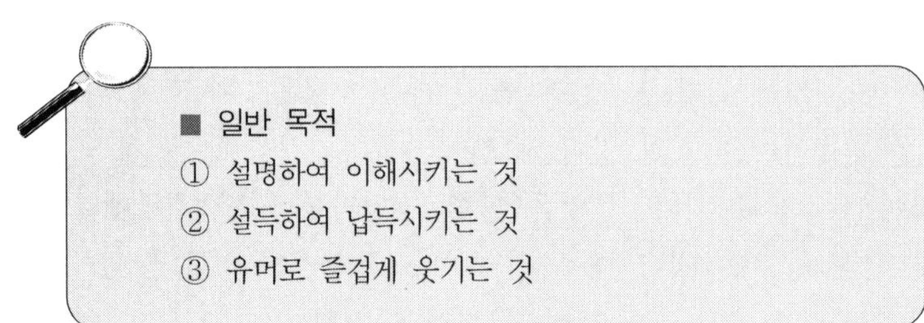

(1) 설명으로 이해시킴

모든 말하기 목적 가운데 큰 비중을 점하는 것이 무엇을 명료하게 설명하여 상대방이 그것을 확실히 이해하게 한다는 것이다. 일상의 언어생활에서 우리들 책임의 태반은 남에게 어떤 사실을 알려 주는 것이다.

작업에 관해 부서장이 종업원에게 임무를 지시하는 것은 매우 중요한 말하기 목적이다. 우리가 친우나 동료 앞에서 무엇을 설명하든가 행동을 지시하는 일이 빈번하다. 그리고 정보 전달 역시 일상 언어생활에서 중요한 일부분이다. 이에 관해서는 뒤에 논할 기회가 있다.

(2) 설득으로 납득시킴

모든 언어 표현은 남에게 다소간 영향을 미친다. 어떤 정보 제공의 말을 듣고 그의 이야기를 잘 이해했을 때, 청자는 자신의 사고와 행동에 분명 영향력을 받는 결과가 된다. 그러나 단순히 정보를 제공하든가 상대방에 이해를 구하는 것이 주목적인 때 이것은 부차적인 것이 된다. 청자로 하여금 어떤 사실을 강도있게 느끼게 하고 사고하게 하며 믿도록 하게 하면 설득이 목적이 된다. 때문에 설득을 상대방 감정, 신조 및 행동에 변화를 주는 것이라 정의할 수 있다.

아침 잠자리에서 눈을 뜨고, 다시 밤에 잠자리에 들기까지 설득은 부단히 계속된다. 남편은 아내를 설득하여 조반에 맛있는 음식을 만들게 하고, 집안 어린이들을 설득하여 떠들지 않게 하고, 상사를 설득하여 월급여액을 증액시켜 줄 것을 호소한다. 이렇게 따지면 우리는 무수한 일상사를 설득에 의존한다.

말하기 목적이 설득일 때 일층 화법에 신경 쓰게 되고, 난항이 예상되는 설득이면 더더욱 신경을 곤두세우게 된다. 능소능대하게 설득을 잘하는 사람이면, 그는 설득원리를 능히 구사하는 사람이고, 인간관계와 심리학에 정통한 사람이며, 또 그 자신 활기있고 성실한 사람임을 뜻한다.

(3) 유머로 웃김

모든 이야기는 상대방 듣는 이에게 흥미를 갖게 하는 것이어야 한다. 흥미를 돋구는 이야기는 상대방을 포착, 흥미와 즐거움을 주는 목적 외에 다른 아무 뜻이 없을 경우가 있다.

그런데, 그 때 상대방이 무엇을 배우는 것이 있거나 또는 어떤 방법으로 영향을 받는다면 그것은 본래 이야기 목적과 상관없는 우연의 결과이다. 예를 들면, 정찬을 마친 다음 다만 참석자들을 즐겁게 하기 위해 말할 때가 있다. 보통 사람이 이런 입장에 놓이기가 그리 흔치 않는 일이다. 사교 그룹에서 말하기 목적은 흥미있는 이야기를 나눔으로써 전체 분위기를 화기 가득하게 만드는 일이다.

2) 일반목적과 특정목적

말하기 목적에 일반 목적과 특정 목적이 있다. "산정호수"란 표제의 이야기는 주제로서 막연한 내용을 보이고 있다. 그러나, "산정호수"의 무엇에 관한 것인가? 어떤 사실에 관해 가장 잘 알고 있는가? 그리고 청자 혹은 청중이 어느 점에 관해 가장 흥미를 느끼는가? 이런 점을 중심으로 검토하여 일반 목적과 특정 목적을 결정해야 하고, 특히 특정 목적은 정확한 표현으로 직접 기술해야 한다. 가령, 또 하나의 표제 "우리 회사의 역사" 이것 역시 막연한 표현이다. 그러나 "우리 회사의 역사" 중 어느 부분을 강조하려 하는가? 몇 가지 경우를 상정할 수 있지만, 결국 끝에 가서 화자는 청중에게 어떤 점을 깊이 인식시키려 하는가? 표제에는 "안전한 업무 습관을 일상화하라"든가, "취미를 갖도록 하라"와 같은 설득력 있는 일반 목적이 있다. 그러나 화자는 대체 안전 업무와 수행에 있어 어떤 점을 특히 강조 실천케 하려는 것인가? 또 취미에 관한 이야기는 어떤 종류의 취미라도 좋으나 그것을 청중 전체가 갖도록 하려는 것인가? 아니면 어떤 특정인에게 취미를 갖게 하려는 것인가? 말하기 목적과 관련해 표제를 다각도로 검토했지만 우수한 표제를 뽑는 데 참고되는 몇 가지 조건을 제시한다.

■ 표제를 위한 조건
① 간결해야 할 것
② 일반적 주제를 나타낼 것
③ 말하기 목적을 제시할 필요는 없다.
④ 상대방 관심과 주의를 끌 것
⑤ 가능하면 매혹적으로 표현할 것

(1) 특정 목적

특정 목적을 설정할 때 다음 요소에 주목할 필요가 있다.

    ① 스피치의 길이
    ② 주제에 따른 화자의 지식
    ③ 주제에 대한 화자의 관심과 확신
    ④ 청자의 관심과 지식
    ⑤ 주어진 정황

시간적 요소가 특정 목적의 범위 한정에 지배적 영향을 미친다. 물론 스피치의 시간 길이는 청중이 누구냐로 그 때마다 달라진다. 비교적 지적 수준이 낮은 청중이나 사회적 지위가 낮은 청중을 상대로 말할 때 20분이 걸리면, 상당한 수준의 지식층에 대해 불과 10분에 보다 많은 내용을 전달할 수 있다. 실제 이야기 전개의 모든 과정에서 청자가 누구인가를 항상 염두에 두고 있어야 한다.

노사분쟁의 시끄러운 쟁의 와중에서, 노조측 파업을 금지하는 명령을 허용하는 법안에 찬성하도록 경영층을 설득하는 특정목적을 화자가 달성할 수 있을지 모른다. 그러나 노조측에 대해서 동일 목적을 달성할 수 없을 것이다.

(2) 목적의 기술

이와 같이 하여 우리는 특정 목적이란 일반 목적을 정밀하게 정리하고, 스피치 주제와 관련된 표현으로 기술한다는 결론을 얻었다. 말하기 준비를 위해 미리 계획을 세운다는 관점에서 예비적 결론을 기록할 때 표제, 일반목적 및 특정목적은 준비 단계에 앞서 기록해 두어야 한다. 이것이 어떤 양식으로 되는가 하는 점에 관해 몇 개 보기를 보인다.

    표제 — 산정호수
        일반목적 — 정보를 주는 것
        특정 목적 — 산정호수의 규모와 형태를 알려 경치의 미관을 설명하는 것
    표제 — 우리 회사의 역사
        일반 목적 — 정보를 주는 것
        특정 목적 — 자기 부서 내의 신참 사원에게 회사 창립 연혁, 발전 과
                정 그리고 회사 경영층에 관한 정보를 주는 것
    표제 — 자동차 구입에 관한 것
        일반 목적 — 설득시키는 것
        특정 목적 — P차는 소형 승용차에서 가장 성능이 우수한 차임을 상
                대에게 납득시키고, 동시에 이번 새차 구입시는 P차를
                구입하도록 하는 것.

말하기 목적은 말할 내용을 충실히 갖추게 하는 데 매우 긴요한 구실을 하게 된다. 화자는 우선 주제와 관련, 달성하고자 하는 일반 목적을 결정한다. 말하기 계획을 세우는 과정에서 두 번째 중요한 단계는 정확한 특정 목적의 결정이다. 이때 기대하는 상대방 반응이 무엇인가를 통찰한다. 정보를 주든가 설득하든가 또는 단순히 상대를 즐겁게 해준다는 일반 목적의 범위 내에서 이야기 시간의 길이, 화자의 관심과 지식, 청자의 흥미와 경력, 주어진 정황 등을 축차적으로 고려, 특정 목적을 결정한다.

3) 아이디어의 체계화

아이디어의 체계화는 이야기를 시작하여 끝낼 때까지, 이야기가 질서 정연하게 줄거리가 잡혀야 한다는 뜻이다. 그것은 또 도입으로 시작 전개과정에서 이야기가 요점에서 요점으로 옮겨지고 나아가 종결에 이르기까지 상대방이 내용을 이해하기 쉽고 납득하기 쉽게 하려는 화자의 의도이다. 말하기 효과를 최대한 거두기 위한 사전 배려이다.

아이디어의 논리 정연한 체계화는 청자 반응을 유리하게 이끌어, 본래의 특정 목적을 충분히 실현하려는 발전적 형태이다. 체계화에 앞서 아이디어가 어떤 것인지 결정해야 한다. 그리고 주요 아이디어에 도달하는 것이 체계화 과정의 첫 단계이다.

■ 이야기 체계화의 단계
① 주요 아이디어를 결정한다.
② 그것을 순서 있게 조직한다.
③ 그것을 보완하는 아이디어를 만든다.
④ 이야기 도입을 정한다.
⑤ 종결시의 표현을 정한다.

(1) 주요 아이디어

주요 아이디어는 특정 목적을 달성하기 위해 상대에게 작용하고자 하는 가장 핵심되는 근본 아이디어를 말한다. 주요 아이디어 선택시 적부를 판정하는 관건 또한 그것이 특정 목적을 달성하는 데 유익한가 여부에 있다. 이 밖에 또 고려할 사항은 다음과 같다.

■ 고려 사항
① 그것은 이야기 목적을 달성함에 꼭 필요하고 중요한 사항인가?
② 그것은 정해진 시간 내에 말할 수 있는 것인가?
③ 그것은 간결한 것인가? 불필요하게 장황한 것은 아닌가?
④ 스피치는 대체로 셋 또는 네 개의 아이디어 혹은 셋이나 네 개 이상의 요점을 가져서는 안된다. 만약 아이디어나 요점이 많으면 이야기 자체가 복잡해질 뿐 아니라, 청중 또한 이해와

> 납득이 힘들게 된다. 요점이 많이 모아지면 그것을 보다 큰 제
> 목 밑에 정리, 기록한다.
> ⑤ 그 요점은 충분히 아는 것인가? 또 요점의 필요성은 절실한
>   것인가?
> ⑥ 그것들을 적절히 전개시켜 주는 자료를 수집할 수 있는가?

이상의 고려 사항을 염두에 두면, 가령 "우리 회사의 역사"를 말하는 이야기에서 최상의 주요 아이디어는 다음과 같은 유형이 될 것이다.

♣ 특정 목적
자기 부서 내 신참 사원에게 우리 회사의 창립, 발전 단계와 회사 경영층에 관한 정보를 주는 것.

♣ 주요 아이디어
① 우리 회사는 1950년 특이한 환경 속에서 창립됐다.
② 회사 발전이 초기에 부진했으나 근년에 와서 눈부시게 변모하고 있다.
③ 우리 목표는 항상 공중을 위한 봉사이다.
④ 회사의 성공적 발전 기틀은 현재의 경영층 공로로 잡히게 된 것이다.

"공장 내 안전"이란 주제에서 다음과 같은 주요 아이디어를 떠올릴 수 있다.

♣ 특정 목적
기계를 운전할 때 불안전한 조업이 위험을 가중시킨다는 사실을 종업원에게 주지시킨다. 그리고 특정 단계를 꼭 거치도록 종용, 안전율을 높인다.

♣ 주요 아이디어
① 불안전한 조업이 공장 내에 중대 문제를 야기한다.
② 안전은 이익을 초래한다.
③ 우리는 모두 정해진 안전수칙을 꼭 지켜야 한다.

주요 아이디어는 이야기 전개 과정에서 중요 부분을 구성한다. 그러기 때문에 논리정연하게 순서를 짜, 주요 아이디어를 배열한다. 이야기 도입에서 주요 아이디어가 바르게 나와야 하고 또 종결 부분이 청중에게 효과적인 인상을 남겨야 한다. 이렇게 하면 전체 스피치의 골간 부분이 명확히 구분된다. 다음 도표는 스피치 전개 단계를 세 각도에서 요약한 것이다.

【 이야기 전개 단계 】

청자의 태도	이야기 부분	화자의 화법
무엇을 말하려는가?	도 입	주의를 끌고, 흥미있게 동기를 부여한다.
본론을 말하라 설명하라 서술하라 증명하라	전 개	명료하게 말한다. 좋은 자료와 적절한 사실 사례를 인용한다.
자, 그러면 어떻게 되는가?	종 결	요약한다. 호소한다. 장래를 보인다.

(2) 체계화

우리가 이 단계에서 고려할 것은 이야기의 전개를 발전적으로 도모하기 위해 주요 아이디어의 순서와 배열을 어떻게 하는 것이 바람직한가 하는 문제이다.

주요 아이디어를 어떻게 전개하느냐는 것은 다음 장절의 주제로 돼 있다. 주된 요소의 하나는 일반 목적 및 특정 목적과 관련, 요점을 분석하는 일이다. 정보를 이해시키는 설명과 무엇을 납득시키기 위한 설득 목적의 이야기는 기본적 배열의 유형이 존재한다.

① 정보를 준다.

정보를 주든가 정보를 알리는 이야기의 요점은 어떻게 해야 상대방에게 정보를 완전하게 전달할 수 있느냐이다. 이때 가장 효과적 순서는 다음과 같다.

> 시간적 순서 / 공간적 순서 / 논리적 순서 / 중요성의 순서 /
> 육하원칙의 순서

가령, 일관된 작업상 이야기는 요점을 거의 공간적 순서로 배열하고, 작업의 첫 공정에서 시작, 제품의 완성 단계로 끝맺는 것이 가장 좋은 순서이다. '산정호수'에 관해 정보를 주는 이야기는 먼저 호수 전경을 설명하고 다음에 호수에 관해 자세히 세부를 설명하는 것이 가장 좋은 방법인 것처럼 특수하고 논리적인 순서를 요구한다.

② 설득한다.

대체, 설득을 위한 이야기는 화자가 청자에게 어떤 해결이나 행동을 요구하는 정황에서 비롯된다. 문제를 거론할 때, 요점 배열은 도입에서 관심과 주의를 끈 후에 가능한 해결방안을 제시, 몇 가지 주장을 증명하고, 끝에 가서 행동을 촉구하는 경우가 많다. 이때의 배열은 일상 우리가 직면하는 모든 정황이나 문제에서 사고, 분석할 때의 일반 순서와 일치한다. 또 대개의 설득시에 구성하는 배열 방법과 같다. 배열 순서는 다음과 같은 질문 형식으로 만들어진다.

> ■ 배열 순서
> ㉠ 필요한 것인가?
> ㉡ 제시된 해결안은 제대로 구실할 수 있는가?
> ㉢ 해결안은 실천 가능한 것인가?
> ㉣ 일층 효과적인 다른 해결안은 없는가?

이 같은 의문을 일람표 형태로 대조해 보면, 일반 사고 형식과 설득을 위한 사고 형식이 거의 동일한 분석 방법임이 판명된다.

일반 사고 형식	설득의 사고 형식
1. 문제와 정황에 주의	1. 필요한 것인가?
2. 문제 분석, 중요성 입증	2. 제시된 해결안은 제대로 구실 할 수 있는가?
3. 가능한 해결안	3. 해결안은 실천 가능한 것인가?
4. 최선의 해결안, 증명	4. 일층 효과적인 다른 해결안은 없는가?
5 행동	5. 행동 촉구

'공장 내 안전'이란 스피치 요점은 이 정상 사고의 형식에 따라 논리적으로 배열할 수 있다. 도입에서 주제에 따른 청자의 주의와 관심을 끈 다음이면 배열 순서가 짜여진다.

■ 배열 순서
㉠ 불안전한 조업 문제의 분석과 중요성 입증
  (필요한 것인가?)
㉡ 안전관리로 이익을 가져온다.
  (제시된 해결안은 제대로 구실할 수 있는가?)
㉢ 안전율을 높이기 위한 특정 계획의 전개
  (해결안은 실천 가능한 것인가?)

설득을 필요로 하는 주요 아이디어의 체계화는 위의 기본적 양식에서 발전적인 여러 변형을 낳는다. 자동차를 구입하도록 상대를 설득하는 이야기에서, 상대가 자동차를 구입하고자 한다는 사실을 확인한 뒤에, P차가 다른 어느 차보다 성능이 우수하다는 점을 나타내는 것이 이야기 전개에서 가장 큰 의미를 갖는 부분이다. 이때의 이야기 전개 형식은 다른 어떤 특정의 차에 비해 P차가 갖고 있는 특징과 이점을 각 요점에 따라 거론하고 입증해 보인다. 그러므로 이야기 전개의 태반은 이것만이 최상의 해결안이요, 최고의 방법임을 증명하는 것이다.

어떤 구호사업에 일반의 지원이나 현금, 협조를 얻는 것이 이야기 목적일 경우, 문제의 중요성을 입증하는 것으로 이야기의 태반을 삼을지 모른다. 가령, 노인 복지시설이나 어린이 복지시설에서 생활하는 老幼들이 당국의 구호만으로 생활하기 어려운 형편임을 지적할 뿐 아니라. 의료 수혜가 거의 전무한 사실을 지적, 구호를 호소하는 경우가 있을 것이다. 화자가 이 문제를 실감나게 입증한 결과 청중이 성금 갹출에 적극 참여하는 행동을 일으키는 게 명약관화해질 수 있다.

문제 해결의 방법으로 이야기에 변화를 주지 않으면 안될 경우가 있다. 그러기 위해 화자는 문제 일부를 제기, 거기에 대한 최선의 해결안을 제시하고, 이것이 끝나면 다른 부분의 문제와 해결안을 제시하는 등 차례대로 이야기를 진행하는 것이다. 설득을 필요로 하는 모든 이야기가 어떤 형태로든 현재 상태에서 변화를 줘야 한다는 법은 없다.

현재 유지되고 있는 상태가 즐겁고 유쾌하다는 확신을 갖고, 현상이 계속 유지되도록 남을 설득하려고 노력하는 일이 더러 있다. 이 같은 유형의 이야기 목적은 다음과 같은 일련의 관건을 갖는다.

> ■ 현상 유지
> ㉠ 현상 개선의 여지가 없다.
> ㉡ 현상 유지가 최선의 해결책이다.
> ㉢ 제시된 개선책은 비실제적이고 손해를 자초할 뿐이다.

(3) 도 입

이야기 도입의 목적은 청자로 하여금 준비를 갖추어 주요 아이디어를 받아들이게끔 분위기를 만드는 데 있다. 이를 위해 보통 다음 사항을 실행해야 한다.

> ■ 실행 사항
> ① 주의와 관심을 끈다.
> ② 피차 공통의 기반을 구축한다.
> ③ 청자가 주제에 관심을 갖게 한다.

　이런 절차는 모두 간결하게 이루어져야 한다. 도입에 최상의 계획을 세우기 위해 먼저 이야기의 주요 전개에 필요한 준비가 돼 있어야 한다. 청중 분석이 도입에서 중요한 역할을 한다. 알아듣겠다고 '응응!' 하는 반응을 보이는 사람이 청중 가운데 얼마나 되느냐에 따라 상대방 관심을 이야기 주제로 옮기는 시간이 결정된다.

　주요 아이디어를 청중이 언제고 열심히 듣고자 하는 것이려니 하는 예상은 애당초 빗나간 것임을 잊어서는 안 된다. 주의를 집중시키는 방법에 필연적으로 모든 말머리가 포함된다. 이야기를 꺼내는 방법은 한둘이 아니다. 장소와 청중에 관해 무엇인가 언급하는 방법이 있고, 어떤 기발한 이야기를 꺼내 청중을 순간 깜짝 놀라게 하는 방법이 있다. 발언을 인용하든가, 특정 사례나 일화로 시작하는 것 또한 좋은 방편이다. 그러나 유머가 포함되는 이야기로 시작할 때 주의해야 한다. 왜냐하면 그것이 연회 석상 같은 데 적합할지 모르나 이야기 머리로 삼기에 꼭 최상의 방법이라 단언할 수 없기 때문이다.

　유머는 이야기 전개 중에 나오는 어느 점에 관련이 있는 것이어야 하고, 또 이야기 전체 테마와 목적에 관계되는 것이어야 한다. 스토리를 이용, 유머를 효과적으로 말하지 않으면 안 된다. 청중의 주의를 끄는 동안 화자는 청중과 더불어 공통의 입장에 설 수 있다. 청중이 무엇인가 화자와 공통적인 면을 갖고 있다고 느끼게 하는 방법이다. 주제 가운데 공통 관심사가 되는 것, 공통의 경험이나 공통의 신조를 명시하는 것, 이것은 모두 화자의 아이디어가 일층 수용되기 쉬운 분위기를 청중 가운데 조성해 준다. 설득을 필요로 하는 이야기는 공통된 일치점을 도입 부분에서 언급하는 것이 좋고 또 청중 각자가 주제의 중요성과 그것이 시의 적절한 것임을 확실히 알도록 강조하는 것 역시 피차 공통의 입장을 취하는 방법이다. 주의를 집중시키고, 청자와 공통 입장에 서 있는 동안 화자는 모든 청자의 관심을 충분히 환기하고 있는 것이다. 이때 청자에게 주제가 이해관계를 갖는다는 사실을 잘 인식시키기 위해 정황, 경험, 현상 같은 것을 보다 충분히 설명한다.

(4) 전 개

명료성을 잃지 않기 위해 이야기 본론에 들어갈 때, 주요 아이디어를 약술하는 것이 바람직하다. 이것은 정보 제공의 이야기에 특히 적합하다. 주요 아이디어의 약술은 논리적 순서에 따라야 하고, 이야기 전개 과정에서 요점이 확실히 드러나야 한다. 설득을 요하는 이야기에서 특히 그렇지만, 모든 요점을 머리에서 미리 약술하면 안 되는 정황이 또 있다. 청중이 수용적 태도를 취하게 되고, 화자가 일층 유리한 입장에 서게 될 때까지 요점을 명시, 주장하려는 바 내용을 미리 청중에게 알리고 싶지 않을 경우가 있다.

이것은 상대가 특정 목적에 동의할 것 같지 않을 때를 두고 하는 말이다. 이 점은 다음 장절에서 논의된다. 요점 전개에 있어 직접 또는 간접 방법의 논의는 매우 중요하다.

(5) 종 결

지극히 당연한 것이지만 이야기는 어디서고 반드시 끝내야 한다. 이야기 종결은 충분한 의미를 포함, 명료하게 종료해야 한다. 종결 부분이 끝도 없이 지루하게 꼬리를 끌면 안 된다. 구태어 결론을 말하고 있다고 할 필요는 없으나 '결론으로서' 하고 일단 잘라 말했으면 확실한 결론으로 이야기를 매듭지어야 한다. 모든 이야기는 총괄적 아이디어에 부응하면서 간결하게 종결지어 말한다.

어떤 작가는 훌륭한 결론이냐의 여부를 결정하는 최상의 조건은 그것이 도입 부분에 견주어 얼마나 근사하느냐에 달려 있다고 말한 바 있다. 종결부분에서 재차 주요 아이디어와 목적을 드러내 청자에게 새롭게 인식시키고, 의견일치가 보이지 않는 설득 이야기는 화자의 요점과 반대측 요점을 비교, 대조, 이 쪽 주장이 타당함을 여운으로 남긴다.

종결 부분에서 가장 기본적 요건은 다음 세 가지이다.

> ■ 기본 요건
> ① 요약하라.
> ② 전망하라.
> ③ 행동하라.

요약에서 주요 아이디어를 강조, 그것이 어떻게 특정 목적에 부합되는가를 보인다. 화자는 청중과 일체가 되고, 아이디어 또는 제안 사항이 상대방에 수용된 뒤 예상되는 장래를 밝게 전망해야 한다. 또 아이디어 혹은 제안 사항이 청중에 대해 매우 긴요한 것임을 다짐할 필요가 있다.

정보 위주의 이야기는 논의된 정보가 장차 이용될 가치가 충분히 있음을 강조한다. 상대방 행동을 촉구하는 설득 이야기는 특히 초점을 강조하고, 동시에 최종적으로 청중에게 행동 촉구를 강력히 호소한다.

이야기 구조가 교량 구조로 설명되고 있다. 그것은 보다 명확하다고 말할 수 없는 설명이지만 결국 이야기의 특정 목적이 다리이고 화자 목적은 다리를 횡단하는 것이다 그래서 주요 아이디어는 목적의 지주(支柱)인 셈이고, 지주는 흥미있는 자료에 의해 지탱되고 이야기가 전개되는 것이다. 도입은 교량의 초입이고, 종결은 바라다 보이는 위치에 있는 화자의 목표이다.

【 이야기 구조 】

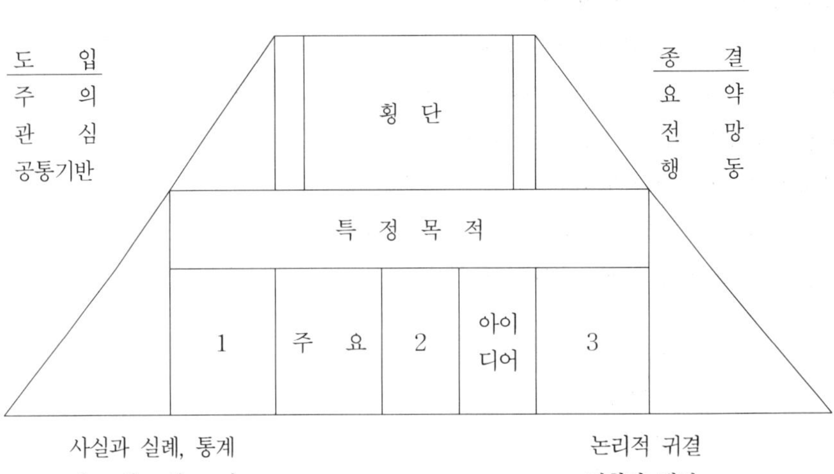

(6) 아웃트라인

이야기 구조를 만드는 가장 효과적인 방법은 이야기의 아웃트라인을 그려보는 것이다. 준비의 초기 단계에서 특히 주의할 것은 이야기 세부를 모두 기록하면 안 된다는 점이다.

의사 전달 능력을 향상하기 위해 이야기의 대강을 **빠짐없이** 기록하려 할지 모르나, 의사 전달은 아웃트라인으로 발전시키는 것이 가장 적절한 방법이다. 이야기를 처음부터 끝까지 써 가지고 아웃트라인을 그려보는 것은 잘못이다. 이야기 전개에 필요한 올바른 순서는 이미 제시한 바 있다. 아웃트라인이 필요한 이유는 아이디어를 가장 효과적으로 배열하고 이야기 구조를 일목요연하게 만들며, 주요 아이디어와 관련, 이야기 전개 자료를 정확히 제 위치에 갖다 놓고 의사 표현시 유연성 있는 가이드로 화자를 돕는다는 점이다.

아우트라인은 화자를 출발, 다시 화자로 귀착하는 메시지이다. 아우트라인을 작성하는 방법과 형식이 크게 중요한 것은 아니나 아우트라인 작성에 필요한 몇 가지 시사는 도움이 될 것이다. 아우트라인에 필요한 표제, 특정목적은 미리 제시한다. 아우트라인에 포함되는 것은 하나 남김없이 이야기 목적에 도움되는가 여부를 일단 시험한다. 첫째 주요 아이디어에 도달하고, 이어 이야기가 효과적으로 전달되게 순서를 배열한다. 주요 아이디어를 전개하면서 그것을 지지하는 방법과 자료를 결정, 그것을 정확한 위치에 놓아둔다. 도입과 종결 부분의 아우트라인을 기술한다. 아우트라인을 기술하는 과정에 쓸 기호나 부호는 일관성을 유지해야 한다. 아우트라인 길이는 이야기 구조를 어느 정도까지 카드로 봐야 하느냐 여부로 결정된다.

아우트라인의 일례

표제 — 공장 내의 안전
　　일반 목적 — 설득하는 것.
　　특정 목적 — 기계 운전할 때 불안전한 조업의 위험을 알리고, 안전도
　　　　　　　를 높이기 위한 특정의 단계를 꼭 거치게 한다.
　　도입 — 주의를 끈다. 최근 일년간 우리 나라에서 몇 명의 현장 희생
　　　　　자가 발생했고, 사고를 일으킨 사람은 무려 몇 명에 이르고
　　　　　있다. 공통의 기반, 이것은 전체 산업계의 공통적 현상이다.
　　　　　문제 해결에 협력하는 일은 우리 모두의 책무이다.
　　전개 — **주요 아이디어** 1 : 불안전한 조업은 중대한 문제를 야기한다.
　　　　　♣ 한국의 산업계
　　　　　① 매년 추가되는 숫자는 경이적이다.(숫자 인용).
　　　　　② 비극적으로 손해를 자초한 예가 있다(특정 사례 인용).
　　　　　♣ 우리 공장
　　　　　① 숫자와 사례 제시
　　　　　② 숫자와 사례 제시

> **주요 아이디어** 2 : 안전은 이익을 가져온다.
> ♣ 안전 프로그램 채택 회사
> ① 통계를 인용·설명한다.
> ② 전문가의 증언·실증 자료
> 우리도 이를 실행할 수 있다.
> **주요 아이디어** 3 : 우리도 한 사람 빠짐없이 이 안전 조업
> 을 실행하자.
> 기계를 매일 점검하자.
> 위험 방지 기기나 보호 설비를 활용하자.
> 기타 등등
>
> 종결 ― 요약 : 우리가 나쁜 기록을 낼 필요는 없다.
>   전망 : 제안된 아이디어에 따르면 보다 안전한 조업 상태를
>   기대할 수 있다.
>   행동 : 안전 조업의 실행은 우리 책임이며 동시에 회사 책임
>   이다.

아이디어의 체계화는 먼저 아이디어를 주의 깊게 선택한 다음, 그것을 가장 논리정연하게 효과적인 순서로 배열하는 것을 의미한다. 체계화는 이야기 목적에 따른 고려, 사용하려는 일반적 전개양식, 아우트라인 형식으로 기록하는 것 등이 모두 포함된다. 효과적 스피치를 어떻게 체계화할 것인가 하는 문제와 관련, 전기한 여러 고려와 함께 준비 과정에서 다음 단계를 꼭 고려한다.

■ 고려 사항
① 이야기를 전개시킨다.
② 동기를 부여, 청중을 유도한다.
③ 이야기를 효과적으로 전달·표현한다.

4) 아이디어의 전개

본론에 들어가라! 설명하라! 증명하라!

청중은 건전하고 흥미있는 방법으로 전개된 아이디어에 관심을 갖기 마련이다. 청중은 명확한 논리적 발전을 기대할 뿐 아니라, 이 같은 이야기 전개를 경청하게 된다. 화자가 어느 사실을 설명하고 증명하고 본론에 들어가기를 청중은 간절하게 요구하고 있다. 이것은 보통 청중이 구체적이고 특정성 있는 이야기의 전개를 희망하고 있음을 뜻한다. 훌륭하게 계통을 세웠다면, 그 아이디어는 아주 잘 짜여진 것이다. 만약 그것을 훌륭하게 전개하면 흥미있는 건전한 아이디어가 될 것이다.

아이디어를 흥미있는 건전한 방법으로 전개시킬 때 이용할 수 있는 확실한 수단과 방법을 여기서 취급한다. 이야기 내용을 찾아내고 명확하고 참된 목적을 설정, 몇 개의 주요아이디어를 준비하면, 이야기 준비에 남겨진 주요 단계는 이야기 전개에서 가능한 한 최선의 수단 방법을 선택하는 것뿐이다.

최선의 수단·방법은 반드시 매 아이디어를 장시간 전개시켜야 한다는 뜻이 아니다. 때로 이야기 길이가 중요하지 않은 것은 아니나 보다 더 중요한 것은 이야기의 질이다. 유머 작가 마크 트웨인(Mark Twain)은 어느 일요일 아침, 교회에서 들은 목사의 설교가 퍽 흥미있기 때문에 헌금 상자 속에 10달러를 헌금하려고 작정했다. 그러나 목사는 한참 있어도 이야기를 멈출 것 같지 않아 끝내는 싫어져 헌금의 액수를 10달러에서 2달러로 감했다. 하지만 그래도 불필요하게 목사의 장광설이 계속되자 헌금 상자가 그에게 돌아왔을 때, 마크 트웨인은 슬그머니 화가 나서 깎아내린 2달러마저 포기하고 말았다. 아이디어 전개 시는 주의와 관심의 법칙, 증거와 증명을 위한 수단 또는 어떤 방법으로 청자를 유도할 것이냐를 고려해야 한다.

(1) 주의와 관심의 법칙

특정하고 친근한
구체적이고 유머 있는   자료는 청중의 주의와 관심을 충분히
현실적이고 활기찬   끌 수 있다.
감명적이고 변화무쌍한

일반적이고 추상적이며 그리고 거리감 있는 형이상학적 사상을 들을 때, 곧 싫증을 느끼는지 여부를 알고자 하면, 청자로서의 자신의 경험을 돌이켜 볼 일이다. 그러면 곧 알게 될 것이다. 화자가 구체적이고 특정한 사실을 이야기 전개시 삽입할 때, 실제로 현존 인물이 화제로 등장할 때, 무엇인가 감명적인 또는 이례의 사실이 논의될 때, 또 자신과 관계되는 친근성있는 사실을 들을 때 혹은 매우 중대한 사실이라고 판단되는 내용의 것을 들을 때, 청중은 경청의 열의를 갖게 된다.

(2) 증명과 증거

구체성은 아이디어의 훌륭한 전개에서 뺄 수 없는 요소이다. 청자가 '개개의 경우를 설명하라!'라든가, '그 사실을 증명하라!'고 할 때는 사실, 사례, 증거가 될 자료를 인용, 논지를 반석 위에 놓고, 주의·주장을 명백히 하며, 특정성을 띠는 이야기를 시종 철두철미하게 들려달라는 뜻으로 풀이한다.

한 개 포인트를 증명하는 것은 애매하고 모호한 일반성이 아니고, 구체적 사실로서 포인트에 증거를 덧붙이는 것을 의미한다. 무엇이고 뒷받침 없는 아이디어는 사막의 열띤 공기와 같은 것이다. 일단의 대상이 이 공기에 관계치 않고 지나가는 것처럼, 청중은 아이디어에 관계치 않을 뿐더러 권태감마저 느끼고, 화자의 이야기 목적에 완전히 무관심해 버리기 쉽다.

그와 같은 아이디어는 당연히 있어야 할 토대와 구조를 갖추지 않은

집과 같고, 교각이 서 있지 않은 교량과 같은 것이다. 집이든 교량이든 언제 어떻게 붕괴될지 모른다. 증거는 화자의 포인트를 뒷받침할 사실이나 수단을 모두 합친 것이다. 증거는 건전하고 논리적인 사고가 뒤따르지 않으면 안 된다. 그래서 증명은 논리적 사고와 증거가 하나 되어 아이디어 전개의 전체를 구성하는 것이다. 물론 화자는 항상 아이디어를 증명하는 것이 아니다.

포인트를 명백히 하기 위해 최대의 노력을 경주하는 경우, 화자는 그의 아이디어를 이해시키려 노력하는 게 보통이다. 또 다만 홍미있는 것으로 특정 포인트를 전개할 때 그것이 화자의 목표일 경우가 있다. 결국 주의 주장을 뒷받침하는 수단과 증거는 증명하고 명백한 포인트에 홍미를 덧붙이고, 나아가 이야기 전체의 윤곽을 명확히 하는 효용성을 갖는다. 주장을 뒷받침하기 위해 가장 효과적 수단을 쓰고, 이야기를 발전적으로 전개할 때, 아이디어가 구체적·특정적·감명적·친근성 있고, 유머가 있으며, 활기차고, 변화무쌍한 요소를 많이 포함하고 있으면 그만큼 청중의 주의와 관심은 크게 증대된다.

(3) 증거와 뒷받침 수단

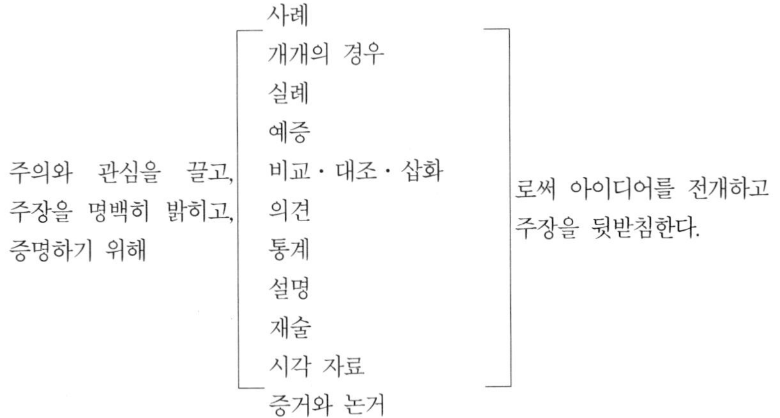

사례는 아이디어 전개시 포인트를 증명하고 개개의 케이스를 설명해 주었으면 하고 청자가 요구할 때 제일 큰 해답이 된다. 사실을 활용해 말한다는 것은 보통 통계나 뒷받침이 될 다른 자료와 함께 사례를 든다는 것을 의미한다. 만약 스피치에 사례 인용이 많고, 한 개 주요 아이디어의 전개에 적어도 한둘의 사례를 인용하면, 이야기가 훌륭히 진전될 것이라고 확신한다. 사례 인용은 실제 발생한 또는 현존하는 무엇을 말하는 것이다.

결국 어떤 사건, 사태, 상황, 장소, 인물 또는 다른 특정 사항을 의미한다. 이야기에서 아이디어를 전개시켜 나갈 때 화자는 '한 예를 들자면'이라든가, '예를 들면' 또는 '이에 해당하는 예로서는', '이에 덧붙여 일층 명확히 말하면', '그러면 개개의 케이스를 말해 보겠습니다' 등으로 이미 설명한 바에 덧붙여 사례나 케이스를 이야기 발전의 요소로 끌어들이지 않으면 안 된다.

화자는 개인적 경험 또는 견문이나 독서 등에 의해 갖가지 사례를 들 수 있다. 화자의 경험이나 경력 중에 무엇인가 일반적 견해, 의견 및 어떤 사고 과정의 결론까지 이르게 한 무수한 예로 가득 차 있다. 그래서 이따금 화자는 그의 이야기 속에 이 같은 사고나 결론을 실제로 활용하고 있는 것이다. 남에게 받아들인 것과 똑같은 포인트를 청자에게 수용시키기 위해 실례를 수반하는 사고 결과를 화자는 견지할 필요가 있다. 이야기 속의 포인트를 증명하는 것, 이것이 결국 사례 인용의 첫 번째 효용이다.

한 개 아이디어를 발전시킬 때, 한둘의 예를 비교적 상세히 설명하는 것과 다수의 예를 비교적 간명하게 활용하는 것이 어느 쪽이 더 효과적이냐는 화자 자신이 경우에 맞게 결정할 일이다. 만약 청자가 화자의 포인트를 의심하는 느낌이 들 때 많은 예를 포개놓는 편이 설득에 효과적이다. 예 가운데 일반적인 것과 특정적인 것이 있지만 명백히 효과적인 것은 특정 예이다.

'공장 내의 안전'이라 표제 붙인 이야기에서 한 개 포인트를 발전시킬 때, 다음과 같이 말할 수 있다.

  "우리 공장 내의 사고 기록은 매우 중대한 양상을 띠고 있다. 대부분 현
장에서 사고가 발생하고 있다. 기계실, 용접실, 기계 설비 근처 또는 그 밖
의 장소에서 사고가 발생하고 있다. 몇 건의 사고를 상세히 살펴보면 사고
발생의 원인을 명확히 알게 될 것이라고 생각한다."

(일반적인 예)

  "예를 들면 지난 주 금요일 기계실에서 큰 사고가 발생, 김영철씨가 손가
락을 잘리었다. 그리고 이번 주 화요일 대형 압착기 주변에서 사고가 났지
만 이것은 미리 예방할 수 있는 사고였다. 그 때…등"

(특정적인 예)

  '우리 회사'에 대한 이야기는 다음과 같이 말할 수 있다.

  "우리 회사가 오늘처럼 성공적 발전을 거듭한 이면에 창업주를 비롯한 몇
사람 뛰어난 창업사원의 찬연한 공헌이 숨겨져 있습니다. 우리는 그들의 업
적을 자랑할 수 있습니다. 1950년 창업주 아무개와 함께 누구, 누가…"

(특정적인 예)

  어떤 화자는 미국인에 대해 애국심을 자극하고자 다음 예를 들어 목적
을 달성했다.

  "우리가 이렇게 깊이 가슴 속에 품고 있는 조국애라는 것은 무엇입니까?
그것은 센트루이스를 굽이쳐 흘러 카이로를 지나 끝내는 뉴올리언스를 흐르
는 저 미시시피강입니다. 그것은 노스캐롤라이나 송림의 지루한 대낮이고,
서부 캔자스의 잔물결치는 밀밭입니다. 그것은 황막하고 휘황한 애리조나 저
쪽 멀리 북쪽에 보이는 샌프란시스코의 산들입니다. 또한 그것은 그랜드 캐
년의 유곡이며 또한 뉴잉글랜드산 등에 수원을 갖고 있는 작은 흐름이기도
하고…"

  평행으로 이어져 나가는 이야기 구조가 만들어내는 리듬에 주목한다.

또 그림을 그리는 것 같은 생동하는 표현, 곧 굽이쳐 흘러, 지루한 대낮, 잔물결치는 밀밭, 황막하고 휘황한…… 등에 관심을 가져 본다.

이 화자는 비유적 묘사라는 매우 효과적 수단을 이용하고 있다. 이것은 언어 회화를 창조하고자 한 것이다. 화자가 그리고 있는 것을 시각, 청각, 후각, 촉각 등을 통해 청자에게 전하고자 한 의도의 일부이다. 그것은 결국 청자의 감각을 자극하고자 한 것이다. 이 같은 시도를 자주 반복할수록 우리는 상대방 주의와 관심을 끌어나갈 수 있다. 예증 가운데 보통 비교와 대조가 포함된다. 두 개 이상의 어떤 사실을 놓고 유사점을 말하면 비교, 그렇지 않고 차이점을 말하면 대조가 된다. 우리는 때로 어떤 포인트를 명백히 드러내기를 희망한다. 그래서 그것과 다른 어떤 것을 대조, 자신이 갖는 포인트를 명백히 한다. 이런 경우 우리는 보통 한 가지 예를 놓고 대조를 시작, 다음에 대조된 것의 묘사를 여러 부분에 걸쳐 분석하지만, 이때 이것은 유추가 된다. 유추란 기본적 유형의 비교 또는 대조이기 때문에 아이디어를 발전시킴에 훌륭한 지원 수단이 된다. 회사 내에서 '안전 조업'에 대한 계획을 제시할 경우, 다음과 같이 아이디어를 발전시킬 수 있다.

> "다음 계획이 우리 회사에서 운용될 수 있을 것이라고 나는 생각한다(여기서 그 계획을 설명, 따로 묘사한다). 이와 거의 동일한 계획이 A회사에서 매우 원활하게 운용되고 있다. 회사 규모, 종업원의 수, 조업의 유형 등이 우리 회사와 비교할 때 매우 유사한 점이 많다. 규모를 놓고 볼 때, 그 회사가 갖고 있는 것은 …이고, 우리가 갖고 있는 것은…이다. 이 계획 실시가 A회사에서 원활하게 움직이고 있기 때문에 우리 회사 역시 원활하게 운용될 수 있으리라고 추측하는 바이다"(유추)

제2차 세계대전 후의 도이칠란트 형편을 말한 이야기 중에 윈스턴 처칠은 소련이 행한 베를린 봉쇄가 부당하다는 점을 강조, 다음과 같이 비유했다.

　　　"베를린 봉쇄는 불공평한 힘에 의한 고난이다. 부당한 시련이다. 그것은
　　안락의자에 허리를 편히 기대어 웃고 있는 사람과 어느 때까지 서 있기만
　　한 사람과의 사이에 행해지는 인내의 경쟁과 같다."

　　이 예는 직유의 유형을 취한 것으로 비유를 위해 '……처럼', '……같
은' 이란 표현을 쓸 수 있다. 직유에 버금가는 것이 은유인데, 그것은 '그
여자는 여우다' 혹은 '그 여자는 한 개 복숭아다'는 표현에서 볼 수 있
다. 가필드(James Garfield)는 어떤 가치있는 계획을 달성하려면 장기간의
세월이 필요하다는 점을 강조, 다음과 같은 함축성 있는 비유를 썼다.

　　　"그것은 우리가 무엇을 달성하고자 하는가에 따라 결정된다. 신은 한 개
　　아름드리 나무를 만들려 할 때 백년을 소비한다. 그러나 신이 한 개 호박을
　　만들려 할 때 소비하는 시간은 불과 두 달 밖에 안 된다."

　　위에 적은 바와 같이 우리는 여러 가지 방법으로 비유를 쓸 수 있다.
포인트를 증명하기 위한 경우가 있고, 포인트를 명백히 할 경우가 있다.
　　이야기의 한 아이디어를 발전시킬 때, 삽화의 기본적 효용 또한 포인
트를 명백히 하는 데 있다. 그 때 삽화의 포인트는 지금 발전시키고 있
는 아이디어와 동일한 의미의 것이 아니면 안 된다. 만약 삽화가 실재
인물에 관한 것이든, 파란곡절이 많은 이야기든, 상대방 신분과 지위에
가까운 것이든, 가슴을 찌르는 감명과 감동을 포함할 때 그것은 화자가
강조하는 포인트를 크게 지원할 뿐 아니라 청중의 주의와 관심을 크게
끌 것이다.
　　유머가 있는 삽화는 만약 기교있게 이야기했을 때, 바꾸어 말해서 정
확하게 포인트에 합치하는 경우 매우 효과적이다. 그러나 단지 유머만을
위해 이야기한 경우, 목적이 사교적인 것이 아닌 한 달성은 거의 어렵다.
비교는 어느 유형이든 가능한 한 상대에게 적용되는 것이어야 한다. 농
부를 향해 말할 때, 농촌 생활에서 비교의 예를 들어 이야기를 전개한다.
청중의 주의를 최대한 집중시키려면 그들에게 친근감있는 반응을 줄 예

를 인용해야 한다. 전문적 의견은 문제로 돼 있는 테마에 관한 권위자의 말을 인용, 아이디어를 발전시키고 증명하는 것을 의미한다.

전문가나 지명도가 높은 인사들이 우리와 동일한 결론을 가지고 있음을 알 때, 우리는 그들의 이야기 내용 역시 그만큼 신빙성 있는 것으로 간주한다. 이것은 명백한 사실이다. 전문적 의견은 때로 더없는 효과적 지원 수단이 된다. 의심을 품는 청자까지 이 쪽 의견에 동의시키게 한다. 권위자나 전문가는 각기 자기 분야에서 지도적 인물일 뿐더러, 청자에게 역시 지도적 인물로 간주된다. 또 그는 편견 없는 인물이어야 하고, 의견을 인용할 수 있는 유일한 전문가이어야 한다. 화자가 자신의 지위를 견고히 뒷받침하기 위해 몇몇 권위자의 의견을 인용할 때, 중첩된 전문적 증언은 비상한 효과를 올린다. 노동관계를 취급한 포인트를 강조하는 경우, 다음과 같이 활용할 수 있다.

> "저의 제안은 저 자신만의 성급하고 근거 없는 아이디어가 아닙니다. 경영을 대표하는 사람들과 정부 지도층 뿐 아니라, 노동운동의 지도적 지위에 있는 사람에 의해서도 면밀하게 검토되고 지지된 것입니다. 그 가운데 극소수의 의견을 여기 인용하면, 노총 위원장 아무개씨는 최근…라고 했습니다. 산업별 노조에서는 철도노조의 지도자 아무개씨가 저의 제안을…이라 평하고, 지지하고 있습니다. 광산노조는 최근 발행한 간행물에서…이라 썼습니다. 또 노동부장관은…라고 언급하면서, 이와 똑같은 확신을 보여주었습니다.…등등"

품질을 보증하는 방편으로, 명사들이 상품을 추천하는 형식의 광고 선전이 우리 나라에 등장된 지 퍽 오래된다. 이 같은 유형의 전문가로 전형적인 예는 영화배우, TV 탤런트, 코미디언, 가수 등이 있다. 인용된 사람이 광고한 분야에서 전문인이 아닌 것은 명백하지만 그래도 우리는 그들이 어떤 분야를 언급하고 있는가에 상관없이 평소 좋아하는 사람의 광고인 만큼 그것을 싫어하지 않는다. 이런 사람의 말을 간결하게 인용한다. 그러나 시종 이런 자료만으로 충만시키면 안 된다. 최상의 효과를 위해 작은 카드에 기입한 광고 모델의 말을 기억했다가 이야기 포인트 발전에 필요하다고 판단될 때 이것을 활용한다.

① 통 계

통계란 아이디어를 일층 구체적으로 발전시키기 위해 특정의 숫자를 이용하는 것이다. 숫자나 통계를 이용할 때 항상 샅샅이 캐내는 식으로 하도록 노력한다. 화자가 주는 정보나 주장, 신조 또는 전개시키고 있는 아이디어 같은 것이 숫자를 포함하고 있을 때, 그 숫자를 청중에게 보고한다. 가령, 1995년 이후 사고가 증가하고 있음을 보이고 싶을 때 1995년, 1996년, 1997년, 1998년의 숫자를 알린다. 증가된 퍼센테이지를 계산, 그 숫자가 무엇을 의미하느냐를 보여준다. 그 숫자를 돈으로 환산한다. 이 비용이 청중 한 사람당 얼마나 될까? 또 현실의 어떤 특정 사물로 환치하면 어느 정도인가를 보여준다.

통계를 효과적으로 이용하려 할 때, 중요한 암시의 하나는 통계를 청중에게 의미 깊게 새겨주는 것이다. 이 점이 훌륭하게 행해진 한 예로서 미국의 의원이 전쟁으로 인한 비용을 말하고자 행한 다음 연설이 있다.

"제가 입수한 범위 내에서 가장 잘 집계된 통계에 의하면, 전쟁으로 인해 잃은 것은 삼천 여만 명의 인명과 사천여억 달러의 재산입니다. 이 숫자가 무엇을 의미하는가를 좀더 자세히 설명하고자 합니다. 이 정도의 금액이면, 당시 우리는 1에이커에 100달러 하는 토지 5에이커를 사서, 그 터 위에 가구가 낀 2,500달러의 집을 지어 그것을 미국, 캐나다, 호주, 영국, 아일랜드, 프랑스, 벨기에, 도이칠란트, 소련에 사는 전 가정에 공급할 수 있다고 생각합니다. 그러나 이것만이 아닙니다. 다시 9개국, 인구 2만 이상의 도시마다 백만 달러의 도서관과 천만 달러의 대학을 지어줄 수 있는 돈이 남는다고 생각됩니다. 이 계획을 완전 수행하고, 또 우리는 프랑스, 벨기에의 전 국토와 두 나라가 소유하는 모든 가치있는 것을 가능한 한 모두 구입할 돈이 남는다고 생각합니다. 그러나 단 한가지 중요한 사실을 잊었습니다. 그것은 이같은 방대한 숫자가 제1차 세계대전의 손실이란 사실입니다. 이 전체 액수를 꼭 다섯 배 해야 비로소 제2차 세계대전의 손실이 되는 것입니다."

유명한 희극 배우, 호프(Bob Hope)는 숫자와 통계를 이용, 그가 피곤함을 다음과 같이 유머 깃든 화법으로 이야기했다.

"오늘 제 심장은 10만 3천번 뛰었습니다. 제 피는 1억 6천 8백만 마일을 달렸습니다. 저는 2만 3천번 숨을 쉬었습니다. 저는 5백 38입방피트의 공기를 마셨습니다. 저는 4천 8백의 어휘를 말했고, 주요 근육을 7백 50회 움직였습니다. 저는 7백만의 뇌세포를 운동시켰습니다. 저는 피곤합니다. 몹시 피곤합니다."

여기서, 통계란 정확한 숫자를 써 최대 효과를 올리기보다 그 숫자를 써서 활용하는 경우가 보통인 점에 주목할 필요가 있다. 우리가 아이디어를 전개하기 위해 사례 인용 전문적 의견 및 통계를 이용하지만, 이 모든 방법이 우리의 논지를 흥미 있게 하고, 증명하고, 명백히 하는 수단이 된다. 우리는 보통 아이디어를 먼저 서술하고, 다음 아이디어를 뒷받침하는 자료를 제시하는 순서에 따른다. 이것이 아이디어의 직접 전개 방법이다. 명료성이란 관점에서 보면 이는 최상의 방법이라 일러 무방하다. 그러나 우리는 때로 요점을 서술할 때 직접적인 방법을 쓰지 않을 경우가 있다. 즉, 뒷받침 수단을 먼저 제시하고, 다음에 아이디어를 서술함으로써 청중을 원하는 포인트에 일층 더 잘 접근시키는 경우가 있다. 이 경우를 간접적 방법이라 부른다. 처음에 통계를 들고 다음에 자신이 몹시 피곤하다는 포인트를 서술한 '밥 호프'의 경우에 주목한다.

직접 포인트
전쟁은 우리가 아는 이상으로 막대한 비용이 드는 것이다.

사 례
제1차 세계대전, 제2차 세계대전
통 계
제1차 세계 대전은 3천만의 인명과 40억 달러의 재산을 소모했다.

전문가 의견
윌슨(Woodrow wilson)은 이 손실에 대해 다음과 같이 말했다.
"……"
목전의 당면 문제를 해결함에 하나의 플랜이 유효함을 주장할 때 우리는
그 포인트를 다음과 같이 간접으로 전개시킬 수 있다.

사 례
'A'회사는 어떤 플랜을 채택했다.
'B'회사도 그렇고, 'C'회사도 그렇다.

통 계
'B'회사의 실시 결과는 다음 수치로 성공적임을 알 수 있다.

비 교
우리 회사는 규모와 내용이 'B' 회사에 매우 흡사하다.

간접 포인트
우리 회사 역시 이 플랜을 채택할 방침이다.

아이디어를 발전시키기 위한 설명 방법은 꾸준히 향상되고 있다. 정보를
준다든가, 어떤 사실을 남에게 전달하는 이야기에서 우리는 항상 설명 방
식을 쓴다. 설명은 정의, 서술, 인용 등 여러 가지 방법을 포함하고 있다.
우리는 지금 문제로 된 사실 또는 요점의 정확한 의미 등을 보이는 것
으로 정의를 삼는다. 명료하고 정확한 어휘를 사용 세부를 묘사함으로써
서술한다. 스토리를 말하든가, 어떤 정황이나 어떤 일련의 사건을 처음부
터 끝까지 묘사함으로써 이야기한다. 비교와 대조로써 설명 내용을 일층
명료하게 밝힌다. 결국 설명 과정은 아이디어를 전개시킬 때 여러 가지
수단과 방법의 총괄적인 것이라 할 수 있다.

② 재 술

재술은 뒷받침이나 증명을 위한 특정 수단은 아니라도 요점을 상대방에게 확인해 주는 매우 효과적 방법이다. 다른 표현을 빌어 동일 사실을 다시 한번 말하는 것이다. 요점을 정확한 표현으로 새롭게 설명한다. '환언하면……', '바꿔 말하면……' 등이 바로 재술 형식이다. 이야기를 계속하면서 자주 논지를 요약하는 방식 역시 재술이다. 만약 누군가 우리가 쓴 글의 내용을 읽고 잘 이해하지 못하면 그는 다시 한번 그것을 읽을 수 있고 이해를 깊이 할 수 있다. 그렇지만 이야기를 듣고 있을 때 그것을 중단시키고 우리에게 먼저 말한 내용을 다시 되풀이 해달라고 말할 수 없다. 다만 말하는 이가 희망하거나 양해하는 경우는 예외이다. 그러므로 이 같은 청자의 요구를 화자로서 의당 충족시켜 줘야 한다. 더욱이 논지를 반복 설명함으로써 일층 효과적 설득을 기할 수 있다. 구두로 아이디어를 명료하고 효과적으로 전달할 때 중요한 조건의 하나는 재술이다.

③ 시각지원

시각 지원은 말하는 데 있어 아주 귀중한 도움이 될 수 있다. 말하는 중에 이용 가능한 가장 보편적 시각 지원은 보드, 도표, 그림, 모형, 슬라이드, 영화, 비디오 등이다.

숫자나 통계 같은 것도 보드에 똑똑히 쓸 때 단순히 구두로 말할 때보다 한층 효과를 올린다. 하나의 비품이나 설비 또는 본보기나 실물도 그것이 그림으로 보여지면 단순히 말만 하는 경우보다 더 명백히 상대방에게 잘 이해·수용된다. 시각적 방법이 학습에서 가장 활발하고 수용도 높은 수단임이 일반적으로 인정되고 있는 사실이다. 우리는 귀로 듣기보다 직접 눈으로 보는 것이 더 이해하고 기억하기 쉽다. 따라서 가능한 한 적절한 시각 자료를 이용, 아이디어 전개를 도와야 한다. 보드 사용시는 먼저 청중 가운데 누가 보아도 잘 보이는 위치에 설치하고 상태가 깨

끗해야 한다. 자료를 어떤 방식으로 보드에 써 나가느냐는 점은 사전에 미리 계획을 세워 둔다. 바르게 해서로 쓰고 정확히 쓴다. 이때 보드가 몸으로 일부 가리워지지 않도록 주의한다. 자료 설명시 보드에서 약간 떨어진 위치에 서서 지시봉 또는 왼손을 사용한다. 보드를 향해 서서 말하는 자세는 취하지 않는다. 가능하면 청중을 향한 자세로 직접 말하는 것이 바람직하다. 도표, 그림, 그래프를 이용할 때 청중 전체가 잘 볼 수 있게 충분히 크게 준비한다. 그것을 손에 들고 청중이 앉은 구석까지 잘 보이도록 이따금 위치를 바꾼다. 모형이나 그 밖의 실물은 남에게 똑똑히 보이게끔 높이 건다. 이 같은 시각 보조수단을 청중에게 보이고 있다는 사실을 화자는 촌시도 잊어서는 안 된다. 화자는 이따금 그것을 보아 왔기에 설명 시는 그것을 보지 않아도 좋을 정도로 내용과 외형에 대해 잘 숙지하고 있어야 한다.

슬라이드, 비디오, 영화 등, 이용할 시각 자료들을 사전에 반드시 검토·점검할 것을 잊지 말아야 한다. 시각 지원물을 청중에 보이기 앞서, 청자측에서 보는 문제와 관건 그리고 의견을 확인한 다음, 질문이나 토의 시간을 별도로 남겨 놓는다.

④ 동기 부여

증명과 뒷받침을 위한 가장 효과적인 수단을 선택함에 있어 주의와 관심의 법칙에 좇는다면, 그 때 아이디어는 가장 바람직한 동기를 청자에 주게 될 기회가 마련된다고 보아 좋을 것이다. 청자 역시 우리와 같은 사람이란 점을 간과하거나 잊어서는 안 된다. 우리는 기본적 욕망이나 욕구로 가득 차 있고, 그것을 충족시키는 것이 자신에 있어 보다 나은 인생을 영위하는 것임을 잘 안다. 이 같은 기본적 인간 감정에 대한 화자의 아이디어와 그것을 청자에 연결, 생동감 넘치게 발전시키려는 시도는 화자로서 보람있는 일이다. 이 같은 인간 감정을 나열한 목록은 비록 없으나 다음 욕구를 추구·유지·보전하기 위해 누구나 깊은 관심을 갖고 행동함을 상상하기 어렵지 않다.

만약 화자가 생명과 건강, 재산, 권력, 명예, 가족, 휴식, 호의어린 감정에 호소하면 상대를 잘 자극하는 동기를 부여하게 된다. 사고 발생 위험이 있다는 사실을 알리는 포인트를 잘 발전시키면 생명, 재산과 가족 보호 등에 대한 청자의 관심과 감정을 자극하는 동기를 부여하게 될 것이다. 평탄한 생활을 영위하자는 욕구, 명예에 따른 욕구를 자극하는 결과를 가져올 수 있다. 청자 자극을 위한 동기를 부여할 때, 특히 유념할 점은 주의와 관심의 법칙에 따라 선택·발전시킨 인용, 스토리, 통계, 그 밖의 뒷받침 수단이 누구에나 기본적 감정의 문을 열게 해준다는 사실이다.

'그것을 설명해 주시오', '그것을 증명해 주시오', '구체적 사례를 말해 주시오' 등 청자의 일반적 요구는 화자가 그의 목적에 따라 주의와 관심의 법칙을 적용, 가장 적절한 뒷받침 자료를 이용해 주길 기대하고 있음을 의미한다. 즉, 화자가 사실, 인용, 전문적 의견, 통계 등을 사용할 때 구체적이고 특색있는 현실적 자료를 이용해야 함을 의미하는 것이다. 목적을 정하고, 이야기 내용에 따른 계획을 세워, 그것을 체계화한 다음 아이디어를 발전시키는 것이 효과적 화법의 기본임을 기억한다. 지금까지 이야기 계획을 어떻게 세우고 아이디어를 어떻게 체계화할 것인가? 청자나 청중을 잘 자극하는 동기를 부여하려면 어떻게 이야기를 발전시키면 좋을 것인가? 하는 사실을 중점적으로 논의했다. 이로써 우리는 효과적 화법의 내용면에 대해 결론을 얻은 셈이다. 다음에 거론할 문제는 어떻게 해야 의사 전달 및 의사 표현을 더 잘할 수 있는가 하는 점이다.

5) 효과적 화법

이제 우리는 청자 및 청중에게 의사를 어떻게 전달 표현할 것인가 하는 점을 고려할 단계에 이르렀다. 화법의 효과를 시험하는 참된 방법은 주어진 상황에 처하여 이야기 내용을 어떤 형식으로 청중에게 전달·표현했느냐에 달려 있다. 지금까지 이야기 내용을 구성하는 여러 가지 원리를 주의 깊게 살펴봤으나 이제부터 '내용을 어떻게 말할 것인가?'를 고려할 단계에 접어든다.

이야기의 효과적 전달에 관해 우리가 모를 것이 하나도 없다. 또 전달을 잘하기 위해 어떤 묘책이 있는 것도 아니다. 효과적 화법은 한마디로 자연스럽게 말하는 것이다. 그것은 대화의 화법이든가 이를 확대한 규모일 뿐이다. 그것은 성실성과 현실성 그리고 유머와 활성이 잘 조화된 것이다. 이 표현의 참 뜻을 이해하면 더 이상 부연 설명이 필요치 않다. 그러나 이 표현이 시사하는 의미가 매우 크기 때문에 효과적 화법을 제시하고, 기본적 세부사항을 좀더 구체적으로 추구·분석해 보는 것 또한 무익한 일은 아닐 것이다.

(1) 확대된 대화

누구나 구사하고 싶은 유형의 화법은 즉흥적인 것이라고 대부분 입을 모으고 있다. 그 까닭은 대화가 자연스럽고 활성이 넘친 말하기이기 때문이다. 다시 말해, 생경하고 틀에 박힌 것이 아니며, 혹은 웅변가처럼 청중을 향해 과장된 음성 표출 없이 말하는 것이기 때문이다. 한사람을 상대하여 말하듯, 형식에 구애받지 않고 이야기를 전개하며, 집단을 이룬 청중이라도 자연스런 화자 모습을 보인다.

효과적으로 말하는 능력을 몸에 붙이려면 어떻게 해야 될까? 지금까지 해온 방식이 아닌 전혀 새로운 내용을 배우고 익힘으로써 문제 해결이 가능해지는 게 아니라, 단지 화자 자신의 인식, 의욕, 행동으로써 문제 해결이 가능한 것이다. 그러므로 목표 달성은 어찌 보면 매우 쉽다고 할 수 있다. 확대된 대화는 자연스럽고 직접적인 태도로 마음속에서 우러나

온 아이디어를 상대방에게 전달하는 것이란 의미로 받아들이면 된다. 보통 경우보다 일층 음성이 크고 어느 정도 열의를 가지며, 직접성에 유의하면서 말하는 화법이 이른바 확대된 회화이다. 사고 과정인 이야기 내용을 화자가 잘 정리할 것과 음성 표현의 연습 단계를 거친 뒤 그것을 남에게 말할 때 침착한 태도로 자연스럽게 말하는 두 가지 특징적 사실이 확대된 대화에 포함된다.

원고를 그대로 읽어 내려가는 이야기는 전달면에서 효과적이지 않다. 또 암기된 이야기 역시 동일하다. 그래서 우리는 연설을 읽든가 암기하려 하지 않는 것이다. 읽기 연설이나 암기 연설은 아이디어의 효과적 전달에 관계없이 단조로움만 안겨 준다. 먼저 말한 일이 있지만 이야기를 낱낱이 기록하는 일은 반드시 피한다. 아우트라인을 작성하여 화법훈련을 쌓고, 말하기 실연 때 역시 이를 참고하든가 아니면 창의에 의하여 말한다.

(2) 사전 연습

보다 훌륭한 화법을 익히려면, 자기에게 알맞는 효과적 방법을 개발·발전시켜야 한다. 방법은 한두 가지가 아니고 다양하고 무수하다. 여기서 다음과 같이 일반적 정칙을 몇 가지 제시할 수 있다.

① 실제 연습은 일찍 시작한다

효과적 의사 전달을 위해 화자는 이야기 내용을 완전히 소화하고 있어야 한다. 실연에 앞서, 이야기 내용을 직접 음성으로 표출하는 연습을 며칠 동안 실시한다. 긴 시간을 소모, 한번에 모두 연습하지 말고 몇 번에 나누어 그 때마다 다른 방법으로 연습한다. 실연하기 하루 전이나 며칠 전에 갑자기 연습한 이야기는 화자의 아이디어로 들리기보다 오히려 뜻모를 피상적 내용으로 들린다.

② 서서 소리내어 연습한다

대부분의 경우 선 채로 소리내 말하게 된다는 사실을 기억한다. 책상 앞에 앉은 채로 자기가 자기에게 말하는 것처럼 해서는 안 된다. 우리는 모두 앉은 채로 장차 말할 것을 잠시 생각하며 우물우물 낮은 음성으로 중얼대는 나쁜 습관을 갖고 있다. 연습시 곡 기억할 요점은 실제 청중을 향해 하는 것처럼 크게 소리내어 말해 본다는 점이다.

③ 열의, 동작 그리고 변화

우리는 이야기를 시종일관 같은 정도의 열의, 같은 정도의 힘, 같은 정도의 동작 표현으로 말해선 안 된다. 이 점에 크게 유념하여 습관을 몸에 붙이면 우리는 스피치에 적합하고 자연스런 기복을 가져올 수 있다. 이야기가 내용이나 표현에서 단조롭지 않고 크게 다양해야 계속 청중의 주의와 관심을 끌어갈 수 있다.

④ 연습과 실제

몇 번인가 연습을 거듭한 끝에, 실제 이야기할 때 쓸 화법을 결정하게 된다. 그러나 한 가지 화법만 고집할 것이 아니다. 기실 실제 말할 때, 연습시 화법을 바꿀지 모른다. 일반적으로 화법은 다양하다. 어느 누구도 대체로 다음 세 경우의 화법을 가지고 있다.

준비한 화법, 실연한 화법, 실연 후에 반성한 화법이다.

⑤ 이야기 줄거리의 노트

화자는 아우트라인을 짜고 제1의 요점에서 시작, 제2, 제3의 요점으로 옮겨가며 연습하고자 할 것이다. 그리고 화자는 곧 줄거리의 요점을 익히 알게 되고, 이때의 요점은 끝까지 화자를 떠나지 않게 된다. 그리하여 연습을 거듭하는 동안 화자는 이야기 줄거리가 따로 필요없게 되고, 어떤 노트도 전혀 불필요하게 된다. 그러나 노트를 잘못 사용하든가 또는 지나치게 노트에 의존하면, 오히려 효과를 감소시킬 경우가 발생한다. 때문에 노트를 이용하고자 하면 다음 사항을 꼭 준수해야 한다.

노트 이용

㉠ 가로 12.5cm, 세로 7.5cm 정도의 카드에 메모를 써 둔다. 만질 때 소리날 만큼 얇은 종이는 이용하지 않는다. 또 큰 카드는 사용하지 않는다. 줄거리를 찾기가 힘들고 불편하기 때문이다. 그리고 자신은 노트 이용의 사실을 일부러 감추려 할 필요가 없다. 그렇다 하여 노트 사용이 매우 당연한 것처럼 청중을 향해 의도적으로 흔들어 보일 필요도 없다.

㉡ 줄거리 전체나 스피치 본문 아닌 주요 아이디어만 노트한다. 화자는 자신이 할 이야기를 잘 알고 있어야 할 뿐 아니라, 전적으로 노트에만 의지해서는 안 된다는 점을 잊지 않는다. 카드 매수는 2, 3매면 족하다.

㉢ 숫자, 통계, 전문적 의견, 또 다른 특정 사실 등을 노트한다. 이것들은 주장을 쉽게 증명해 주기 때문이다. 이 같은 종류의 자료를 카드에 기록·이용하면 효과적이다.

㉣ 노트는 연탁이나 화자 앞에 놓는다. 연탁이 없으면 손에 쥐고 필요시에 노트를 참고한다. 그것을 손으로 만지작거려 청중의 주의를 끌면 안 된다.

㉤ 카드는 한쪽만 쓰고, 다 보면 그것을 따로 놓는다.

㉥ 노트가 화자와 청중을 가로막는 장애가 되지 않게 주의한다. 항상 청중을 직접 향한 자세와 태도를 취한다. 노트를 잠깐 보도록 한다. 카드에 써논 것이 무엇인지 알아야 하고, 잠깐 보아도 내용을 알 수 있어야 한다.

㉦ 연습시에 시계를 이용한다. 노트에 기록된 요점을 모두 말하는 데 시간이 얼마나 소요되는지 알아볼 필요가 있다.

⑥ 도입과 종결

연습시 화자는 도입과 결론에 특별히 주의한다. 충분한 연습을 쌓으면 도입을 자유자재로 말할 수 있게 된다. 이야기를 처음 시작할 때, 노트의 참고 없이 직접 명료하게 말하는 것이 퍽 중요하다. 그리고 종결 역시 미리 연습해야 하는데 특히 간결하고 명료하게 종료해야 한다. 이때 적극적인 자세를 취한다. 이야기 준비가 완벽하면 굳이 노트를 참고할 필요가 없다.

(3) 효과적 화법의 요소

화법 여하에 따라 이야기 효과가 결정된다. 효과적 화법에서 빼놓을 수 없는 가장 중요한 조건은 다음과 같은 것이다.

성실성 ─ 스피치를 취급한 모든 문헌에 기술된 규칙을 모아 한마디로 요약한 말이다. 성실은 사람의 내부에서 싹트는 것이고, 아이디어를 남에게 전달하려는 정직한 희망을 갖고 있다는 사실을 의미한다. 따라서 화자 이야기를 듣고 있는 동안 청자는 성실도에 대해 추호도 의문을 품지 않게 된다. 이 성실이 태도와 언행으로 옮겨지면 화자 이야기를 열심히 경청, 내용을 잘 이해·납득하려는 열의와 욕구 그리고 자신이 청중의 반응으로 나타난다. 만약 화자가 성실하면 이야기 목적을 달성함에 있어 그의 개성을 최대한 활용할 수 있을 것이다. 화자는 남과의 대인관계에서 놀라운 효과를 발휘하는 잠재된 힘을 갖고 있다는 사실을 결코 잊어선 안될 것이다.

화자의 인격 정도는 첫째, 그의 성실과 둘째, 성실에서 우러나오는 태도로 파악된다. 화자의 인격정도는 화법과 연설의 경력에 따라서 정해진다. 만약 인격이 높이 평가되는 화자이면, 그의 이야기가 설득력을 발휘함은 명약관화한 일이다. 화자의 인격과 성품은 이야기가 시작되기 이전에 이미 알려져 있는 것이고, 또 연단까지 화자를 따라간다. 인격과 성품은 화자의 성실 여하에 좌우되는 것이다. 잔뜩 긴장된 태도를 보이든가, 우물우물 입 속으로 중얼거리든가, 이따금 창 밖을 내다보든가 하는 따위의 화법은 분명 성실하다고 볼 수 없다. 능소능대하다는 듯 오만불손한 태도를 보이는 화법 역시 성실하다고 할 수 없다.

가능한 대로 좋은 인상을 주려고 전력을 기울인다. 자신은 말하려던 내용을 말하고 있다는 태도를 보이는 것이 가장 중요하다.

직접성 — 성실한 화자라면 자연히 갖게되는 것이다. 효과적인 태도를 결정하는 모든 특성 가운데 청자에 대한 눈빛이 빛나야 한다는 점이 하나로 손꼽힌다. 이때의 시선이 청중 가운데 누구를 보고 있는 것인지 알 수 없는 애매한 표정을 지어서는 안 된다. 다만 청중의 눈을 보면 된다. 한 사람을 대하든 다수의 청중을 대하든 상대방 청자의 수에 관계없이 그 장소에 모인 모든 사람을 가능한 한 번갈아 주시하고 화자가 전체 청중을 보고 있다는 기분을 청중이 갖게 한다. 화자는 이야기하면서 뒷벽이나 의자, 천장 혹은 책상, 창 또는 자신의 다리를 쳐다보지 않는다. 화자의 태도와 자세가 그대로 청중에게 작용하고 영향을 미친다는 사실을 결코 잊어서는 안 된다.

우리가 시선을 주는 이 같은 대상은 생명 없는 물체에 지나지 않고, 이야기 내용과 아무 관계가 없다. 물체는 아무리 바라보아도 얻을 것이 없다. 이야기를 시작하는 순간 시선을 확립한다. 이것이 바로 직접적 효과를 올리는 중요한 관건이다. 청자에 가까이 접근하는 때, 화자는 상대가 첫 대면임을 기억한다. 상대방 머리 위를 응시하든가, 창 밖을 내다보면서 첫 대면 사람에게 악수하는 사람은 없다. 악수할 때 상대편 눈쪽을 본다. 상대가 한 사람이 아니고 청중이라 해서 다른 자세와 태도를 취할 필요가 없다. 청중을 향해 서되 정위치에 선다. 그리고 의장에게 인사한다. 약간의 시간적 공백을 둔 다음 온 청중의 시선이 화자에게 집중되게 한다. 이때 비로소 화자는 이야기 시작의 준비가 된 것이다.

화자는 최초로 이 직접성을 확립함으로써 다음 두 가지 사실을 실제

행한 결과가 되었다. 첫째 이 직접성을 끝까지 지속할 수 있게 기초를 다진 셈이고, 둘째 청중을 향해 시선을 보내고 있는 한 청중 역시 화자에게 시선과 주의를 집중하게 된 셈이다.

명료성 — 단적으로 말해 이야기 내용을 분명히 밝히는 것을 뜻한다. 상대방이 이해하지 못하면 화자는 이야기할 필요가 없다. 그리고 만일 입 안 소리로 이야기하든가, 청중이 다 알아듣지 못하는 불충분한 힘으로 이야기하든가, 몸에서 우러나온 소리를 청중이 수용케 하는 데 실패하든가, 불분명하게 소리내기 때문에 조음, 발음이 제 구실을 못하여 청중이 뜻을 제대로 알아차리지 못한다면, 화자는 그의 이야기 내용이 청중에 의해 이해되기를 기대할 수 없다.

명료성의 의미를 좀더 적극적으로 밝히면, 그것은 충분한 힘으로 음성을 내는 것, 이야기 구성의 음절과 단어를 청중이 분명히 들을 수 있게끔 하는 것을 의미한다. 힘은 화자가 이야기를 음성으로 표출하는 데 필요한 것이다. 음성 크기는 주어진 공간에서 모든 청중이 들을 수 있는 정도면 된다. 강당 맨 뒷줄에 앉은 사람까지 듣게끔 해야 하지만 그렇다 하여 큰소리로 외치든가 필요 이상 큰소리 내는 것을 의미하지 않는다. 화자 몸에서 우러나오는 목소리가 청중 속에 던져지는 발성과 관련시켜 힘을 고려해야 한다. 화자는 작은 소리로 이야기하더라도 명료하게 상대방에 들려 상대방이 이해하기 충분한 발성 효과를 거둘 수 있다.

훌륭하고 능숙한 발성을 해내는 제일 관건은 정신자세다. 아무 열의나 흥미 없이 말하는 게 아니고, 아이디어를 꼭 전달한다는 정신자세를 취해야 한다. 자신의 생각을 남에게 일러준다는 사실을 염두에 두고 있으면 화자는 유리한 발성 효과를 가져올 수 있다. 물리적으로 발성이란 입을 열고 입술과 혀를 활발하게 움직이는 것을 의미한다. 힘찬 공기의 흐름이 성대를 부단히 넘어 나오는 것을 의미한다. 발성은 또 명확한 발음과 밀접하게 관계돼 있다. 충분한 힘을 갖고 목소리를 낼 때, 결국 능숙한 발성은 소리가 분명히 울려 퍼지게 입술과 혀를 활동시키는 것이다. 이야기를 목소리로 말할 때 명료성이 바로 명확한 발음이다. 발성이 빈약할 때와 마찬가지로 발음이 빈약한 것 역시 원인은 모두 활력의 빈곤에 있다.

열의와 생동감 넘치는 화자는 이야기를 분명히 말한다. 그러나 우리는 모두 불명료하게 발음·발성하는 경우가 간혹 있다. 명료성이란 대체로 말해 그의 말소리가 얼마나 분명하고 정확한가를 따지는 기준이다. 우리는 어떤 이야기에서도 보다 주의 깊은 자세와 태도를 취해야 한다. 특히 화자가 청중 관심의 표적이 된 때는 더욱 그렇다. 정확한 발음에 벗어나는 공통된 과오는 단어의 모음을 잘못 발음하든가, 단어의 처음과 끝 부분을 생략해 버리든가 혹은 포즈 없이 몇 마디 말을 붙여 발음하든가, 쓸데없는 군소리를 덧붙이기 때문에 빚어진다. 좀더 세밀한 주의를 기울이면 우리 발음을 얼마든지 정확한 궤도에 올려놓을 수 있다. 전술한 바와 같이 화법에는 화자의 정신적 자세와 음성 표출이 포함된다. 지금 우리는 두 가지 요소에 영향을 주는 몇 개 사실에 관해 논의했다.

다음은 신체적 동작과 음성 표출을 효과적으로 활용할 때 필요한 요소이다. 화법은,

어떤 태도를 보이나?	어떤 발음인가?
성실성	음성
직접성	발성
균형	힘
위치	조음
자세	발음
동작	속도
몸짓	다양성

의 양 요소를 포함하고 있다.

화자의 위치, 자세, 동작 및 몸짓은 그의 외모 전체와 준비 태세 전부를 꾸미고 있고, 이 외관과 준비 태세에 관해 어떤 일정불변의 규칙을 만드는 일이 곤란함은 명백하지만 화자의 성실성과 직접성은 그의 외모

와 준비 태세에 밀접한 관련성을 갖는다. 성실하고 생기 감도는 얼굴 표정은 청중을 향해 화자의 진정어린 뜻을 표시하는 역할을 한다.

우리는 다음과 같이 보다 일반적 규칙을 정할 수 있다. 화자가 전달·표현하고 있는 사상, 감정, 의사, 메시지에 관련된 위치, 자세, 동작, 몸짓만 구사할 일이지, 그 밖의 뜻으로 어떤 태도가 드러나서는 안 된다는 규칙이다. 자세와 동작이 동시에 설명의 일부가 되는 데먼스트레이션이다. 예외가 없지 않으나 문제는 자세와 동작이 설명되는 주장을 돕는 것이지, 주장 설명의 장애가 아니라는 점이다. 웅변가는 때로 열광적인 사자후를 보내지만 이 때문에 그는 항상 몸을 크게 움직이고 자세를 기묘하게 취하는 버릇이 붙는다. 하지만 웅변가는 자신이 말하는 이야기 내용에 청중의 주의, 관심을 끌 수 있다. 위치와 자세는 화자가 어디에 어떻게 서느냐를 지시한다.

연사가 실내나 연단 중앙에 위치하든가, 청중 쪽에 매우 가깝게 근접해 위치하면 청중에게 친밀감을 준다. 그리고 바르게 선 자세를 청중은 기분 좋게 느낀다. 그러나 그렇다 하여 굳이 군인처럼 부동자세를 취하라는 의미는 물론 아니다. 긴장한 부동자세는 해이한 자세와 맥을 같이 한다. 곧바로 선 자세는 이따금 연탁에 기대든가, 포켓에 손을 넣으면 절대 안 된다는 의미가 아니다. 다만 극단적 긴장과 극단적 해이가 자세와 태도로 표현되면 안 된다는 것 뿐이다. 곧바로 선다는 것은 단상에서 앞다리에 균형잡힌 힘을 주고 정자세를 취한다는 뜻이다. 바람직한 태도와 균형잡힌 자세를 유지한다 하여 미동도 해서는 안 된다는 의미가 아니다. 반대로 약간의 자연스런 움직임은 오히려 효과적이다. 그러나 목적 없는 동작은 무의미하다. 그리고 주의와 관심을 끌기 전의 동작은 되도록 삼간다. 상대방 주의를 산만하게 하기 쉬운 행동, 상대방 주의를 끌기 위한 부단한 동작, 다리를 자주 움직이든가, 연탁을 거듭 두드리든가, 노트를 만지작거리든가, 연필이나 볼펜을 만지는 행위 등은 삼간다. 볼펜을 연탁까지 가져온 경우 결코 귀 옆에 끼든가, 손에 잡고 있든가 하지 않는다. 그러나 목적이 뚜렷한 동작은 화자의 이야기 명료도를 일층 뚜렷이 해주고 화자의 신경 에너지 소모를 감소시켜 준다.

한가지 이야기 요점이 끝나면 연탁에서 한두 걸음 옮겨 자세를 취하고, 가능하면 어조를 바꾸어 다음 요점으로 들어간다. 제스처는 화자 내부의 열의와 성실을 외부로 드러내 보이는 데 가장 효과적이다. 또 그것은 그의 신경 에너지의 출구이기도 하다. 제스처는 화자가 말하고 있는 냉용을 못 박는 것 같은 동작이 아니다. 제스처에 따른 강한 요구는 내부에서 자연적으로 발생되는 것이다. 화자가 강조하고 싶은 대목을 말할 때 거의 무의식적으로 제스처를 하게 된다. 말하는 동안 나타나는 몸의 어떤 부분, 어떤 동작도 모두 제스처이다. 미소, 찡그린 상, 머리짓, 냉소, 어깨 올리기 등은 모두 제스처이다. 감정에 열도가 올라 연탁을 몇 차례 치든가, 팔을 치올리든가, 검지를 올려 세우는 것 역시 동일한 효과를 올린다. 평소 제스처를 연습, 몸짓, 동작으로 또는 표정으로 비언어적 표현에 익숙해져야 한다. 이렇게 하면, 필연적으로 자연스럽게 제스처를 활용하는 데 능숙해지고, 제스처를 통해 즐거운 기분을 갖고 말할 수 있다. 그러나 열의를 표현한다고 유난스럽게 두 팔을 치켜세워 흔들 필요는 없다. 그러면 오히려 역효과를 초래하기 쉽다. 연사는 태도, 표현 또는 다른 방법으로 얼마든 활기와 성실을 나타낼 수 있다. 능숙한 연사는 어느 정도까지 손으로 제스처를 지어 보인다. 제스처를 쓰면 자연스럽고 제스처를 쓰지 않으면 부자연스럽다. 어느 때 친구와 대화 및 토론하든가 또 남에게 무엇을 설명할 때 자신의 자세와 태도를 자주 의식한다. 말할 때 우리는 늘 제스처를 쓰고, 상대방 역시 제스처를 쓴다. 때문에 문제는 말하는 정황에서 이 같은 자연스런 표현을 어떻게 병행시켜 나갈 것이냐이다. 손을 써 크기나 모양을 나타내 보이면 설명의 제스처가 된다. 말하는 중에 꼭 써야 할 필요를 느끼면 제스처를 적절히 활용한다. 물론 화자의 음성언어 역시 청자에게 중요하다. 이것은 화자의 말하기 효과를 크게 좌우한다.

말하기 효과를 올리기 위해 목소리를 이용하는 외에, 실로 많은 수단이 필요함은 지금껏 논의해 온 바이다. 그러나 말하기 과정을 구성하는 주제 및 각 부분을 살펴도 분명하지만, 이야기 구성, 힘, 명료성 등과의 연관으로 따져볼 때, 목소리의 중요성은 말하기에서 결코 과소평가할 수 없다. 대부분 우리는 효과적으로 말하기에 충분한 목소리를 갖고 있다. 확실히 어떤 음성은 비교적 훌륭하다. 울림이 있고 굵직하며 유연성이 있다. 그래서 누구나 자신의 음성을 훌륭하게 발전시키려 한다. 누구나 (5)의 '효과적 화법'에서 서술한 주요 원리에 따르면 음성 향상이나 음성 훈련을 위해 특별히 신경쓸 필요가 없다. 효과적 음성 표현의 주된 특질의 하나는 다양성이다. 이것은 우리가 말할 때 힘, 속도, 높이에 기복을 준다는 뜻이다. 그러나 이 같은 변화를 기계적으로 반복하든가 어조와 속도의 변화에 의식적으로 주의해야 한다는 의미는 아니다. 성실한 연사라면 자연스런 기본 상태에 다양성을 주면서 말하려 할 것이다. 이때 훌륭한 음성 표현은 음성의 다양성을 의미한다.

말하는 모든 형편이 동일하지 않다는 것, 어느 대목은 강조돼야 하고, 어느 대목은 빠르게 혹은 느리게 말해야 한다는 사실을 우리는 알고 있다. 우리는 힘이나 속도의 변화로 어느 부분을 특별히 강조할 수 있다. 그래서 힘을 증대하기보다 힘을 감소시키는 방법으로 어떤 내용을 두드러지게 강조할 경우가 있다. 어떤 요점을 강조하기 위해, 무드를 조성하기 위해 부드럽게 말하려면 우리는 말하기 속도를 보다 늦추게 된다. 또 무엇인가 어려운 내용을 설명하는 때 역시 완만하게 천천히 말한다. 비교적 간단한 내용은 빨리 말할 수 있다. 혹은 속도를 빨리 할 때 청자의 정감을 자극, 주의와 관심을 새롭게 끌어나갈 수 있다. 말하기의 보통 속도는 1분간에 120마디의 낱말을 말하는 것이다. 사람들 개인차에 따라 보다 빨리 말하는 편이 자연스러울 수 있고 또는 보다 천천히 말하는 편이 자연스러울 수 있다. 되도록 보통 속도로 말할 수 있게 노력한다. 그러나 화자의 기본 속도와 관계없이 음성 표현의 다양성을 연습해야 한다.

(4)에서 청중의 주의와 관심을 끄는 하나의 요소로서 다양성을 논의했지만 그것은 청중이 다양한 청취형으로 구성돼 있으므로 더욱 그렇다.

단조롭게 반복되는 말하기 속도, 그 밖의 다른 어떤 소리라 해도 그것이 이미 다양성을 갖고 있지 않으면 상대방 청자는 이야기 전개에 관심을 잃고 만다. 때문에 누구라도 화법을 학습하는 동안 이 다양성을 실제 연습해 둘 필요가 있다. 이렇게 하면 말하기에 자연스런 다양성을 이용하는 재능을 발전시킬 수 있기 때문이다. 발음이란 대부분의 사람이 수용할 수 있는 낱말의 소리내기이다. 음절과 어휘를 제 소리대로 정확히 조음하고 발음한다. 앞으로 행할 이야기를 준비할 때, 거기 쓰이는 낱말의 올바른 발음을 음가대로 확실히 모를 경우 국어 발음사전을 본다. 발음상 잘못으로 상대방 주목받기는 피한다.

(4) 신경 에너지

앞으로 행하려는 일에 어느 정도 신경 쓰는 일은 아주 자연스럽다는 점을 이따금 지적해 왔다. 신경 에너지를 이용, 목적이 뚜렷한 이야기를 적극적이고 활기차게 말할 수 있어야 한다는 것이 여기서의 목표이다. 준비가 돼 있다는 느낌, 아이디어 전달 욕구, 직접적인 태도 등은 모두 하나로 조화돼 신경 에너지를 이용, 말하기 효과를 최대한 상승시킨다. 신경 에너지의 효율적 이용이란 관점에서 마땅히 화자가 실행할 사항과 피할 사항을 다음에 병기한다.

실행한다	피한다
· 청자를 염두에 두고 말한다.	· 자신에 대한 생각
· 전달·표현한다.	· 아이디어를 속에 넣어 두기
· 시작하기 전 2·3회 심호흡을 한다.	· 몰아 쉬는 호흡
· 늠름한 자세로 등단한다. 안정된 자세를 취한다.	· 단정치 못한 태도로 연단에 오르기
· 직접성을 확립한다.	· 간접적인 태도
· 시작하기 전, 일단 시간적 공백을 둔다.	· 성급히 시작하기

· 이따금 움직인다.   · 긴장된 부동자세

· 제스처를 이용한다.   · 목적 없는 동작

· 전신으로 임한다.   · 지나친 근신

· 음성을 크게 낸다.   · 입안에서 중얼거림

(5) 소리말

소리말과 글말은 어느 정도 차이가 있음을 기억해 두는 것이 좋다. 이 차이가 실은 이야기를 전부 쓴 다음, 원고를 들고 외우려 해서는 안 된다는 주된 원인이 된다. 원고지에 적은 이야기는 우선 문장이 길고, 불필요한 대목이 많이 삽입되고, 문장 구성이 보다 복잡하며 단어가 다음절어로 길고 난삽하기 쉽다. 또 그 밖에 쓰여진 산문이 갖는 여러 가지 특이한 부면이 드러나기 마련이다. 다음 보이는 사항은 소리말이 갖는 몇 가지 특징이다.

■ 소리말의 특징

① 짧고 간단한 문장

② 어구와 어절이 비교적 평이하다.

③ 짧으면서 뜻이 깊은 단어

④ 질문 형식을 많이 쓴다.

⑤ 축약된 낱말, 비공식적 속어체 표현

⑥ 인대명사를 많이 쓰되, 특히 '우리', '여러분'을 더 많이 쓴다.

⑦ 반복과 요약이 현저하다.

⑧ 요점에서 요점으로의 전이가 분명하다.

(5)에서 처음 말한 것 같이 효과적 화법에는 아이디어를 남에게 전달하는 화자의 욕구가 포함된다. 그리고 이것은 성실, 활성의 바탕이 되고 자연스러운 대화 형식으로 표현된다. 효과적 화법에는 열의와 개인적 호소, 충분한 발성과 힘 그리고 다양성이 포함돼 있다. 표정 언어와 동작 언어인 제스처 활용이 모름지기 훌륭한 말하기에서 제외될 수 없다. 그러나 먼저 자신의 말하기 목적을 달성하고자 하는 힘찬 감정을 발전시키는 일이 필요하다. 이를 위해 아이디어 전달에 모든 최선의 룰을 적용한다.

실제로 연습해 실연하기까지 세세히 주의를 기울이는 것으로 능력 향상 노력을 경주하는 것이 가장 바람직하다. 화법 향상을 위해 특정 방법이나 특정 연습에 관심을 갖는 것은 아직 이르지만, 이를 희망하면 스피치 전공교수의 충고나 전문 교재로 그 문제를 추구할 수 있다. 다음 사항은 화법 능력 향상의 훈련 영역을 지시한 것이다.

발성 — 음성은 근원적으로 횡격막에서 발생하지만 횡격막은 성대로 올라오는 공기의 흐름을 조절한다. 성악가 등은 심호흡 운동으로 목소리의 향상을 꾀한다. 손을 횡경막 위에 얹고, '아', '어', '오' 등을 소리낼 때, 그것이 어떻게 움직이나를 주의해 본다.

강조 — 이것은 일정 시간에 나오는 목소리 크기이다. 목소리 크기는 부분적으로 횡격막의 공기 흐름을 좌우한다. 그것은 또 구강과 두강에서 울려나오는 공명강에 따라 좌우된다. 최초에 조용히 말하고, 다음에 조금 크게 힘주어 말하는 연습을 한다. 그리고 더 큰 목소리로 말하는 연습을 쌓아 나간다. "나는 절대 그런 일은 안한다. 절대로, 절대로 안한다."와 같이 말에 점점 힘을 주어 말해 본다.

조음 — 이것은 말소리를 분명히 내는 기초이다. 음소, 음절 등을 음가대로 명료하게 소리내는 것이다. 조음은 혀, 입술, 턱 쓰기에 따라 달라진다. 혀, 입술, 턱 등이 음성을 좌우한다. 불명료하게 조음하는 사람은 평소 말하기에 혀, 입술, 턱을 보다 활발히 움직여 본다. 무엇을 소리내 읽을 때, 역시 똑똑히 들릴 수 있게 목소리를 내도록 힘쓴다. 그리고 조음, 발음하기 어려운 말을 골라 조음, 발음의 연습을 반복 실시해 본다.

우리는 모든 화법에서 다양성을 주창하고 표현의 완벽을 강조한다. 구체적 실시 방법은 말하기 연습으로 힘, 속도, 높이 등을 여러 모양으로 바꿔 가며 다양하게 말해 본다. 음성의 다양성을 활용, 어떤 글이든 목소리를 내서 크게 읽어본다. 효과적 화법에서 무엇보다 가장 중요한 요소는 다양성이지만 그 토대는 화자가 갖는 열의와 성실임을 꼭 기억한다.

6) 훌륭한 청법

대부분 말하기보다 듣는 시간이 더 많다. 그러나 듣기에 별로 관심을 기울이는 일이 없다. 당연히 그것은 아는 것이라 생각하기 때문이다. 하물며 훌륭한 청법, 훌륭한 청자, 이야기 듣기의 준비 등에 관심이 있을지 의문이다. 듣기에 관한 한 전혀 잊고 지낸다고 할 밖에 딴 도리가 없다. 말하기가 중요하나 듣기는 일층 더 중요하다. 듣기는 대화에서 중요한 몫을 차지한다. 듣기는 번갈아, 화자·청자가 되는 대화나 회담, 그 밖에 공식 비공식 집단 토의에서 매우 중요한 기능을 한다.

더욱이 수동적 청자인 경우 더 말할 나위가 없다. 또 구두로 응답할 수 없는 정황에서, 남의 이야기를 일방적으로 들을 때 역시 동일하다. 화자가 청자측을 적극적으로 의식하지 않으면 안될 이유가 바로 여기 있다.

(1) 화자와 청자의 이중 책임

어떤 이야기를 경청하는 때 우리는 책임을 느껴야 한다. 그러면 우리의 교제 범위는 크게 확대될 것이다. 우리의 주의와 관심을 끄는 게 화자 책임이라는 것이 대다수 견해이다. 우리는 이야기 내용과 화법의 중요한 원리가 확실히 화자의 재능임을 이미 강조해 두었다. 때문에 화자일 때 우리는 당연히 청자의 주의와 관심을 끌려고 부단히 노력할 것이다. 이때 상대방 청자가 화자에게 귀 기울이기 위해 적극 노력하고 있음을 알면 화자는 일층 기분좋게 느낄 것이다. 청자 처지에서 문제점을 살펴본다. 우리는 어떤 이야기에 귀 기울여 시간을 보내고 있다. 주제와 관련된 그가 권위자이기 때문에, 정강·정책을 들으러 오라는 어느 정당의 권유 때문에, 다음 선거 때문에, 우리는 그의 이야기를 들으러 온 것이다.

이 이야기에서 우리는 무엇을 얻는가. 그 점에 대해 우리가 전혀 자기 중심이라 하더라도, 그 연사의 연설은 우리 자신과 우리 장차의 생각과 행동에 어떤 형태로든 도움을 줄 것이다. 그렇다면 훌륭한 청자로서의 우리는 대체 무엇을 해야 옳을까. 여기서 몇 가지 제안을 항목으로 열거해 본다.

> **■ 훌륭한 청자**
> ① 화자에 대해 수동적 또는 무관심하기 보다 적극적 태도를 보인다.
> ② 심신을 적당히 긴장시키고, 바르게 앉아 화자를 본다.
> ③ 자기 자신에 관해 생각하지 않는다. 객관적 입장에 선다.
> ④ 화자에게 동조한다.
> ⑤ 주요 개념을 따른다.
> ⑥ 특정 목적을 찾는다.
> ⑦ 개념과 목적을 자신의 감정, 신념 그리고 지식과 비교한다.
> ⑧ 화자가 언급하는 사항과 그가 쓴 자료를 평가한다.
> ⑨ 화자의 능력을 평가한다.
> ⑩ 들은 바 내용을 장차의 자기 생각이나 행동에 연결한다.

화자를 이해하고, 이야기 발전을 따르기 위해 노력하는 것은 청자 누구에게나 가치있는 일이다. 위에 열거한 항목은 훌륭한 청자가 되기 위해 반드시 필요한 것이다. 더욱 화자를 비판적으로 평가할 때, 우리를 가치있게 도와준다. 우리는 동시에 화자로서의 재능을 기르고 있는 것이다. 화자는 무엇을 말하고 있는가. 또 무엇을 행하고 있는가를 분석·비판하는 정도에 따라 우리는 효과적 화법 원리와 관련, 지식을 늘려갈 수 있다. 몇 가지 말하기 방법을 확인 혹은 수정하는 자신을 돌아보게 된다. 어떤 주어진 조건 하에서 들은 남의 이야기가 자신이 생각해 본 것 이상으로 큰 도움을 준다는 사실에 주목하게 된다. 주위의 모든 사람이 이와 같다면 우리가 지금 남의 이야기를 듣는 것이 크게 가치있음을 느끼고 크게 기뻐할 일이다.

(2) 훌륭한 청자의 길

프랭클린 루스벨트는 한번 해군 규모에 대해 협의할 예정으로 있던 한 방문객을 만난 일이 있다. 서로 인사한 후 내방객이 말했다.

> "저는 해군 관계 일로 뵈러 왔습니다."
> 루스벨트는 자기 의견을 말하기 시작했다. 그리고 약 30분간 계속했다. 내방객은 다만 이따금씩 말할 뿐이다. 인터뷰가 끝난 다음 내방객은 돌아갔다. 루스벨트는 그의 비서를 향해 말하기를,
> "내 저 사람처럼 훌륭한 능변가는 처음이야."

바로 그 사람은 훌륭한 청자였던 것이다. 그는 대담에서 침묵의 가치를 알았고 또 상대가 더 많이 말하게끔 하는 가치를 알고 있으며, 토의 주제인 해군 관계 사항은 상대방에게 매우 중요한 것임을 알고 있던 것이다. 회의와 대화에서 공백표현 또는 침묵의 가치를 배울 필요가 있다. 만일 의논일 경우 도중에서 잠깐 이야기를 멈추고, 요점을 상대방에게 수용시킨다. 그런 다음 상대방이 대답할 수 있는 기회를 준다. 그가 말하는 내용을 듣는다. 의논의 진전에서 자신의 생각을 구성하는 데 큰 도움이 될 것이고, 나아가 새로운 면을 눈뜨게 해줄 것이다. 만일 규모가 큰

집단의 경우, 남이 말하는 동안 잠자코 이야기를 듣도록 한다. 그리고 그들의 논평이 갖는 가치를 주의깊게 새긴다.

상사나 동료가 새로운 시책을 설명하는 경우, 맡아 할 일에 영향을 주는 어떤 지도에 우리는 세심한 주의로 귀 기울이게 된다. 그래서 상대방이 말한 것을 다시 한번 되풀이 해달라는 요구는 가급적 피한다. 만일 그가 훌륭한 화자라면 반복 설명하지만, 그렇지 않다 하여 그에게 반복 설명을 요구하면 그는 탐탁치 않게 여길 것이다. 왜냐하면, 반복 설명의 요구는 결국 청자가 화자 이야기에 주의를 기울이지 않았다는 명백한 입증이 되기 때문이다. 따라서 비공식 정황에서 남의 이야기를 들을 때 유익한 사항을 검토해 보는 일이 결코 무익하지 않을 것이다.

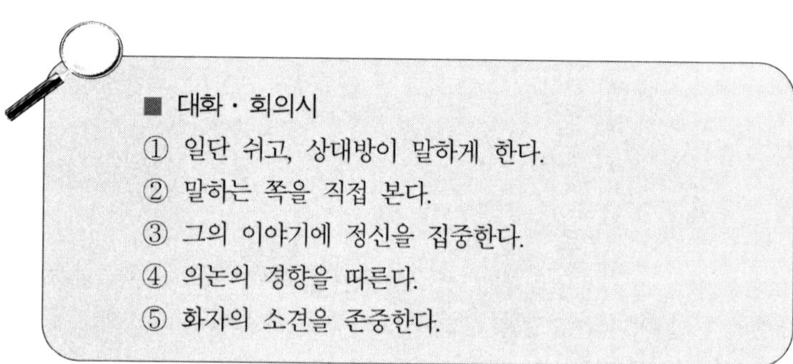

훌륭한 청자가 되는 길은 청취과정에 적극 몰입하는 것이다. 화자 이야기에 귀 기울일 때 주의를 집중, 적극적이고 객관적인 태도를 보인다. 그가 말하는 요점과 말하는 목적, 이야기 자료를 계속 좇는다. 화법만 아니라 이야기 내용에 대해 평가한다. 이렇게 하면, 우리는 화자로서 자신의 말하기 재능을 향상시키게 될 것이다. 비공식 정황이라도 상대방이 말하는 내용에 직접적인 주의를 세심하게 기울인다.

1. 주제 선택시 고려하고 분석해야 할 사항은 무엇인가.

2. 이야기 목적에서 일반 목적을 설명하라.

3. 스피치 전개 단계를 세 각도로 요약하라.

4. 아우트라인을 실제로 써 보라.

5. 훌륭한 청자 10개 항을 말하라.

참고 문헌

1. 전영우 역, 『화술의 지식』, 을유문화사, 1962.

2. 전영우, 『스피치 개론』, 문학사, 1964.

3. A. Craig Baird, *General Speech*, McGarw Hill Book Company, Inc., New York, 1957.

4. Robert T. Oliver, *Persuasive Speech*, David McKay Company, New York, 1962.

사례에 따른 화법

제**3**장

개 관

우수한 화법의 원리·원칙은 어떤 방법을 쓰든 모든 정황에 각기 적용된다. 제3장에서 비교적 사용 빈도가 잦은 사례에 대한 몇 개 기본적인 적용례를 소개해 본다. 사례는 우리가 일방적으로 말하는 처지에 설 때, 회담에 임할 경우, 회의나 회합을 리드할 경우, 그리고 판매에 임하는 때 등이다. 소기의 목적을 달성하기 위해 우리는 효과적 화법 원리를 모든 장면, 모든 사례, 모든 정황에 유연하게 적용할 수 있는 능력을 발전시키지 않으면 안 된다. 혼자 말하는 이야기 형태는 여러 사례가 있다. 모든 사례를 일일이 열거하기 어렵거니와 매 사례를 위해 특정 정의를 내리기도 어렵다. 그러나 우리가 개인으로 행하는 일체 이야기는 실제 정보를 준다, 설득한다, 유머를 한다 등 주요 목적 범위 내에 해당하는 목표를 가지고 있다. 이 목적을 분명히 드러낸 것이 2, 3이다. 그러나 여기서 이야기 목적에 관해 다소 구체적으로 들어가기 위해 매 목적에 포함되는 원리를 설명한다.

1. 목적과 유형

정보주기

설명한다/전달 표현한다/연수 훈련한다/보고한다/진술한다/묘사한다.

설득하기

납득시킨다/신조에 영향을 준다/자극한다/감정을 움직인다/행동을 유발한다/변화를 준다/감명을 준다.

유머하기

정찬 후/사회자/이야기

기타의 목적

연사 소개/소개된 다음/라디오·텔레비전/공중 연설

2. 정보주기

정보를 주기 위한 모든 이야기를 효과적으로 훌륭하게 전개하기 위해 다음과 같이 체계화할 수 있다.

청자의 태도	이야기 전개
무엇을 말할 것인가?	도입, 인상적 서술, 질문, 이야기, 사건에 대한 언급으로 주의를 끈다. 중요성, 시간성, 공통의 관심, 정보의 필요 등을 지적함으로써 청자의 관심을 끈다. 여기서 주의할 것은 청자가 정보를 필요로 하는 기분을 갖게 화자가 솜씨를 보이는 일이다. 화자는 어떤 정보이든 다 잘 알고, 상대방은 아무것도 모르는 것 같은 느낌을 주지 않는다.

청자의 태도	이야기 전개
설명하라!	추이, 화자가 망라할 주요 요점을 요약한다. (6하원칙)
서술하라!	전개, 자료를 분명하게 또 논리적 순서로 제시한다. 시간, 공간, 인간관계, 또는 특정 순서로 요점을 말한다.
구체적 예를 들라!	특정하고 명확한 이야기의 서술, 인례, 사실, 숫자 등을 이용한다. 비교－대조하고 설명한다. 요점에서 요점으로의 추이는 명확히 한다.
나는 어찌할 것인가?	종결, 요약한다. 장래를 예견한다. 정보에 따른 장래의 적용 및 용도 그리고 행동을 지적한다. 어느 방면의 독서 등을 권한다.

설명은 모든 종류의 이야기에서 필요한 것이다. 한 개 장치가 어떻게 작동하는가? 맡겨진 업무를 어떻게 착수·실행하는가? 어떤 제품을 만들려면? 한 개 조직체가 어떻게 움직이는가? 등의 사실을 우리는 설명한다. 우리는 바람직한 계획이나 문제 해결안을 설명·제시한다. 설명은 모든 사물이 갖는 개념을 명료히 하는 것을 뜻한다. 한 개 사실 전체를 주의 깊게 세분해서 말하든가, 세부를 묘사하고 또는 세부를 결합, 매 세부사항의 상호관계를 분명히 말하는 것이 설명이다. 또 때로는 뜻을 명확히 밝히기 위해 비교하고 대조하는 것이다. 설명은 당연 상대방 청자를 염두에 두고 말하는 것이다. 이 사실은 청중 가운데 비교적 상세한 설명이나, 전체를 자세히 분석하고, 간결한 비교 등을 요구하는 사람이 있음을 의미한다. 따라서 설명은 서술, 비교, 분류 등 여러 방법을 포함하는 폭넓은 말하기 과정임을 알 수 있다.

1) 실물 제시

실제 설명은 보통 설명에다 무엇인가 합한 것이다. 말하기와 동시에 무엇인가 보여주는 것이다. 바꾸어 말하면 어떤 사물을 구두로 설명하는 한편, 몸이나 물체 운동으로 설명을 입체적으로 뒷받침하는 것이다. 실물 제시는 시각 보조를 이용해 청자의 시각에 호소, 설명을 강화하는 것이다. 기계 장치가 어떻게 움직이는가? 도구를 어떻게 쓰는가? 등을 설명하든가, 어떤 물체의 크기나 모양을 설명하는 경우 실물 제시가 필요하다. 손짓, 몸짓을 할 때 모든 일거일동을 청자가 다 함께 볼 수 있는 위치에 화자가 서야 한다. 두 손이 보이도록 한다. 물체, 장치, 모형 등을 보이는 것이 실물 제시다. 필요한 경우 반드시 그것이 연탁 위에 있어 모든 참석자가 볼 수 있게 하지 않으면 안 된다. 그림이나 도표, 슬라이드를 보일 때 청자가 볼 수 있게 특별히 배려한다. 화자 자신은 그것을 볼 필요가 없다.

2) 연수와 훈련

정보를 주기 위한 이야기에서 중요 항목이 된다. 어떤 종류의 영업조직에서 조직이 원활하게 움직이게 하려면 종업원 연수와 훈련은 빼놓을 수 없는 조건이다. 조직 활성의 성패는 전혀 연수에 의해 좌우되고, 연수 담당 교관이 자신의 교육 자료를 어떻게 체계화하고 그것을 어떻게 제시하느냐로 크게 영향 받는다. 명확히 순서를 짜서, 매 단계 자료의 세부사항을 준비하고, 필요할 때 언제나 말하기에 병행, 이를 제시, 상대방 흥미와 관심을 끌지 않으면 안 된다. 또 연수 전후에 연수생을 여러 모로 자세히 분석해 보는 일이 중요하고, 연수에 이용되는 자료는 상대방에게 빠르게 통할 수 있는 것이 아니면 안 된다. 훌륭한 연수에는 어떤 상황에서도 늘 기억하고 있어야 할 네 개의 중요한 단계가 포함된다.

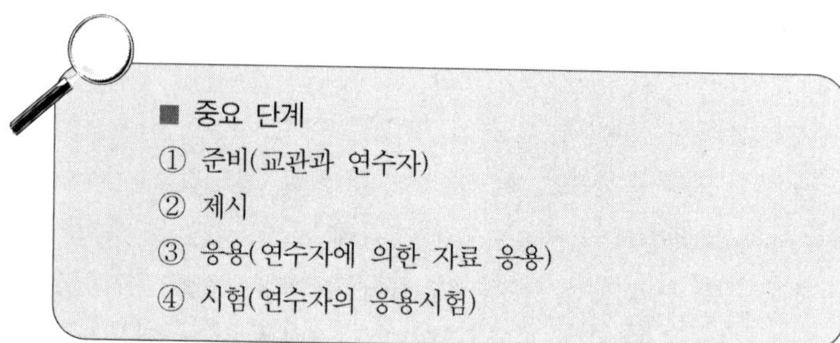

보고 — 알리기 위한 자료 제시를 의미하는 것이 보통이다. 구두보고는 알리기 위한 이야기다. 구두로 알리는 서면보고는 우선 원고를 읽는다는 문제를 야기한다. 사전에 원고 읽기를 연습한다. 그리고 원고에 익숙해진다. 읽을 때 띄고 붙일 데를 주의한다. 지나치게 빠르게 읽어선 안 된다. 보고서에 시종 눈길을 보내도 안 된다. 보고서는 힐끗 보고, 상대방 청중 얼굴을 많이 바라보도록 한다. 음성은 분명히 낸다. 설명을 첨가하기 위해 또 청자로부터 의견이나 제의를 받기 위해, 보고서 읽기를 어디쯤에서 잠시 멈출까 미리 계획에 놓는 것이 좋다.

서술 — 정보를 제공할 때 끊임없이 이용된다. 여행담, 이야기 또 어떤 일련의 사건을 말할 때, 서술은 명확하고 정확한 순서에 따라야 할 것이며, 그 경우 자료는 가능한 한 최대의 관심과 주의를 끌 수 있는 것이 선택돼야 한다. 감명적이고, 흔히 들을 수 없으며, 유머가 가득 찬 가치 있는 자료를 선택한다. 서술은 절도가 있어야 하고, 단조롭고 지루하지 않아야 한다. 장소, 물체, 인물 또는 사건 등을 해설할 대 생동감 있게 말한다. 이야기 내용이 청자 머릿속에 선연히 남도록 실제 청자가 그것을 보고, 듣고, 만져보고, 해보고, 실감을 느끼게 하면서 해설한다. 생동감 넘치는 서술은 구상적 표현이 된다.

3. 설득하기

앞에서 지적한 것처럼 설득하기 위한 이야기에는 실로 여러 가지 목적과 여러 가지 전개양식이 포함된다. 설명과 서술의 전달 과정이 포함된다. 설명과 서술의 전달 과정이 청중 설득 시, 크게 이용됨은 먼저도 지적한 바 있다. 설득에서 사실, 引例, 또 다른 뒷받침 자료를 사용하는 것 역시 효과적 전달을 도모하기 위함이다. 설득과 전달의 기본적 차이는 전자가 제시된 자료와 아이디어로써 창자에게 어떤 영향을 미치게 하고자 하는 것이요, 나아가 대부분의 청자가 그 점을 느끼고 믿도록 어떤 결론과 추론을 연사가 도출해 내는 과정이다. 따라서 전달이 청자에게 어떤 사실을 이해시키는 것이 목적이라면, 설득은 청자에게 어떤 사실을 이해시킴과 동시에, 한발 더 나아가 청자를 화자의 의도대로 움직여 변화시키는 것이다. 청자의 사고와 태도를 염두에 둔 경우, 설득을 위한 이야기 전개양식은 다음과 같거나 또 그것을 약간 수정한 것이 될 것이다.

청자의 태도	이야기 전개
무엇을 말할 것인가?	도입, 주의와 관심을 끈다. 일반적 흥미, 경험, 동의를 끌어내기 위해 공통기반을 구축한다. 반발적 의견을 내든가, 적대 감정을 가지면 안 된다. 추이, 주요 아이디어를 완곡히 전개한다. 직접법, 간접법 중 하나를 택한다.
문제가 무엇인가?	전개, 제일의 요점을 제시한다. 그것은 한 개 조건, 또는 문제의 증명 혹은 또 아무 문제가 없다는 증명이 될 수 있다.
필요한 것인가?	요점을 설명 또는 증명하기 위해 뒷받침 자료를 제시한다.
설명하라!	
증명하라!	
실례를 들라!	

청자의 태도	이야기 전개
해결은 잘되어 가는가?	문제의 원인을 분석한다. 계획 또는 해결책을 보인다. 사정에 따라 다른 계획과 견주되 이점을 설명한다. 그것이 효과적이고 또 그것이 가장 좋은 해결책임을 설명한다. 사실과 증거를 제시한다.
나는 어떻게 하면 좋은가? 행동	종결, 요약한다. 계획과 함께 조건이 개선된 사례를 보인다. 장래에 대한 소견을 설명한다. 청자가 취해야 할 행동을 밝힌다. 적극적인 끝맺음을 한다.

청자의 사고와 신조에 어떤 변화를 주는 것이 설득 이야기의 목적이다. 화자는 청자에게 동일한 느낌, 생각, 뜻, 메시지, 제안, 요점을 믿고 수용하기를 기대한다. 이야기를 시작하기 전에 화자의 목적과 의견에 일치하지 않은 청중을 앞둔 경우, 먼저 화자는 청중을 납득시키지 않으면 안 된다. 이때의 이야기는 구체적 증거와 뒷받침 자료를 필요로 한다. 청자의 감정과 정서에 영향을 미치는 것이 자극하기 위한 이야기의 목적이다. 대개의 경우, 설득 영향이 청자에게 끼쳐지는 것이면 어느 정도까지 상대를 자극하게 된다.

매우 훌륭한 논리적 요지라 할지라도 그것이 요지로서 성과를 거두려면 일단 상대방의 기본적 욕구, 정서, 감정 등과 연관을 갖는 논지여야 한다. 자극하기 위한 이야기에서, 청자가 화자 이야기에 동의했다 하더라도 그것을 충분히 이해했는지 모르고 또 충분히 이해했다손 치더라도 그것에 아무 반응을 보이지 않을 경우가 있다. 목사는 설교, 스님은 설법, 신부는 강론하고 정치인은 애국애족에 의거 기념일에 즈음 연설하고, 기업인은 종업원을 설득하여 안전 조업에 힘쓰게 하고 동시에 소속사에 대한 봉사정신을 고취하여 맡은 임무에 긍지를 느끼게 해준다.

이 같은 이야기는 삶의 보람, 직업의 긍지, 승진에의 욕구, 명예를 얻고 인류애에 공헌하려는 포부 등을 심어 준다. 뒷받침 자료는 구체적이고 생동감 넘치는 것이어야 한다. 아마 지배적 형태의 뒷받침은 구체적 예와 특정적 이야기가 될 것이다. 상대방 행동에 어떤 영향을 주었다면 그것은 화자의 설득 또는 자극에 의한 결과이고, 두 사람 결속의 토대 구축을 의미한다. 화자가 이용하는 자료는 때로 상대방의 행동 촉구를 시사한다. 청자의 행동 방향은 이야기의 주요 부분에서 발전되고, 종결에 이르러 최종적 호소를 하게 된다. 또 경우에 따라 연사가 바라는 행동은 종결에 이를 때까지 전혀 말하지 않을 수 있다. 이것은 이야기 목적의 특질에 따라, 청자의 듣는 태도에 따라 달라진다. 기본적으로 보면 자극하고 설득하는 이야기 형태가 있다. 그것은 어떤 개인을 칭찬하는 이야기이다. 시상시 연사의 성실하고 기분 좋은 태도가 아쉽다.

이야기 시작에 앞서 사전 설명이 필요한 게 보통이다. 이때 시상의 성격과 찬사의 성격이 설명되고, 간단한 경위가 서술되며 다음에 수상자 업적이 소개되는 바, 현저한 공적이 특히 강조된다. 그러나 어느 때고 과장은 피해야 한다. 이때 업적과 현저한 공적이 다른 사람과 장래에 미치는 영향을 언급한다. 이야기를 끝맺을 때 수상자에게 영예를 기리는 말로써 축복하고, 그 후에 상을 준다. 이때, 악수하면서 시상한다. 상이나 상찬의 이야기는 수상자를 어느 정도 난처하게 만드는 것이므로 그의 반응이 쉽게 나오지 않는다. 조심성 있게 "축하합니다"하는 말과, 수상자의 과거 노력이 찬사 받게 했다는 사실과, 장차의 더 큰 영예를 비는 말을 간결하게 한다. 바람직한 태도와 자세는 정중하면서 명랑한 것이어야 한다.

친목 도모의 담화는 특정 단체, 회사가 일정 장소, 일정 시간에 교환한다. 특히 공휴일과 일과가 끝난 평일에 하고, 또 사원의 친목 증진과 일체감 조성을 위한 단합의 뜻으로 전체 사원 모임에 담화가 있다. 혹은 실업가들의 정찬회 석상에서, 또 사원의 애사심 고취를 위한 사장의 기업발전 전망에서 담화가 발표된다. 이때의 담화는 보고의 특징이 지배적이다. 담화자의 목적은 최신 자료를 활용, 상대방 정서에 호소하고, 자신의 이야기 주제를 청중에 연관시켜 공감을 얻고자 하는 데 있다. 화자는 공동이익, 가치, 공헌 그리고 그 밖에 가치있는 사실 등을 차근차근 논리적으로 제시한다. 그리고 끝으로 요약과 동시에 나은 앞날을 약속하며 이야기를 끝맺는다.

4. 유머하기

　유머를 하는 것이 주목적인 대부분 이야기는 정찬이 끝난 다음, 클럽 모임 또는 비공식 모임 석상에서 행해진다. 그러나 만찬회와 오찬회 조찬회 등에서 모든 중요한 공중연설이 행해지고 있는 것이 오늘의 실정이다. 따라서 정보를 주는 것, 설득하기 위한 담화가 흔히 정찬회 뒤에 행해진다. 지금껏 논해진 내용과 전달의 모든 원리가 이 경우에 적용되지만, 여기 화자에게 일층 용이한 요소가 더 첨가된다. 정찬회 뒤에는 회중의 마음이 화자의 이야기 목적을 받아들임에 적당한 상태로 바뀐다는 사실이다. 지금까지 무관심하던 상태에서 '연사 이야기를 들어보자'는 태도로 바뀐다. 이것이 바로 정찬회가 가져다 주는 유리한 요소이다.

　이야기의 도입은 주어진 장면에 대한 언급이 주가 되고 유머가 이따금 삽입된다. 순전히 손님 환대가 목적인 정찬회 담화는 구성이나 내용에 어떤 특정 공식이 필요치 않다. 풍부하고 다양한 화제, 주어진 정황에 적응하는 재능, 유머 표현력을 연사가 함께 지니고 있어야 한다. 이때 이것이 가장 중요한 요소들이다. 유머 화법의 몇 가지 특징과 양식을 보인다.

만찬회·오찬회·조찬회는 결코 가볍게 생각할 수 없는 많은 책무를 지닌다. 사회 임무는 실제 이야기가 전개되기 훨씬 전부터 시작된다. 그 임무는 식단 파악, 좌석 배치, 연사의 좌석 배치, 연사 선정과 이야기 순서 배정, 그 밖의 스피치에 직접 관계없는 다른 사항 그리고 모임에서의 연사 소개 등이다. 연설대는 모든 손님이 볼 수 있는 곳에 설치해야 한다. 탁자 배열은 T자형, U자형이 가장 이상적이다. 연사 좌석은 모두 중심 위치가 좋다.

주요 연사는 사회자 우측에, 다른 연사는 우측 또는 좌측에 위치한다. 비교적 비중이 덜한 연사를 먼저 모시고, 주요 연사는 최종으로 모시는 것이 관례이다. 그리고 지극히 당연한 일이지만 연사는 주어진 제한 시간을 꼭 지킨다. 예비 연사는 5분에서 10분이면 충분하고, 주요 연사는 20분에서 30분이면 족하다. 담화 진행에 소요되는 전체 시간은 특수한 경우를 제외하고 1시간을 넘지 않게 배려한다. 또 사회자는 프로그램 시작 때, 연사 소개 때, 웃음거리를 말할 필요가 없다. 그러나 비공식 모임에서 사회자는 유머를 해도 좋다. 사회자는 모임을 독차지, 독단을 행하는 일이 없어야 하고, 연사 시간을 빼앗는 일이 없도록 각별히 주의한다.

짤막하고 흥미있는 이야기가 유머의 가장 흔한 형태이다. 왜, 말해야 유머가 발생하는가에 대한 의문이 없는 바 아니나, 말하기로 유머가 발생하는 것이 상례다. 유머를 말하는 방법은 이야기 수만큼 많아 일정 공식의 틀에 매놓을 수 없다. 다음은 유머 화법의 참고사항이다.

■ 참고 사항
① 이야기는 담화 전개시 자연스럽게 흘러 나와야 한다.
② 이야기 요점만의 설명은 피한다.
③ 아이디어와 관련, 이야기 요점에 의미를 부여한다.
④ 청중을 염두에 두고, 이야기를 택한다.
⑤ 자기 자신이 명랑한 기분으로 말한다. 자신의 유머에 지나치게 웃으면 안 된다.
⑥ 진지한 내용의 연설을 전개할 때, 요점 보강에 주력하되, 유머 삽입은 피한다.

5. 기타의 목적

연사 소개는 어렵지 않으나 마음에 새겨야 할 몇 가지 유의 사항이 있다. 연사 소개의 목적은 연사를 청중에 알려, 이야기 수용에 적합한 마음가짐을 다지게 하는 것이다. 이때의 소개가 의장이나 사회자의 연설이 되면 곤란하다. 간결하고 생기 넘치는 것이어야 하며, 특별한 경우를 제외하고 2분 이상 소요되면 안 된다. 그리고 연사의 지명도가 높을수록 소개말이 줄어든다. 소개는 정황, 연사, 주제의 세 가지 요소를 포함한다.

> **■ 소개 화법**
> ① 모인 청중에게 주어진 주제가 적합하고, 중요한 의미
>   가 있음을 강조한다.
> ② 연사의 경력과 업적을 간단히 소개하고, 연사가 말하
>   고자 하는 내용의 요점을 밝혀 준다.
> ③ 연사 이름과 연설 표제를 발표한다. 연사가 말하기
>   시작할 때까지 사회자는 서 있는 게 보통이다.

소개에 대한 연사 반응은 보통 '의장님 감사합니다.'든가 또는 이와 유사한 표현이다. 이때 연사는 의장의 말을 논평하든가 혹은 또 유머를 말하게 된다. 이것은 소개가 장황한 경우 특히 그렇다. 그러나 연사는 정도를 지나치지 않도록 각별히 주의한다. 필자는 다음과 같은 소개 반응을 들은 적이 있다.

"의장님이 제게 대하여 말씀한 것을 매우 감명깊게 들었습니다."
"저는 사회자 말씀을 대단히 흥미있게 들었습니다. 계속 말씀해 주셨으면 하고 기대해 보고 싶었습니다."
"사회자께서 과찬의 말씀을 주셨습니다."
"제가 이처럼 소개된 것을 제 안사람이 들었다면 하고 생각했습니다. 제 아내가 함께 칭찬 말씀을 듣지 못한 것을 못내 아쉽게 느낍니다."

> **■ 마이크 사용법**
> ① 마이크와의 거리를 알맞게 취한다. 거리는 보통 음량, 음세
>   에 관계가 있다. 자연스런 대화 수준으로 말할 대, 대체로
>   마이크에서 한걸음 물러선 거리가 적당하다. 만일 그 이상
>   떨어지면, 목소리를 좀더 크게 내야 한다. 목소리가 잘 들리
>   지 않을 정도로 마이크에서 조금씩 물러서는 태도는 피한다.
> ② 한마디마다 분명히 말한다. 명료한 발음은 극히 중요하다.

> ③ 말을 더듬지 않는다.
> ④ 종이 소리나 그 밖에 다른 소리를 내지 않는다.
> ⑤ 의장, 사회자는 프로그램 개시 전에 마이크 준비 여부를 확
> 인한다.

라디오와 텔레비전 방송, 일반 강연시 담화상 문제로 거론되는 것이 마이크로폰 사용법이다.

본 장에서 화자가 당면하는 여러 이야기 사례를 설명했다. 그리고 화자가 기억해야 할 중요점은 주제, 목적, 체계화, 전개 및 제시에 관한 모든 기본적 원리가 모두 개개 사례에 적용된다는 점이다. 화자는 때로 그 원리를 수정해서 응용할 수 있다. 개개 사례의 모든 이야기 형태를 망라해 설명하기 어렵다. 그러나 지금까지 시사한 전반적 원리를 특정 이야기에 각각 적용시킬 수 있어야 한다.

1. 정보를 주는 이야기의 효과적 전개를 설명하라.
2. 설득하는 이야기의 효과적 전개를 설명하라.
3. 유머 화법은 어떤 특성을 갖는가.

참고 문헌

1. 전영우, 『오늘을 사는 화법』, 창조사, 1982.
2. E.F. Elson, *The Art of Speaking*, Ginn and Company, New York, 1957.
3. Elizabeth G. Andersch, *speech*, Rinehart Company, New York, 1950.

회담은 이렇게

제**4**장

개 관

우리가 하는 이야기의 태반은 다른 사람과 비공식으로 의견을
교환하는 일이다. 그리고 이 경우, 이야기는 의식적으로 준비하는
것이 아니고, 일상적 대화나 매일 학교나 직장에서 동료와 더불
어 우연한 토의·토론을 하는 형식이다. 그러나 이런 경우라도 효
과적 화법의 몇 가지 규칙을 지키고, 토의·토론의 기본적 원리를
참고함으로써 보다 큰 효과를 올릴 수 있다. 그리고 다른 사람과
의 교제와 교섭, 예를 들면, 면담이나 협의 같은 큰 의의를 갖는
대인관계에, 이 장에 서술된 효과적 회담 원리의 적용을 신중히
고려해 본다. 나아가 이 원리를 우리는 대화, 면담, 회의 등에 잘
적용할 수 있을 것이다.

1. 회담상의 규칙

토의와 회담에서 내용과 방법이 특히 중요하다. 이에 관해 고려해야 할 사항이 몇 가지 있다. 그것은 태도, 비평, 청법 그리고 참가 요령과 의견 조정이다.

누구나 태도가 활기차고 입장이 명백하며 빈틈이 없어야 한다. 바른 자세를 취하고, 때와 형편에 적합한 열의를 보여야 한다. 상대와 마주보며 의자에 구부려 앉든가, 안절부절못하며 두 손을 연신 만지작거리든가, 상대를 보지 않고 시선을 딴 데로 주는 사람이 적지 않다. 자세를 바르게 취하고 상대를 바로 본다. 생기있는 태도를 취한다. 대화와 회의에서 우리가 경솔해 보이기 쉬운 까닭은 대부분 바른 자세를 취하지 않는 데 있다. 태도, 자세가 목적의식으로 가득 차 있어야 하고, 집단을 이룬 구성원에 대해 능동적인 관심을 보여야 한다. 매사를 상대방 입장에서 생각하여 상대방을 나에 앞세우는 태도를 키운다. 상대방에 대해 그의 의견, 그의 발언에 관심이 큼을 분명한 태도로 밝힌다.

비평─명백하고 간결해서 요점이 드러나야 한다. 무엇에 관해 발언할 때, 목적 없는 인상을 주지 않는다. 말 한마디마다 목적이 살아야 한다. 대화와 회의에서 장광설은 누구에나 금물이다. 한번에 5분, 10분 말하기보다 1, 2분씩 몇 번에 나누어 말하는 편이 효과적이다. 효과적인 화법 원리를 잊으면 안 된다. 이야기 요점을 명확히 하고 요점을 구체적 자료로 뒷받침한다. 일반 사실과 개개 사실을 비교·대조하고, 흥미와 관심을 끄는 구체적 자료를 인용한다. 화자는 그의 사고와 비평을 남이 제시한 논지에 적응시킨다. 그리고 자신의 논지는 재치와 적절한 판단을 통해 효과적으로 전달한다. 청법은 화법과 동일하게 회담에서 중요한 비중을 차지한다. 논의의 대상을 남이 어떤 식으로 사고하느냐를 알면 일층 더 유리하다. 대부분 화자는 자기 이야기를 열심히 들어주는 사람을 좋아한다. 열띤 논의보다 차라리 침묵으로 일관하는 편이 훨씬 빠르게 승리하는 길인 경우가 있다. 효과적으로 남의 이야기를 잘 듣는 사람이 드물다. 효과적 청법은 옆에 서서 무관심한 표정으로 아무것도 발언하지 않는 것을 의미하지 않는다.

대화의 경우 요령과 교제성은 매우 중요하다. 상대가 말한 내용을 호전적인 자세로 산산이 헤쳐버림으로써, 논의에서 우세를 보이겠다는 의도는 누구나 갖는 경향이다. 논쟁에 불이 붙으면, 우리는 상대가 말한 이야기 내용보다 상대의 성격이나 재능을 비평하는 일이 없지 않다. 나아가 그가 무지하고 무식하다고 일방적으로 규정하는가 하면, 자신의 논점을 임의로 과장하기도 하고 또 고의로 전혀 색다른 해석을 내리기도 한다.

그러나 이 같은 계략은 결코 승리를 가져오지 못한다. 그럴수록 오히려 논의가 긴박감만 가중할 뿐이다. 여기서 우리는 토의 요령과 의견 조정을 위한 참고 사항을 검토하게 된다.

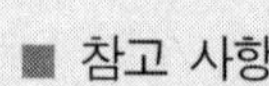

■ 참고 사항
① 객관적이고 솔직한 태도로 상대방 이야기의 요점을 듣는다.
② 이쪽 입장을 무너뜨리지 않는 범위에서 양보하고 동조한다.
③ 공정하고 정확하게 상대방 이야기의 요점을 해석한다.
④ 상대방 입장과 관련, 이쪽 입장을 설명한다.
⑤ 이야기 요점을 요약, 이쪽 입장을 지키고 발전시킨다.

2. 우연한 대화

엄밀한 의미에서 뜻하지 않은 대화란 있을 수 없다. 다른 사람과 말할 때, 우리는 항상 어떤 목적을 갖고 있기 때문이다. 그러나 대화는 대부분 비공식적이고 뜻하지 않은 경우의 것이 많다. 정식의 어떤 준비 없이 우리의 경력, 경험, 관심, 흥미 등이 여러 결과로 남 앞에 나타나기 마련이다. 효과적 화법의 모든 원리는 확실히 재치있는 대화를 할 때 적용된다. 대화에 경험이 많으면 상대방 이야기에 적극 성실한 관심을 보인다. 그가 바로 훌륭한 청자임은 먼저 지적했다. 상대가 말하는 이야기 내용에 관심을 집중시키면, 또 그의 경력이나 흥미가 포함된 사항에 좀더 가까이 접근하면, 우리는 언제나 상대와 대화할 준비를 갖춘 셈이 된다. 그리고 이쪽이 보이는 반응에 따라 이야기 내용을 더 넓히든가, 설명을 더 자세하게 하는 동기를 상대방에 주게 된다. 또, 동시에 상대는 기분좋게 자기 의견을 이쪽 관점에 맞추게 된다.

결국 동일 문제에 따른 관점 발전에 기여하는 셈이다. 질문받으면 상대는 자기 지식을 자연스럽데 토로한다. 질문시 중요 관건이 되는 것은 화자의 경력과 관심사를 평소 잘 알고 있어야 한다는 점이다. 상대가 말하기 좋아하는 사항으로 대화 방향을 돌린다. 이때, 피차 공통의 흥미 있는 주제를 선택함이 일층 중요하다. 그러나 이쪽 경력과 관련한 관심 대상을 대화의 화제로 삼으면 안 된다는 뜻이 아니다. 어떤 집단 속에 있든, 또는 단지 한 사람을 상대하든 대화에 적극 참여, 기여할 의무를 누구나 갖고 있다. 언제까지 청자의 입장에서 남의 이야기에 응대만 하겠다는 자세는 탐탁하지 않다.

유쾌한 대화는 이에 참여한 사람이 모두 자극을 받고, 지식을 넓히는 경험을 가질 수 있어야 한다. 그러므로 우리가 사는 고장에서 최근에 일어난 사건이나 상대를 즐겁게 할 수 있는 짤막한 일화, 자기 신상의 이야기를 화제로 삼는다. 청자를 고려하며 이야기 요점을 전개한다. 아무 내용 없이 시종 허장성세를 부리는 것은 아주 금물이다. 참신하고 즐거운 직접적인 태도를 보인다. 넥타이를 만지작거리거나 동전 따위를 짤까 닥거리는 일은 피한다. 단지 조금만 노력하면 누구나 훌륭한 좌담의 한 참석자가 될 수 있다.

3. 계획된 면담과 회담

　어느 특정 목적을 가진 면담이나 1대 1의 단독 회담에 임할 때, 누구나 준비에 한층 세심한 주의를 기울이려 할 것이다. 지금까지 논의된 원리는 물론, 다음 사항까지 특별히 주의할 일이다.

　　상대방을 면밀히 분석하는 것.
　　회담의 줄거리를 준비하는 것.

　회담 상대방을 분석한다는 것은 가능한 한도 내에서 상대방을 알아보고, 상대가 이쪽 목적에 대해 얼마나 관심을 갖고 있는지 미리 알려고 시도함을 뜻한다. 상대의 나이, 가족, 직업에 대한 관심, 학력, 관계하는 조직, 취미, 기호, 그 밖에 다른 사항이 그에게 영향을 주는 지배적 요소들이다. 바로 그것은 상대방과 공통 기반을 다지게 하는 관건이 되기도 한다. 그리고 상대를 자세히 미리 알고 있다면 별안간 질문을 해오거나 이쪽이 미처 생각하지 못한 점을 강조하더라도 별로 놀랄 일이 못된다. 무엇을 자세히 알아보기 위해, 취직을 하기 위해, 또는 주어진 문제를 해결하기 위해 협의의 상대를 찾는 것이 상례이다. 앞에 말한 것이 대체로 일대일의 단독 면담의 목적이다.
　지식을 얻기 위한 면담에는 요점에의 접근에 주도면밀한 계획을 세워, 상대방과 공통의 기반을 다지고, 정보와 지식을 얻기 위해 미리 질문을 준비, 순서를 짜놓는다. 구직 면담, 상거래 면담 또는 상대에게 무엇을 부탁, 문제 해결을 꾀하는 면담 등은 모두 설득을 필요로 한다. 어떤 상품을 팔려고 하든 또는 의견을 제시하려고 하든, 우리는 먼저 상품 또는 의견에 대해 상대방이 알고자 하는 최대 한도의 지식과 정보를 갖추고 있어야 한다. 다음에 면담 계획을 세우고 면담 줄기를 짜놓는다. 그러나 그 줄기 쓴 쪽지를 면담 장소에 가져가면 안 된다.

이때의 면담은 다음 단계를 거쳐 진행됨을 기억한다.

면 담 단 계	
접근	이것은 면접자와 인사하는 장소, 면접자 태도를 생각할 때, 어떤 식으로 면담을 시작하면 좋을까 하는 문제.
주의할 것	처음 입 떼는 일이 중요하다. 상대의 이름을 부르며 인사한다. 명랑하고 직접적인 태도를 취한다. 상대방에서 흥미있는 것을 화제로 꺼내, 피차 공통의 기반을 다진다. 그리고 요점을 대고 목적을 구술한다.
필요와 문제	면담 목적을 명백히 해야 할 필요와 문제를 개진한다. 이 점을 상대가 느끼게 한다. 가장 좋은 해결책을 얻기 위해, 이쪽이 제안하지 않으면 안 되는 정황이 상대에게 이해되도록 해줘야 한다. 상대방 본위로 말하고, 자기 중심의 이야기는 많이 하지 않는다.
해결책	신입사원으로 채용되기 위해 또는 상대의 상거래를 돕기 위해 이쪽의 의견이나 제안 사항을 승인받기 위해 해결책이 강구돼야 함을 분명하게 구술한다. 이쪽 제안이 상대방 주의를 끌 수 있게 매력있는 화법을 쓴다. 제안 속에 포함된 가치, 이득, 실용성 등을 명시한다. 증거, 도표, 그림 등을 상대에게 보인다.

면 담 단 계	
끝맺음	적극적 자세로 인터뷰를 끝낸다. 자기가 희망하는 생각과 행동을 시사해 보인다. 분명 실패라고 판단되는 경우, 다음 면담을 약속 받는다.

시종 면담 상대는 더 많은 정보와 지식을 필요로 하는 질문이나 이쪽 요구에 불리한 반대만을 계속할지 모른다. 정보를 정확하고 빠르게 제공한다. 반대 의사가 생기면 기분좋게 또 요령과 조정의 항목에서 논해진 원리를 적용해서 반대한다.

4. 대규모 회의

이따금 탁자를 가운데 두고, 다른 사람과 무엇인가 의논할 경우가 있다. 가장 좋은 회의 형식은 탁자 한쪽에 사회자가 자리잡고 있는 것이다. 가장 전형적 회의는 같은 회사 동료들이 운영 방침 등에 대한 토의 토론이나 문제 해결을 위해 모이는 회의다. 거기서 그들이 다루는 의제가 생산이든, 영업이든, 연수이든, 또 앞으로 취할 행동의 결정에 대해서든, 상관없이 주어진 당면 문제를 해결한다는 것이 대체적 회의 목적임은 의심할 바 없다. 이 회의에 참가하는 일반 참석자들은 특별한 준비를 하지 않는다. 다만 출석자의 배경과 평소 생각이 발언의 기초를 이루는 것이 통례일 뿐이다. 그러나 회의 목적과 토의할 문제를 미리 알고 있다면 더 없이 바람직하다. 어느 정도 회의 준비에 대해 미리 차비를 차리고 나가는 것이 의사 규정이기도 하다. 그리고 논의가 예상되는 분야의 자료 등을 휴대하게 된다.

모든 회의 진행에 적용되는 양식은 전항에 보인 단계를 충실히 거치는 것이다. 사회자는 문제 및 정황의 중요성과 정도 그리고 원인 등을 검토하면서, 참석자의 문제 해결, 사고 방향, 토의 범위 등을 리드하는 것이 보통이다. 나아가 가능한 해결책과 그 장단점, 가장 좋은 해결책, 실행의 가능성 및 효용성을 효과적으로 추출하는 방법과 앞으로 취할 행동 또는 정책 방향을 사회자가 리드하게 된다. 한편, 일반 참석자는 어디까지나 뜻있는 기여와 공헌을 위해 적극 자기 역량 껏 회의에 참여한다. 참석자가 회의석상에서 하는 담화의 기본 규칙을 알고 준비가 충실하면 일층 효과적으로 활약할 수 있다.

5. 전화 거는 법

전화 대화는 기계 장치를 통해 일대일의 면담을 하는 것에 지나지 않는다. 우수한 대화와 효과적 대화의 모든 규칙이 그대로 여기 적용된다. 단지 상대가 보이지 않는다는 예외가 있을 뿐이다. 비록 상대방이 눈앞에 보이지 않는다 하더라도 보인다고 상정하고 직접 대면하고 있는 상황의 기분으로 말하면 전화를 통한 대화는 더욱 더 목적 의식으로 가득 찰 것이다. 여기서 다음 사항을 참고로 제시한다.

■ 참고 사항

① 인사는 기분좋게 한다. 불러낸 사람을 알고 있을 경우, 두세 번 인사를 나누어도 좋지만 곧 용건으로 들어간다. 또 전화를 받은 경우, 언제나 '여보세요, 여보세요' 대신 먼저 자기 주소지와 또는 회사면, 부서명을 댄다. 자기 이름을 대면 금상첨화이다 일반적으로 대지 않는 경향이다.

② 음성은 적절히 조정, 대화조로 만든다. 그러나 알맞는 음량, 명료한 조음과 발음, 또렷한 목소리를 내야 한다. 무엇보다 중요한 것은 음성의 명료성이다. 말하기 속도는 보통이 좋고, 보다 느리거나 보다 빨라선 안 된다.

③ 분명한 의도를 갖고 이야기 요점은 간결하게 말해야 한다. 장시간을 요하는 사항을 설명할 때는 상대방이 계속 듣고 있는지 여부를 때때로 확인한다.

④ 전화 상대방이나 교환양에 대해 항상 정중한 태도를 취한다. 교환양은 가능한 모든 것을 도와줄 수 있다는 사실을 잊지 않는다.

⑤ 볼펜과 메모지는 전화기 곁에 놓아두어 항상 이용하기 편하게 한다.

우리 이야기는 작은 규모의 단독 회담이나 큰 집단에서 행해지는 경우가 아주 많기 때문에, 효과적 화법의 모든 규칙을 가능한 대로 회담에 적용시킨다. 대화, 대담, 면접, 인터뷰, 회담, 회의, 전화 대화 등은 모두 태도, 비평, 청법, 요령 등의 원리를 포함한다.

1. 토의 요령과 의견 조정을 위한 참고 사항을 설명하라.
2. 면담의 진행 단계를 말하라.
3. 전화 응대시의 참고 사항은 무엇인가.

참고 문헌

1. 전영우, 『교양인의 대화법』, 창조사, 1982.
2. ─────, 『유쾌한 응접실』, 삼중당, 1968.
3. Charles W. Lomas, *Speech*, Houghton Mifflin Company, Boston, 1963.

회의, 집회의 사회

제**5**장

개 관

    오늘날 경영층 및 감독자 측은 그의 부하 직원 및 동료들과 함께 회의 또는 집회로 자주 모인다. 특히 기업의 최고경영층은 하루에 한 번 이상 회의를 주재하고 여러 모임에 자주 참석한다. 이런 종류의 집회만 있는 게 아니다. 각종 동호인 그룹의 모임 또는 공식 집회에서 의제와 연사를 미리 선정, 토론회를 주최하는 일이 있다. 혹은 클럽이나 단체 모임에서 누구나 의장으로 선출되는 정황이 있다. 이렇듯 여러 주어진 정황에서, 어느 경우나 동일하게 사회자가 있기 마련이고 또 사회자 역할과 임무는 매우 중요하다. 누구나 사회 능력과 역량을 갖고 있어야 한다. 사회의 책임과 임무를 효과적으로 수행하기 위해, 회의 또는 집회의 유형에 따라, 진행 준비와 계획을 짜며 동시에 지도자의 자격과 지도자의 임무 수행 방법을 연구하게 된다.

1. 회의와 집회의 형태

경영회의 — 방침 결정, 문제 해결
공식회의 — 대규모 회의, 소규모 토의 집단
집회 — 클럽, 단체 모임

경영회의 — 회사 방침을 결정하든가 생산, 영업, 광고, 인사, 업무 등 회사가 당면한 제반 문제 해결을 위해 소집된다. 이 같은 회의는 자주 소집되나, 참석자 시간이 소모되고 때로 회의 비용이 드는 것이므로 회의를 소집, 사회하는 입장에 서면, 미리 회의에 대한 충분한 계획을 세우고 착실한 준비를 서두를 필요가 있다.

동료 직원을 모아 공장 내 직원의 휴가에 대해 좋은 방침을 결정할 때가 있다. 혹은 또 전체 사원을 출석시킨 가운데 정례회의를 열고, 전번 집회 이후에 일어난 문제를 중심으로 토의할 때가 있다. 또 어떤 특정 주제에 관해 좀더 많은 자료를 모으고자 할지 모른다. 대규모 집회에서 진행 순서의 책임을 맡고 사회역을 수행할 때 주도면밀한 사전 계획이 필요하다. 회의에 따른 여러 가지 준비를 꼭 기억한다. 연사의 선택과 발언 순서는 의사 진행 못지 않게 중요하다. 비교적 다수의 청중을 앞에 놓고, 패널이 열석한 가운데 참석자 전원에 관계되는 어떤 현안을 토의하는 공개토론회를 개최할 때가 이따금 있다. 이 같은 모임을 사회하기 위해 의제와 요점의 토론 순서를 미리 짜놓고 패널의 토론을 사회한다.

심포지엄 — 패널이 의제의 한 부면을 연설 형식으로 발언하는 공개 토의의 한 유형이다. 사회자의 책임은 비교적 다수의 청중을 향해 의제를 제시하고, 연사를 소개하며, 토의 참가자와 청중 사이의 집단 토의를 사회하는 것이다. 토의는 몇몇 연사가 주어진 의제를 놓고, 상호 상반되는 의견을 진술하기도 하고 서로의 의견을 교환하기도 하는 것이다.

클럽이나 단체 모임은 그룹 회장에게 책임을 지운다. 면밀하게 의사 일정을 짜고, 유능하게 토의를 리드하는 역량이 요구된다. 참석자 전원이 토의의 참가 절차를 알고 있어야 하나, 토의의 거의 모든 책임은 전적으로 회장에게 돌려진다.

2. 회의와 집회의 준비

회의 또는 회합을 소집하는 사람이 모임 성과에 따른 제1차적 책임을 진다. 사회자는 먼저 다음 사항의 실천 여부를 그때마다 확인한다.

■ 확인 사항
① 회의 목적 결정
② 의사 일정, 협의 사항 결정
③ 참석자에의 통고
④ 비품 준비와 장비 설치
⑤ 보드, 도표, 보조 자료 준비
⑥ 좌석 배정과 참석자의 명패, 명찰 준비
⑦ 회의, 토의, 토론, 프로그램 사회

회의, 집회의 목적과 의사 일정은 모임 시작 훨씬 전에 결정을 봐야 한다. 목적은 회의 소집 이유이고, 달성해야 할 소기의 성과이다. 의사 일정은 진행 사항, 의사, 프로그램, 연사의 발언 순서이다. 물론 의사 일정은 회의 목적 달성을 위해 짜여진 계획이다.

여기서 마땅히 고려해야 할 주요 사항이 회의에 소요되는 시간, 연사 섭외 유무, 슬라이드, 영화 상영 여부, 정찬 유무, 그 밖에 특수 행사 유무이다. 짧은 시간이 소요되는 회의 또는 회합에서, 장시간 토의를 요하는 의사 일정을 계획함은 무리이다. 예견되는 모든 상황을 염두에 두고 치밀하고 구체적인 세부 계획을 미리 짜놔야 한다.

보통의 경영자 회의는 상호 정보를 교환하고, 정책 결정이나 문제 해결안을 토의하기 위해, 회의 탁자에 모여 하는 한 시간 남짓 걸리는 회합이다. 이때, 회의 리더는 토의 목적과 토의 진행 순서를 명백히 밝혀, 참석자 전원이 분명히 이해하게 한다. 준비는 먼저 회의가 열리는 회의 장소이고, 회의에 필요한 비품과 보조 용구 등이다. 회의장 선택시 고려 사항은 참석자 규모에 따른 회의 탁자, 의자, 조명 장치, 방음 장치 등이다. 회의 사회자로서 경험이 풍부하고 경륜이 있으면 상기 모든 사항을 사전에 철저히 점검한다. 그는 또 보드, 도표, 매직펜, 기타 필요 사항 준비 여부를 확인한다. 필름이나 슬라이드가 영사될 경우 모든 장치를 남김없이 점검한다. 마이크 장치의 사전 점검 역시 꼭 실시한다. 회의 진행 과정에서 예기치 못한 장애에 봉착하는 것은 모두 앞의 점검 사항이 보다 철저하지 못한 데 원인이 있다. 그리고 다수 인사가 참석하는 모임이면 모든 참석자 앞에 누구나 볼 수 있는 명패가 놓여야 한다. 참석자가 모두 이십 명 남짓한 회의이면, 회의 탁자를 중심으로 둘러앉는 것이 가장 좋은 좌석 배치이다. 탁자가 원형이면, 사회자 역시 평범한 참석자로 보이므로 격식만 좇는 딱딱한 분위기가 훨씬 크게 감소된다. 큰 규모의 회의이면 장방형 탁자가 준비되고 보다 큰 규모이면 회의 탁자를 T자 형으로 배열, 한쪽 끝에 사회자가 앉게 한다.

회의의 줄거리는 의제를 소개하고, 회의를 진행하기 위한 사회자의 지침과 비슷한 것이다. 일련의 소규모 집회, 회의를 포함하는 모든 모임의 사회 지침은 회의 목적, 시간, 장소, 참석자, 진행순서 등이 명시된 의사 일정이다. 정책 결정이나 문제 해결책을 결정하는 비교적 소규모 경영자 회의는 토의 순서에 따라 모임을 진행해 나가므로 줄거리는 다음 형식을 취하는 것이 보편적이다.

> ■ 회의 줄거리
> ① 리더가 회의 목적을 설명
> ② 필요시 참석자(멤버) 소개
> ③ 조건, 정황 또는 문제에 참석자의 주의를 환기하기 위해 사회자가 하는 간결한 예비 설명
> ④ 당면 문제와 문제의 범위 한정, 원인 및 결과에 대한 토의
> ⑤ 가능한 해결책 또는 결정해야 할 정책의 토론
> ⑥ 최선의 해결책 결정
> ⑦ 정책 결정을 실천하기 위한 계획 수립
> ⑧ 리더의 회의 요약, 다음 번 회의 일시와 장소 결정 그리고 폐회 인사

사회자는 회의를 사회할 때, 이 회의 줄거리를 항상 염두에 두고 있어야 한다. 이 줄거리 가운데 참석자에게 던지는 중요한 전체 질문 내용이 포함돼야 하고, 질문은 언제쯤 하나를 미리 결정해 둔다. 이 줄거리는 도표, 발표물 등 특정 자료를 어느 때 이용할 것인가도 미리 결정해 표시해 놓는다.

3. 회의 사회

우수한 회의 사회자는 효과적 화자, 훌륭한 조직자 및 여러 사람이 좋아하는 개성, 이 세 가지 특성을 한 몸에 지닌 사람을 가리킨다. 그는 사회의 특성과 사회 방법을 발전시키고 계획과 준비를 완료한 다음, 회의에 들어간다. 사회의 특질은 효과적 화법의 특성과 밀접한 관련을 갖고 있지만 다음 사항은 가장 중요하다.

1) 사회의 특성

① 여러 사람이 좋아하는 개성
② 열의와 적극성
③ 다른 사람에 대한 심리적 배려
④ 임기 응변의 요령과 융통성
⑤ 유머 감각
⑥ 명백한 사고
⑦ 솔직성과 공평성
⑧ 거리낌 없이 받아들이는 태도
⑨ 책임감과 예절
⑩ 성실성과 교양

회의 사회를 위한 수단과 방법은 모든 사회자가 앞으로 신장시키자 않으면 안될 고려 사항이다.

2) 사회의 수단방법

① 건전한 지식
② 뚜렷한 목적
③ 효과적인 조직
④ 질문의 활용(전체질문·지명질문·중계질문 등)
⑤ 보드와 도표의 활용
⑥ 토의에 자극을 준다.
⑦ 토의를 이끌어 나간다.
⑧ 토의를 빈틈없이 진행한다.
⑨ 다변과 침묵을 잘 조정한다.
⑩ 요점 이행을 명확히 구분한다.
⑪ 요약한다.

줄거리를 직접 짜면 토의를 사회하는 문제는 일층 쉬워진다. 그러나 한가지 요점에 너무 많은 시간을 쓰지 않는다. 중요 포인트는 같은 길이의 토의 시간을 할당한다. 참석자 전원이 발언할 수 있게 발언 기회를 균등히 제공한다. 그리고 특정의 소수인에게 발언 기회가 편중되지 않게 특별히 주의한다. 토의 진행 중에 요점 이행을 명확히 구분하고, 이따금 토의 내용을 요약하는 일이 중요하다. 질문 내용은 사고와 토의를 자극하기 위해 미리 마련해 두지 않으면 안 된다. 보드와 도표 이용 여부 역시 사전에 고려한다. 토의 진행 중 요점이나 결론 등을 보드나 백지에 옮겨 쓰면 크게 도움된다.

토의에 따른 사회자의 조정 역할은 매우 중요하다. 방침 결정과 문제 해결을 위한 회의는 대부분 사회자가 불편 부당한 자세로 토의를 진행, 집단이 기대하는 바람직한 결론에 도달하도록 사회한다. 이때 사회자는 결과에 영향을 주지 않도록 주의한다. 그러나 정보 교환을 목적으로 하는 회의는 회의 결과에 따른 조정을 강화한다.

4. 집회의 사회

클럽이나 단체의 집회를 사회할 때, 의사 일정과 토의를 관리하기 위한 정확한 질서의 규칙 또는 회의 운영 절차를 이용하게 된다. 대부분 집회는 질서의 규칙에 따라 관리되든가 또는 이 규칙 가운데 단체의 의장, 회장이 잘 알고 있어야 하는 몇 가지 규정을 적용해서 관리된다. 사회자는 자신이 알고 있어야 할 사항이 기재된 작은 지표나 메모를 항상 좌석 오른쪽 탁자 위에 놓아둔다. 회의 운영 절차는 의사 진행이 원활히 이루어지도록 질서를 지키고, 참석자의 권리를 옹호하기 위한 규칙과 동의를 조직화한 것에 지나지 않는다. 의장이 알고 있어야 할 주요 사항은 의사 순서, 동의 방법, 그리고 의결 방식이다.

■ 의사 순서
① 회의장의 정숙과 질서의 요청
② 필요시의 점호
③ 전번 회의의 의사록 보고
④ 간사 또는 삼임위원의 보고
⑤ 특별 위원회의 보고
⑥ 오래된 의사
⑦ 새로운 의사
⑧ 폐회

동의 — 의사를 토의장으로 끌어들이기 위해 제출되는 것이다. 주요 동의가 있고, 그밖의 모든 동의가 회의 진행에 어떤 형식으로 영향을 준다. 주요 동의는 제1의 수정 제안과 제2의 수정안에 의해 수정되지만, 이것은 모두 동시에 토론의 대상이 될 때가 있다. 주요 동의에 적용될 많은 보조 동의가 있다. 이 중에는 회기를 일정 기간 연장하든가, 무기한 연장하든가, 의안을 위원회에 위촉하든가, 회의의 일시 중지를 요구하는 동의가 포함된다. 또 긴급동의가 있다. 긴급이라 불리우는 까닭은 그것이 가장 우선권을 갖고 있어 다른 의사 진행 중에 취급되기 때문이다. 긴급 동의에 의사 일정 변경 동의, 회의 연장과 휴회를 다루는 동의 등이 있다.

이 밖에 일반 동의가 있다. 이것은 참석자가 달성코자 하는 여러 목적을 취급하고, 호소, 질서, 동의 철회 허가, 기타 사항을 포함한다. 어떤 주요 동의가 토의에 붙여진 때 이 동의와 비교적 덜 중요한 다른 동의에 앞서 취급되는 것이 있다. 토의 후에 의결하는 일이다. 이것을 우선의 원칙이라 부른다. 대부분 지표에 우선순위로 동의를 열기해 놓는다. 의장은 주요 동의에 대해 다음 사항을 잘 알아야 한다.

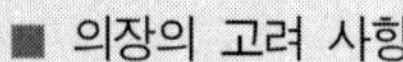

■ 의장의 고려 사항

① 동의의 목적, 그 동의가 통과되면 어떤 결과가 초래되는가?

② 그것이 토의 가능한 동의인가? 동의 중에 토의 과정을 거치지 않고 직접 의결로 들어가는 것이 있다.

③ 그것은 수정이 가능한가? 의결 전에 변경이 불가능한 동의가 있다.

④ 동의를 통과시키기 위해 요구되는 의결, 동의 통과를 위해 종다수 원칙을 지키는가, 아니면 출석자의 3분의 2이상의 찬성으로 할 것인가? 과반수 이상의 찬성으로 할 것인가? 만일 의장이 필요하다고 판단하면 거수나 기립을 요구할 수 있다.

⑤ 그 동의는 출석자의 찬성을 받아야 하는 것인가? 대개 찬성을 필요로 한다.

회의와 집회를 사회할 때 책임은 누구에게나 막중한 것이다. 책임 중에 면밀한 계획과 준비, 비품의 마련, 회의 진행 개요의 작성, 토의·토론의 사회와 관리, 회의 운영 규정에 따른 지식 등이 포함된다. 집단 의사 결정에 도달하는 주요 수단으로서 회의와 집회가 갖는 중요성이 나날이 강조되는 터에 우리는 누구나 유능한 사회자가 되기 위한 노력을 기울이지 않으면 안 된다.

1. 회의와 집회 준비는 어떻게 하나.
2. 회의 사회시 염두에 두고 있어야 할 사항을 설명하라.
3. 집회시 의장의 고려 사항을 설명하라.

참고 문헌

1. 전영우, 『화법 원리』, 교육출판사, 1971.
2. 이호진, 『회의 진행법』, 제일문화사, 1956.
3. Donald C. Bryant, *Public Speaking*, Appleton Century Crofts Inc, New York, 1953.

판매화법

제**6**장

개 관

우리는 매일 팔고 있다. 우리는 매일 쉼 없이 꾸준히 팔고 있다. 착상과 확신과 의견을 남에게 팔고 있다. 그리고 우리가 하는 일이 상품을 파는 일이라면 여기 동일한 원리가 적용된다. 판매 화법을 제6장에서 서술하는 것 역시 매우 적절한 것이다. 우리가 지금껏 강조해 온 효과적 화법 원리와 규칙은 상품을 효과적으로 판매하는 원리에서 벗어날 수 없기 때문이다. 판매는 본질적으로 사람을 움직이고 납득시켜 상품을 구매케 하는 것이다. 고객을 향해 상품을 설명·이해시키고, 고객을 설득·납득시키며, 고객이 구매 행위를 일으켜 구매케 하되, 구입 상품에 대해 만족할 수 있다면 판매는 온전하게 이루어진 셈이다. 세일즈맨에게 가장 필요한 것은 설득 능력이다.

세일즈맨이란 용어가 갖는 참 뜻은 '고객을 설득하는 사람'이다. 더욱이 반대와 대립으로 중단되는 일이 종종 있지만, 세일즈 인터뷰의 순서와 형태는 설득을 위한 담화의 발전된 형태와 거의 유사하다. 세일즈 인터뷰는 설득을 위한 인터뷰의 한 전형이다. 이런 관계로 보면, 제4장에서 논한 것은 다른 장에서 밝힌 모든 설득 원리와 마찬가지로 이 경우 매우 밀도있게 적용될 수 있다.

우리는 제6장에서 효과적 화법의 현장 응용, 즉 효과적 판매 화법을 구성하는 중요 사항을 지적하고, 그것을 약술하려 한다. 판매 성과를 거두려면 필요한 모든 준비를 완료했다는 자신을 갖고 희망을 걸만한 고객에 접근하는 것이다. 그것이 또 세일즈맨의 일상 자체이다. 세일즈맨은 손님, 제품, 화법 등에 대해 충분히 고려하고, 완벽한 준비를 갖춰야 한다. 이때 고려돼야 하는 세부 중요 사항을 아래 도표로 나타내 보인다.

고객에 대한 분석을 주의깊게 하면 할수록 상대방 질문에 잘 답변하고, 반대 의견 처리를 능숙하게 잘하며, 상대방 관심과 필요에 효과적으로 호소할 수 있게 된다.

손 님   제 품
나이, 가족   회사
직업, 클럽   역사, 규모
취미, 필요   경쟁 상대
성별   명성
                                   제품
                                       품질, 가격
            세일즈 인터뷰 순서   이용 가치
                                       지불 조건
                                       이점

태도   방법
첫인상   접근   공통 화제
직접성   주의 환기   긍정 반응
성실   관심 호소   손님 중심
열의   필요 · 욕구   지원 자료
자신   해   결   반대 처리
기전   시   사
            세일즈의 결말

불충분한 준비로 세일에 임할 때, 상담이 좌초하는 경우가 발생한다. 이와 반대로 고객의 취미, 오락, 기호 등 가까운 관심사를 화제로 삼아 접근한 때문에 성과를 거둔 상담이 많다. 소매점은 손님에 대한 사전 분석이 거의 힘들지만, 여기서 상대방의 특별한 관심사를 알아낼 수 있다. 열쇠는 요령있는 질문이다. 사람은 누구나 독립된 인격으로 예우받기를 희망한다. 이 점을 기억해 두는 것이 좋다. 세일즈맨은 모든 손님을 동일하게 다룰 수 없다. 그들을 면밀히 분석·파악해야 한다. 판매 상품에 대한 지식이 충분해야 함은 더 강조할 필요가 없다. 상품 지식은 많을수록 좋다.

여기에 지나침이랑 가당치 않은 표현이다. 바로 이 점이 세일즈맨 연수를 위해 각 기업이 많은 경비를 지출하는 이유의 하나이다. 세일즈맨은 소속 회사를 자세히 알아야 하고, 상품 배후에 무엇이 있나를 알지 않으면 안 된다. 다음 상품의 품질, 경쟁 회사 상품보다 좋은 점, 이용 가치, 가격의 지불 조건 및 기타 중요사항을 자세히 알고 있어야 한다. 상기 사실 중 어느 하나에 관한 손님 질문에 대답이 막히지 않도록 한다. 특히 경쟁 회사 상품과 비교 대조할 때, 그쪽 상품을 훼손하는 발언은 크게 삼간다. 판매 화법은 세 가지 단계를 거친다. 설명, 설득, 행동의 동기 부여이다. 그리고 판매시 세일즈맨 자신을 세일하고, 소속 회사를 세일하고, 그리고 비로소 상품을 세일하게· 된다.

1. 세일즈 인터뷰

세일즈 인터뷰는 흔히 모든 종류의 설득 대화와 동일한 순서로 실시된다. 인터뷰 진행 단계는 면담 시작, 주의 환기, 흥미 진작, 필요와 소용의 발견, 해결책의 전개 및 판매의 종결이다. 인터뷰를 시작하여 끝낼 때까지 interviewer는 interviewee를 판매 종결로 향하게 하기 위해 가장 좋은 동기가 되는 설득 방법을 활용, 청자의 심리를 자극한다. 면담은 명랑하게 직접적인 태도로 시작한다. 뿐만 아니라 결심을 필요로 하는 경우가 아니면, 상대방에게 기꺼이 악수를 청하고 나아가 자기 소개를 하는 것이 좋다. 그리고 손님을 자리에 앉히고 자신도 앉도록 한다. 또 손님이 앉기를 권하는 것이 보통이지만 인터뷰어 스스로 앉도록 한다.

상대방 신상에 대해, 가족에 대해, 직업에 대해, 흥미와 관심에 대해 질문함으로써 주의를 끈다. 그가 말을 시작하면 그 화제를 중심으로 의견을 주고 받는다. 혹은 질문 대신 그의 집무실이나 가정에 있는 장치, 기물, 설비에 대해 직접 말을 꺼내는 것 역시 좋다. 만약 그가 진지하게 본론을 듣고자 하면 먼저 인터뷰 목적을 직접 진술한다. 판매 화법에서 가장 중요한 요점은 손님 스스로 상품에 대한 흥미, 필요, 욕구를 직접 일으키도록 하는 것이다. 만일 손님이 새 차나, 새 전열기나 또는 몇 개의 새 골프채를 필요로 하고 구입할 것을 이미 결정하고 있다면, 인터뷰어가 할 최대의 임무는 이쪽 제품이 왜 제일 좋은가의 이유를 밝히는 일이다.

해결, 즉 손님이 스스로 인정하는 필요를 어떻게 하면 보다 잘 해결할 것이냐는 점을 염두에 두고 세일즈맨은 판매하게 된다. 대부분 세일즈 인터뷰는 제품에 대한 손님의 필요와 욕구를 강하게 자극하고, 그것을 이 제품이 어떻게 해결해 주는가를 밝히는 일이 정도의 차이는 있을지라도 평행을 이룬다. 손님에게 필요감을 주려면 질문을 통해 '네' 반응을 얻어내야 한다. 이것이 매우 효과적 방법이다. 세일즈맨이 고객의 입장과 정황에 서서 대화하면, 피차 공통의 기반이 다져지고, 일층 고객 설득이 용이해진다. 이때 상대방 사생활에 너무 깊이 파고드는 인상을 주면 오히려 역효과다. 그러나 세일즈맨이 그에 대해 좀더 알려고 든다는 사실을 믿는다면, 때로 그는 그만큼 세일즈맨을 좋아할지 모른다. '고객' 본위의 태도를 으뜸으로 삼는다. 대화 중에 자주 상대방 이름을 부름으로써 공통 입장을 다지도록 한다. 그리고 상대가 제기하는 점에 대해 항상 성실한 관심을 보인다.

인터뷰에서 처음 손님의 흥미와 욕구를 환기하면 곧 상품을 보이고, 상품 설명을 구체적으로 한다. 회사와 제품에 대한 지식, 정보를 활용, 제품의 특징을 지적하고, 사용법과 그것이 경비를 절약할 수 있는 이유, 그것을 용이하게 구입할 수 있는 까닭 등을 지적하는 화법이 참된 해결책이다. 그리고 이때 제품을 사용해 본 사람의 증언, 제품의 실적과 이점을 보인 도표와 자료, 증거를 활용하면 일층 바람직하다. 세일즈맨은 부단히 인간의 기본적 욕구, 정서에 호소하며 상품을 적극 판매한다.

제품 가치를 알릴 때, 적극적 제안을 할 것인가 소극적 제안을 할 것인가의 문제에 대해 석유 연소기를 파는 두 세일즈맨의 예를 소개한다. 어느 쪽이 판매 성과를 올릴까에 관심을 가져보기 바란다.

세일즈맨 1.

"이 석유 연소기는 효율적인 난방기구입니다. 댁에서 지금까지 써온 헌것보다 이점이 많습니다. 사신다면 저희는 쉽게 곧 설치해 드립니다. 그렇다면 일단 댁의 저탄함을 깨고 주방을 통해 지하실 연탄을 밖으로 내와야 합니다. 그리고 오일 탱크를 갖다 놓으려면 문으로 들여올 수 없기 때문에 지하실 벽에 구멍을 뚫어야 합니다. 그러나 이 작업은 그리 어려운 일이 아닙니다. 또 한 가지 문제는 앞뜰의 잔디를 파헤치고, 도랑을 만들어 파이프를 묻고, 오일을 통하게 하는 것입니다. 그리고 다음이 자동 온도조절기입니다만, 이를 위해 방벽에 구멍을 만들어야 합니다. 이것 역시 쉽게 할 수 있습니다. 이상의 공사를 모두 마치는 데 이틀이면 족합니다. 그런데 비용은 모두 얼마입니다."

세일즈맨 2.

"댁에서 지금 쓰고 계신 연탄 난로가 지하실과 집 안에 날리는 먼지나 재를 생각하면, 석유 난로의 정결함은 아주 비교가 안됩니다. 석유는 먼지가 없을 뿐 아니라, 석유는 한길 유조차에서 직접 집 안으로 공급할 수 있습니다. 그리고 오일 탱크는 작아서 지금까지 연탄광이 차지한 자리의 반만 쓰면 충분하고, 탱크는 전혀 먼지를 내지 않습니다. 연탄재 걱정은 안해도 됩니다. 지하실에 빨래를 널어도 좋습니다. 또 석유 연소기는 소리가 나지 않습니다. 물론 연탄 난로처럼 때 맞춰 연탄을 갈 걱정이 없습니다. 온도 조절기는 어디나 편리한 곳에 붙이고, 금세 불 피울 수 있는 자동 점화장치가 돼 있습니다. 그리고 오일 연소기를 설치하는 일도 곧 끝낼 수 있습니다. 가령, 댁에서 시장 다녀오는 동안이면 족합니다. 비용은 매월 조금씩 내면서 댁이 알지 못하는 사이에 지불을 끝낼 수 있습니다."

'네' 반응을 얻어나가는 방법이 설득 원리인 동시에, 바로 판매 원리이다. 결국 사람은 누구나 '네'라 다짐한 다음이면, '아니오'로 의사를 바꾸기가 크게 힘들다. 비교적 작은 사항에 대해 한 번 '네' 반응을 얻으면, 세일즈맨의 최종 목표인 제품 판매 역시, '네' 반응을 얻어낼 수 있을 것이다. 때문에 세일즈맨은 손님의 동의를 얻으려 백방으로 노력하고, 손님의 호의어린 반응을 기대하게 된다.

세일즈 인터뷰는 착실히 준비하고 유연하게 대처해야 한다. 발언과 태도는 상대방 손님이 누구냐에 따라 적절히 조절되지 않으면 안 된다. 이렇게 하면 가능한 대로 양보하고, 손님의 반대 의견을 능숙하게 처리하게 된다. 그래서 때로 공통의 일치점에 도달하면, 그것이 비록 약간의 일치점이라도 크게 확대·발전시킨다. 겸하여 제품을 설명하고, 구체적 증명으로 세일즈맨의 주장을 크게 내세울 수 있다. 이때 특히 말하는 태도가 열의에 찰 것이며, 성의가 넘치는 직접적이고 즐거운 것이어야 한다. 판매 성과가 꼭 있으리란 기대와 확신을 갖고 판매에 임한다. 고객을 떳떳이 바라본다. 안절부절 못한 동작은 피하고, 초조해 보이는 인상은 크게 삼간다. 머리에 떠오른 모든 화법의 효과적 특성을 실제 응용한다. 판매는 곧 세일즈맨 생계와 직접 연관되기 때문이다. 최선의 노력을 다해 전진한다. 세일즈맨 누구에게나 판매를 적극적으로 종결하지 않아도 좋다는 이유는 없다.

판매 종결시는 다시 한번 고객 이야기를 들어본다. 언제쯤 이 상품이 필요한가? 어떤 수단으로 집에 보낼까? 상품 수량은 얼마나 필요한가? 그리고 대금 지불은 어떤 방법이 좋은가? 등을 재차 확인한다. '사시는 겁니까? 안 사시는 겁니까?' 하는 질문은 절대 금물이다. 어디까지나 재치있게 움직이되, 지나친 자만심은 갖지 않는다. 매매가 성립된 다음, 세일즈맨이 '잘 사셨습니다.' 하는 인사 한마디 덧붙이면 금상첨화 격이다.

상품을 판다는 것은 설득이다. 상품 판매 능력을 키울 때 설득 원리를 적용하는 것이 현명하다. 제품 지식, 정보를 충분히 익히고, 시장 및 고객 분석을 철저히 한 다음, 세일즈 인터뷰에 임한다. 상품 판매는 효과적 화법의 실제 응용이다.

2. 상담(商談)

이것은 담화류의 스피치 중에서 가장 어려운 유형이다. 상담이 갖는 궁극의 목적이 상대방을 합리적으로 설득하여 상대에게 어떤 심리적 변화를 일으키고, 행동을 야기케 하는 것이기 때문이다. 상담 진행 과정은 우선, 상대방이 잘 이해하게끔 하기 위하여 세일즈맨이 제품 또는 계획을 구체적으로 잘 설명하는 것이고, 둘째, 상대방이 잘 납득하게끔 하기 위하여 설득을 하는 것이고, 셋째 구매 행동을 일으키게 신중히 행동을 촉구하는 것이다. 구매자가 구매 행위를 하게 하는 것이 상담 목적이다. 이 목적 달성이 대단히 어려우나 이것 역시 세일즈맨이 하기에 달려 있는 것이다.

1) 상품 지식

평소 자기가 취급하는 상품을 잘 연구하고, 나아가 다른 경쟁회사의 제품 등을 잘 조사, 자타의 상품을 비교 대조하고, 상품의 장단을 잘 알고 있을 것이며, 상품의 약점을 인정할 필요는 있으되 장점에 자신을 갖고 명랑하고 친절하게 소개한다.

2) 인격 향상

상품에 대한 풍부한 지식이 있더라도 말만으로 상대를 교묘히 리드하는 기교만 능사로 삼는 세일즈맨은 오래 지속하기 어려운 비즈니스맨이다. 참된 의미의 세일즈맨십은 상인 자신의 인간미에서 비롯된다. 정직하고 성실하며 상식이 통하는 사람으로서 자기가 하는 일에 자신과 정열을 갖고 있지 않으면 안 된다. 나쁜 것을 나쁘게 보는 공정한 판단과 사고로 자기 직무에 충실하면 조급히 굴지 않아도 언제인가 반드시 신용을 얻게 될 것이다. 세일즈맨이 구매자로부터 신용이 없으면 생명이 없는 것과 같다. 바로 여기에 상인 자신의 인격 향상이 요구되는 것이다.

3) 태도와 자세

손님에 대한 태도는 되도록 좋게 갖는다. 세일즈맨은 복장에 주의한다. 그리고 인간은 감정의 동물이므로 고객의 행동 역시 감정에 좌우된다. 상대방 욕구가 무엇인가를 이해하고 욕구를 충족시키면 상대는 만족하고 이쪽 의도대로 움직이게 된다. 고객이 갖는 문제를 잘 분석하고 문제 해결에 도움을 주는 것이 대고객 태도의 가장 기본적 원리이다.

4) 언어 구사

인간의 기본 욕구인 자존심을 만족시키기 위하여 적절히 경어를 구사해 좋은 인상을 주도록 한다. 약간의 정중한 언사가 상대에게 만족을 준다. 세일즈맨의 조잡한 언사는 상대에 따라 장애가 된다.

5) 상담 순서

사람 마음을 움직이는 데 다섯 단계가 있다.

① 상품 자체에 주의를 끄는 단계
② 상품의 필요성을 인식시켜 주는 단계
③ 상대방 필요성을 충족시켜 주는 단계
④ 구체적 방법을 제시하는 단계
⑤ 주문을 받는 단계

이상 5단계는 상대방에 따라 혹은 세일즈맨에 따라 시간적 차이를 보인다. 상담에 들어가기 앞서 고객과의 사이에 우선 호의어린 인간관계 즉 신용관계가 성립되지 않으면 안 된다. 이를 전제로 고객에 맞춰 상담을 진행하지 않으면 손님이 끝까지 따라오지 않는다. 움직이는 손님 마음을 잘 포착하면서 상담을 전개 손님에게 상품 구매욕이 자극되게 한다. 세일즈맨은 먼저 판매화법의 바른 기초 훈련을 쌓아야 한다. 상품 판매는 결국 상인의 인간됨을 판매하는 것과 같다. 그러면 인간미는 어떻게 표현해야 하는가. 이 점이 화법의 과학적인 측면이다.

1. 세일즈 인터뷰 순서를 말하라.

2. 세일즈맨 1, 2를 비교하라.

3. 세일즈맨의 기본 조건은 무엇인가.

참고 문헌

1. 전영우 역, 『화술의 지식』, 을유문화사, 1962.

2. 전영우, 『비즈니스의 화법』, 창조사, 1982.

3. 박달규, 『남을 내 뜻대로』, 세일즈 프로모션·비유로, 1981.

스피치 계획

제**7**장

개 관

　　앞장에서 화법의 기본 원리를 서술하여 스피치의 대강을 이미 설명했다. '스피치 계획'은 이보다 한 단계 더 올려, 보다 전문적이고 세부적인 사항을 취급한 것이다. 새로운 각도에서 재술한 것인 만큼 중복이 없지 않으나 반복 학습이 효과적이란 관점으로 연구하면 크게 도움받을 것이다. 목적과 주제, 자료 수집, 자료 구성, 세부적 항목, 상대방의 분석, 긴장과 이완 등으로 나누어져 있다. 다음 장에 나오는 '스피치 실연'에 앞서 꼭 준비하고 미리 다져 놓아야 할 부분이 거의 망라되고 있다. 음미, 저작, 반추하여 실제 말하기에 크게 참고하기 바란다. 누구에게 말하는가, 무엇을 말하는가, 어떻게 말하는가가 화법연구에서 기본 주제가 된다. 따라서 '스피치 계획'은 기본 주제에 대한 충분한 해답을 줄 것이라 확신한다.

1. 목적과 주제

1) 정보, 설득, 감명

주제는 무한하다. 주제를 분류해서 몇 종류로 나누는 일이 무의미하게 생각되나, 스피치 성격이 다른 만큼 주제 성격 역시 다르다. 스피치 목적에 의해 주제를 분류하는 것이 가장 바람직하다. 목적은 화자가 청자로부터 얻어내려는 의도적인 반응이다. 스피치 근본 목적은 청자나 청중으로부터 일정한 반응을 얻는 데 있다. 청자 반응은 각양각색이나 크게 셋으로 나누어 본다. 지적 반응, 지적이고 정적인 반응, 정적 반응이 그것이다. 목적은 이중 어느 하나의 반응을 얻는 것이 아니다. 다만 세 가지 반응 중 어떤 것이 특히 현저하게 나타나기를 기대하는 것 뿐이다. 스피치 목적 또한 청자 반응처럼 셋으로 분류하는 것이 일반적이다.

> 정보를 제공하는 것(지적 반응)
> 상대를 설득하는 것(지적 및 정적 반응)
> 상대에 감명을 주는 것(정적 반응)

정보 제공의 스피치는 청자가 그것을 모르거나 알아도 불충분한 때, 필요하고 적절한 정보를 제공하는 것이 목적이다. 정보는 영어의 information이다. 어떤 견문과 단편적 사실이 전해지면 정보가 된다. 지식은 계통이 서고, 조직되고, 논증되고, 증명된 것이므로 정보는 지식과 다르다고 본다. 정보는 확실한 것이고 사실로 수용된 것이나 거기에 어떤 증거가 있는 것이 아니다. 따라서 정보는 무엇에 대한 잡다한 점이 알려지긴 했어도 순서가 없고, 상호 연관이 희박하며, 체계 있게 조직된 것이 아니다. 뉴스나 소식과 동질의 것으로 간주된다. 때문에 정보는 한

개 화제의 구체적 내용에 해당한다. 정보 제공 스피치는 가장 보편적 형태로, 이에는 설명의 형식이 쓰인다. 설명은 상대가 아직 모르는 것이나 알아도 불충분한 것을 상대가 확실히 알게 하는 기능을 갖는다. 정보 제공 또는 정보 전달이 목적인 보고 스피치는 청자에게 분명한 사실을 명백히 밝혀 주는 것이 주제가 된다.

이처럼 주제는 어떤 사실이 진실이냐 아니냐를 표현하는 경우가 많다. 화제 배경, 화자 입장 때문에 상대에게 주제를 알리지 못하는 정보 제공의 스피치가 있다.

청자를 납득시키는 것이 설득이다. 설득은 자기 의견과 사고에 상대가 찬성 지지케 하든가, 적극적인 반대가 없게 하든가, 자신의 의지대로 상대가 동작 행동하게 하는 것이다. 곧 자신의 주장을 상대에게 납득시키는 것이다. 상대를 납득시키는 형식은 물론 설득이다. 따라서 명백한 의견, 요구, 주장, 제안 등의 유형을 취하고, 그 요지가 주제가 된다.

또 청자에게 감명을 주는 스피치 목적은 상대를 즐겁고 기쁘게 하고 혹은 상대를 슬프게 혹은 상대를 감동시키고 혹은 도 상대에게 스릴을 안겨 주는 것이다. 오락을 위한 것, 레크리에이션을 위한 것, 감동을 주는 따위가 있다. 이것은 몇 가지 경우에 한정되지 않는다. 베스트셀러와 영화 이야기로 마음이 풀리고 이것을 듣는 것이 즐겁다. 또 신의 영광을 말하고, 불타의 자비를 말하는 법문 역시 감명을 준다. 고인의 업적과 인격을 말하는 것, 어떤 미담, 어려운 사업의 고충담 또한 사람 마음을 움직이는 스피치이다. 이때 말하기 형식은 설명과 이야기다.

2) 주제 선정

주제 선정을 위한 작업으로 먼저 주제의 조건을 명백히 해둘 필요가 있다. 조건이 바로 주제 선정의 기준이 되기 때문이다. 다음은 주제 선정에 따른 10개항의 조건이다.

(1) 최종 목표를 표현한 것

주제는 화자의 목적을 명시하는 것이므로 스피치의 주안점이 되나. 상대방의 관심, 주의가 집중되는 특징을 지녀야 한다. 혹은 중심 논점, 말하게 된 주된 이유가 담겨야 한다.

(2) 사상 주장을 명확히 표현한 것

두 개 이상의 사상이 집중되거나, 주장이 애매모호하면 안 된다. 표제를 약간 부연한 것이고 특정 목적을 약술한 것이다. 표제－주제－목적의 순서로 스피치를 설계한다.

(3) 스피치의 중심이 되는 것

스피치 속에 포함된 사고와 여기 활용되는 여러 가지 자료가 모두 주제를 지원하는 것이고, 주제와 관련되는 것 뿐이다. 바로 중심이 되는 아이디어가 주제다.

(4) 취급되는 범위가 한정된 것

범위가 막연하지 않고, 명백히 한정돼 있어야 한다. 일반적으로 주제는 예정시간 내에 충분히 상세하게 취급할 수 있게 범위와 자료가 한정된 것이어야 한다. 정해진 시간 내 모두 거론되지 못할 경우 나머지는 생략하는 방식이 되지 않아야 한다.

(5) 의미가 명확한 것

의미가 명확해야 한다. 일상 언어생활에 유행어처럼 잘 사용되는 중요한 숙어이면서 불명확한 의미를 갖고 사용되는 어휘가 많다. 의미가 모호할 뿐 아니라, 애매한 의미로 사용되든가 사용하는 사람에 따라 의미를 새로 덧붙여 사용하는 어휘가 있다. 이런 것은 모두 부적절하다.

(6) 적절한 것

주어진 조건에 적응한 것이어야 한다. 화자와 청자에게 시간과 장소에, 환경, 분위기, 정황 등에 모두 적절하게 어울리는 것이어야 한다. 그렇지 않으면 주제의 가치가 상실된다.

(7) 간결하고 명확히 표현된 것

무엇인가 단정 또는 부정하는 단문 형식을 취하는 것이 일반적이다. 항상 복잡성과 모호성이 배제되어야 한다. 간단히 표현된 주관 및 객관적 주장으로 한정할 수도 있다.

(8) 스피치의 표제가 아닌 것

스피치 표제는 짧은 어구로 표현하는 경우가 많다. 그러나 표제가 곧 주제는 아니다. 표제를 약간 설명한 것이 주제요, 특정 목적을 단순화한 것이 주제이다. 앞에서 지적한 바가 있다.

(9) 구체적으로 표현한 것

주제에 포함되면 좋은 사항은 상대방 개성에 적합한 것, 상대가 소상히 이해할 수 있는 쉬운 것, 상대가 기쁘게 기억할 수 있는 것, 상대방 관심, 흥미를 즉각 유발할 수 있는 것 등이다.

(10) 상대방과 관련을 갖는 것

그러기 위해 상대방과 연관지어 먼저 가주제를 분석한다. 가주제 분석의 주요 사항은 상대방이 갖고 있는 주제에 대한 지식 정도, 이해력, 관심도, 자세와 태도, 편견 유무 등이다.

주제를 선정함에 있어 청자 및 청중 분석은 가장 기본적인 단계이다. 선정된 주제는 반드시 상대방의 관심, 흥미, 호기심을 끄는 화제를 포함한 것이어야 한다. 이런 뜻에서 각 분야에 걸친 가능한 화제를 열거해 본다.

중고차를 사고, 베스트셀러 소설, 인간의 수명은 얼마나 되나, 이혼하지 않는 이유, 씨름의 출전료, 값싼 알카리성 식품.

상기한 화제들은 우리의 경험과 상상을 환기할 수 있는 적합한 것들이다. 청자 및 청중은 일상적 범위에 드는 여러 주제에 매우 민감한 반응을 보인다. 다만 연사의 개인적 구현 및 구연 능력이 가치를 첨가할 수 있다면, 상대방은 매우 큰 관심을 갖고 이야기를 경청하게 될 것이다.

2. 자료 수집

스피치 내용을 준비하기 위한 자료 수집 단계에서 먼저 스피치 준비 절차를 확인한다. 이것을 정확히 파악해야 적절한 자료 수집이 가능하기 때문이다.

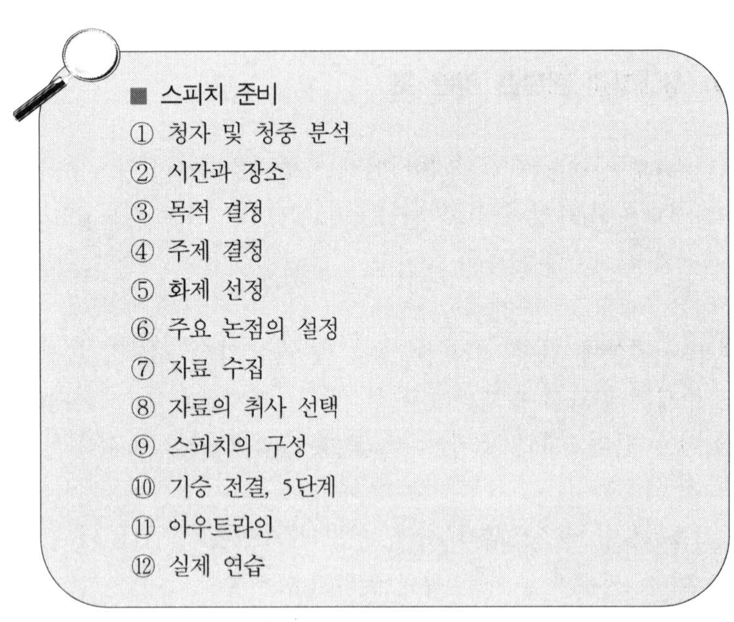

자료 수집 문제는 자료에 어떤 것이 있나, 어디서 구하나, 어떻게 정리하나의 세 요소로 요약된다. 자료는 다만 문헌에 있는 것으로 아는 까닭에, 자료 수집 문제를 안이하게 다루기 쉬우나 그것은 잘못이다. 자료 출처를 알고, 어떤 것은 어떻게 수집할 것인가에 세심한 주의를 기울인다.

자료 역시 청중 반응에 따라 지적 반응을 위한 것, 정적 및 지적 반응을 위한 것 그리고 정적 반응을 위한 것이 있다. 더욱 스피치 목적에 따라 청자 반응 또한 달라지므로 청자의 반응에 적합한 자료를 결정한 다음 자료를 수집하고 선택한다.

지적 반응— 화자의 이야기 내용을 이해했는가 또는는 청자가 지적 충족을 얻었는가 여부로 나타난다. 때문에 지적 반응을 구하는 데 대표적 스피치는 정보 제공 또는 청중 설득의 내용이다. 여기 쓰이는 자료로 사상, 사실, 해석, 논리적 관계, 학설, 숫자와 통계, 원칙과 사례 등이 청중의 지적 요구를 만족시킬 것이다. 특히 보고, 발표 형식의 스피치가 이에 해당된다.

정적 반응— 청자의 마음이 움직여 머리에 스치는 무엇이 있든가, 마음 아프게 느껴 청자가 침통하든가, 청자가 갑작스럽게 격정적 행동을 일으키는 등, 그의 감정, 정서, 의지에 변화를 일으키는 것이다. 지적 반응이 정적이면 정적 반응은 동적이다. 스피치 자료로 청자에게 정적 반응을 일으키는 것이 있다. 그것은 적절한 인용이고 효과적 일화 등이다. 이것은 청자에게 구체적 정경을 상기시키는 데 매우 유효하고 적절하다. 저명 인사가 남긴 유명한 어록, 잘 알려진 격언, 베스트셀러 소설의 제명을 적절히 인용하면 스피치 효과는 그만큼 커진다.

스피치 자료의 원천은 무수하나 자기 자신과 남 그리고 인쇄 매체에서 찾을 수 있다. 남의 이야기와 문헌에서의 자료 수집은 당연하게 생각하면서 자기 자신은 때로 잊기 쉽다. 말하기는 자신을 밖에 드러내 보이는 것이다. 말하기 앞서 자신의 지식, 경험, 정보를 돌이켜보고 이것을 정리, 면밀히 검토해 볼 필요가 있다. 이것이 바로 사고의 과정이다. 이때 제기되는 문제는 자신의 객관화이다. 이것은 어디까지나 간섭이 아닌 직접경험이므로 가치마저 인정된다.

남은 나와 다른 지식, 경험, 정보를 가지고 있으므로 스피치 자료의 원천으로 자기 다음 가는 가치를 갖는다. 따라서 남의 이야기를 통해 자료를 수집하는 일은 매우 적절한 것이다. 남의 이야기를 잘 듣는 습관이 필요한 것 역시 실은 이때문이다. 가까운 지기로부터 어느 권위자에 이르기까지, 남의 이야기 속에 많은 스피치 자료가 포함돼 있다.

화제는 전문가의 지식, 정보, 경험, 의견을 통해 얻는 것이 적절하다. 권위자는 개인일 수 있고 화제와 직접 관계 있는 집단일 수 있다. 물론 권위자는 꼭 학자, 연구자로 한정되는 것은 아니다. 일반적으로 권위자 이야기를 들을 수 있는 기회는 강연, 강의, 면담을 통하는 길밖에 없다. 직접면담은 인터뷰의 모든 기교를 필요로 한다. 무엇을 묻고, 무엇을 들을 것인지 미리 확정짓지 않으면 면담을 해도 별 효과를 거두지 못한다. 권위자 이야기는 본인의 직접 경험이라 자신을 갖는 지식이지만 듣는 쪽에서 보면 간접 경험이 된다.

유력한 스피치 자료의 원천은 인쇄된 모든 것이다. 신문, 잡지, 전문지, 문헌, 사전 등 인쇄물은 부지기수이다. 인쇄문화라고 지칭되는 현대 문화만 보아도 인쇄물에는 각종 스피치 자료가 고루 갖추어져 있음을 알 수 있다. 도서관, 신문, 잡지, 문헌은 자료의 원천일 수 있다. 이밖에 백과사전, 전문서적 등이 활용된다. 화제에 따라 어떤 문헌 어느 부분을 참고해야 할지 도서관 독서 상담자에게 상담할 수 있다. 신문은 최신 정보를 입수할 수 있는 대표적 원천이다. 속보를 봉사로 삼고, 객관성 있는 공평 보도를 주지로 삼고 있으므로, 우리는 대체로 신문을 신뢰하지만 신문 정보로 스피치를 구성할 때, 소위 일류 중앙지를 모두 비교, 대조한다.

기관, 업계에서 발간되는 신문은 해당 분야의 구체적 인포메이션 제공이 특이하지만 반대 입장의 기관과 대립적 입장에 있는 단체에서 발간하는 신문 기사와 대조하면서 자료를 수집한다. 그리고 특정 문제를 조상에 놓고 소수 전문가의 견해가 왕왕 신문에 게재되지만, 전문가의 폭이 소폭으로 한정되는 결함이 없지 않다. 따라서 이들 소수 인사가 어떤 문제이든 모두 깊이있는 견해를 개진한다고 볼 수 없는 까닭에 스피치 자료를 이런 데서 선택할 때 주의가 필요하다.

잡지 — 당면한 사회 문제에 대한 여러 가지 사상, 의견, 감상, 소감을 취재·편집하는 특색을 갖는다. 이에는 종합지, 특수지, 전문지, 기관지가 있고 이 중 어느 것이든 스피치 자료의 유력한 원천이 된다. 다만 여기서 글 쓴 집필자의 처지와 환경을 고려하면서 그의 글을 읽을 필요가 있다.

문헌 ─ 일류 출판사에서 간행된 것이 그만큼 가치있게 받아들여진다. 그러나 여기에 이데올로기나 비즈니스 문제가 제기된다. 그러므로 문헌 자체에 대한 가치 평가를 내리는 것이 낫다. 저명한 이의 서평을 받은 문헌을 택하는 편이 훨씬 낫다.

화제의 종류로 보아 여러 참고문헌에 눈길을 돌리되, 인포메이션을 주는 스피치라면 각종 보고와 통계가 귀중하게 쓰일 수 있다.

참고 문헌 ─ 관공서, 기관, 단체에서 간행된 보고, 통계, 기록 그리고 각종 연감, 연보, 월보, 주보, 일보, 지도, 인명록을 들 수 있다. 이들 자료는 간행 연대가 최신의 것일수록 좋고, 출처는 신빙성을 갖는 확실한 것이어야 한다. 숫자와 통계를 인용할 때 항상 언제 간행된 어느 기록에서 인용했다는 사실이 명확히 드러나도록 한다.

3. 자료 구성

일상 대화시 조직적으로 이야기할 필요가 있을까? 그러나 정리된 이야기를 하는 것이 좋다. 조직적으로 이야기할 필요가 없다는 뜻은 한 개 주제를 놓고, 화제를 시종 여일하게 일관시킬 필요가 없다는 생각이다. 비록 일상 대화라 할지라도 정리된 이야기를 해야 한다. 때문에 화자 머릿속에 미리 이야기가 정리 구성돼 있어야 한다. 그러나 말할 것이 머릿속에 있어도 그것이 그대로 표출된다고 할 수 없다. 말하려 하는 것이 머릿속에 있다는 것과 말하려 한 것을 잘 정리해서 표출한다는 것은 명백히 다르다. 정리한 이야기는 정리된 이야기다. 표현이란 관점에서 보면 자료를 정리하는 기술과 이야기 표출 기술이 가장 어렵다. 자료 정리는 이야기 내용을 조직하는 것이다. 각 부분이 상호 또는 전체 관계로 유기적 관련을 갖고, 전체로서 일관성 있는 통일체가 되도록 하는 것이다. 자료 정리는 스피치 구상과 통한다. 어떤 목적이라도 스피치 구상시 다음 세 기준은 공통된다.

그것은 전체를 한 개 주제로 통일한다는 것과 부분과 전체와의 관계를 명백히 하는 것, 그리고 주어진 시간에 따라 길이를 한정하는 것이다. 정리된 스피치는 통일성이 있다.

제1기준은 통일성이다 — 스피치에 통일성을 주는 것이 바로 주제이다. 상대를 납득시키는 설득 연설은 강력한 주장이 통일의 중핵이다. 정보제공 연설은 주제가 불분명한 경우가 많다. 그러나 이 경우 역시 어떤 정보의 제공이 주제에 해당한다.

제2기준은 부분과 전체의 관계를 명백히 하는 것이다 — 스피치의 구성과 자료 정리는 예상되는 청자를 위한 것이다. 따라서 부분이 전체와의 연관상 분명히 자리잡도록 구성하고, 무엇을 말할 것인가, 전체 구성이 간연할 데 없이 상대가 이해하기 쉬워야 한다. 부분과 전체 구성이 이러할 진대, 화자는 주제와 주제 전개를 위한 중요 자료를 청자 머릿속에 분명히 전달할 수 있다. 커뮤니케이션의 한 수단인 스피치는 무엇보다 분명한 전달이 큰 비중을 차지한다. 부분과 전체가 상호 관계를 유지하며 구성돼, 서술되는 스피치를 순서에 좇아 저항 없이 청자가 듣게 돼야 스피치 조건의 하나를 갖춘 셈이 된다. 이때의 관점은 어디까지나 청자 입장이다.

제3기준은 주어진 제한된 시간에 따르는 것이다 — 여러 가지 유형의 집회에서 사회자가 연사에게 3분 또는 5분의 시간 제한을 가하나, 대부분 제한 시간을 제대로 지키는 연사가 없다.

연사가 서술하고자 하는 논점에 직접 관계 있는 자료만 중점적으로 취급할 필요가 있다. 스피치 조직 형식은 매우 다양하고 또 목적에 따라 모두 다르다. 청자를 납득시키려는 의도의 스피치는 설득 형식의 조직으로 상대방 감정에 호소하되, 때로 논리적 전개 양식을 활용하는 방법이 매우 유리하다. 그러나 이치만 캐는 방식을 강제하면 상대가 감정적으로 반발, 오히려 설득 효과가 감소될 우려가 있다.

정보 제공 연설은 청자에게 아직 불명한 정보를 명확히 하는 것이 목적이므로 스피치 조직은 다음 방법을 활용한다. 전달 기능은 설명이다. 상대가 아직 모르는 사실을 알려 준다. 용어의 뜻을 새겨 주고 사실, 입장, 과정, 신념 등을 청자에게 알린다. 이야기체를 빌어 모든 경험을 소상히 밝힌다. 모든 묘사 형식의 방법을 써서 자신이 보고, 듣고, 느낀 바를 그리듯 진술한다. 설명 위주의 스피치 조직에서 누구나 쓰는 방법은 시간 순서에 따르는 것이다. 자신이 견문한 것, 자신이 독서한 것을 시간 순서로 통일해 나가나, 내용이 사건일 때에는 발생 시간의 경과에 따라 조직한다. 시간 경과에 의한 스피치 통일은 항목을 시간 순서로 정리하는 것이다.

1) 설명의 방법

정의, 비교, 대조, 실례, 비유
증명(여론, 사실, 권위, 신뢰에 의하여)

(1) 숫자와 통계

이것은 일반적으로 보고 등의 경우에 흔히 쓰인다. 숫자를 사용할 때 되도록 메모를 갖고 말하는 것이 좋다. 아무리 간단하고 평소 기억하기 쉬운 숫자라도 때로 메모를 보며 스피치를 하는 것이 상대에게 신뢰감을 줄 뿐 아니라 효과가 있다. 다만 그 숫자를 당연히 알고 있어야 할 처지에 있는 사람은 메모를 보지 않는 편이 오히려 낫다.

(2) 시청각적 방법

이것은 상대방 눈과 귀에 호소하는 내용을 보조적으로 설명하는 방법이다. 사진을 보이고 그림을 보이면 일층 효과적이다. 장소를 설명할 때, 말로만 설명하기보다 지도를 그려 보이면 상대가 더 잘 알게 된다. 말하는 요점이나 예 등을 보드에 판서하는 것 역시 눈과 귀를 동시에 자극하므로 일층 스피치가 효과적으로 수용된다.

(3) 반복

요점을 반복하여 설명한다. 이야기 도중 주요 대목은 반복 설명해야 일층 효과적이다. 지시와 훈시의 이야기는 특히 반복의 방편이 좋다. 또 상대방에게 어떤 것을 설명한 다음 다시 한번 주요 대목을 반복하는 것이 좋다. 방송 보도에서 긴급을 요하는 뉴스는 반복 방송하는 경우가 많다.

2) 설득의 방법

무엇을 상대방에 납득시키는 스피치는 화자 의도대로 상대가 무엇을 신뢰하거나 행동하도록 하는 것이 목적이므로 설득 방법을 고려하여 자신의 주장, 의견, 논거를 진술해야 한다. 이때 말하기 기능은 물론 설득이다. 설득 방법은 다양하다. 연사는 자기의 처지를 분명히 밝히고, 어떤 주장에 대해 찬성 혹은 반대의 의사를 명백히 드러낸다. 연사는 정당한 논법으로 청자의 지성과 이성에 호소한다. 자신의 건전하고 정당함을 적극 증명하는 논리를 전개한다. 연사는 청자의 정서, 감정, 요구, 好惡에 호소한다. 이때 설득 효과가 증대한다. 심리적 설득 요인은 건강, 평화, 인도주의, 정의감, 의무, 도덕, 명예, 자부심, 우월감, 사회적 덕망, 주의 주장, 이상, 애정, 증오, 공포, 동조, 동정, 안전감, 동류 의식, 희생적 정신, 애국애족, 애향심, 보증, 평안, 안락, 건강, 부귀, 제물, 출세, 명성, 취직, 사회적 지위, 안정감 등이다.

(1) 이치에 맞게 말한다

상대가 남의 말을 잘 들으려 하지 않을 때 이치에 맞게 말할 필요가 있다. 이치는 사물의 정당한 조리와 도리에 맞는 취지를 말한다.

(2) 상대방 요구에 따른다

상대방 요구에 따르는 것처럼 스피치를 진행시킨다. 생명, 재산에 관계 있는 것, 심신의 건강에 관계되는 것, 입신 출세에 관계되는 것 등으로 상대를 설득한다. 바꾸어 말하면 상대방 욕구에 호소하는 것이다.

(3) 저명 인사의 말을 인용한다

인용되는 저명 인사를 인식하면, 청자는 화자에 의해 납득된다. 이름이 세상에 널리 알려지고 일반의 존경을 받는 사람이어야 한다.

(4) 반복한다

몇 차례 동일 사실을 반복하면 설득력이 생긴다. 모든 매체의 광고를 떠올리면 쉽게 수긍될 것이다. 반복 효과를 염두에 둔 설득이다.

(5) 정보를 준다

당면 문제에 관련된 정보를 수집, 이것을 상대에게 주면 어느 정도 설득이 가능해진다. 정확하고 가치있는 최신 정보라야 설득에 효과가 있다.

(6) 사실을 알린다

구체적 사실을 있는 그대로 진실하게 알리면, 상대방 역시 이쪽 주장을 수긍 납득하게 된다. 사실은 바로 증거가 되어 설득력을 가지며 진실은 설득에 무게를 실어준다.

(7) 후련하게 말한다

상대방에게 기쁨과 즐거움을 주면서 설득하는 것이 중요하다. 위트와 유머를 풍부하게 구사, 상대방 기분을 고조시켜 가며 속시원히 말하면, 상대방 기분 역시 크게 후련해진다. 호의를 베풀어야 호감을 사는 것이 인지상정이다. 상대방 기분을 고조시킨다는 일 또한 호감을 사는 한 방편임을 알아야 한다.

(8) 권위를 인용한다

권위있는 사람의 말을 인용하든가 권위있는 기관에서 발행되는 간행물 내용을 인용하면 일반적 주장, 견해가 일층 비중이 커지고 설득력을 발휘하게 된다. 상대방 역시 납득이 빨라지고 연사의 설득 내용을 쉽게 수용하게 된다.

(9) 여론을 인용한다

인심이 천심이란 말이 있다. 여론은 무시할 수 없고 무시될 수 없다. 여론을 수렴하는 일처럼 민심 수습의 지름길은 없다. 전체의 경향이나 여론을 인용 거론하며, 상대를 설득하는 방법이다.

(10) 인정 · 감정에 호소한다

해마다 세모 때 벌이는 구세군의 자선냄비 행사는 일반 시민의 인정, 감정에 호소, 불우 이웃을 돕는 사랑의 실천 운동이다. 십시일반으로 조금씩 온정을 모아 가난을 구제하는 일처럼 숭고한 인간애 운동이 또 어디에 있는가.

이상 열거한 여러 설득 방식으로 주장, 의견 등을 주된 내용으로 청자를 설득할 때, 화자가 논리정연하게 스피치를 구성하려면,

첫째, 용어와 그것이 갖는 개념을 분명히 설명, 용어 구사에서 오는 의미의 모호성에서 상대방이 방황하지 않게 하는 것이다.

둘째는 논리적 순서 전개로 스피치를 구성하는 것이다. 스피치 전개시 논리적 순서는 다음 요건을 갖추는 것이 조건이다.

기지→미지, 과거→현재→미래, 문제점→해결점, 전제→귀결, 원인→결과, 명백한 사실→불명한 사실, 가정→결론, 대전제→소전제→결론, 일반론→구체론, 구체론→일반론, 분석→종합, 가능성→현실성→필연성.

셋째는 자기 주장, 의견의 결론을 말하기 앞서 여러 가지 형식의 논거를 댄다.

3) 감명을 주는 방법

청자에게 감명을 주는 스피치는 청자의 감정과 정서가 강하게 움직이도록 하는 것이 목적이므로 청자가 기꺼이 흥분하든가 깊이 감동케 하는 스피치 구성이 필요하다. 청자에게 감명을 주는 스피치는 말하기 기능이 이야기 형식이다. 그러나 보조 기능으로 설명이 포함된다. 논리의 일관성이나 설명의 합리성보다 스피치 자체가 청자에게 깊은 감동이나 스릴을 주는 것이다. 내용은 사건, 이야기, 일화, 추억, 감상이 주가 된다. 이야기에 복선이 깔려 있는 것처럼 스피치를 조직하는 것이 필요하다. 도입 부분에서 청자에게 강한 호기심을 일으키는 것이 상례이다.

그리고 종결 부분의 말미에 정서적으로 여운을 남기는 효과가 고려돼야 한다. 청자 마음속에 깊은 여운이 남도록 하는 배려가 크게 중요하다. 이 점 감명을 주는 스피치의 한 특징이다. 이야기 형식을 취해 스피치가 전개되므로 조직의 통일이 특히 강조된다. 이것이 스피치 조직상 고도의 기술을 요하는 대목이다. 원칙적으로 도입과 종결 부분에 효과의 중점을 둔다.

4. 세부적 항목

이야기 줄거리를 만드는 직접 목적은,

첫째 스피치 내용의 순서를 잡는 것이다. 말할 때 미리 머릿속에 이야기 줄거리를 정리해 놓았다 하더라도 청중 앞에 서면 무엇을 어떤 순서로 말하려 했는지 순간 그것을 잊기 쉽다. 스피치 내용의 순서, 즉 화제 순서, 필요한 위트의 순서 등을 미리 적어 놓으면 필요에 따라 그때마다 참고하면서 예정 순서대로 이야기를 잘 진행시킬 수 있다.

둘째, 스피치 전개상 혼란이나 궤도 이탈이 방지된다. 실제 말할 때 머리에 떠오른 아이디어가 자칫 말로 표현되고 그것이 발전돼 나가는 수가 있다. 그 결과 스피치가 뜻밖의 방향으로 나가기 쉽다. 그러나 확실히 줄거리를 잡아 놓으면 이 같은 혼란과 궤도 이탈을 막을 수 있다. 비록 궤도 이탈이 있어도 적절히 조정 본래의 이야기로 되돌아오게 할 수 있다. 명사의 방담처럼 머리에 떠오른 것을 떠오른 대로 말할 수 있는 것은 이야기 내용보다 명사의 말 자체에 가치가 있기 때문이다. 다만 그가 좌담의 명수인 때 가능한 일이다. 오히려 이때는 혼란과 궤도 이탈이 이야기 속에 생기와 흥미를 덧붙인다.

셋째, 스피치 내용에 누락되는 것이 없어진다.

넷째, 중복을 피할 수 있다.

다섯째, 이야기 전체의 균형을 잡을 수 있다.

세부 내용이 모두 동일한 가치와 동일한 중요성을 갖는 것이 아니다. 주제에 깊은 관계가 있는 것과 그렇지 않은 것, 줄거리가 되는 것과 줄거리를 만드는 것, 이같이 경중이 다른 세부 사항이 유기적으로 조직돼 있는 것이 이야기이다. 따라서 모든 줄거리를 하나로 잡아 놓지 않으면, 이야기 전체 균형을 위한 세부 조직이 불가능하다. 스피치를 구성하는 각 세부의 경중에 따라 이야기 양과 질이 결정되고, 순서가 잡히며 시간 배분이 필요해진다.

여섯째, 스피치 실연 때 지침으로 사용할 수 있다. 특별한 경우를 제외하고 원고 읽기의 스피치가 차츰 자취를 감추고 있다. 그러나 아무 메모 없이 빈손으로 말하는 것 또한 무책임하다. 그러므로 줄거리를 대충 잡아 이것을 한 손에 들고 스피치를 전개하고, 필요에 따라 이에 의지하며 이야기 진전을 조정해 나가는 것이 매우 적절하다. 아무리 노련한 기관사나 항해사라도 시간표와 항해도가 있어야 하는 것처럼, 아무리 능숙한 연사라도 이야기 줄거리는 스피치 실연 때 지침으로 쓰는 것이다.

이야기 줄거리는 어떤 장면, 어떤 청중을 상대로 어떤 의도로 짜여지는가에 따라 종류가 다양하다. 가령, 항목 열거식, 요약문식, 분석식을 들 수 있다.

항목 열거식 — 셋 중에서 가장 초보적이고 간단해서 누구나 활용할 수 있다. 이것은 화제를 몇 가지 준비한 것이고, 화제의 제목을 쓴 것이며, 세부 항목을 열거한 것이다. 항목 열거식은 먼저 주제를 정하고, 화제를 뽑고, 관계되는 항목을 차례로 열거한다. 그리고 적어도 하루 이틀 지난 뒤에 다시 한번 그 줄거리를 고쳐 항목을 첨가 또는 삭제하고, 항목의 순서 역시 수정을 가한다. 전문가 의견을 듣고, 참고문헌을 찾아 재차 줄거리를 수정하면 더욱 금상첨화이다.

요약문식 — 마치 강연의 대요나 연설의 요지 또는 소설의 경개와 같은 것이다. 바꾸어 말하면 열거식 항목을 짧은 문장으로 꾸며 한 개 단락으로 정리한 것이다. 이것은 연사 중심의 요약이 된다. 매스컴 보도에서 어느 누구의 담화가 요지로 발표되는 것은 연사 입장이 아닌 청자 입장에서 이 형식의 줄거리를 만드는 것이다. 요약문식은 스피치 전체의 요약문과 부분 요약문이 있다. 전체 요약문은 스피치의 요점을 짧게 압축해서 한 개 단락으로 정리한 것이다. 몇 개의 짧은 문장으로 전체가 통일된 의미를 갖게 한다. 전체 스피치의 다이제스트인 셈이다. 요약 능력은 읽은 것을 요약하는 독서술의 숙달로 증진된다. 부분 요약문은 단락의 요약이다. 연사와 스피치 내용에 따라 요약문의 길이는 일정치 않으나 평균한다면 200자 원고지 2매에서 10매, 자수로 400자에서 2000자까지가 적당하다.

　분석식 ― 연설과 강연에서 많이 쓰이는 형식으로 스피치 내용을 도입, 전개, 종결로 분석, 배열하는 방식이다. 일정 형식으로 스피치를 조직하는 것이다. 분석식은 주로 정보 제공의 스피치와 청중을 설득하는 스피치에 쓰인다. 때문에 공중을 향하여 당당한 논법으로 설득하는 연설은 이 방식이 큰 효과를 가져온다. 분석식은 연설 연구시의 중심 과제이며 오래 전부터 논란이 되어 오는 터이다.
　도입―전개―종결의 3단계가 가장 보편적이고, 도입―주제제시―본론―결론의 4단계가 있으며, 청자와의 접촉 단계―선택된 주제의 정당성을 보이는 단계―주제 제시의 단계―논증의 단계―응용의 단계와 같이 5단계가 있다. 결국 어떤 형식이라 하더라도,

① 자신과 주제 소개의 단계(도입)
② 본론의 전개 단계(전개)
③ 효과적 어구로 정리하는 단계 (종결)의 3단계로 요약된다.

다음에 분석식 줄거리를 만드는 요령을 적어본다.

1) 도입의 단계

　분석식 도입 단계는 화자가 청자를 처음 상면하고, 이야기 전개 부분을 유효하게 서술할 조건을 설정하는 것이 주된 목적이다. 도입은 본격적 이야기 전개의 준비 과정이다. 때문에 지루한 도입은 역효과를 초래한다. 말하려는 본래 의도를 밝히면 좋다. 그러나 청자가 스피치를 듣기 위한 마음의 준비가 돼있지 않을 때 짤막한 위트의 도입 방법이 가장 합리적이다. 도입 단계를 자세히 분석하면 두 단계로 나눌 수 있다.

(1) 청자와의 접촉 단계

청자와의 접촉 단계는 먼저 연사와 청자 사이에 친근한 분위기를 조성하는 것이 목적이다. 청자가 연사에 대해 호의적인 태도를 보이고 스피치 내용에 조화되는 기분이 나도록 하는 것이 목적이다. 더욱이 설득 연설은 이점 매우 긴요하다. 이야기 내용과 성질에 따라 다르나 다음 방법 중 몇 개를 쓰는 것이 효과적이다.

① 일반적인 인사를 하고
② 청자에게 호기심을 일으킬 뉴스나 이야기를 말하고
③ 흥미있는 이야기나 유머를 말하고
④ 청자 누구나가 공통적으로 인상깊이 아는 것부터 말하고
⑤ 중대 뉴스와 현장 사태에 언급하고
⑥ 저명 인사의 말이나 문헌을 인용하고
⑦ 청자에게 심리적 반응이 있을 질문을 던지고
⑧ 시각에 호소할 것을 보이고
⑨ 화자의 개인적 사정을 말하고
⑩ 역사적 사건과 관련된 이야기를 하고

(2) 주제의 소개 단계

주제의 소개 단계에서 연사 자신과 의도하고 있는 주제와의 관계 및 주제 자체를 청자에게 소개한다. 연사가 무엇에 대해 말하겠다고 시작하는 것은 무리이나, 무엇을 말할 것인지 전혀 말하지 않는 것 또한 탐탁하지 못하다. 가능한 대로 주제에 대해 청자가 흥미를 느낄 수 있는 이야기와 함께 주제를 소개한다. 주제 소개 때 다음 방법 가운데 스피치 장면에 맞는 것을 택하여 쓰면 좋다.

① 연사가 청자 앞에 나와 말하게 된 경위와 사정을 말한다.
② 주제가 중요하여 취급할 가치가 있음을 강조한다.

③ 연사가 주제를 취급하는 필요성에 대해 청자의 주의를 끈다.
④ 주제가 청자에게 이해관계가 있음을 알린다.

주제 소개가 끝나면 주제에 따른 필요한 주의 사항을 말한 뒤, 이야기 전개로 들어간다. 주된 주의 사항은 필요한 용어의 정의, 화제, 범위이다.

2) 전개의 단계

분석식 줄거리의 전개는 스피치의 중심이다. 이 단계는 주제를 특수예, 사실, 권위자의 발언, 도리, 실화, 감상, 일화 등으로 상술하고, 갖가지 논거와 반대론을 명시, 이야기를 전개한다. 물론 주제로 스피치 전체가 일관되지 않으면 안 된다. 전개 단계는 다시 주제 제시의 단계와 주제 전개의 두 작은 단계로 나눈다.

(1) 주제 제시의 단계
주제 제시의 단계는 화자가 청자에게 전달 표현하고자 하는 이야기 중심인 주제와 주장을 본격적으로 진술하는 것이 목적이다. 일반적으로 다음 방법이 쓰인다.

① 주제를 명백히 한다.
② 주제에 관계있는 극적 사건이나 주목할 이야기를 한다.
③ 주제와 연사 자신의 관련을 말한다.

주제 전개의 단계는 명시된 주제나 주장을 여러 각도로 취급하여 청자의 반응을 보다 강하게 기대하는 것이 목적이다. 여기서 스피치는 최고조에 달하고, 연사의 표현 능력이 이 단계에서 크게 평가된다. 여기서 쓰이는 방법은 다음과 같다.

① 설명과 예시를 쓴다.
② 사실, 통계, 개괄을 써서 논증한다.
③ 권위자의 학설과 의견, 일반이 정당하게 보는 사조를 근거로 해서 말한다.
④ 특수한 구체예와 관련시켜 말한다.
⑤ 유추를 써서 논증한다.
⑥ 논리정연하게 논한다.
⑦ 정의적 반응을 기대하는 삽화를 쓴다.

3) 종결의 단계

종결의 의미는 스피치를 총괄하는 것이므로 종결의 단계에서 새로운 자료와 새로운 논점을 끌어들이면 안 된다. 청자 마음속에 강한 인상의 감명과 깊은 여운을 남겨 주는 것이 종결의 목적이므로 청자의 정서적 반응을 기대하게 된다. 종결에 쓰이는 방법은 다음과 같다.

① 주요 논점을 정리해서 보인다.
② 전개가 길면 항목 열거식으로 정리해 보인다.
③ 전개에서 진술한 것과 별도의 표현으로 정서적 반응 혹은 의지적 반응이 일어나게 청자 심정에 강하게 호소한다.
④ 필요에 따라 최후의 열변을 토할 수 있다. 종결에 일치되는 일화, 예상, 이상의 고창(高唱)이 바람직하다.

5. 상대방 분석

청자의 권리를 존중하고 커뮤니케이션의 효과를 올리기 위해 먼저 청자에 대한 연구가 활발히 전개되어야 함은 너무나 당연하다. 그러나 그것이 막연히 생각되면 안되고 모든 자료를 수집, 분석을 통해 자세히 주의깊게 청자에 대한 정보를 입수해야 한다. 이것이 바로 스피치를 성공으로 이끄는 한 관건이라 하겠다. 일상 대화만 보아도 스승에 대한 경우와 친우에 대한 경우, 말씨는 물론 이야기 내용이 달라진다. 동료를 대할 때, 상사를 대할 때, 가족의 경우, 손님의 경우, 친우라 해도 고교 동창과 대학 동창, 직장 동료와, 취미 동호인의 경우가 다르다. 부지불식 간 상대에 따라 화제가 바뀌고 말씨가 바뀐다. 똑같이 말하게 되는 일이 없다. 이것은 우리가 말할 때, 어떻게 상대방에 적응해 나가는가를 말해 준다. 같은 내용도 상대가 누구냐에 따라 강조할 대목이 바뀌고 설명 방법이 바뀐다. 주어진 시간 내에 내용을 적절히 취사선택, 정리하지 않으면 상대방으로부터 기대되는 반응을 얻기가 힘들다. 커뮤니케이션이 상대적 관계 속에 존재한다는 것은 상대방에 따라, 정황에 따라 동일 내용의 이야기가 여러 형태의 반응을 보이기 때문이다.

　어떻든 이야기는 화자와 청자의 공동 작업으로 진행되므로 청자 분석이 불충분하든가 화자 판단에 잘못이 있든가 하면 모처럼 잘 준비된 이야기라도 충분히 이해받지 못하고 오히려 오해를 일으키는 결과가 된다. 무의식 중에 주위 환경의 여러 가지 제약을 받아가며 우리는 상대방에 적절히 대응해 나아간다. 이것이 순조롭게 이행되지 않으면 오해와 갈등으로 감정 문제가 야기될 가능성이 크다. 미리 청자 및 청중에 대해 많은 정보와 지식을 갖추고 있어야 한다. 스피치 실연에 다음 항목은 특히 유념할 필요가 있다.

① 연소층, 청년층, 중년층, 노년층, 등 연령 관계
② 남성층, 여성층, 남녀 혼성층 등 성별 관계
③ 공무원, 회사원, 교사, 농업, 공업, 상업, 등의 직업 관계
④ 중학교, 고등학교, 전문학교, 대학, 대학원 등 교육 정도
⑤ 상, 중, 하의 경제적 수준
⑥ 정치적 및 사상적 경향
⑦ 종교적 색채
⑧ 화제에 대한 청중의 지식

⑨ 화제에 대한 청중의 태도
⑩ 청중의 최대 관심사는 무엇인가?
⑪ 청중은 어떤 신념을 가지고 있나?
⑫ 연사에 대한 청중의 태도는 동조적인가, 대립적인가, 아니면 중립적인가?
⑬ 연사에 대한 청중의 태도는 무엇을 어느 정도 기대하고 있는가?
⑭ 청중의 인원수는 어느 정도인가? 소수인가 다수인가?
이 같은 사항에 대해 알면 알수록 스피치는 효과가 증대된다.

1) 정황 분석

청중 분석시 겸하여 고려할 사항이 바로 정황 분석이다.

① 회합은 어떤 목적으로 열리는가
② 회합은 언제 열리는가
③ 회합에 특별 규칙과 관례가 있는가
④ 전체 프로그램 중 언제쯤 말하게 되는가
⑤ 회장 분위기와 조건은 어떤가
⑥ 주어진 한정 시간

이처럼 가능한 대로 인포메이션을 수집한다. 라디오, 텔레비전 방송이 어려운 것은 시청자구성 내용이 천차만별로 복잡해 전체 시청자를 간단히 포착할 수 없기 때문이다. 청자 및 정황 분석은 사전에 충분한 여유를 갖고 하는 것이 좋다. 그리고 일반적으로 청자는 어느 때 설득되는가에 대한 문제를 차제에 검토하는 일 역시 매우 유익할 것이다. 한 개 화제에 대해 우리는 각각의 태도를 취할 수 있다. 따라서 남을 설득하기란 매우 어렵다.

청자가 설득되는 정황을 4단계로 구분해 볼 수 있다. 청자가 심리적 수용태세를 취하고 무조건 납득될 심경인 때, 이때만은 청자의 완전 설득이 가능하다. 그러나 그것이 용이하지 않다. 설득되는 정황을 단계별로 보면 다음과 같다.

① 주제가 청자의 관심을 끌고, 청자의 주의가 환기된 때
② 연사의 인적 사항과 능력이 청자에 의해 인정되고, 신뢰와 존경이 따르는 때
③ 청자의 욕구불만을 논리적으로 설명할 때
④ 청자의 수용 태세에 따라 이야기가 잘 진전되고, 연사가 자연스런 인상을 준 때

청자의 심리를 지배하는 것은 무엇보다 최초의 말이 던지는 인상일 것이다. 연사가 최초의 말로 청자의 주의와 관심을 끌 수 있다면, 연사의 설득은 진일보한 것이다.

2) 주의 집중

연사는 시종 청자가 자기 이야기에 정신을 집중해 주기를 기대한다. 연사는 청자의 주목을 받기 위해 다음 방법을 고려할 수 있다.

① 청자에게 메시지를 분명히 이해받도록 하기 위해 명료하게 말하고, 선택한 자료를 적절히 배분, 잘 활용한다. 때로 그림 그리듯 묘사력을 발휘하고, 청자를 장악한다. 스피치가 자석의 기능을 하려면 구체적 실화, 실례 등을 적절히 써서 비교 대조, 이야기 내용에 다양성을 갖게 해야 한다.
② 스피치 구성을 간단명료하게 하여 별로 신경 쓰지 않고, 청자가 이야기에 따라오게 한다. 청자 머리가 혼란하지 않게, 이야기 진전이 지금 어디쯤인가? 어느 만큼 진행되었는가? 어느 쪽으로 진행하는가? 에 대해 부단히 밝혀 나가며 이야기를 정리해 나간다.
③ 청자가 서스펜스를 갖게 한다. 가령, 만루 때 나온 야구의 대타, 관중은 숨죽이고 마음 졸인다. 결과를 기다리는 관중의 태도, 청자를 이런

상황으로 몰면 반드시 스피치에 전 신경을 집중시키는 것이 청자 입장이다.

④ 이야기에 동작을 삽입한다. 이야기 속 인물을 생동감 있게 묘사하고, 정경 속의 움직임을 잘 묘사한다.

⑤ 유머의 뒷받침으로 이야기 요점을 강조한다. 청중이 다수인 때 유머는 일층 효과적이다. 사람들은 함께 웃고 함께 즐기기를 좋아한다. 일반은 누구나 유머를 흥미 있게 듣기 때문에 유머는 청자의 주의와 관심을 끄는 데 매우 적절한 것이다. 과장, 부조화의 비교 또는 개그 등 이야기 내용에 관계되는 자기 자신의 것을 말해야 유머가 빛을 더한다. 사람이 폭소하든 않든 그것이 문제되지 않고 주어진 정황과 분위기 속에서 잘 조화되고, 청자가 즐겁게 이야기를 듣도록 하는 것이 유머가 갖는 특성이다.

3) 신뢰 확립

주제에 흥미를 갖게 한 다음 화자 자신의 인적 사항에 신뢰감과 존경이 가도록 배려한다. 청자는 화자의 사상, 사고, 의견 등을 수용하기 앞서 연사 자신을 수용해야 한다. 청자에게 무엇을 납득시키려면 먼저 연사 자신이 신뢰감을 주고 신뢰를 확립해야 한다. 신뢰감을 주기 위한 연사 태도는 다음에서 찾을 수 있다.

① 청자는 공정한 판단과 총명한 지성에 신뢰감을 갖는다. 가령, 전체 청중이 연사의 의견에 전폭 지지·찬동하지 않더라도 정직하다는 중평을 들을 수 있는 연사라면, 구태여 자기 선전에 열을 올릴 필요가 없다. 연사가 정직하다는 인상을 주면, 청자는 필연 연사를 신뢰하게 된다.

② 주어진 문제에 관한 한 연사가 권위자란 인상을 주면, 청자는 신뢰감을 갖는다. 그러나 아전인수격으로 자기 경험을 말하고 그 방면 지식이 풍부한 것처럼 과장하면 곤란하다. 자신의 경험은 어디까지나 경험이므로 아전인수에 초점을 맞춰선 안 된다. 오히려 겸허한 인간미가

돌보여야 한다.

③ 겸허한 사람에게 청자는 호감과 신뢰감을 갖는다. 청자 역시 그들대로 의견과 사고가 있으므로 대립적 의견 제시는 역효과를 초래한다. 자신이 믿는 바의 사실을 진술하되 사실이 청자에 의해 이해되면 된다는 겸허한 태도와 자세, 이것이 바로 신뢰 구축의 요소이다.

이성적 판단이 요구되는 때는 주어진 문제와 관련, 필요와 욕구가 자극되는 경우이다. 때문에 청자가 필요로 하는 것, 청자가 희구하는 것을 중심으로 한 이야기 진행이 크게 현명하다. 먼저 청자가 해결해야 할 문제를 취급, 청자에게 만족을 주고 목적 달성을 위해 일보 접근하면 모든 청중을 장악할 수 있다. 이때 비로소 청자는 설득되는 것이다.

4) 설득되는 동기

(1) 자기안전과 생명 유지

안정된 의식주와 평화스런 생활을 영위하려는 본능적 집착, 이것을 위해 인간은 거의 결사적이다. 마음의 평화와 몸의 건강 유지가 인간의 욕구 가운데 가장 소중한 것이다.

(2) 안정감

이것은 자기의 안전과 생명의 유지에 대해 인간이 갖는 강한 욕구이다. 불안정한 상태에서 탈출하려는 것과 안정감을 얻으려는 욕구가 강하다. 누구나 생활 안정에 욕구의 기반을 둔다.

(3) 자기 존엄과 자존심

자존심에 금이 가든가, 자기 인격이 손상될 때, 인간은 난폭해지기 쉽다. 자존심을 유지한다는 강한 욕구가 인간 본능의 하나라 할 수 있다. 바로 이것이 대인관계에서 염두에 두어야 할 중요한 요소이다.

(4) 자기가 인정받을 때

아무리 우리 생활이 궁핍하고 소규모의 것이라도, 자기가 행한 일을 여러 사람으로부터 인정받고 싶어하는 강한 욕구는 쉽게 부정할 수 없다. 인정받고자 하는 욕구는 인간이 사회적 동물임을 긍정케 한다.

(5) 공익단체에 관계하고 싶은 욕구

여럿이 힘을 모아 함께 행동하고, 그것이 가치있는 일이어서 남의 존경을 받게 된다고 판단하면, 우리는 본능적으로 공익 단체에 가입, 공익 사업에 헌신적으로 투신·봉사한다. 이것 역시 인간이 갖는 욕구의 하나이다.

(6) 인간의 동경

인간의 동경을 3단계로 나누면,
첫째는 영웅 숭배의 형으로, 자기보다 사회적 지위가 높은 인물에 접근하려는 욕구이고,
둘째는 오랜 전통문화에 대한 경건한 기분과 자세 그리고 친근감이다.

셋째는 신성시되는 대상에 대한 존경심이다. 대상은 달라도 인간은 무엇인가를 크게 예찬하고 싶어한다.

청자의 욕구, 집착, 성격 등을 잘 이해하고, 자존심이 상하지 않는 범위 내에서 커뮤니케이트하는 것이 청자 설득의 기본 조건이다.

다음에 청자 태도를 2단계로 나누어 생각해 본다.

절대 찬성의 입장을 표명하고 있는 청자는 화자가 무엇을 말해도 지지해 주므로 설득에 가장 용이하다. 한편, 호의적이고 동조적인 청자에 대해 보다 열의를 갖고 자신이 생각하는 바를 정력적으로 말해야 한다. 청자 모두가 아는 옛 이야기와 경험담을 말하는 것 역시 한 가지 방법이 된다. 동조적인 청자를 향하여 과거의 고락을 회상·상기시키면 청자는 대체로 연사와 함께 행동해 준다. 서스펜스, 동화, 일화, 비교, 대조, 묘사, 예화 등을 잘 활용하는 것이 효과를 올리는 데 큰 구실을 한다.

그러나 청중이 그 문제에 대해 전혀 무관심할 경우가 없지 않다. 이때는 먼저 그 문제가 극히 중요하고, 청중 생활에 직접 관계 있음을 역설한다. 또 청중이 회의적이고 문제에 대한 올바른 지식을 갖고 있지 않을 때 정확한 인포메이션을 전해 주는 일이 필요하다. 청자에게 정확한 인포메이션을 알릴 때, 당시 청자의 욕구와 이상에 적응한 것을 선택, 명확하게 전한다. 따라서 이런 유형의 청자를 대상으로 할 때 자신의 판단과 결론을, 처음부터 밝힐 것이 아니고 청자와 함께 문제를 고려한다는 진지한 태도를 취한다. 즉 어떤 원인으로 인해 이같이 문제화했는가 하는 식의 문제 해결 방법으로 청자를 이끌어 나가도록 한다. 용어의 정의를 분명히 밝혀 오해가 없도록 친절히 설명하고, 적절히 요점을 반복하고, 사실과 숫자 및 통계를 넣고 구체적 예화와 실화, 적합한 비교와 대조를 활용하여 흥미있게 전개, 청자가 계속 이야기에 관심을 기울이게 한다.

5) 반대입장의 청자

가장 어려운 것은 전적으로 반대하는 입장에 있는 사람을 청자로 대면할 때이다. 이때는 상대방 입장을 이해하고 동조적이며 호의적인 태도를 취한다. 이 방법으로 다음 사항이 고려될 수 있다.

① 문제를 절대 도전적으로 제시하지 않는다. 청자는 충전된 총포 같으므로 자칫하면 격발될 위험이 있다. 노한 듯한 언성과 태도는 절대 금물이다. 상대방을 노하게 자극하는 것은 연사 책임임을 자각하고, 청자의 인권을 존중하여 침착하고 정중한 태도로 말한다.

② 아무리 상대방이 반대 입장이라도 처음부터 대립적인 국면을 노정시킬 필요가 없다. 만약 대립되는 의견을 진술하면, 청자는 긴장하고 굳어지며 자칫 감정으로 치달을 염려가 있다. 때문에 처음은 피차 공통되는 점을 하나씩 지적하고, 어떻게 하면 여러 각도 여러 방면에서 쌍방이 합치될 수 있을까 하는 데 초점을 맞춘다. 어디까지나 함께 심사숙고한다는 진지한 태도와 자세를 보인다. 상대방 사고에 착오가 있고, 이쪽 판단이 정당하다는 등의 가치판단은 절대로 삼간다. 단지 사실을 있는 그대로 자신이 아는 한도 내에서 진술해 나가는 것이 절실히 필요하다.

③ 기교 넘치는 능숙한 말씨의 인사나 정도가 지나친 애교를 부리면, 이중 인격자고 오해받을 소지가 생긴다. 반대 입장의 청중은 연사의 성실성과 정중함에 대해 매우 민감하다. 따라서 연사는 말할 때 성실성으로 일관할 필요가 있다.

④ 지금까지 지적한 방법으로 이야기를 효과적으로 진행하면, 청자는 의외로 반대 입장을 잠시나마 잊고 분명 유쾌한 연사 이야기에 이끌릴 경우를 상정하기가 어렵지 않다.

시간이 필요하고, 인내와 노력과 적극성이 필요하다. 민주사회의 사람들은 각기 다른 의견, 사고, 이상을 가질 수 있는 권리가 있다. 때로 상대방을 잘 설득하고 납득시킴으로써 비로소 의도하는 방향으로 상대방을 움직일 수 있는 것이다.

6. 긴장과 이완

1) 연단 공포

과도한 신경과민은 스피치에서 중요한 문제가 된다. 그리고 이 문제의 해결은 결코 단순하지 않다. 여기서 스테이지 프라이트(stage fright)에 대한 원인과 징후를 알아본다. 결국 말할 때 담력 키우는 법을 살펴보려는 것이다. 한 조사에 따르면, 대학생 집단을 조사한 결과 60~70%의 학생은 신경과민이 말할 때 큰장에가 된다 했고, 30%의 학생은 신경과민이 말할 때 가장 중요시되는 문제라고 지적했다. 이 비율은 학생의 연단 공포가 예상외임을 밝혀 주는 것이다. 연구 보고에 의하면, 말할 예정으로 있는 학생이 사전의 심한 번민으로 숙식을 제대로 못하는 경우가 있다. 이 같은 고통은 스피치를 성공적으로 이끌기 위한 하나의 과정이기도 하다. 그래서 이 같은 사전의 진통은 정상이고 자극이고 나아가 이익이 될 수 있다. 심한 고통은 격렬한 번민을 가져오는 한편, 정신적 효율화를 도모하기도 한다. 신경과민은 양성적 자극을 통한 고도의 분열 상태에서 무관심에 이르기까지 연속적으로 나타난다. 이 같은 연속의 어느 쪽에 있는가에 따라 학생은 연사로서 심각한 문제를 갖는다.

처음 스피치를 하는 사람은 물론, 전문적이고 직업적인 인사까지 연령에 상관없이 모두 이 연단 공포를 경험한다. 그리고 이 연단 공포는 미리 예측할 수 없다. 아무리 준비를 착실히 잘해도 신경과민은 일어난다. 어떤 정황에서 오랜 동안 말해 본 경험이 있다 하여 전혀 다른 환경에 처해서도 담력이 있다고 보증할 수 없다. 한 연구는 남학생보다 여학생이 더 신경이 과민하다고 지적하고 있다. 어느 누구도 남의 신경과민 정도는 알 수 없다. 그런 까닭에 우리의 경험 정도가 남에 비해 어떤 것인지 확인할 길이 없다. 그리고 이 신경과민은 지능의 차이와 관계가 없다. 연단 공포는 콤플렉스(complex) 및 다양한 심리 상태에 원인이 있다.

불충분한 준비, 민감성, 컨디션, 갈등, 습관, 자기 본위 등은 적당치 않은 단순 사실이라고 말할 수 있다. 감정면에서 개인적 차이에 관해 알 필요가 있다. 여러 가지 형태의 각종 경험은 우리에게 다듬어지지 않은 감정에 반응하는 능력을 발전시키는 계기를 준다. 다듬어지지 않은 감정은 자극 없는 막힌 생활에서 발생하고, 신체적이고 사회적인 차이 때문에 극도의 소심증과 열등감이 불안을 더해 준다. 만족스러운 습관을 형성하지 못하고, 고도의 감정적 잠재의식을 가진 사람은 심리적 갈등이 심하다. 우연한 경험은 감정을 유발하는 심리적 갈등의 원인이 된다. 이런 상태를 불꽃이 피기 직전에 타는 연기에 비유할 수 있다. 그것은 바람 없는 날씨의 해롭지 않음과 같다. 그러나 바람이 일면 불꽃은 더 가열되고 다른 것은 모두 회신된다. 신경을 과민하게 만드는 현상은 주어진 환경의 반응이 두렵기 때문에 나타나는 심리적 상태이다. 이 상태를 우리는 스스로 조종할 필요가 있다.

스피치 준비 및 진행상 몇 가지 장애 요소가 있는데 그것은 준비 불충분, 예상치 못한 사람의 출현, 예상치 못한 우발 사태, 일부 청중의 반감, 실수와 결점에 대한 돌연한 의식, 일정 기준에서 이탈된 실패 등이다. 상기한 상태에서 감정적 불안이 야기된다. 안정이 위협받고, 반응을 예측할 수 없을 때 심리적 방어기제가 깨진다.

2) 소심증

연단 공포의 감정적 징후는 정확한 설명이 필요한 주제가 된다. 대부분 연사는 회장을 바라보든가, 천장이나 창 밖을 혹은 청자의 머리 위쪽을 바라본다. 손은 주머니에 넣든가, 뒷짐을 지고 연설대에서 이탈, 소심증 경향을 보인다. 연사의 모든 습관적 자세는 불안한 정황과 연단 공포를 표현하는 것이다. 연사가 청중의 시선을 의도적으로 피하는 것은 자신의 들뜬 마음을 진정하고 말할 것을 말하기 위해 그의 모든 힘을 한곳으로 집중하고 있음을 암시해 주는 것이다. 직접 청중을 바라보지 못하는 것은 청중 반응이 두렵기 때문이다.

3) 생리 반응

가슴이 두근거리고, 숨이 가빠지고, 입술이 타고, 식은땀이 흐르고, 얼굴이 달아오르는 것은 공포 반응에서 오는 생리 과정의 변모이다. 공포 반응은 그로 인한 유기체 내에서의 에너지 발생이 충분할 때만 비로소 생물학적 잔존가치를 갖는다. 에너지를 공급하기 위해, 공포 속의 유기체 반응은 영양의 한 형태인 글리코겐(glycogen)을 간장에서 혈액으로 보내는 것이다. 그리고 이 에너지의 용도는 신진대사 또는 연소를 포함한다. 신진대사 작용은 폐 기능에 의해 혈액에 공급되는 산소에 의존한다. 우리가 무엇을 두려워할 때 숨이 가빠지는 것은 정상 상태에서보다 더 많은 공기를 필요로 하기 때문이다. 신체상 전체 부위의 기능을 작동하려면, 글리코겐을 심장에서 전체 근육의 말초 신경까지 공급해 줘야 한다. 다리, 팔, 손에 미치게 한다. 그리고 불용물을 배설한다. 충만한 감정은 혈액을 빠르게 순환시키고, 심장활동을 강화한다.

혈관 벽의 근육 긴장은 이완되고, 혈액은 신진대사로 피부 기공을 통해 불순물을 배설하면서 피부 내면에 접근 급류한다. 얼굴이 빨갛게 달아오르든지, 파랗게 질리든지 하는 것은 다음 현상 때문이다.

첫째, 얼굴이 빨갛게 달아오르는 것은 근육 벽 모세관의 이완으로 피부 표면 가까이로 혈액이 급히 순환하는 까닭이요,

둘째, 얼굴이 파랗게 질리는 것은 이와 정반대로 몸의 주요 생리적 기능을 충족시키기 위해 피부 표면 가까이 있던 전체 혈액이 아래로 내려가는 까닭이다. 연사가 말할 때 가끔 느끼는 물에 가라앉는 듯한 감정은

이와 같은 생리변화와 밀접한 관련이 있다.

4) 긴장과 근육

인체가 흥분할 때 몸부림이나 약동의 생물학적 반응 때문에 에너지 활용이 불가능하지만, 근육이 긴장한 때 에너지 활용이 가능하다. 뿐만 아니라 근육의 간헐적 긴장과 이완으로 하여 전전긍긍할 때 역시 에너지 활용이 가능하고, 불안 상태에서 원상 회복을 시도하는 임의 행위나 안절부절 못 할 때 역시 에너지 활용이 가능하다. 전전긍긍하고 떨리는 일은 성문과 안면의 미세한 근육 그리고 팔, 손, 무릎 등의 근육운동에 영향 받는 신체 부위에서 발생한다. 그리고 몸의 긴장과 경련은 발동기 진동과 흡사하다. 일부 연사가 비정상으로 근육이 긴장했을 때 경험하는 어색하고 곤란한 감정은 정상 상태에 있을 때만큼 쉽고 융통성 있게 감응하지 못한다. 선관 근육과 구강 근육벽의 긴장과 함께 선상에서 신경 내지 화학적 영향의 결과 입이 타고 또 격렬한 감정으로 정지된 소화 과정과 함께 타액선에 미치는 신경조직 때문에 입이 탄다.

5) 지적 및 정적 행위

연단 공포에 따른 징후를 설명하려면 무엇보다 인체의 신경 계통에 대한 생리학에 깊이 파고들 필요가 있다. 인간의 정적 반응은 생물학적인 것이다. 가령 유년기 인간은 다른 동물과 비교해 별다른 차이가 없다. 그러나 인간의 지적 행위는 정적 행위와 전혀 다르다. 이성, 기억력, 언어 사용 그리고 문화적·사회적 행위는 학습으로 가능해진다. 어린이가 하는 문화 학습의 초보적인 형태는 감정 반응의 억제를 격려하는 것으로 알 수 있지만 감정 반응을 억제하는 능력 또한 지적 행위의 한 형태가 된다. 그리고 감정 행위의 억제는 정적 반응의 강도와 감정에 대한 지적 저항으로 성취된다. 그래서 유기체 조정을 위해 두 유형의 감각 행위는 억제돼야 할 것으로 느껴진다. 정적 반응을 억제할 수 없을 때, 인간의 지적 행위는 심상치 않게 위축되든가 혹은 궤멸되고 만다.

감정 반응이 충일할 때 숨을 몰아 쉰다. 이 같은 상태는 연단 공포의 조정으로 원상 회복이 가능해진다. 지적 행위의 능률을 상승시키는 일이나, 정적 행위의 강도를 감소시키는 일이 모두 스피치 실연 때 자신을 갖게 도와 준다. 최근 구미 학계에서 연단 공포의 감소를 위한 세부 처리를 놓고 활발한 연구가 지속되고 있다.

6) 음성 반응

말할 때의 예리한 반응은 음성 조절에 여러 가지 방법으로 영향을 미친다. 그 중 가장 평범한 영향의 하나가 피치를 올리는 일이다. 즉, 성문 긴장이 음성 피치를 결정하는 요인 중 하나이다. 그리고 감정적 힘이 높은 피치를 어떻게 일시적으로 생성하느냐를 알기가 매우 쉽다. 긴장된 근육을 조절하기 곤란한 때 음성이 거칠고 숨소리보다 더 큰소리를 내기 어려우며, 때로 남이 청취하기 어려운 상태에 빠진다. 말이 빨라지고 음성이 약해지면 결국 위축된 상태로 설명된다. 그러므로 신경질적 연사는 자신을 모호하게 만들고, 가능한 대로 스피치를 빠르게 끝내려 서두르게 된다.

7) 심리 반응

연단 공포가 있는 연사는 그의 생리적 현상에 대해 심리 반응한다. 그러나 때로·특징적이고 생리적 징후를 갖는 사람은 그의 심리 반응에 따라 장애를 받지 않는다. 이때 강한 정신 조절을 꾀한 다음 말하면, 강한 감정 반응이 오든가 혹은 강한 연단 공포가 일부 극복된다. 누구에나 적용되는 자기 발전 방법은 없다. 그러나 재교육은 직접 연단 공포의 제거 구실을 한다. 여기 지적하는 원리적 시사는 연단 공포 조정법을 둘로 분류할 수 있다. 감정적 반응의 강도를 감소하고 지적 행위의 능률을 증진시키는 것이 그것이다. 이 두 요소가 중복되는 경우가 대부분이다. 외부 적용과 지적 조정으로 감정의 강도를 감소시킬 수 있다. 우리는 공포 반응의 강도를 감소시키는 여러 가지 방법을 모색해 봐야 한다.

(1) 감정 심리

미지의 사실에 대해 인간이 공포를 느끼는 것은 잘 알려진 사실이다. 감정적 반응의 특성을 통찰하고, 합리적이고 구체적 설명이 가능해야 한다. 때로 당황하고 곤경에 빠지는 것이 자연스런 일상적 경험인 데도 불구하고 이를 갑자기 의식할 때, 더욱 당황하게 되는 현상에서 새로운 습관이 형성되고 바람직한 방법이 제시된다.

(2) 긴장된 감정

감정적 반응에 갈등이 생긴 때, 대화의 상대를 찾는 일은 크게 도움을 준다. 정신병학에서 자백의 효과를 정신적 하제라 일컫는다. 이를테면 개인적 경험을 말하기 좋아할 때, 누구나 자기 희생의 감정적 고통을 덜 수 있다. 괴로운 감정을 남과 더불어 함께 나눌 때, 우리는 감정의 긴장을 풀 수 있다.

(3) 개인적 갈등

단순 사고와 무책임한 열등의 시사가 흔히 열등 콤플렉스를 자초하고, 인간의 활동 국면에서 남과 비교 열세인 때, 열등 콤플렉스가 발생한다. 갈등은 때로 경쟁심리를 자극, 야심으로 발전한다. 필요한 자기 표현과 이기의 상반 사이에 갈등이 빚어진다. 목표한 일에 최선을 다하는 즐거움과 허장성세에 대한 혐오감, 대인관계에서 인정받은 기쁨과 소외에서 오는 고립의 두려움, 공익사업에 대한 의욕과 현실적으로 봉착된 장애, 자기를 내세우려는 현시욕과 남에게 비판받지 않을까 하는 두려움, 평판 좋은 모범을 보이려는 욕망과 남에게 오해받지 않을까 하는 두려움, 목표 달성을 위해 끈기 있게 노력하는 자세와 남에게 융통성 없는 사람으로 보이면 어떻게 하나 하는 두려움이 그것이다. 스스로 인식하든가 누가 그것을 지적해 줄 때까지, 이 같은 갈등은 무의식중에 항상 벌어진다. 그러나 비록 작은 우정일지라도 함께 하면, 갈등 해소를 위한 지적 계획을 세울 수 있다.

(4) 불쾌한 감정

대부분 양립되는 감정의 반응을 동시에 경험하지 못한다. 연사가 말에 의한 성취에 크게 흥미를 느끼면, 연사가 그가 처한 정황에서 유머를 발견하면, 연사가 그가 설명한 사상에 대해 정당한 의분을 느끼면, 연사가 유익한 경쟁의식을 가지면, 연사가 무의식 중에 자신을 나타내면, 연사가 남과 함께 즐길 수 있고, 남과 함께 공동 작업하는 그룹 활동에 참여하기를 좋아하면, 공포감과 불쾌감은 아마 효과적으로 제거될 것이다. 불쾌한 감정을 유쾌한 감정으로 대치하는 조정이 대상의 한 형태이다. 그리고 일반적 경험과 일반적 감각은 모두 잘 조절하면 원상 회복이 무난하다. 예를 들면 용기를 내기 위해 심호흡을 하고, 예기되는 실망은 냉담한 체 돌리고, 기분전환으로 흥분하면 슬픔을 잊게 되는 것 등이다.

(5) 기분 전환

필요한 휴식을 취하기 위해 자연스런 기분 전환법을 간략히 설명해 본다. 하품할 때처럼 입을 크게 벌리고, 심호흡으로 숨을 밖으로 내쉬고 그리고 긴장된 근육을 이완시킨다. 이렇게 몇 차례 반복하면 기분이 전환된다. 연사가 연탁을 두 손으로 잡고 말하는 것은 긴장을 풀기 위한 한 가지 행위이다. 서서 말하기보다 앉아서 말하는 것이 훨씬 쉽다고 대부분 연사는 입을 모으고 있다. 기분 전환을 통해 감소되는 감정 반응의 원리를 충분히 이해하지 못해도 만약 연사가 그에게 도움되는 기분 전환을 한다면, 이것이 크게 가치 있음을 알게 될 것이다.

(6) 불필요한 부담

연사로서 스피치에 최선을 다하려면 적어도 쉴 때 충분히 휴식을 취하고 건강에 유의해야 한다. 그렇다고 보면 말하기란 매우 힘든 일이다. 기력을 잃고 피로한 때 균형과 자제를 유지하려면, 평소 일상 업무 처리를 낙천적으로 수행할 수 있어야 한다. 심신의 기분 전환을 위해 쓰이는 인공적 자극제는 일시적 효과밖에 없다. 자연스런 정력과 원기가 스피치에 가장 효과적이다.

(7) 정신 활동

정신 활동이 능률을 증진한다. 적극적이고 능동적이며 낙관적인 경우와 소극적이고 수동적이며 비관적인 경우는 정신활동 면에서 대단한 차이를 보인다. 누구든 인간에게 있어 사고가 바뀌면 습관이 바뀌고, 습관이 바뀌면 개성이 바뀌며, 개성이 바뀌면 행동이 바뀐다. 적극적 사고가 적극적 행동을 가져오기 마련이다. 정신활동이 중요함을 새삼 강조할 필요가 없을 것이다.

(8) 합리적 조건

연사는 합리적 조건을 구비할 때가 언제인가를 판단해야 한다. 그래서 모든 사람을 즐겁고 기쁘게 하려면 연사는 낙천적이어야 한다. 사람은 어느 경우 자기의 최선을 다하지 않는다. 그러나 이것은 인간 기능면에서 정상적 변이이다. 청중이 무리하지 않는 것을 기대하고 있음을 안다면, 불만요인을 알아보기 위해 스피치 분석을 통한 객관성을 충분히 확립할 수 있다면, 그는 보다 가까이 청중에게 밀착할 수 있다. 연사가 만약 스피치 기준과 자기분석 방법에 대한 합리적이고 명백한 이해가 없다면, 스피치 기준과 자기 분석 방법을 우선 체득해야 한다.

(9) 완벽한 준비

설사 준비가 완벽하더라도 특별한 경우, 감정의 방해를 받지 않는다는 보장이 없다. 준비가 부족하면 능률이 안 오를 뿐 아니라, 정신적 공허마저 초래하게 된다. 스피치 과정을 밟는 학생이 준비에 만전을 기해도 때로 스피치 전개를 착실히 하지 못하는 경우가 있다. 연제를 뽑는 마지막

마무리가 비교적 훌륭해도 예기치 못한 결과를 가져올 때가 있다. 이 같은 현상은 두 가지 이유 때문에 발생한다. 첫째 자신 없는 화제선택, 둘째 연제에 따른 연구부족 등이다. 만약 말하려는 화제가 자신의 경험에서 우러나온 것이거나 혹은 그 화제에 대해 이미 심사숙고한 것이거나 아니면 화제에 따른 마음가짐이 명백히 가늠된 때 비로소 준비는 착실히 갖춘 셈이 된다. 완벽한 준비는 연제에 대한 세밀한 연구가 포함되고, 기억 촉진의 형태로 자료가 구성되며, 실연과 동일한 연습이 행해지고 일회적 암기보다 간헐적 세부 연구가 포함돼야 한다. 그리고 주어진 정황이 어떤 것이든 거기 잘 적응하기 위해 준비된 것보다 더 많은 양의 자료를 소화하는 것이 일층 현명하다.

(10) 요점 활용

잘 구성된 자료는 구성되지 않은 자료보다 훨씬 기억이 용이하다. 추상적 관념과 전문적 명제의 분석보다 어떤 이야기 줄거리가 암기에 용이하다. 이야기 줄거리는 본래 순서와 구성을 갖기 때문이다. 스피치가 추상적 관념에 관계되는 것이면, 즉시 오래 기억할 수 있게 요점을 정리해 둘 필요가 있다. 가능한 대로 일화와 실례를 이용한다. 이것은 다른 유형의 자료보다 더 확실하고 기억하기 쉽다. 개인적 경험과 경이적 사실은 강도와 선도로 볼 때 기억이 매우 용이하다. 말하기 앞서 자료에 대한 기억을 새롭게 떠올린다. 그리고 특히 스피치 도입은 각별한 주의와 배려로 준비한다.

(11) 직접적인 동작

직접적인 동작은 보통 연사에 의해 활용된다. 동작은 연사의 아이디어를 표출하는 데 크게 도움된다. 이를테면 말하기의 포즈, 연탁 앞에서의 움직임, 문헌과 서류 또는 지시봉을 들었다 놓는 일, 음료수 마시기, 이미 말한 내용을 한두 번 반복하는 것, 일반 연제에 대하여 성명서를 만드는 일 등은 연사가 선택하고 구성한 아이디어를 전달·표현하는 데 큰 도움이 된다. 이 같은 타입의 동작을 이따금 활용하면 모든 청중에게 효과적으로 수용된다. 그러나 빈도가 잦으면 혼란을 야기하기 쉽다.

(12) 말하기 자세

자신은 성공과 통한다. 자신은 야심을 넘어 성공과 통한다. 야심이 둘이면 성공은 하나요, 자신은 반으로 비유된다. 자신이 반으로 비유되고 있다. 그것은 지나친 기대와 희망으로 자신을 가지면, 아마 거기 비례해 실망이 클 것이기 때문이다.

스피치는 대리석으로 조각하고 동으로 주조하는 만큼 정성이 필요하다. 완성까지 마치지 못해도 최선을 다하는 연사의 노력이 자기 자신의 정당한 표현이란 점과 스피치로 남을 속이면 변명의 여지가 없음을 알 때 연사는 가능한 대로 크게 발전하리란 사실에 추호도 의심할 바 없다. 그리고 수치로 보인 '자신이 반' 곧 1/2의 분수는 연사가 최선의 노력을 기울이고, 최소한 상기 기준을 벗어나지 않으면 다시 조정될 수 있다. 연사가 성실하고 연제를 잘 선택하여, 이야기 구성이 짜임새 있고 자기 자신에 대한 것을 잠시 잊고 진실한 봉사에 전념하며, 명백한 결과를 예측하는 데 힘 기울이면, 연사는 소기의 목적을 무난히 달성할 수 있을 것이다. 실행하기 어려운 계획을 조용히 성취하는 일은 매우 가치가 크다. 스피치 성공은 성취된 결과의 기초 위에서 판단된다. 스피치 성공을 거두기는 너무 어려운 것이어서 보통 목적 달성의 기쁨을 맛보지 못할 때가 많다.

1. 스피치 목적 3개항은 무엇인가.

2. 스피치 준비 12개항을 말하라.

3. 설명 방법을 말하라.

4. 설득 방법을 말하라.

5. 감명 주는 방법을 말하라.

6. 스피치 도입, 전개, 종결, 단계의 특징을 말하라.

참고 문헌

1. 전영우, 『화법원리』, 교육출판사, 1971.

2. ——, 『설득력 개발』, 한국교육공사, 1973.

3. ——, 『스피치 개론』, 문학사, 1964.

4. ——, 『교양인의 대화법』, 창조사, 1982.

5. ——, 『현대연설의 화법』, 창조사, 1977.

6. Alan H. Monroe, *Speech*, Scott Foresman and Company, New York, 1949.

스피치 실연

제**8**장

개 관

　말하기는 바로 인격의 표현이다. 그러므로 화자의 개성만큼 스피치에서 중요한 부면을 차지하는 것이 없다. 입이 말하고, 귀가 듣는 것이 아니라, 인격이 말하고 인격이 듣는 것이다. 입과 귀는 다만 말하기 듣기의 기관이요, 도구요, 수단인 것이다. 연사 수련에서 으뜸으로 손꼽는 것이 인격 도야임은 췌언을 요하지 않는다. 인격 다음에 스피치 실연에서 큰 비중을 차지하는 것이 국어 발음, 음성 표현, 그리고 시각 표현이다. 계획과 준비대로 성과있는 스피치 실연이 가능하다면, 금상첨화격이다. 그러나 말대로 용이한 것이 아니다. 계획과 준비 못지 않게 실연이 중요하다. 계획과 준비가 결국 스피치 실연을 잘하기 위한 사전 단계인 점만 인식해도, 스피치 실연에 누구나 온 정력을 쏟게 될 것이다.

1988년 1월, 정부가 '한글맞춤법'과 함께 '표준어 규정'을 고시하자 1989년 3월부터 이 규정이 우리 국어 생활에 새롭게 적용되기 시작하였다.

표준어 규정에 "표준어는 교양있는 사람들이 두루 쓰는 현대 서울말로 정함을 원칙으로 한다." 표준 발음법에 "표준 발음법은 표준어의 실제 발음을 따르되, 국어의 전통성과 합리성을 고려하여 정함을 원칙으로 한다."고 하였다.

방송은 표준어 및 구두 표현어를 구사해야 하므로 방송인은 의당 표준어를 표준 발음법으로 실현하되 동시에 음성표현법에 유의해야 한다. 그리고 방송언어의 이상은 국어의 표준과 모범을 시현하는 데에 있다. 그러나 이와 반대로 최근 방송언어의 발음에 혼란이 야기되는 현상을 간과할 수 없다. 이를테면, '불법'(不法)이 [불법]과 [불뻡]으로, '공권력'(公權力)이 [공꿘녁]과 [공꿜력]으로, '버스'가 [빼스]와 [버스]로, '가스'가 [까스]와 [가스]로, '선릉'(宣陵)이 [선능]과 [설릉]으로 '불이익'(不利益)이 [부리익]과 [불니익]으로, '악영향'(惡影響)이 [아경향]과 [앙녕향]으로, 모두 다 매거하기 어려울 만큼 발음 혼란 현상이 나타나고 있다. 이것만이 아니다. '고저'와 '장단'음 현상이 발음 교육을 받지 못한 세대들에 의해 거의 망각되는 추세마저 보이고 있음은 실로 안타까운 일이 아닐 수 없다.

방송언어의 발음 문제는 한마디로 심각한 혼란의 양상을 띠고 있음이 작금의 현실이다. 필자가 문제의 원인을 몇 갈래로 분석해보면, 첫째, 원칙과 허용 발음의 인정, 둘째, 외국어 및 외래어 발음에서 원지음과 현실음의 대응, 셋째, 한자음에서 복수음의 현상 등을 원인으로 분리 추출할 수 있다. 그리고 한글이 표음문자이므로 표기한 대로 발음하지 않으면 안 된다는 일반적인 인식이 확산되어 더욱 발음 문제의 혼란을 가중시키고 있음을 알게 된다.

저자는 이에 대한 해법으로 방송언어의 발음 실현을 제시한다.

1. 방송언어의 발음 실현

음의 산출에 관하여는 음성기관의 움직임을 총칭하여 '조음(articulation)'이라 하며 이와는 구별하여 일반적으로 단어음을 발하는 현상을 '발음'(pronunciation)이라 한다고 전제하고 방송언어의 발음실현을 논의하기로 한다.

graduate[grǽdjuéit] — [ǽ] [é]
graft[grfaːt] — [aː]
Graham[gréiəm] — [éi] [ə]

영어의 'a' 모음이 발음실현에서 앞에 보인 예처럼 각각 다른 [ǽ], [é], [aː], [éi], [ə] 등으로 나타나고 있다. 로마자가 아무리 표음문자라 하나 이것을 쓰는 영어의 경우 반드시 자모가 정확하게 음에 상응하지 않음을 알 수 있다. 역으로 음성기호와 자모와의 관계 역시 동일하다.

[kʌt]cut — u
[kʌm]come — o
[dʌz]does — oe

음성기호는 문자와 마땅히 일 대 일의 정연한 상응관계를 형성해야 한다. 그러나 실상은 그렇지가 않다. 이때에 우리는 1음 1자의 원리나 1자 1음의 원리를 내세우는 표음문자에서 모순을 발견하게 된다. 요컨대, 주의할 점은 정서법과 발음법에 대한 잘못된 인식이다. 표음문자는 언어음을 전사하는 데 쓰이나 언어음은 시대의 흐름과 더불어 변한 것이기 때문에 시대가 바뀌면 문자로 표기된 대로의 발음도 아니려니와 또 반드시 발음대로 표기되는 것도 아니다. 이와 같이 실제 발음과 다른 문자의 사용이라 하더라도 관습상 그것이 일반적으로 전통 규정이라 공인되는 표기법이 존재한다. 이것이 바로 정서법이다.

정서법은 언어 단체의 언어 습관에 좇아 문자의 표기를 바르게 체계화한 것으로 언어사회에서 관용되고 있는 공통적인 음운조직 또는 음운체계에 따라 전통적인 문자로 정확히 표기할 것을 요구한다.

이에 비하여 음성기호에 의한 발음법은 언어 현실의 '음성'(phone)자체를 되도록 정밀하게 또 과학적으로 일음일자주의의 원칙에 따라 전사한 발음체계이다. 정서법과 발음법은 이론적으로 동일한 듯 하나 실상은 다르다. 실제의 발음에 가까운 표기법을 만들기 위한 맞춤법의 개정이 일정 기간마다 요구되는 까닭도 실은 이 같은 이유 때문이다.

이 발음을 표시하는 객관적 표기법에 국제음성학협회가 제정한 국제음성기호가 있다.

"교양 있는 사람들이 두루 쓰는 현대 서울말"을 '표준어'로 규정한 '표준어 규정'과 '표준 발음법'이 제정되었다. 이를 토대로 하여 필자는 한국 방송계에서 구전되는 발음전통을 참작하여 방송언어의 발음실현에 대한 기초를 여기에 항목별로 제시하려고 한다.

1) 음의 장단

모음과 자음에 장단음현상이 있으나 국어는 모음에서 이 현상이 현저하다. 이 점, 모음의 음량을 가리킨다. 모음의 장단으로 의미의 차이가 나타나므로 음의 장단은 국어 발음에서 중요한 비중을 차지한다. 장단의 차이는 우선 상대적이고 비교적인 기준에 따라 이해해야 한다. 장음은 [:]

로 표시한다.

　음의 장단은 고유어와 한자어에서 볼 수 있는 현상이다. 음절 축약으로 인한 준말에서 장음현상이 발견된다. 그리고 일정 모음의 장음에서 음질의 변화를 볼 수 있다. 특히 한자음의 경우, 동일 한자가 장단 양쪽으로 발음되는 경우가 있고, 어두(語頭)에서 장음인 것이 제2음절 이하에서 단음화 되는 경향도 있다. 또 이 같은 경향은 고유어에도 나타난다. 그리고 특정 지역어는 표준발음과 정반대의 장단음 현상을 보인다.

(1) 발음실험

감(去)[gam]	감(柿)[gɒːm]
말(馬)[mal]	말(語)[mɒːl]
밤(夜)[bam]	밤(栗)[bɒːm]
벌(罰)[bəl]	벌(蜂)[bɜːl]
별(別)[bjəl]	별(星)[bjɜːl]
섬(石)[səm]	섬(島)[sɜːm]

음량과 동시에 음질에도 변화가 있다.

(2) 발음실험

그림(畵)	도끼(斧)	박쥐(蝙)
비단(錦)	사람(人)	시내(溪)
안개(霧)	임금(王)	제비(燕)

(3) 발음실험

갈(秋)	개(犬)	김(耘)	둘(二)

들(野)　　　말(村)　　　맘(心)　　　뱀(蛇)

새(間)　　　솜(綿)

(4) 발음실현

계시다(在)　　　놀다(遊)　　　많다(多)

살다 (生)　　　울다(泣)　　　웃다(笑)

잇다 (繼)　　　좋다(好)　　　짓다(制)

(5) 발음실현

단음— 强性 强者 大邱 大田 試驗

장음— 强制 强調 大洋 大王 試圖

단음— 考案 考察 火曜日

장음— 考古學 考查 火傷 火災

(6) 발음실현

골(怒) — 골(郡)　　　　눈(目) — 눈(雪)

담(墻) — 담(痰)　　　　돌(週) — 돌(石)

발(足) — 발(簾)　　　　배(梨) — 배(培)

새(新) — 새(鳥)　　　　손(手) — 손(損)

솔(松) — 솔(刷)　　　　종(鐘) — 종(僕)

줄(線) — 줄(鑢)

2) 음의 고저

이희승 『국어학개설』에 어떤 모음을 연장하여 그 발음을 계속하면 사실상 그 음절이 다소 변하는 것은 생기기 쉬운 일이다. 국어의 모음 중 이러한 현상이 가장 현저한 것은 'ㅓ'의 경우이다.

즉, '어'모음이 단음일 경우는 [ə]로 표기할 성질의 것이나 장음인 경우는 벌써 [ə]가 아닌 [ɜː]와 유사한 음으로 변하고 만다. 가령 단음인 경우에,

얼음(氷)[ərim]　　　　　　어른어른[ərinərin]
업다(負兒)[əpd'a]　　　　　어부(漁夫)[əbu]

장음일 경우에,

어름(科名)[ɜːrim]　　　　　어른(成人)[ɜːrin]
없다(無)[ɜːpd'a]　　　　　　어사(御使)[ɜːsa]

두 가지 경우를 대조해서 볼 때, 음의 장단 즉 음량뿐만 아니라 음질에 있어서 상당한 변화가 생긴 것을 용이하게 알 수 있다.

최현배, 『우리말본』에, 'ㅓ'와 'ㅡ'를 가르지 못하는 데가 있다. '헌법'을 [혼법], '성경'을 [승경], '전기'를 [즌기], '얼마'를 [을마]로 발음하는 곳은 기호지방과 영남지방 그리고 충청지방이다.

심의린 『개편 국어문법』에 같은 음을 가지고 실지 말에 있어서는 길고 짧게 하며, 같은 글자를 가지고 두 가지로 발음할 때가 있으니 이것을 틀림없이 하여야 다른 말에 혼용이 아니 되며, 어감이 든 표준어라고 할 것이다. 그런데 같은 '어', '여'의 음을 가지고 말에 따라 '으어', '이여'의 합음과 같이 발음할 때가 있으니 이는 혀를 보통 '어', '여'보다 올리는 까닭으로 '고어음'이라 부른다. 보통 '어'와 고어음 '어'로 된 말의 보기는 이렇다.

보통음	고어음
거룻배(小船)	거룩함(偉大)
벌(罰)	벌(蜂)
범인(凡人)	범인(犯人)
섬(石)	섬(島)
성인(成人)	성인(聖人)
업다(負)	없다(無)
전기(前期)	전기(電氣)
전신(全身)	전신(電信)
정기(精氣)	정기(定期)
정당(政黨)	정당(正當)
정말(丁抹)	정말(眞言)
정씨(丁氏)	정씨(鄭氏)
경계(境界)	경계(警戒)
경기(景氣)	경기(競技)
경비(經費)	경비(警備)
병(甁)	병(病)
병력(兵力)	병력(病歷)
영감(靈感)	영감(令監)
영구(靈柩)	영구(永久)
연기(煙氣)	연기(演技)
현부(賢夫人)	현부인(現夫人)

허웅, 『국어음운론』에 '어'음의 개인차도 꽤 심하다. 필자는 서울 또는 서울 근처 태생인 사람 6~7인에 대해서 이 음을 들어보았는데, 어떤 사람은 장음의 '어'를 '으'와 같게 발음하고 있다. 본문의 논술은 전자 즉 [ɜ]와 [ɨ]의 차이가 분명한 사람의 발음에 의한 음운 분석이다.

여러 학자에 의해 여러 각도로 설명되고 있는데 이 '음의 고저'는 '음의 장단'에 동시에 관계가 되는 것이며 그것도 '어'와 '여', '워'모음에 국한된다.

‘어’ — [ə] 또는 [ɜː]
‘여’ — [jə] 또는 [jɜː]
‘워’ — [wə] 또는 [wɜː]

그러나 방송계와 연극계에서는 이 현상을 ‘자고저’(字高低)라 부르며 구전하고 있다. 그리고 이 ‘자고저’를 모든 국어발음의 대명사처럼 오용하고 있을 만큼 중시하고 있다. 특기할 사실은 경상방언의 ‘으’, ‘어’ 발음이 경우에 따라 표준발음과 반대되는 현상을 보인다는 점이다.

보통음   방언음
[흐르다]   [허르다]
[서울]   [스울]
[거러가다]   [그러가다]

또 하나, 방송인과 연극인 가운데 일부가 ‘고어음’이 아닌 ‘어’, ‘여’ ‘워’ 등을 ‘고어음’처럼 발음하는 기현상이 벌어지는 과민성마저 보이고 있다. 그것은 ‘음의 고저’에 과도하게 신경을 쓰는 나머지 발생한 이상 현상으로 풀이된다.

3) ‘의’의 발음

(1) 발음의 실현

단어의 제1음절에서 ‘의’는 ‘으’와 ‘이’의 합음 [ɰi]로 발음한다.

의견(意見), 의논(議論), 의당(宜當), 의례(儀禮), 의무(義務), 의사(醫師), 의성어(擬聲語), 의심(疑心), 의연금(義捐金), 의정부(議政府)

(2) 발음실현

관형격 조사의 위치에 오는 '의'는 발음기호 [e]에 가깝게 발음한다.

고향의 봄, 국민의 의무, 나의 살던 고향, 대통령의 담화, 마음의 행로, 민중의 공복, 사랑의 풍토, 즐거운 나의 집, 천만의 말씀

(3) 발음실현

단어의 제2음절에 오는 '의'는 발음기호 [i]로 발음한다.

금의(錦衣)	귀의(歸依)	내의(內衣)
논의(論議)	대의(大義)	도의(道義)
동의(動議)	명의(名義)	모의(模擬)
문의(問議)	물의(物議)	민의(民意)
백의(白衣)	선의(善意)	성의(誠意)
의의(意義)	전의(全義)	중의(衆意)

(4) 발음실현

자음을 동반하는 '의'는 음절의 위치에 상관없이 [i]로 발음한다.

희극, 희다, 희랍, 희로애락, 희망, 희미하다, 희박하다, 희방사, 희비극, 희사금, 희소가치, 흰머리, 흰무리,
그, 닐리리, 닝큼, 띄어쓰기, 틔다
유희, 윤희, 환희

4) 관습자음

관습자음에 소리를 더해 내는 것, 줄여 내는 것, 바꾸어 내는 것, 이 소리 저 소리를 두루 쓰는 것이 있다.

(1) 발음실험

밤이슬[밤니슬]	밭이랑[반니랑]	백열전[뱅녈쩐]
암여우[암녀우]	앞이[암니]	앞일[암닐]
잣엿[잔 : 녇]	저녁연기[저녕년기]	첫여름[천녀름]

(2) 발음실험

놓았다[노안따]	심히[시 : 미]	조용히[조용이]
좋아한대[조 : 아한다]	천해[처내]	시험[시엄]

(3) 발음실험

겨우살이[겨우사리]	바느질[바느질]
버드나무[버드나무]	보조개[보조개]
소나무[소나무]	

(4) 발음실현

十方[시방]　　　　十月[시월]　　　　五六月[오 : 뉴월]
五六島[오 : 륙도]　　六月[유월]　　　　六十六[육심육]
六二五[유기오]

5) 의식과 무의식 발음

조음과 발음 연습이 부족한 사람은 본음을 정확히 내지 못하는 대신 유사음 또는 편음을 내어 임의로 발음함으로써 표준발음에서 벗어나는 경우가 종종 있다. 자음과 모음의 두 갈래로 나누어 생각할 수 있다. 무의식 발음을 피하고 의식발음을 취한다.

[무의식]　[의식]

(1) 발음실현

[강기] [감 : 기]　　　　[눙꿉] [눈꿉]
[당군] [단군]　　　　　[앙경] [안 : 경]
[영구] [연 : 구]　　　　[창고] [참고]
[항강] [한 : 강]　　　　[항글] [한글]

(2) 발음실현

[금본] [근본]　　　　　[꼽받] [꼳빤]
[날마다] [날마다]　　　[눔뻥] [눈뻥]

[담풍] [단풍]   [덤문] [던문]
[삼파] [산 : 파]   [신타] [실타]
[점무] [전무]   [점문] [전문]
[짐보] [진 : 보]   [침목] [친목]

(3) 발음실험

[대리] [다리]   [데게] [대 : 개]
[비눌] [비늘]   [손툽] [손톱]
[오눌] [오늘]   [재전거] [자전거]
[주타] [조 : 타]   [지사] [제 : 사]
[하눌] [하늘]   [핵꾜] [학꾜]
[헤방] [해 : 방]

6) 받침의 발음

받침이 들어가는 말 가운데 발음상 문제에 직면하는 경우가 있다. 특히 '겹받침'이 들어가면 발음이 일층 더 곤란해진다. 국어 음운의 특수한 현상의 하나로 이는 받침이 제 본래의 음가를 충분히 발휘하지 못하고 바뀌는 이유 때문이다.

(1) 발음실험

같이[가치]   굳이[구지]
끝이[끄치]   맏이[마지]
밭이[바치]   해돋이[해도지]

(2) 발음실현

넋이[넉씨]　　　　　넋을[넉쓸]
삯이[삭씨]　　　　　삯을[삭쓸]
곬이[골씨]　　　　　곬을[골쓸]
값이[갑씨]　　　　　값을[갑쓸]
값어치[가버치]　　　값없다[가법따]

(3) 발음실현

꽃 아래 [꼬다래]　　　꽃아카시아[꼬다카시아]
꽃양배추[꼰냥배추]　　꽃으로[꼬츠로]
꽃의[꼬체]　　　　　　꽃이[꼬치]
밭 아래[바다래]　　　　밭으로[바트로]
밭의[바테]　　　　　　밭이다[바치다]
밭이랑[반니랑]　　　　밭일[반닐]
부엌안[부어간]　　　　부엌으로[부어크로]
부엌의[부어케]　　　　부엌이[부어키]
부엌일[부엉닐]　　　　옷안[오단]
옷으로[오스로]　　　　옷의[오세]
옷의변[오디변]　　　　젖앳[전냏]
젖어머니[저더머니]　　젖을[저즐]
젖의[저제]　　　　　　젖이[저지]
첫아들[처다들]　　　　첫얼음[처더름]
첫이레[천니레]　　　　첫인상[처딘상]
팥알[파달]　　　　　　팥으로[파트로]
팥의[파테]　　　　　　팥이[파치]
홑옷[호돋]　　　　　　홑이불[혼니불]

(4) 발음실현

늙게[늘께]　　　　　　늙고[늘꼬]
늙기 [늘끼]　　　　　　늙지[늑찌]
닭병[닥뼝]　　　　　　닭싸움[닥싸움]
닭유변[다규변]　　　　닭의장[달게장]
흙덩이[흑떵이]　　　　흙일[흥닐]

7) 두음법칙

이 법칙은 이미 정서법에서 인정한 것이므로 발음에서 더 한층 유의하게 된다. 두음법칙은 첫째, 단어의 제1음절에 오는 '냐·녀·뇨·뉴·니'가 각각 '야·여·요·유·이'로 변하는 것이고, 둘째로, 단어의 제1음절에 오는 '랴·려·례·료·류·리'가 각각 '야·여·요·유·이'로 변하는 것이며, 셋째, '라·래·로·뢰·루·르'가 단어의 제1음절에 올 때 각각 '나·내·노·뇌·누·느'로 변하는 것이다.

(1) 발음실현

女子[여자]　　　寧邊[영변]　　　尿素[요소]　　　尼僧[이승]

(2) 발음실현

良心[양심]　　　禮儀(예의)[예 : 이]　　理髮[이 : 발]　　　梨花[이화]

(3) 발음실현

樂園[나권]   老人[노 : 인]   雷聲[뇌성]   樓閣[누각]

8) 한자음

한자음에서 논의되는 문제는 첫째, 본음과 속음에 관한 것, 둘째, 두 개 이상의 음훈을 갖는 한자음에 관한 것, 셋째, 음역에 관한 것 등이 있다. 『한글 맞춤법 해설』(1988)에 의하면 제52항에 "한자어에서 본음으로도 나고 속음으로도 나는 것은 각각 그 소리에 따라 적는다."라 규정해 놓고, 본음(本音)과 속음(俗音)을 구분하였다.

본 음	속 음	
萬難[만 : 난]	困難[곤 : 란]	論難[놀란]
木材[목재]	木瓜[모과]	
憤怒[분 : 노]	大怒[대 : 로],	喜怒哀樂[히로애락]
承諾[승낙]	受諾[수락],	快樂[쾌락], 許諾[허락]
十日[시빌]	十方淨土[시방정토],	十王[시왕], 十月[시월]
五六十[오 : 륙십]	五六月[오 : 뉴월],	六月[유월]
討論[토 : 론]	議論[으이논]	
八日[팔릴]	初八日[초파일]	

속음은 세속에서 널리 사용되는 관습음이므로, 속음으로 된 발음형태를 표준발음으로 삼은 것이다. 이 밖에도,

公布[공포]	布施[보 : 시]	
丹心[단심]	牧丹[모란]	
糖分[당분]	砂糖[사탕]	雪糖[설탕]

道場[도 : 장]   道場[도 : 량]
洞窟[동 : 굴]   洞察[통 : 찰]
自宅[자택]   本宅[본댁]   媤宅[시댁]
提供[제공]   供養[고양]

(1) 발음실현

契丹[거란]	金谷[금곡]	金溝[금구]
金陵[금능]	金塘[금당]	金馬[금마]
金日[금일]	金井[금정]	金川[금천]
金村[금촌]	金城[김성]	金堤[김제]
金泉[김천]	金浦[김포]	金海[김해]
金化[김화]	武寧[무 : 령]	白川[배천]
保寧[보 : 령]	宣寧[으이령]	陜川[합천]
會寧[회 : 령]		

(2) 발음실현

更生[갱생]	更迭[경질]	
更張[경장]	更正[경정]	
龜浦[구포]	龜鑑[귀감]	龜裂 [규녈]
窮塞[궁색]	要塞[요새]	
茶禮[다례](충무공)	茶禮[차례](일반)	
讀書[독서]	吏讀[이 : 두]	
反省[반 : 성]	省略[생냑]	
不動[부동]	不察[불찰]	
復興[부흥]	復舊[복구]	
不知[부지]	不識[불식]	
殺傷[살쌍]	殺到[쇄 : 도]	

常識[상식]　　標識[표지]
說明[설명]　　遊說[유세]
惡漢[아칸]　　惡寒[오한]
嗚咽[오열]　　咽喉[인후]
一切[일쩰]　　一切[일체]
態度[태 : 도]　　度地[탁지]
暴風[폭풍]　　暴惡[포악]

(3) 발음실현

概括[개 : 괄]　　改悛[개 : 전]
坑道[갱도]　　寬大[관대]
交驩[교환]　　老朽[노 : 후]
挑戰[도전]　　幇助[방조]
法則[법칙]　　倂吞[병탄]
補塡[보 : 전]　　不穩[부론]
沸騰[비 : 등]　　使嗾[사 : 주]
撒水[살쑤]　　洗滌[세 : 척]
訊問[신 : 문]　　軋轢[알력]
縊死[액싸]　　囹圄[영어]
湮滅[인멸]　　駐箚[주 : 차]
浚渫[준 : 설]　　遵守[준 : 수]
眞摯[진지]　　進陟[진 : 척]
桎梏[질곡]　　執拗[지뵤]
脆弱[취 : 약]　　統帥[통 : 수]
捕捉[포 : 착]　　絢爛[혈 : 란]
嚆矢[효시]　　嗅覺[후 : 각]

　　한자음에서 또 주의 할 것은 음역(音譯)이다. 음역의 의미는 외국의 음을 중국 한자의 음을 빌려 나타내는 일이다. 예를 들면, 인명인 동시에 지명이기도 한 미국의 'Wsahington'을 '화성돈(華盛頓)'으로 표기하는 경우이다. 그러나 현재 음역의 의미는 이에 덧붙여 외국어의 음을 한글로 나타내는 일이 포함된다. 오히려 이것이 현대적 의미를 갖는다. 예를 들면 '워싱턴(Washington)'을 '워싱턴'으로 표기하는 경우이다. 그런데 문제는 중국한자음 표기에 있다. '화성돈(華盛頓)'의 중국음은 [Huàshéngdùn]이므로 영어음[wɔʃiŋtən]에 가깝다. 그러나 이것을 한국 한자음으로 내면 [화성돈]이 된다. 말하자면 이중 음역이 되어 원음과 약간 동떨어진 결과를 가져온다. 물론 지금에 와서 [화성돈]이라 소리내는 우리 나라 사람은 거의 없다. 좀더 극단적인 예는 '나파륜(拿破崙)'의 경우로, 'Napoléon'의 중국식 음역을 지적할 수 있다. 중극음은 [Nápólún]이므로 원음에 가깝다. 그러나 이것을 한국 한자음으로 내면 [나파륜]으로 사뭇 다른 소리가 된다. 이중 음역의 결과이다. 그러나 이중 음역이라도 예외가 있다. 가령 '불타(佛陀)'의 경우에 범어는 [buddha]요, 중국음은 [Fótuó], 한국 한자음은 [불타]이니 중국음보다 한국 한자음이 오히려 원음에 가깝다. 최근의 한글 표기는 '붓다[붇다]'로 거의 원음과 같아졌다.

한자 문화권인 동북 아시아 지역에서도 중국에 대해서만 인명과 지명을 한국 한자음으로 발음하는 습관을 아직도 버리지 않고 있다. 가령, 江澤民(강택민), 毛澤東(모택동), 蔣介石(장개석)……, 北京(북경), 上海(상해), 西安(서안)……

한편, 우리의 前世代(전세대)에서 일본의 인명과 지명을 한국 한자음으로 발음하는 습관이 있어 가령, 風臣秀吉[풍신수길], 少西行長[소:서행장], 德川家康[덕천가강]……, 東京[동경], 大阪[대:판], 下關[하:관]…… 등으로 발음해 왔으나 현세대들은 거의 원음대로 발음하는 추세이다. 그렇다면 중국의 인명과 지명도 머지 않아 원음에 충실한 발음 경향이 나타날 것으로 예상된다.

중국인 '葉劍英'의 한국 발음이 논쟁을 일으킨 적이 있다. 논쟁의 초점은 [섭거명]이냐 [엽거명]이냐에 있다. '葉'자의 한국음은 [엽]과 [섭]인데, 특히 이 글자가 성씨로 쓰일 때 '섭'으로 쓴다고 모든 한한(漢韓)사전에 명기돼 있으니 의당 [섭거명]이 옳다는 주장이요, 또 하나는 '葉'자의 중국음은 [yé]와 [xié]인데 그의 이름에 대한 영자 표기가 'yé jian-ying'이라 하므로 당연히 [엽거명]이 옳다는 주장이다. 결국 시비가 분명히 가려지지 않은 채 우리나라 언론은 종전에 '섭'으로 써 오던 것을 '엽'으로 바꾸어 쓰고 있다. 그러나 우리의 관행대로 '섭'으로 쓰는 것이 옳다. 물론 중국의 신해혁명(1911) 이후의 사람은 원칙으로 중국 음의 표기가 인정되나 우리의 관행을 무시할 수 없다.

9) 경음화 현상

구강 내부의 기압 및 조음기관의 긴장도가 높아 강하게 파열되는 음을 경음이라 한다. 농음 혹은 된소리라 하기도 한다. "ㄲ · ㄸ · ㅃ · ㅆ · ㅉ"가 이에 속한다. 음성기호는 각각 [k'] · [t'] · [p'] · [s'] · [dʒ']로 표기한다. 복합어(합성어 · 파생어)에서 뒤에 오는 성분의 첫소리가 되게 나는 예가 이에 속한다. 한자어에서도 경음화 현상을 찾아볼 수 있다.

(1) 발음실험

길가[길까]	공돈[공똔]	국그릇[국끄를]
꽃다발[꼳따발]	끝사람[끋싸람]	낮잠[낟짬]
논바닥[논빠닥]	돈지갑[돈 : 찌갑]	들것[들껃]
들바람[들 : 빠람]	들보[들뽀]	등불[등뿔]
떡국[떡꾹]	맏사위[맏싸위]	맞돈[맏똔]
발등[발뜽]	밭고랑[받꼬랑]	봄바람[봄빠람]
부엌간[부억깐]	산골[산꼴]	삼단[삼딴]
상밥집[상빱찝]	손등[손뜽]	숯섬[숟썸]
앞개울[압깨울]	앞바다[압빠다]	앞집[압찝]

옷감[옫깜]   옷솜[옫쏨]   옷장[옫짱]
움집[움 : 찝]   일감[일 : 깜]   장국[장 : 꾹]
집뒤[집뛰]   집주인[집쭈인]   짚신[집씬]
팥밥[팓빱]

(2) 발음실현

검대[검 : 따]   남대[남 : 따]   맛보대[맏뽀다]
신대[신따]   심대[심 : 따]   안대[안 : 따]

(3) 발음실현

感謝狀[감 : 사짱]   高位級[고위끕]
代價[대 : 까]   問題點[문 : 제쩜]
本格的[본격쩍]   事件[사 : 껀]
選擧法[선 : 거뻡]   時價[시까]
旅券[여꿘]   人格[인껵]
人權[인꿘]   條件[조껀]
主導權[주도꿘]   主人格[주인껵]
參加證[참가쯩]   憲法[헌 : 뻡]
話法[화뻡]   效果[효 : 꽈]

10) 모음조화

　한 단어 안에 모음들 사이에 나타나는 일종의 동화 규칙이다. 양성모음, 음성모음, 중성모음이 있어 동성끼리 조화되는데 중성모음은 양성과 음성 모음에 다 조화된다. 15세기 자료에서 자세히 관찰할 수 있으며, 현대 국어에 잔영이 조금 남아 있을 뿐이다. 특히 의성어·의태어에서 찾아볼 수 있고 어미에서는 겨우 '-아/어'의 교체가 남아있다.

(1) 발음실현

보아라, 보아서, 보아야
주어라, 주어서, 주어야
찾아라, 찾아서, 찾아야

(2) 발음실현

달랑달랑, 덜렁덜렁, 졸졸, 좔좔
짤랑짤랑, 쩔렁쩔렁, 탕탕, 퉁퉁
팡팡, 퐁퐁

(3) 발음실현

깜박깜박, 껌벅껌벅, 모락모락, 무럭무럭
발랑발랑, 벌렁벌렁, 아장아장, 어정어정

11) 자음동화

한 단어 또는 복합어(합성어·파생어)에서 두 자음이 직접 충돌할 때 일어나는 동화 현상이다.

① 'ㄱ · ㅋ · ㄲ'이 'ㄴ · ㄹ · ㅁ' 위에서 'ㅇ'소리로 바뀐다.
② 'ㅂ · ㅍ'이 'ㄴ · ㅁ'위에서 'ㅁ'소리로 바뀐다.
③ 'ㄷ · ㅅ · ㅆ · ㅈ · ㅊ · ㅌ'이 'ㄴ · ㄹ · ㅁ'위에서 'ㄴ'소리로 바뀐다.
④ 'ㄴ'이 'ㄹ'위나 아래에서 'ㄹ'소리로 바뀐다.
⑤ 'ㄹ'이 'ㄱ · ㅁ · ㅂ · ㅇ · ㅊ' 아래에서 'ㄴ'소리로 바뀐다.

(1) 발음실현

국물[궁물]   먹는다[멍는다]
백리[뱅니]   박물관[방물관]

(2) 발음실현

밥맛[밤맏]   앞마을[암마을]
입맛[임맏]   잡념[잠념]

(3) 발음실현

맏며느리[만며느리]   맛나다[만나다]
몇리[면니]   빛나다[빈나다]

(4) 발음실현

신래[실라]   천리[철리]
칼날[칼랄]   편리[펼리]

(5) 발음실현

葛峴里[갈현니]	空軍力[공군녁]
公權力[공꿘녁]	球根類[구근뉴]
唐人里[당인니]	動員令[동 : 원녕]
相見禮[상견녜]	生産量[생산냥]
宣陵[선능]	新門路[신문노]
新灘里[신탄니]	隆建陵[융건능]
意見欄[으이 : 견난]	二元論[이 : 원논]
壬辰亂[임 : 진난]	入院料[이붠뇨]
全量[절량], [전냥]	橫斷路[횡단노]

(6) 발음실현

국립[궁닙]	금리[금니]
섭리[섬니]	종로[종노]

12) 구개음화

 설면과 구개와의 사이에서 조음되는 음이 구개음이다. 이때 전설면과 구개와의 사이에서 조음되는 음이 경구개음, 후설면과 연구개와의 사이에서 조음되는 음이 연구개음인데 경구개음을 구개음이라 하기도 한다.
 구개음화는 어떤 음을 조음할 때 동시의 조음으로 전설면과 경구개 사이가 좁혀지는 것을 말한다. 국어의 '갸·냐·댜·려·며·벼' 등의 초성 'ㄱ·ㄴ·ㄷ·ㄹ·ㅁ·ㅂ' 등이 이에 속한다. 흔히 경구개음이 아닌 'ㄷ·ㅌ·ㄱ·ㅎ' 등이 [i] 나 [j] 앞에서 구개파찰음 'ㅈ·ㅊ' 혹은 마찰음 'ㅅ'으로 발음되는 것을 가리킨다.

(1) 발음실현

같이[가치]   굳이[구지]
밭이[바치]   해돋이[해도지]

(2) 발음실현

걷히다[거치다]   닫히다[다치다]
묻히다[무치다]   핥이다[할치다]

13) 비음화

비음 앞에 폐쇄음이 오면 그 폐쇄음은 비음의 영향을 받아 비음으로
바뀐다. 이처럼 폐쇄음이 후행하는 비음에 동화되어 비음으로 바뀌는 동
화가 비음화이다.

(1) 발음실현

먹는다[멍는다]   믿는다[민는다]   업는다[엄는다]

(2) 발음실현

겉문[건문]   부엌문[부엉문]   앞문[암문]

(3) 발음실현

독립[동닙]   십리[심니]

14) 설측음화

'ㄹ'과 'ㄴ'이 만날 때 'ㄹ'의 영향으로 'ㄴ'이 'ㄹ'로 바뀌는 현상이다. 절대 동화요, 인접 동화이다. 역행동화가 주종이나 순행동화로도 이루어진다.

(1) 발음실현

논리[놀리]   진리[질리]
천리[철리]   편리[펼리]

(2) 발음실현

불능[불릉]   실낱[실 : 랃]
찰나[찰라]   칼날[칼랄]

15) 절음현상

주로 합성어에서 일어나는 현상이다. 이것은 합성된 두 말의 의미를 다같이 전달코자 하는 의도에서 발생한다. 그러므로 중간이 절음되고 중간소리가 들어가거나 아니면 다음소리가 경음화되는 등으로 변화한다.

(1) 발음실현

냇가[낻 : 까]　　　　　담뱃대[담 : 밷때]
동짓달[동짇딸]　　　　못자리[몯짜리]
벼룻집[벼룯찝]

(2) 발음실현

글방[글빵]　　　　　물약[물략]
발등[발뜽]　　　　　상밥[상빱]
속입[송 : 닙]　　　　손등[손뜽]
솔잎[솔립]　　　　　앞일[암닐]
좀약[좀냑]　　　　　풀잎[풀립]

　영어는 정서법에 구애됨이 없이 발언(utterance)을 중심으로 하여 때로는 단어, 때로는 어구를 대상으로 연접(juncture)의 연구가 시작되었으나 아직 깊은 경지에 이르지 못하고 있다. 연음(compound sound)에 관해 가장 중요한 것이 바로 언어 표현상의 언어음 斷續(단속)이다. 프랑스어의 'liaison'현상과 영어의 'linking' 현상도 이에 포함된다. 국어의 '바둑아'는 발음이 연음현상으로 설명되나 또 하나 lexical situation에 대하여 syntactic situation으로 설명될 수 있다.

16) 연음현상

두 음절이 서로 연접할 때 첫 음절의 종성이 다음 음절로 옮겨져 발음함을 이른다. 이 경우가 둘이 있는데 하나는 모음과 연접할 때 첫 음절의 종성이 다음 음절의 초성으로 되는 것이고, 또 하나는 같은 자음과 연접 할 때 첫음절의 종성이 다음 음절의 초성을 경음화하는 현상이다.

(1) 발음실현

높아서[노파서]	먹어라[머거라]
받으니[바드니]	밥이[바비]
있으니[이쓰니]	핥으니[할트니]

(2) 발음실현

듣더니[듣떠니]	맞절[맏쩔]
먹고[먹꼬]	톱밥[톱빱]

17) 외래어 및 외국어 발음

흔히 국어가 빌려 쓰고 있는 다른 언어의 단어를 말한다. 차용어라고도 한다. 외래어는 사회적인 허용을 전제로 하는데 그 허용의 정도에 여러 단계적 차이가 있어 이중국적의 성질을 띤 것도 있다. 외래어와 외국어의 차이는 이론상으로 소속된 언어 체계에서의 사회적 허용의 유무로 결정되나 실제 사용자의 국어 의식에 따라 주관적으로 결정된다. 보통 서구어로부터의 외래어는 외국어 의식이 농후하나 한자어는 외래어라는 느낌조차 없기 때문에 외래어와 외국어의 경계선을 명확히 긋기가 어렵다.

자기 나랏말에서 관용적으로 쓰이는 정도에 따라 세 갈래로 구분을 한다.

① 완전히 고유어에 동화된 귀화어 '고무'(gomu. 네덜란드어), '붓'(筆, 중국어), '구두'(クツ, 일본어)
② 외국어의 의식이 조금 남아 있는 차용어 '쓰봉'(jupon, 프랑스어), 타이어(tyre, 영어)
③ 국적이 생소한 외래어 '커피'(koffij, 네덜란드어), '카스텔라'(castella, 포르투갈어), '킬로그램'(kilogramme, 프랑스어), '아르바이트'(arbeit, 독일어), '템포'(tempo, 이탈리아어), '스시'(スシ, 일본어), '아이스크림'(ice-cream, 영어)

외래어는 일단 차용되면 국어의 고유한 음운·문법·어휘 체계가 반영되어 변형하는 것이 보통이다.

외래어란, 원래 외국어이던 것이 우리 나라에 전해져, 점차 사용되는 가운데 국어로 굳어진 것을 말한다. 대개 명사에 외래어가 많다. 우리의 순수한 말로 대치할 만한 것이 없을 때, 그 외래어는 자리를 굳히고 만다.

가십·넌센스·노이로제·뉘앙스·디자인·라디오·라이벌·랑데부·러시아워·레크리에이션·로맨스·리뷰·마이크로폰·매너·매스컴·메뉴·바캉스·비즈니스·살롱·세미나·스케줄·스튜디오·스트레스·시나리오·아르바이트·아마추어·아이디어·앙케트·앙코르·에티켓·와이셔츠·위트·유머·인터뷰·잉크·제스처·카니발·칵테일·클라이맥스·타이틀·테마·텔레비전·템포·트로피·프로듀서·피아노·하이라이트·히트·등은 모두 우리가 흔히 쓰는 외래어이다.

국어 생활 중에 포함되는 외국어의 발음이나 외래어의 발음은 너무 지나치게 원음을 고집할 때 상대에게 주제넘은 인상을 주기 쉽다. 그러므로 국어 생리에 알맞은 발음이 바람직하다. 또 외래어 및 외국어는 남용하기 쉽다. 대개 자기 말 가운데에 이 같은 말을 많이 사용하면 유식한 인상을 준다고 해서, 자기를 과시하는 수단으로 삼는 사람이 없지 않다.

국명·지명·인명·등의 고유명사도 그 발음을 원칙적으로 그 나랏말의 발음에 따라야 하나, 실제 문제로서 엄밀하게 따르기가 어려우므로 다만 대체적으로 그 나랏말의 발음에 따르게 된다. 이 가운데에 국어식으로 부르는 것도 있다. 이것에 대해 특별한 의도가 없는 한 보통 관행에 따르면 좋다.

방송언어 가운데도 외래어 및 외국어의 영향이 해마다 증가 추세에 있다. 세계화된 정보사회라는 시각에서 볼 때, 방송언어 가운데 외래어 및 외국어가 사용되는 것이 오히려 당연하다고 할지 모른다. 그러나 다른 한편, 방송 매체가 한국 내에서 정보 전달을 정확히 하는 것이 사명이라 생각하면 외래어 및 외국어의 사용방법에 일정한 제한을 둘 필요가 있다. 국어사용으로 가능한 것을 일부러 외국어로 표현할 필요가 없다는 의견도 있다. 어떻든 방송의 폭넓은 시청자를 대상으로 고려할 경우에 외래어 및 외국어의 사용에 신중을 기할 필요가 있다.

외래어와 외국어를 구별하는 자체가 그다지 필요한 일이 아니라 할 수 있으나 한국어에 융합된 방식을 살펴보면 구별이 가능해지기도 한다.

외래어는 주로 유럽의 언어 가운데서 전부터 한국어에 융합되어 발음이 한국어화하여 외국어에서 차용한 것이라는 의식이 희박한 것이라 할 때, 외국어는 아직 한국어 가운데로 정착하지 못한 말로 사람에 따라 외래어로 느낄지 모르나 전체적으로 외국어라는 사람이 더 많은 것이라 할 수 있다. 여기서 외래어 및 외국어의 발음 원칙을 설정해 보면,

① 기본적으로 원지음에 가깝게 발음한다.
② 원지음과 어느 정도 차이가 나나 관용의 발음으로 익은 말은 그 관용을 고려한다.
③ 단어의 억양은 한국어 가운데서 부자연스럽지 않은 범위 안에서 원지어의 억양을 살린다.
④ 중국어와 일본어의 발음은 별도로 고려한다.

(1) 발음실현

가스[까스]　　　　가운[까운]
껌[껌]　　　　　　댐[땜]
버스[뻐스]　　　　서비스[써비스]
세미나[쎄미나]

(2) 발음실현

달러[딸러]　　　　댄스[땐스]
사이렌[싸이렌]　　사이즈[싸이즈]
사인[싸인]　　　　센터[쎈터]

18) 수관형사

사물의 수나 양을 나타내어 체언을 꾸미는 것이 수관형사인데 '한 개', '두 사람'에서 '한', '두' 따위이다.

수관형사 '석'은 '세'가 '냥·달·대·동·섬·장·줄·집' 등의 의존명사 앞에 쓰일 때의 변이 형태이다. 그러므로 석 냥, 석 달, 석 대, 석 동, 석 삼, 석 장, 석 줄, 석 집 따위로 말한다.

수관형사 '넉'은 '네'가 '냥·달·대·섬·자'와 같이 단위를 나타내는 의존명사 앞에 쓰일 때의 변이 형태이다. 그러므로 넉 냥, 넉 달, 넉 대, 넉 섬, 넉 자 따위로 말한다. 그리고 백 이상의 숫자를 읽거나 말할 때, 첫 숫자 '백·천·만' 단위가 1로 될 때에 1은 발음하지 않고 '백·천·만'으로 시작한다.

19) 구어 현상

구두 표현어는 구현어로, 다시 구어로 줄고, 이것은 문장 표현어와 대조된다. 문어는 정서법 테두리를 거의 벗어나는 일이 없으나 구어. 입말은 이와 달리 정서법 테두리를 벗어나는 일이 있다. 표기는 하나의 사회적 규약이므로 좀처럼 개정하기가 어려우나 현실 발음은 비교적 변화가 빠르므로 쉽다. 적어도 변화에서 발음은 표기에 선행한다.

사회생활의 제현상이 복잡할수록 언어의 발음 현상이 단하고 촉하고 격하고 경하게 일어남이 현저하고, 먼저 이 경향이 구어에서 나타난다. 신문 문장은 문어의 문장이고, 방송 문장은 구어의 문장인데, 주목할 사실은 신문기사 역시 근래에 와서 구어로 점차 바뀌는 현상이 나타나고 있음이다. 문어로 '상오', '하오'가 아직 쓰이나 구어에서 거의 안 쓰이고, 반드시 '오전', '오후'로 쓰이고 있다. 극본의 대사는 물론, 소설의 대화도 모두 구어로 쓰인다.

구어는 문어와 다른 일반적 특성이 있다 구어는 간결하다. 구어는 주어, 목적어, 보어, 그리고 조사를 생략하는 경우가 있다. 구어는 어휘 구사에서 문어와 다른 어순을 보일 경우가 있다. 구어는 발음 실현에서 문어와 다른 군말 쓰기의 특성을 갖는다.

(1) 발음실현

고이다[괴 : 다]   되었다[됀 : 때]
사이[새 :]   신사이다[신사다]
이야기[얘 : 기]   하였다[핻 : 다]

(2) 발음실현

그리고[그리구]	너도[너두]
서울로[서울루]	자고[자구]
자기로[자기루]	자도[자두]
하고[하구]	하기로[하기루]

표음문자는 언어음을 정확히 전사한다고 하나 반드시 발음대로 표기되지 않을 때가 있고, 언어음 또한 시대에 따라 변하므로 표기대로 발음되지 않을 때가 있다. 그러므로 비록 표음문자라 하여도 표기법과 발음법이 꼭 일정하게 상응하지 않음을 알 수 있다.

'선릉'(宣陵)은 자음의 동화에 따라 'ㄴ'이 'ㄹ'앞에서 [ㄹ]로 발음한다는 표준 발음법 제20항에 따라 [설릉]으로 발음할 것 같으나 동 항목 단서에 보이는 것과 같이 'ㄴ'다음의 'ㄹ'을 [ㄴ]으로 발음할 때가 있으므로 [선능]으로 실현해야 한다. '융건릉'(隆建陵)의 경우도 동일하여 [융건능]으로 발음한다. '공권력'(公權力)을 [공궐력]으로 발음하지 않고, [공꿘녁]으로 발음하는 이유도 단서에서 근거를 찾을 수 있다.

자음동화 현상이라면 모든 경우를 이 한 가지 기준에 맞추어 적용하려는 시각이 얼마나 부적절한가. 실제적인 국어를 사실대로 기술하여 일정한 현상을 발견하고, 이 기준에 따라 표준 발음법을 설정하더라도 단서를 붙여 예외 규정을 두는 현재의 기준에 매우 신축성이 있다. 그러므로 단순 사고와 단순 시각으로 발음 문제의 해법을 찾으려는 시도는 옳지 못하다.

'표준 발음법'에 원칙 발음과 허용 발음이 있음도 동일 맥락에서 배경을 찾게 된다. 발음이 이상과 현실이 있다고 할 때 현실음을 인정한 것이 허용 발음이다.

'불이익'(不利益)을 [부리익] 또는 [불니익], '불이행'(不履行)을 [부리행]또는 [불니행]으로 발음하는 경향이 현실에 보이나 '연접'(juncture)에서 원인을 찾게 된다. 정확한 발음은 [부리익], [부리행]이다. '악영향'(惡影

響)도 동일하게 [아경향]으로 발음한다. '불법'(不法)은 아직 [불법]이다. '탈법'(脫法)이 [탈뻡]이 될 것 같으므로 [불뻡]의 가능성이 없지 않으나 [불법]으로 발음한다. '탈법' 역시 [탈법]이다. '법'의 뜻이 살아야 한다.

'가스', '가운', '버스', '서비스' 등의 외래어는 이미 [까스], [까운], [뻐스], [써비스]로 굳어졌다고 본다. 다만 신세대들이 영어에 익숙해 있어 영어로 발음하려는 의도적 노력을 기울이나 소수에 불과한 실정이다. 그들에게 발음상 주의를 환기하고 싶은 부분은 '장단'과 '고저'의 발음이다. 그들이 영어 발음에 쏟는 만큼의 주의를 국어 발음에 쏟아 주었으면 좋겠다.

언어 현실에 충실하면 어법이 혼란해지고, 어법에 충실하면 언어 현실과의 괴리현상에 직면한다. 어떻든 언어는 변한다. 따라서 세대 간에 발음 차이가 나타난다. 사람의 교양 정도에 따라 발음 차이를 볼 수 있고, 표준어 사용 여부에 따라 발음의 차이를 볼 수 있다. 말에 소리가 있고 뜻이 있으므로 뜻이 효과적으로 전달될 수 있게 누구나 올바른 발음을 구사해야 한다.

요컨대, '표준 발음법'에 준거하여 방송언어의 발음 문제를 해결해 나가야 할 것이다.

2. 방송언어의 음성표현

"John stole my watch"
이처럼 단순한 한 문장이 음성표현에 따라 전달되는 의미는 다양하다.

'John'에 강세를 주면, 도둑이 지적되고,
'stole'에 강세를 주면, 행위가 강조되며,
'watch'에 강세를 주면, 훔쳐간 물품이 명시된다.

단순한 문장이나 이 문장은 각기 다른 네 개의 아이디어를 포함한다.

　　문장표현은 단순한데 구두표현은 다양하다. 그리고 구두표현에서 음성표현의 유형이 다양한 사실을 알게 된다. 그러나 말하는 이에게 맨 먼저 떠오른 넷 가운데 한 아이디어가 듣는 이에게 전달된다. 문장만 아니라 하나의 단순한 단어 역시 음성표현의 다양한 요소에 따라 각기 다른 의미를 표현한다.

　　사람 이름 'Tom'을 몇 개 정황에 따라 나누어 본다.
　　'Tom'(질문으로, You are Tom. are'nt you?)
　　'Tom'(명령으로, Stop that!)
　　'Tom'(주의 환기로, Listen a minute.)
　　'Tom'(절규로, Come here quickly!)

　　다양한 음성은 화자의 단순한 의미보다 더 많은 의미를 표현 가능하게 한다. 즉 지적 의미의 뒤에 있는 화자의 깊은 정감조차 청자에게 전달하게 한다.

　　음성표현이 이렇게 다양하고 섬세하기까지 하다. 그러므로 우리는 우리의 의도를 문장표현만으로 충실히 나타낼 수 없음을 알게 된다. 문자는 다양한 음성 중에서 단지 대표적인 것 하나를 기록한 것에 지나지 않는다. 음성언어가 구체적인 것이면 문자언어는 개념적이고 추상적인 것이다.

　　문자언어는 하나로 표현하나 음성언어는 다양하게 표현하고 의미 또한 각각 다르다.

　　'Yes'(Of course.)
　　'Yes'(No!)
　　'Yes'(Well…maybe.)
　　'Yes'(Really? I don't believe it.)
　　'Yes'(Now are you satisfied?)
　　'Yes'(I'm not sure.)

　　앞에 보인 예는 매우 드문 경우이나 한 개의 단어가 갖는 의미는 매우 다양하다. 그러므로 문자언어보다 음성언어만이 화자와 청자 사이의 커뮤니케이션을 한층 분명히 할 수 있게 한다. 음성표현이 다양할수록 화자의 메시지는 다채롭고 활기에 찰 것이다.

이 음성표현을 물리학은 음파의 주파수와 진폭 그리고 에네르기의 분류를 통해 연구하고, 심리학은 청자가 청취할 수 있는 고저(pitch), 음질(quality), 강약(loudness), 음량(volume) 등으로 나누어 연구한다.

화자가 머릿속의 메시지를 음성화하는 과정을 단계별로 나누어 보면,

첫째, 음성을 조절한다.

둘째, 발음실현과 음성표현 양식을 조절한다.

셋째, 말의 리듬을 조절한다.

말하는 장면, 청자의 인원수, 메시지 내용 등에 따라 음성을 강하게 또는 크게 낸다. 또 사사로운 담화이면 정확한 발음에 주의하지 않더라도 공적인 정황이면 발음에 주의하지 않을 수 없게 된다. 뿐만 아니라 아름다운 리듬으로 이야기하면 상대의 청취 정서가 더 좋아진다. 이 같은 조절이 가능한 화자는 유능하다고 할 수 있다.

1) 속 도(rate)

음성표현의 속도는 말할 때의 정황이나 화자의 의지와 정감에 따라 달라진다. 따라서 이렇다 할 확고한 기준을 세우기가 어렵다. 다만 적당한 속도가 요구될 뿐이다. 이때의 속도는 화자와 청자의 양쪽에서 고려된다.

심리적으로 두뇌 회전이 빠르고 당찬 성격의 사람은 물론 말의 속도가 빠르다. 그러나 바람직한 것은 상대의 이해와 공감을 염두에 두고 말하기 속도를 조절하는 일이다. 상대가 노인이면 비교적 느리게 말하게 되나 이해가 빠른 젊은 성인층이면 보다 속도가 빨라지게 된다.

청자가 이해하기 어렵고, 수식이 복잡한 부분이나 일정한 내용이 청자

에게 중요한 의미를 띨 때 느리고, 그렇지 않은 부분은 빨라진다. 음성표현상 완급은 순전히 효과적인 커뮤니케이션을 위한 기교이다. 적극적인 사람이나 흥분한 사람은 빠른 속도로 말하나 안정되고 침착한 사람은 비교적 느리게 말한다. 그러나 적극적이며 동시에 침착한 사람은 다양한 속도로써 적극적이거나 침착한 정감을 그대로 청자에게 전한다.

화자는 정보와 사실의 기초 위에서 메시지를 전달하고, 논점을 빠른 방식으로 활발하게 전개해 나아간다. 때로 화자는 메시지가 청자에게 잘 수용되게 하기 위해 비교적 느린 속도와 강한 어세를 사용한다.

청자는 다양한 속도로 보여 주는 화자의 흥분이나 냉담 그리고 침착한 자제에서 어떤 미묘한 의미를 민감하게 포착한다. 속도의 다양성은 단지 말의 속도가 빠르고 느린 것만을 의미하는 것은 아니다. 구체적으로 분석을 해 보면, 말하기 속도에 두 가지 요소가 포함되어 있음을 알게 된다.

그것은 '듀레이션'(duration)과 '포즈'(pause)이다. 듀레이션은 단어 또는 어절과 어구의 실제 발언에 쓰인 시간의 길이요, 포즈는 발언과 발언 사이의 휴지에 쓰인 시간의 길이이다. 그러므로 듀레이션과 포즈 또는 두 요소가 길수록 말하기의 전체 속도는 보다 느리고, 짧을수록 보다 빠르다. 그리고 이 두 요소는 화자의 의미 전달에 큰 작용을 한다.

2) 완 급(duration)

완급은 감정표현과 말하기 분위기 조성에 다양한 기능을 한다. 가령, 아름다움·위엄·엄숙함·부드러움·평온함 등은 음성표현상 느린 속도를 필요로 하고, 한편, 흥분·기지·쾌활·방탕·놀라움 등은 음성표현상 빠른 속도를 필요로 한다.

완급을 실제로 체득하려면 큰소리로 연습하는 방법밖에 없다. 다양한 감정을 담은 일정 형태의 발췌문을 연습하든가, 아니면 한 감정을 다른 감정으로 전환하는 발췌문을 가지고 음성표현을 연습하는 것이 기교를 익히는 관건이 될 수 있다. 그리고 이때 유의할 점은 글을 읽는 겨우, 모음이 자음보다 소리남이 항상 길다는 사실이다. 문장에 포함된 감정에 몰입하려면 글을 읽는 사람 자신이 작가의 감정에 접근하여 문장 낭독을 연습해 보는 것이다. 말하기(또는 읽기) 속도의 특성을 이해하고, 이를 실제로 적용하면 음성표현의 기교가 증진된다.

3) 공백표현(띄어말하기, 'pause')

발언시에 음성이 연속되고, 묵언시(默言時)에 음성이 휴지된다. 이때의 음성 연속은 호흡단위요, 음성 휴지는 포즈이다. 공백의 원인은 첫째, 호기(呼氣)에 의해 발언하게 되므로 먼저 흡기(吸氣)할 때 발언이 멈춰지는 것이고, 둘째, 화자가 청자에게 이야기를 쉽게 이해시키기 위해 적당한 자리에 음성 휴지를 두는 것이고, 셋째, 말을 더듬거나 잘못했을 때 자연스럽게 휴지가 생기는 것이다.

호흡단위는 한 개 단음 또는 음절에서 성립되는 것이 있고, 매우 긴 어구도 있다. 길이를 규정하는 기준이 모호하고, 성립 원인은 매우 복잡하여 호흡단위를 과학적으로 연구하기는 거의 불가능하다.

음성의 휴지는 대체로 호흡단위마다 오지만 여기서는 문장의 어절과 어구에 두는 것을 논의의 대상으로 삼고자 한다.

맥버니(J.H. McBurney)는 스피치의 음성표현을 설명하는 가운데 포즈를 따로 떼어 보지 않고, 완급(duration)과 함께 다루고 있다. 이 점, 먼로(A.H.Monroe)와 차이를 보인다. 먼로는 속도(rate)에서 음량(quantity)과 함께 포즈를 설명하고 있다. 한 개 어절과 어구를 발음하는 데 쓰인 시간을 맥버니는 완급(duration)으로 한편, 먼로는 음량(quantity)으로 표현한 점이 다르다. 그리고 맥버니는 語와 語, 語句와 語句 사이의 휴지를 포즈라 부르고 있다. 앞뒤의 語보다 완급이 느린 것은 문맥상 강조의 의미를 동반하고, 빈도가 잦은 포즈는 스피치에서 문장의 구두점과 같은 작용을 한다. 맥버니는 또 문장을 큰 소리로 낭독하는 때의 포즈는 문장의 구두점과 꼭 일치하지 않는다고 하였고, 문장표현을 위한 영어의 구두법은 형식적이므로 구두표현의 포즈와 엄밀한 의미에서 상관관계가 없다고 하였다. 덧붙여, 포즈가 쓰이는 3개 항목의 목적을 밝혔다.

첫째, 아이디어를 분리하고, 분리한 아이디어를 사고단위(思考單位)로 띄어 놓는다.

둘째, 주요 아이디어를 드러내 놓는다.

셋째, 화자가 사고 구성의 시간적 여유를 갖는다.

포즈와 구두점과의 관계는 먼로 역시 맥버니와 견해를 같이하고 있다.

쉼표, 따옴표, 마침표는 문어를 사고단위로 분리한 것이고, 각각 길이가 다른 포즈는 구어를 의미단위로 분리한 것이다.

문장의 독자를 위해 바른 '구두법'이 쓰여야 하는 것처럼 담화의 청자를 위해 바른 포즈가 '음성표현법'에 반드시 포함되어야 한다. 그리고 포즈는 사고단위와 사고단위의 중간에 위치한다. 문장을 낭독할 때 문어의 구두법과 구어의 포즈가 동일하지 않다는 사실을 알아야 한다. 가령, 모든 쉼표가 다 포즈를 필요로 하는 것도 아니다. 또 구두점이 없다 하여 항시 어떤 포즈도 필요 없다는 뜻이 아니다. 시인의 사고는 이따금 다음 행으로 이어지는 경우가 있기 때문이다.

먼로는 포즈가 주요 아이디어의 전후에 온다고 했다. 이것은 주요 아이디어를 뚜렷이 내세우는 프로미넌스(prominence)와 같은 기능을 갖는 것으로 해석된다. 프로미넌스는 발언 부분이고, 포즈는 발언의 전후가 된다.

이야기의 절정부분 바로 앞에 오는 포즈는 때로 서스펜스(suspense)를 증가시키는 요인이 된다. 더욱이 극적인 포즈는 어떤 형식의 언어표현보다 일층 강하게 화자와 낭독자의 정감을 표출해 낼 수 있다. 그럼에도 불구하고 대부분의 화자는 휴지(休止)에 주의가 쏠리는 것이 두려운 나머지 휴지 없이 말하는 경우가 많다. 그러므로 그들은 이때 쉼 없이 말을 이어 가든지, 또는 사이사이에 '군말'을 넣어 가며 말을 이어 간다.

포즈는 이따금 화자 자신이 느끼는 것처럼 청자 역시 길게 느낄 때가 있다. 어세(語勢)를 강하게 주든가, 혹은 또 포즈를 두는 것이 화자가 보이는 자제와 평정의 한 표현 양식이 되기도 한다. 그렇다 하여 불필요하게 빈번히 휴지를 둘 것은 없고, 오직 화자가 강조하고 싶은 주요 아이디어의 전후에만 휴지를 둘 일이다. 사고적인 포즈는 동적이나 공허한 포즈는 무의미하다.

완급(duration)과 공백표현(pause)의 효과적 활용을 통한 신축성 있는 속도(rate)의 음성표현이 청자에 대한 화자의 가장 적절한 사고 및 감정 표현의 지름길이다.

포즈를 문장의 구두법과 비교 설명하면 4개 항목으로 요약할 수 있다.

① 문장의 구두점을 참고는 하되, 그대로 포즈를 두지 않는다. 구두점과 포즈는 동일하지 않기 때문이다. 구두점은 대체로 마침표, 쉼표, 물음표, 느낌표, 따옴표 등으로 치게 되는데 비하여 독점(낭독시)이나 포즈는 주어, 서술어, 수식어, 한정어 등의 구분을 위해 또는 언제, 어디서, 누가, 무엇을, 왜, 어떻게 등의 구분을 위해 치게 된다. 교과서는 비교적 모범적으로 띄어쓰고 구두점을 찍어 놓았으나 읽을 때 띄어쓰

기대로 읽는 다면 기계적 포즈가 오므로 부자연스러울 뿐만 아니라 현실적으로 우선 불가능하다. 음성표현의 포즈는 구두점보다 한층 더 미묘하여 화자나 낭독자의 예민한 센스를 요구한다. 그러므로 '띄어쓰기'에 대하여 '띄어말하기'로 구분하게 된다.

② 포즈의 위치와 길이를 적절히 정하여 효과적으로 사용한다. 호흡단위의 포즈에서 심리적 포즈까지 고려하면 포즈를 두는 빈도가 잦아지지만 화자, 정황, 청자, 등을 세밀히 분석하여 적절히 포즈를 둔다.

③ 구두점일 때 일반 독점보다 긴 포즈를 두는 것은 확실하다. 화제나 항목이 바뀌는 데서 비교적 길고, 청자에게 이야기를 기다리게 할 때 심리적 포즈가 또한 길다. 심리적 포즈의 장단은 실로 복잡 다양하다. 그러나 문장을 면밀히 분석하여 포즈의 위치와 길이를 적절히 정하는 것이 필요하다.

④ 문장인 경우, 원고에 포즈의 기호를 표시해 놓으면 읽을 때 아주 편리하다. 이 기호는 일정치 않으나 약간 띄고, 띄고, 충분히 띄고 등으로 임의의 기호를 3단계로 표시하면 여유있는 낭독이 가능하다. 말할 때, 읽을 때 음성표현의 포즈가 항시 중요한 기능을 한다.

4) 음 세(force)

화자에 대한 청자의 첫째 요구는 알아듣기 쉽게 큰 소리로 말해 달라는 점이다. 화자의 신념과 활성은 음성을 통해 청자에게 확실한 인상을 새겨 준다. 그러나 작은 목소리로 말하면 화자에게 신념이 없다거나 화자의 이야기를 상대가 듣든 말든 상관없다는 의미로 새겨지게 된다. 때로 화자의 이야기를 상대가 꼭 듣게 하기 위해, 혹은 화자가 청자의 적극적인 호응을 얻기 위해 한 순간, 청자를 긴장시키는 일은 수동적인 태도를 능동적인 태도로 바꾸는 효과적 방편이 된다. 그러나 긴장이 오래 지속되면 청자는 주의를 확산하게 된다. 그러므로 화자는 계속 큰 소리로 외치지 않도록 주의한다. 청자는 계속 긴장시키는 이야기에도 염증을 느끼나 긴장이 없는 이야기에도 염증을 느낀다.

　음성표현에서 속도(rate)에 보이는 관심만큼 음세(force)에도 똑같은 관심을 기울일 필요가 있다. 음세는 다시 정도(degree)와 형태(form)로 분류된다. '정도'는 가해진 힘의 양을 대상으로 한다. 그러므로 속삭임이나 낮은 톤의 소리는 음세에서 힘의 정도가 약하게 발언되나 반대로 외치는 소리는 강하게 발언된다. '형태'는 가해진 힘의 방식을 대상으로 한다. 우리는 발언시에 갑작스럽게 파열적으로 힘을 가할 수 있고, 또 완만하게 음세의 증가를 꾀할 수도 있다.

　한 문장 중에서 어떤 어절에 가해진 현저한 힘의 정도를 강세(stress)로 볼 수 있다. 사실 강세의 효과는 피치(pitch)에 의해 획득되기도 하고, 속도(rate)나 음세(force)에 의해 획득되기도 한다. 어떻든 이상 3개항의 변이성은 항상 강조의 음성으로 특징지어진다.

5) 정 도(degree)

　음세는 주로 강조하는 정도에 따라 변화를 나타낸다. 語나 語句에 음성의 힘을 증가시키기 위해 혹은 감소시키기 위해 문장인 경우, 語나 語句에 밑줄을 그을 수 있다면 화자는 여기에 주의를 집중할 것이다. 더욱이 음세의 정도에 변화를 주면 청자에게 상실된 흥미를 다시 소생시켜 주는 한가지 효과적인 방편이 된다. 만약 화자가 음세의 정도를 빠르게 증가하면서 주요 語나 語句를 발화한다면 피로한 청자를 원상으로 되돌려놓을 수 있을 것이다. 그러나 이때의 효과는 가해진 음세의 정도에 의해서가 아니라, 가해진 음세의 정도 변화에 의해서 발생한다는 사실에 유의할 필요가 있다. 그리고 음세의 빠른 감소는 음세의 빠른 증대보다 일층 효과적이다. 일시적인 정적은 소음이 큰 방에서 잠자는 사람을 깨울 수 있다.

　음세의 정도에 화자가 조정을 시도할 때 그는 음성의 '피치'와 '듀레이

선'을 잘 파악하게 될 것이다. 발화의 음세를 증대하려면 언제나 피치를 올려야 된다는 판단은 대부분 화자에게 있는 극히 자연스러운 경향이다. 사람이 큰 소리로 외칠 때 대화적인 톤(tone)보다 일층 높게 조율된다. 이것은 발화기관을 조종하는 신경 계통이 전체기관 근육에 충동을 가한 이유 때문이다. 일반적으로 긴장하면 음성은 좀더 힘차지며 동시에 높은 피치를 나타낸다. 호흡기관이 긴장하면 거친 음성이 생긴다. 그러나 조금 연습하면 이 같은 부적절한 현상은 곧 불식할 수 있다. 기관의 근육을 긴장시키거나 음성의 피치를 크게 올리지 않고도 호흡근육의 수축으로 음세를 가하는 방법이 있다.

음세의 정도를 잘 조절하게 되면, 발화에 의미를 주게 될 뿐 아니라, 나아가 비축된 힘의 인상을 청자에게 보일 수 있다.

6) 형 태(form)

가해지는 음세의 방식이나 형태가 일반적으로 화자의 근본적인 감정을 나타내 보인다.

점차 '과장된 형태'로 확고히 음세가 가해지면, 화자의 감정이 잘 표출될 뿐 아니라 깊이마저 암시된다. 과장된 형태의 음세는 고귀, 위엄, 존경 등을 나타낸다. 음세가 급하고 격할 뿐 아니라 확고히 가해질 때를 '활기찬 형태'라 한다. 활기찬 형태의 음세는 활성, 결단성, 진지성 등을 나타낸다. 그리고 '돌발적인 형태'는 분노, 공포, 또는 강한 감정 등을 표현한다. 그러므로 음세의 형태는 음성표현의 완급과 밀접한 관련을 갖는다. 과장된 형태는 돌발적인 형태보다 속도의 완급면에서 보다 느리다. 이처럼 시간의 완급과 음세의 형태가 결합하여 화자의 감정을 외부로 표출한다. 음세의 형태는 인간 내면의 감정에 따라 표출되는 자연스러운 음성의 반향이다.

7) 고 저(pitch)

성악가를 소프라노, 테너 등으로 나누듯 말할 때에도 사람들은 정상의 높이에서 '조바꿈'을 한다. 배역으로 인한 무대배우의 맡겨진 성격을 제외하고 보통 누구나 정상적인 음역 내에서 말한다. 그렇지 않으면 때로 기성을 발하는 위험이 따른다. 그러나 정상적인 음역 내에서 정상적인 발성 활동이 보장된다. 누구나 정상적인 높이의 음역에서 발성에 충분한 조바꿈을 하지만 몇몇 화자는 동일한 피치를 발하고 거기에 머무는 경향이 있다.

이때 논의되는 고저(pitch)는 음역(key)에 국한되지 않고, 높이의 일반적 한계와 조바꿈 그리고 급격한 경우와 완만한 경우를 포괄하는 선율(melody)의 유형까지 고려 대상에 넣게 된다. 그러므로 피치의 조바꿈만큼 말하기에 활성과 생동감을 가져다주는 음성표현법은 없다.

8) 음 역(key)

말할 때의 일반적인 음성의 높이와 음역은 대인관계에 따라 변화한다. 그러나 대부분 광역의 높이를 갖는다. 비근한 예로 누구나 한 옥타브는 쉽게 걸칠 수 있고, 또 많은 사람이 기성을 발함이 없이 두 옥타브에 걸쳐 충분한 변화를 갖는다.

정상적인 발화에서 기준음역(key-level)에 근거를 두는 경향이고, 발화되는 대부분의 말이 이 기준음역의 상하로 조바꿈을 하며, 음성표현에 변화를 준다. 이때의 기준음역은 청자에게 아주 명백한 인상을 남긴다.

관례적으로 계속 높이 올라가는 음성은 젊음·흥분·취약성을 암시하고, 계속 내려가는 음성은 안정·확신·자신을 암시한다. 습관적인 피치는 의례 자연스런 음역의 중간이하에 오지만 항상 그 위치에만 머물지 않고 유동적이다. 말하는 음세의 정도를 증가시킬 때, 음성 조절에서 특별한 주의가 따라야 하고, 특히 기성이 발해지기 직전 단계에 더욱 주의가 필요하다. 긴장에 주의가 집중될 때, 포즈를 두고 피치는 낮춘다. 긴장하면 흥분하기 쉽고, 흥분하면 고조된 감정에 따라 음성의 피치 역시 높아진다. 그러나 다소 억제된 감정은 억제되지 않은 감정보다 일층 청자에게 인상적이다, 그리고 감정이 모두 외부로 노출되지 않는 한 절정에 도달한 화자의 감정과 흥분이 청자에게 그대로 전이된다.

9) 빠른 조바꿈, 느린 조바꿈(step, slide)

말할 때 발생하는 조바꿈에 두 가지 양상이 있는데 빠른 조바꿈(step)과 느린 조바꿈(slide)이 그것이다. 그리고 두 개의 조바꿈은 각각의 의미에 따라 상하로 변화한다. 이때 승강(昇降)의 경우와 강승(降昇)의 경우가 있다.

일반적으로 상승의 조바꿈은 의문, 우유부단, 불안, 불확정 등이 암시되고, 하강의 조바꿈은 자신, 확신, 결심, 강경성이 암시된다. 조바꿈은 말 할 때, 감정적인 내용보다 사상적인 내용을 표현하는 데 우선적으로 유용하다. 화자의 활용이 익숙해지면 표현하고자 하는 의미가 일층 확실해질 것이다. 화자가 말하기 시작할 때 상승 또는 하강의 억양과 빠르던가 느린 조바꿈을 미리 정해 놓아야 함을 의미하는 것은 아니다. 다만 빠른 조바꿈(step)과 느린 조바꿈(slide)의 유형을 음성표현법으로 잘 활용하면 화자의 발언에 음성적 다양성이 주어질 뿐 아니라, 그의 충실한 언어표현 능력이 구사될 수 있다는 사실에 주목하게 된다.

10) 선율의 유형(melody pattern)

모든 형식의 말하기에서 여러 어구의 리듬과 조바꿈의 양식이 선율을 만들어 나간다. 사상과 감정에 변화가 오면 선율의 양식 역시 변화를 보인다. 비애와 비통은 빠른 속도로 표현할 수 없고, 경쾌한 선율이나 기지에 찬 음성으로 표현할 수 없다. 단조로운 선율의 양상은 언제나 한 음역에만 머문다. 이때 단조로운 발언에 대한 청자의 심리적 동요에 화자는 특별히 주의를 기울일 필요가 있다. 또 미숙한 화자는 문장의 모든 종결어미를 하강 억양으로 끝내는 경향이 있는 바, 이는 전적으로 수긍되지 않는다. 주의 주장은 때로 화자의 발언시 질문형식을 취한다. 그러므로 화자는 이때 의문부호를 쓴다. 단조로운 하강 억양은 화자가 기대하는 만큼의 의문 표현이 되지 못한다. 피치 억양에 유연성을 가지려면 선율 양상이 화자의 사상과 감정에 정상으로 대응할 수 있어야 한다. 그러나 무슨 말을 하든 부지불식 간에 쓰이는 단조로운 선율 즉 일정한 틀에 박힌 음성표현은 늘 경계의 대상이 된다.

음의 상대적인 높이의 변화를 억양(accent, intonation)이라 한다. 음조라 할 때도 있다. 한 개 호흡단위에 걸리는 음성의 고저를 말하는 것으로, 여기에 음절억양, 단어억양, 문장억양 등이 포함된다. 음의 높이가 얼마동안 일정하게 계속되는 것을 평판조(平板調, level intonation), 차츰 높아가면 상승조(上昇調, rising intonation), 차츰 낮아지는 것을 하강조(下降調, falling intonation)라 하는데, 이러한 억양의 변화는 주로 생리적·심리적·논리적 요인에 의해 발생한다. 그러므로 전혀 알지 못하는 음을 듣는 경우에도 상대의 기쁨이나 슬픔, 증오나 호의 등의 감정을 파악할 수 있게 된다.

국제음성학협회는 억양을 다음과 같이 표시하도록 하였다. ˉ(高平), _(低平), ´(高上昇), ˏ(低上昇), `(高下降), ˎ(低下降), ˆ(昇降), ˇ(降昇)

국어의 경우, 문미(文尾)에 나타나는 억양을 ↑(上昇), ↓(下降), →(平板)으로 나타내며, ↑은 의문을, ↓은 명령이나 서술을, →은 말이 이어감을 명시한다.

11) 강 조(emphasis)

앞에 적은 모든 음성표현법의 유용성은 더없이 명백하다. 그리고 속도와 강세 또는 피치의 변화는 변화가 발생한 語나 語句, 文章을 그렇지 않은 것보다 현저하게 특징지어 준다. 속도와 강세가 증가하든 감소하든 또 피치가 상승하든 하강하든 변화의 방향에 구애됨이 없이 언제나 음성의 변화로 강조(emphasis)가 표현된다. 변화가 많고 적용이 활발하면 말하기는 일층 강조의 의미를 띠게 된다. 특히 강조는 포즈와 대조에 의해 증가한다. 포즈는 화자가 주요 아이디어를 청자에게 수용케 하려는 의도이고, 대조는 다른 것과의 차이성을 보이는 화자 의도이다.

강조에서 두 가지 주의할 사항이 있다.

① 지나친 강조는 피한다.
② 지속적인 강조는 피한다.

만약 화자가 확실한 가치나 중요성을 지나치게 강조하면, 청자는 화자의 판단에 신뢰를 보내지 않게 된다. 또 화자가 말하는 모든 내용을 전부 강조하려고 시도하면, 결과적으로 강조한 사실이 전무한 형편이 된다. 그러므로 화자는 중요한 사실만 지적하고 청자가 수용해야 할 가치 있는 발언에만 강조의 뜻을 나타낸다. 이와 같이 강조는 화자의 분별을 요구한다.

■ 유의할 점
① 지나친 강조는 피할 것
② 계속적 강조는 피할 것

12) 절 정(climax)

화자는 청자의 관심이 집중될 때까지 계속 힘을 가하여 사상과 감정을 표현한다. 절정은 사상과 감정을 강하게 표출할 뿐 아니라 여운을 인상 깊게 남긴다. 이 절정의 음성표현에서 두 가지 방식이 있다. 하나는 증가되는 음성의 힘이요, 다른 하나는 증가되는 감정의 강도와 반비례로 감소되는 음성의 힘이다.

첫째 방법은 힘의 계속적인 증가, 매우 빠른 속도, 비교적 높은 피치 또는 조바꿈의 배합으로 어나 어구, 문장을 힘있게 표현하는 직접적인 방식이다. 그러나 둘째 방법이 쓰이는 때, 힘은 계속 감소되고, 속도는 완만해지며 피치는 떨어진다. 그러나 조바꿈이 화자의 표정, 동작 등과 함께 증가된 감정의 강도를 나타낸다. 이 방법은 단순히 음성표출의 약화에 머물지 않고 보다 깊은 의미를 내포한다. 음성표현 속에 무게를 싣는다. 다만 힘이 잘 조절되고 있을 뿐이다. 청자는 이때 화자의 잘 억제된 힘의 감정을 느끼게 된다.

첫째 방법은 비교적 용이하고 자주 이용된다. 그리고 둘째 방법은 화자에게 상당한 기법을 요구하나 대신 매우 높은 효과를 수반하다. 절정(climax)의 두 가지 방법은 때로 절충되고 때로 대조된다. 화자는 음성의 힘으로 절정을 설정할 수 있다. 그리고 화자는 빠르고 분명한 감정표현이 가능하게 된다. 혹은 또 절제된 음성표현에 의해 잘 조절된 감정표출도 가능하게 된다. 음성표현이 순수한 감정의 발로로 이루어지고, 절정에 이르는 음성표현에 주어지는 시간이 충분할 때, 두 번째 절정 설정에 힘을 가하게 된다. 이때 청자의 반응은 시계추와 같아진다.

이 방법을 쓸 때 약간의 주의가 필요하다. 가령 짧은 포즈를 두더라도 갑작스런 조바꿈을 피하고, 또 절정에 이르는 과정이 짧지 않도록 해야 한다. 절정에 이르는 시간은 충분하고 그 작용은 끊임이 없어야 한다. 화자가 미숙하면 절정 설정이 빈번하다. 그러면 반복된 절정이 말하기 효과를 크게 감소시킨다. 그러므로 효과적인 대목에서만 음성표현의 절정을 설정하되, 항상 이야기의 최종 부분 또는 가장 중요한 사고 단위의 최종부분을 선택한다.

절정 설정에서 힘의 점차적인 증가는 물론 힘의 점차적인 감소에 대해서도 주의가 기울여져야 한다. 절정이 있는 이야기가 반복되어질 때 청자는 계속 흥미의 절정으로 향할 것을 화자에게 기대한다. 절정에 이르기 전에 점진적으로 증가할 힘이 감소되거나, 점진적인 작용이 정지되면 청자는 곧 실망한다. 그러나 완만하고 침착하게 보다 낮은 피치로 말을 시작하면 청자가 기대하는 흥미의 절정에까지 도달할 수 있을 것이다. 그리고 일단 절정에 도달한 다음 다시 정상 상태에서 이야기를 계속하는 것은 무리이다. 어느 정도의 포즈를 두든가 혹은 음성표현법을 새롭게 바꾼다. 아니면 이야기를 곧 끝내야 할 것이다.

13) 성 량(loudness)

음성의 명료도에서 가장 먼저 고려할 요소는 청자와의 거리와 주변의 소음을 감안한 화자의 성량이다. 청자와의 거리가 많이 떨어져 있으면 그만큼 화자는 상대가 잘 알아듣게끔 큰 소리로 말해야 한다. 화자의 음성은 청자보다 먼저 그 자신에게 더 잘 들린다.

음이 발해지면 그것은 구면식으로 진행한다. 그리고 음성의 에네르기는 공기로 운반된다. 이 에네르기는 화자에게서 멀리 떨어져 갈수록 보다 큰 구면으로 확대된다.

이론적으로 성량은 화자와 청자 사이의 공간적 거리에 대하여 제곱의 역으로 변한다. 즉 음의 강도는 벽면이나 천장의 반향이 없는 한 거리에 대하여 제곱의 역으로 변한다는 뜻이다. 예를 들면, 화자와 청자 사이의 거리가 3미터인 때를 강도1로 치면, 12미터 떨어진 거리에서 음의 강도는 1/16로 표시된다. 거리에 대한 성량의 비율은 마이크폰이나 전화 송화기에 입을 아주 가까이 대는 이유를 설명하는 셈이 된다. 만약 그 성능이 짧은 거리에서만 음이 흡입되는 것이면, 마이크와의 거리에 어떤 변화를 줄 수 없다. 그러나 성능이 좋은 마이크이면 원위치에서 두 배의 거리로 떨어질 때 소리의 크기는 원위치에서의 크기보다 1/4의 크기로 감소된다. 그리고 3배의 거리이면 1/9로 감소된다. 라디오 드라마에서 장면의 원근이 연기자와 마이크의 거리 조절로 표현되는 것 역시 이 현상 때문이다.

성량에 영향을 미치는 두 번째 요소는 화자가 극복해야 하는 소음량이다. 정상적인 환경에서도 얼마간의 소음이 있음을 인정해야 한다. 조용한 시골길의 소음이 10db, 텅 빈 극장의 소음이 25db이고, 아무리 조용한 극장 안이라도 관객이 들어와 있을 때 42db까지 상승한다. 그리고 공장 내의 평균소음은 80db이 된다. 이것은 방송 스튜디오에서 매우 큰 소리로 말하는 소음도와 같은 것이다.

보다 효과적인 화음을 내기 위해 적절한 크기의 음성을 어떻게 결정할 것인가가 중요한 문제이다. 화자의 이야기를 듣는 강당 맨 뒷줄에 앉은 사람을 주시하고, 가능하면 그에게 화자의 말이 잘 들리는지 여부를 타진할 필요가 있다. 이 경우는 마이크가 없을 때로 국한한다. 화자는 음성의 크기에 대하여 자신의 기준을 미리 파악해 둘 필요가 있다. 미숙한 화자는 어느 때고 음성의 크기를 감소하기보다 오히려 증가시켜야 할 것으로만 안다.

방송에서 마이크를 통해 말할 때와 다른 공간에서 연설할 때 화자는 주어진 정황에서 적절한 크기로 말한다. 이때 화자의 음성 크기는 마이크 성능에 때라 영향을 받는다. 그러므로 마이크를 사전에 반드시 점검해 두는 것이 좋다. 마이크 앞에서 말할 경우, '믹서'에게 자신의 성량 및 마이크와의 간격을 미리 알아두는 편이 유익하다.

14) 호흡단위

실제 언어 활동에서 포즈를 두지 않고 말하거나 읽을 수 없다. 생리 조건으로 봐도 어디선가 꼭 쉬지 않고 호흡을 계속할 수 없다. 그러나 중간을 끊어도 의미가 효과적으로 전달되도록 끊어야 한다. 이렇게 끊겨진 단위를 호흡단위라 한다. '띄어말하기', '띄어읽기'라 이름 붙여, 정서법의 '띄어쓰기'와 구별한다. 의미 전달의 효과적인 구분을 위해서 호흡단위가 설정된다. 그리고 호흡 단위는 한 개 음소 또는 음절에서부터 매우 긴 것까지 있다. 길이를 규정할 법칙은 없다. 성립 요인이 대단히 복잡하여 과학적 규명이 아직 불가능한 형편이다. 그러나 가장 기본적인 기준은 의미 단위에 따르는 것이다. 강조할 말의 앞과 뒤에 포즈를 두는 것이 바로 그 때문인 것이다.

호흡 연습 1
십년 후에 펼쳐 보아도 부끄럽지 않고, 이십 년 후에 보아도, 부끄럽지 않은 소설을 쓰겠다는 생각을, 줄곧 하고 있다. 금년에도 이 생각을, 그대로 가지고 있게 될 것이다. 다른 일은, 노력하면, 한 대로 되는데, 글만은 그렇게 되지 않는다, 지난 구랍에, 창작집 한 권을 내놓고 나서, 이것을, 더 절실히 깨달았다. 어느 한 편도, 마음에 들지 않아서, 책을 만드는 도중에, 중지해 버리고 싶기까지 했다. 이렇게 부끄러운 일을, 왜, 꾸준히 하고 있는지 모르겠다. 하고 나서, 부끄럽지 않은 일이, 세상엔 수두룩할 텐데, 그래도 나는, 이 일을 하겠다는 생각을, 버리지 않는다. 이 일 이상으로, 사는 보람을 느끼게 하는 일이, 없다고 생각하는 것이다.

호흡 연습 2
잠에 대한 기억을, 더듬어 보면, 엄마 젖을 물고, 잠든 기억은 없고, 엄마 옷고름을 내 손가락에다 감고, 잠이 들던 것만이 생각난다. 한번은, 밤나들이 갔다가, 졸음이 와서 엄마를, 못살게 굴었는데, 업혔던 처네 끈이 끌려지는 바람에, 눈을 떠보니, 어느 틈에, 집에 와 있었다. 또 어떤 날 밤, 집안 식구들이, 잔치 준비하느라고, 부산한 통에, 나는, 밀가루 반죽으로, 새를 만들다가, 더운 아랫목에, 쓰러져 자던 것이, 생각난다, 지금도, 이부자리를 깔지 않고, 옷도 벗지 않은 채, 쓰러져 자는 잠이, 참 달다, 이런 때, 자리를 깔고, 흔들어 깨우는 것 같이, 미운 것은 없다. 그 때는 벌써, 잠은 달아난 것이다.

호흡 연습 3

그것은, 나의 소년 시대의, 모든 희망과 꿈을, 실천하기 위해서였습니다. 내가, 웨스트 포인트 육군 사관학교에서, 임관 선서식을, 거행한 이래로, 세계는, 몇 차례 뒤바뀌었고, 나의 소년시대의, 희망과 꿈은, 모두 다, 사라지고 말았습니다. 그러나 나는, 그 당시에, 가장 인기가 높았던, 군가 하나의 후렴을, 아직까지도 기억하고 있는데, 그것은, 가장 자랑스럽게도, "노병은, 결코 죽지 않는다, 그들은, 오직 사라질 뿐"이라고, 노래했던 것입니다. 이 군가의 노병과 똑같이, 나는, 나의 군인 생활의, 막을 닫고, 사라지려고 합니다, 하나님이 광명을 주시어, 시무하도록, 분부하신 그대로, 그 직무에, 최선의 노력을, 다 해온, 한 노병으로서, 사라지는 것을, 무상의 영광으로, 자부하는 바입니다.

3. 시각표현

1) 표정, 동작, 자세

화자의 시각적 행위가 비언어적 표현이라 해도 이것은 그대로 상징적 의미를 갖는다. 농아자의 제스처, 군부대의 신호탄, 연막 신호, 수기 신호, 발광 신호 등 일련의 시각적 상징은 흔히 소리말과 글말에 대치 사용되고 있다. 시각 상징은 실제의 의사 전달에 많은 문제점을 제기하지만 말하는 동안 신체적 행위는 의미 보강의 구실을 다한다. 표정, 자세, 동작, 행위 등 화자의 행위와 도표, 모형 등 시각 보조물은 언어 및 음성적 상징과 별도로 우리의 의사전달을 일층 효과있게 해준다. 따라서 이 방면의 효과적 연구를 위해 이 점 크게 고려하지 않으면 안 된다. 대부분 시행착오의 경험을 쌓아 나가는 동안, 청중 반응에 적응하는 일에 익숙해진다. 경험이 많은 화자는 때로 객관화된 자신의 기분을 느끼고 놀라는 때가 있다. 미처 자신이 몰랐던 기분에 빠져 들어가는 '태도'에 관한 연구에 세심한 주의가 필요하다.

화자의 안정감, 인상, 사회적 지위, 단정함, 정력에 관해 알아본다. 화자는 긴장하지 않고 곧바로 서야 하며, 몸을 떨거나 안절부절못하는 일 없이, 또 어색하지 않게 온화한 자세로 서야 하고, 그를 에워싼 환경에 민감한 반응을 보여야 하며, 청중에게 확고한 신념과 자신을 줄 수 있는 태도와 자세를 보여야 한다. 어릿광대의 익살스런 몸짓은 화자가 지나치게 불안해 하든가, 혹은 지나치게 과장된 형편임을 암시해 준다. 화자에게 정력이 넘치면 그만큼 스피치에 활력이 가해지고, 정력이 부족하면 그만큼 무기력하게 스피치를 이어 나가게 된다. 결과를 두려워하는 화자는 그의 정력을 능률적으로 활용할 줄 모르거니와 또 청중에게 그의 신념을 불어넣을 수 없다. 그리고 억지로 보이는 태연한 태도는 모든 상황에 걸쳐 부적절하다. 그러나 만약 상황이 어떤 개인적 의사를 발표할 수 없게 하면 이때의 공백표현과 무표정은 청중에게 묵인되어질 수 있다. 이는 화자 표정에 대한 청중의 호의어린 반응으로 풀이된다. 이때의 화자 표정은 도전적으로 고정된 턱, 미고소, 그리고 짜증스런 표정이다. 이 같은 표정을 보고, 청중은 화자가 얼마나 생경한 느낌인가를 직감한다. 이런 표정을 습관적으로 짓는 화자는 이것이 전번 연단에서 그의 특성으로 형성된 것임을 잘 모른다. 그러나 한번 지적받으면 이런 습관은 다소 완화된다. 이 특징적 필요성은 청중에 의해 파악되는 극단의 형태에 불과하다.

청중은 화자의 용모와 의상으로 화자의 심미안과 사회적 감도를 짐작한다. 상황 분석이 충분치 못한 청중은 화자에게 어떤 반응을 보내야 할지 모른다. 그러나 판에 박은 듯한 판단은 대개 이런 유형의 시사에 기초를 둔다. 초면의 다정다감은 자연스런 대면처럼 부지불식 간에 나타난다. 동일 사실을 동시에 모든 청중에 알리기 위해 화자는 언어는 물론, 시각적 부분과 음조적 부분을 충분히 조절해야 한다. 그래야 비로소 의사전달이 효과를 거둘 수 있다.

청중은 화자의 시각적 표현을 쉽게 해석한다. 이 점 눈은 귀보다 훨씬 빠르고 확실한 것이다. 백문이 불여일견이란 뜻이 여기서 산다. 표현의 우위성을 논한다면, 행위와 동작이 언어에 비해 크게 믿음직스럽다. 달콤한 밀어보다 동시에 보이는 화사한 미소가 일층 호감을 산다. 나아가 어느 행위는 둘만의 거리를 더욱 좁힐 수 있다. 청중 반응에 지나치게 민감한 화자는 청중에게서 그가 말하는 바 정신적 내용의 충분한 이해를 받기 어렵다. 화자의 감정적 반응이 적합한 것이 아니면 감정 조절이 필요하다. 의혹과 혐오에 찬 행위, 동작은 청중에게서 음성반응을 불러일으키기 쉽다. 그러나 반대로 스피치 자료를 정감어리게 표현하면, 청중은 양성반응을 보일 것이다. 스피치 자료에 객관적 사실과 사고 과정이 포함되나 더 나아가 다음의 태도 역시 이에 포함된다. 확고한 신념, 정당한 의문, 감탄, 애정, 경탄, 비통, 희망, 실망, 의혹, 준비된 자료에 대한 화자의 정감을 나타내고자 한다면, 그때 화자는 대부분 청중이 화자에 대해 양성적 반응을 보일 차비를 차리고 있음을 알게 될 것이다.

시각 보조물이 있을 때와 없을 때의 기억 지속을 실험한 바에 따르면, 확실히 시각 보조물이 있을 때가 기억에 유효하다는 사실이 지적되고 있다. 지도, 도표, 일람표, 실연 등은 지식을 전수하는 강의에서 오랫동안 교육적 보조로 등장했다. 그러나 이것이 목적에 부합되고, 사건의 청사진을 뜨는 데 항상 실제적이라 믿기 어렵다. 차라리 실제의 청사진 대신 묘사적이고 암시적인 신체적 행위의 활용을 수반하는 편이 보다 낫다. 그리고 이 방법이 특히 크기, 모양, 구조, 방향, 위치, 동작, 속도, 무게,

힘을 나타내는 데 더없이 긴요하다. 그러므로 청중의 관심과 흥미를 계속 끌기 위한 다양한 수단으로 시각적 행위의 기교를 연구 습득할 필요가 있다. 여러 유형의 동작과 행위는 특별히 암시적 가치조차 지니고 있음을 깨달아야 한다. 그리고 이런 행위는 대부분 공식 입장에서 활용되나, 이따금 비공식 입장에서 활용된다. 신도들을 일으켜 세우기 위한 신호로써 손을 위로 쳐드는 성직자 동작, 지루한 청중을 무마하는 뜻으로 펼쳐진 손을 수직으로 움직이는 동작, 또 청중의 박수와 환호에 답례하는 뜻으로 몸을 굽히는 동작 등을 예로 들 수 있다. 보다 비공식 동작은 머리를 끄덕이는 것, 어깨를 으쓱해 보이는 것, 또 침묵과 정숙의 제의로, 왼손 검지를 다문 입술에 세로로 갖다 대는 것, 그 밖에 많은 동작이 있다.

방송 중인 라디오, 텔레비전 스튜디오에서 방송 현업, 스탭들이 하는 의사 소통 역시 이 같은 제스처 신호로 통용하고 있다. 표정, 동작, 자세, 태도, 행위가 평소의 언어 소통에 일층 가치를 부여한다. 한 가지 사실에 계속 주의를 집중하기란 매우 어렵다. 사람이 주의력을 집중적으로 유지하는 시간은 매우 짧다. 그러나 동작을 기묘하게 잘 구사할 수 있고, 또 계속 같은 상태를 유지시킬 수 있다. 극단의 예를 들자면, 마법사의 경우를 들 수 있다. 마법사는 사람 눈에 띄지 않게 속임수를 쓰는 것이 피할 수 없는 사실이므로 기묘한 동작으로 사람의 주의를 끈다. 그러나 평범한 예로, 이야기 실마리가 풀리지 않아 연단을 이리저리 걷는 화자의 동작이 주의를 끌고, 또 말하는 중에 시계 보는 동작 역시 주의를 끄는 대상이 된다. 화자의 시각적 행위는 청중의 긴장을 풀고, 청중의 심리적 전환을 기할 수 있다. 대부분 강당에 놓인 의자는 청중에게 안락을 줄 수 있게 준비돼 있지 않다. 그런 까닭에 화자가 활동하지 않으면 청중은 일층 피로해진다. 그러나 만약 화자가 적절한 시각적 행위와 함께 스피치를 열정적으로 행하면, 청중은 이에 감응, 긴장을 완화하고 화자 이야기를 즐겁게 경청하게 된다. 그리고 화자는 전환적 행위를 통해 하나의 배출구를 찾을 수 있는 여유를 갖게 된다.

청중의 주의와 관심을 끌기 위해 의식적으로 시각적 행위의 습관을 길

러 나간다. 의사 전달에 이것이 큰 도움을 주기 때문이다. 말할 때 태도
는 항상 즐겁게 보여야 한다. 천장을 치켜 보거나, 바닥을 굽어보거나,
또 청중의 머리 위를 쳐다보지 않도록 한다. 미리 준비한 원고 연설일
때 책 읽듯이 말하지 않고, 청중을 향해 자연스럽게 말하도록 힘쓴다. 모
든 동작이 충분한 목적을 갖게 해야 한다. 꾸물대거나 안절부절못하거나
끼고있는 반지를 만지작거리거나 손수건을 폈다 접었다 하는 등 되는 대
로의 동작은 적극 피한다. 모든 동작은 다만 의사 전달과 표현에 집중·
연결돼야 한다. 신체적 표현의 주요 부위는 머리, 얼굴, 어깨, 팔, 손과
손가락, 몸, 다리, 발 등이다. 자세와 동작의 형태로 구성되는 표현행위에
절실히 요구되는 것은 신체 각 부위를 조절하는 고도의 방법이다. 서는
자세와 걷는 자세, 그리고 어깨의 움직임, 손놀림과 손의 처리, 머리의
구배, 입과 눈의 표정 등이 신체조건과 성격 및 개성의 유형에 따라 변
화한다는 사실을 성격 배우는 잘 알고 있다. 자세와 표정이 신체적 표현
의 동작과 동질의 것으로 해석되지 않는다. 이 사실은 가장 효과적인 신
체적 표현이 일련의 동작으로 조정된 위치, 형태, 선으로 이룬 본보기 행
위임을 뜻한다. 체중 분배, 발의 위치, 몸의 자세, 그리고 손놀림과 손 처
리에 대한 공식적 룰은 단순히 판에 박힌 표현 행위에 지나지 않는다.
그리고 이런 룰은 연극의 특정 배역에 적합할 것이다. 그러나 정상 상태
로 말하는 전형적 화자 역시 이따금 여러 모의 연기를 보이므로, 표현행
위를 제한 내지 냉각시키기보다 차라리 때에 적응시킬 수 있게 적합한
표현으로 발전시켜 보는 것이 좋다.

(1) 시간 조절

　적절한 동작에 따르는 중요한 고려는 바로 적시의 시간 조절이다. 효
과적인 동작은 아이디어 표현의 어휘와 음조보다 선행한다. 만일 동작이
동시에 행해지거나 혹은 아이디어의 언어표현 다음에 행해지면 효과는

거둘 수 없다.

(2) 청중 적응

화자는 시각적 행위에 앞서 청중을 고려해야 한다. 만약 청중이 데스크 앞에 앉아 일하는 봉급생활자라면, 지나치게 활발한 화자에게 공감을 갖기 어렵다. 그러나 만일 청중이 육체적 노동에 종사하는 사람이라면, 이때 스피치는 도전적이고 정력적인 표현을 수반해야 한다. 글을 낭독할 때의 동작은 말할 때 동작보다 덜 중요하고, 이때는 다만 암시적 동작을 쓰면 족하다. 비공식 대화 때 동작은 공식 입장보다 덜 사양하게 되고 한층 다양하며 한층 개인적이다. 대규모 집단 앞에서 하는 동작은 작은 집단 때 동작보다 흔히 공식적이고 또 단순하고 완만하나 정력적이다.

(3) 자 세

이상적 자세는 팔, 손, 그 밖의 신체부위와 몸을 자유롭게 쓸 수 있는 자세를 말한다. 자세 자체가 어떤 의미를 시사하기 때문이다. 그렇다고 이상적 자세를 규제할 수 없다. 화자의 자세는 자제와 정력과 우정을 청자에게 표시하는 것이어야 한다. 바람직한 동작과 자세는 스피치와 관련해 사전의 특별한 연습이나 혹은 세심한 연습보다 많은 경험을 통해 바르게 잡혀진다. 때문에 많은 경험을 쌓고 자주 반성해야 한다. 여러 사람 앞에서 말할 기회를 많이 가져야 한다. 한편, 화자는 주위 지기로부터 충고를 잘 수용한다. 자세는 자연스럽고 용이한 것이며 몸이 편해야 된다. 물론 자세는 청중과 스피치에 대한 화자 입장이 반영된 것이어야 한다. 설령 화자에게 실수가 있더라도 위엄있는 태도를 유지할 것이 필요하다. 바람직하지 못한 자세는 항상 피해야 하겠거니와 이런 자세는 다음과 같은 것이다. 이를테면, 차려 자세로 서있는 것, 체중을 한쪽 다리에만 모아 의지하는 것, 발끝과 발뒤꿈치를 흔드는 것, 청중을 향해 구부정하게 서는 것, 팔짱 끼는 것, 뒷짐지는 것 등이다.

(4) 목적 있는 동작

연설을 하기 위해 청중 앞이나 연단으로 나갈 때, 과단성 있는 태도로 걷되 호전성이 포함되면 안 된다. 그리고 연단에 서서 청중을 향해 어색하게 바라보지 않는다. 연탁이 앞에 있더라도 그 위에 엎드리는 듯한 자세와 그 뒤에서 다리를 꼬는 자세는 적극 피한다. 잠시 이야기한 다음, 만약 자기 위치를 조금 바꾸고자 하면, 청중이 의식하지 못하는 사이 자연스럽게 연탁 위를 양손으로 잡을 수 있고, 한쪽 다리에 몸을 지탱하고 한쪽 다리는 약간 뒤로 쳐지게 할 수 있다. 부동 자세는 표현 동작은 물로, 스피치 효과마저 크게 감소한다. 동작의 형태와 종류는 임의로 고려될 수 없고, 다만 화자의 체질, 문화적 배경, 청중 수와 성격, 분위기에 의해 결정되고, 나아가 스피치 주제와 정황에 따라 동작의 형태와 회수가 정해진다.

(5) 적절한 제스처

제스처는 일반적인 신체 동작과 달리 손, 팔, 어깨, 머리, 눈의 동작만 뜻하는 것으로 알려지고 있다. 유능한 화자는 아이디어를 설명할 때, 그의 팔을 자연스럽고 유용하게 활용한다. 그리고 어떤 충동을 느낄 때 화자는 적절한 제스처를 쓴다.

(6) 시선의 방향

많은 화자는 청중을 곧바로 쳐다보기를 꺼려한다. 그러나 심리학적 측면에서 보면 청중에 대한 화자의 직선적 시선은 청중 반응을 관찰할 수 있고, 또 거기 적응할 수 있게 하는 원리적 가치를 지닌다. 의사 전달은 호혜적이고 사회적인 자극을 포함하기 때문이다. 이 이론은 자극·반응의 관계로 설명이 가능하다. 유능한 화자가 되고자 하면, 먼저 청중과의 효과적 접촉을 꾀하지 않으면 안 된다. 신체적 행위의 효과를 한층 높이고자 하는 의도는 우선 의사 전달상 이 부면의 가치와 필요를 아울러 인식하기 때문이다. 다른 화자의 동작을 연구하고, 그의 시각적 행위가 효과적일 때와, 그의 시각적 행위가 취약할 때를 비교한다. 비교 방법이 우리의 동작을 효과있게 할 수 있는 지름길이 된다. 다음에 그 방법을 제시한다.

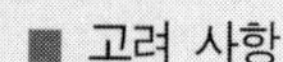

■ 고려 사항
① 문제를 찾기 위해 자신의 동작을 분석한다. 그리고 효과적 행위의 근본 원리와 기준을 검토한다.
② 가까운 지기의 도움을 받아 의사 전달상 신체적 행위를 어떤 방향으로 끌고 가야 능력의 증진을 도모할 것인지 결정한다. 그리고 스피치의 사전 준비에서 신체적 행위의 면에 한층 특별한 주의를 기울인다.
③ 얼굴, 목, 등, 손, 팔, 다리의 근육상 긴장과 이완, 그리고 정력의 방출을 잘 조절한다. 감정의 특성을 알고, 감정의 모방적 표현을 연습한다.
④ 의사표현시 표현코자 하는 의미를 자신의 모든 신체 부위를 통해 표현할 수 있게 한다. 말할 때, 무의식적으로 연습하고, 한 개 동작을 습관화하기 위해 의식적으로 일정한 동작을 발전시킨다.
⑤ 동작 활용이 쉬운 의사 표현은 특별히 연습한다.

2) 시각보조물

(1) 형태

도표는 분류된 칸이나 네모 그리고 연락선으로 구성된다. 약도와 지도는 상세도를 요구하는 경우 매우 유용하고, 도식이나 만화는 특별한 점을 강조하기 위해 과장하는 경우 유용하다. 방안지는 수량을 비교하는 데 적절하다. 통계화는 비교를 보이는 경우 매우 효과적이다. 괘도는 강조할 어휘와 어구 기재에 유용하고 아이디어의 윤곽을 간결하게 설명하는 데 쓸모가 있다. 슬라이드 정사진, 동사진은 시각적 보조물로 매우 기본적인 공구이다. 한편 스피치 보충의 구실을 하는 테이프 녹음기는 이것이 청각적인 것임에도 시각적 보조물의 특성을 약간 지닌다. 시각 보조물을 택할 때, 언제나 모든 실제적 가능성을 고려에 넣어야 한다. 모형은 작고 다루기 쉬운 것이다. 또 시범연습의 방법을 쓸 때, 화자가 말하는 동안 청중이 실연해 보이는 것 역시 한가지 방법이다.

(2) 시각보조물의 제작

매우 유용한 시각 보조물을 만들기 위해 예술가가 돼야 한다는 것은 불필요한 생각이다. 다만 청중이 쉽게 볼 수 있게 단순하고 크게 만들면 족하다. 시각적 형태로 아이디어를 재현하는 여러 가지 방법을 시도해 본다. 말하는 중에 도식을 그려 보이려면 스피치 준비 때 도식 그리는 연습 또한 함께 해야 한다. 주요 비교를 보일 때 바탕이 희면 흑색과 적색을, 그리고 바탕이 검으면 황색과 녹색을 사용한다. 이것은 강조를 위해 대조되는 색채를 쓰기 때문이다. 그리고 상관관계는 선과 화살표로 표시한다. 강조 어구 밑에 밑줄을 긋는다. 불빛에 반사가 심한 자료는 피하는 게 좋다.

(3) 시각보조물의 사용

교육용으로 시각 보조물을 사용할 때 전시적이면 안 된다. 다만 겸손한 태도로 보이고 아이디어를 강조한다. 도표의 후면이나 측면에 선다. 왼손잡이면 왼쪽에 서고, 오른손잡이면 오른쪽에 선다. 지시봉은 가까운 손으로 잡는다. 가능한 대로 청중을 바라본다. 시각 보조물로 인해 청중의 주의가 산만해지면 도표를 덮든가 지운다. 스피치에서 도표 설명 시간은 따로 계산한다. 도표 설명은 소개, 강조, 절정에서 사용한다. 주의를 환기코자 하는 물체를 동시에 청중이 보게 하려면 돌려보게 해도 좋다. 이야기의 큰 부분을 차지할 때, 시각 보조물은 적절히 소개돼야 한다. 시각 보조물이 쓰일 때 강조점을 주의 깊게 설명한다. 추리, 결론, 요약을 도출한다.

4. 화자의 개성

"말하는 소리가 너무 커, 말하는 바가 무엇인지 알아들을 수 없다."는 예는 사실적이고 노골적으로 화자 개성의 중요성을 단적으로 표현한 것이라 하겠다. 에머슨(Emerson, 1803~1882)의 말처럼 연설은 연사가 뜻하는 바와 연사의 개성을 나타내는 말의 예술이다. 스피치는 연사의 인간적 면모이다. 그러므로 우리는 아이디어, 언어, 구성, 표현은 물론 의사 표현상 중요한 요소인 연사의 개성을 고려하지 않으면 안 된다. 효과적 의사 표현을 위해 필수 불가결한 많은 기교가 있으나 연사의 개성이 스피치 결과에 작용하는 힘이 더 크다. "전인격이 말한다."는 의미는 스피치가 연사의 적성, 재능, 경험, 감각, 성실, 감정, 관심, 적응, 특성 등 생리학적이고 심리학적인 작용에 의존함을 뜻한다.

개성은 연사의 대인관계에서 잘 나타난다. 머피(Murphy)는 이를 개인의 사회적 힘이라 설명했다. 그리고 개인이란 말이 라틴어 가면이란 말로 통한다. 기실 우리 나라에 가면극이 있음은 모두 주지하는 사실이지만, 고대 그리스와 로마에서, 배우가 연극에서 배역을 받으면 가면을 사용했고, 가면과 개성을 통해 대사를 말했다. 우리 나라에서 가면을 썼다고 하면, 이중성격을 뜻하는 예가 되나 뚜렷한 개성을 설명하기 위해 가면과 같은 개성이라 표현해 본다. 이때 이 가면과 같은 개성이 연사가 남에게 주는 인상이다. 동료와 더불어 교제하고, 의사소통 할 때, 화자의 음성, 어휘, 동작에 그들은 반응을 보인다. 뿐만 아니라, 연사의 개성에 대해 역시 반응을 보인다. 그리고 청자는 연사를 확실성 없고 재치 없으며, 부당하게 독단적이고, 싸움 잘하며, 불성실하고, 냉담하며, 오만하다든가 혹은 우의가 깊고 솔직하며, 인정 깊고 명랑하며, 그리고 이지적이고, 도덕적이며, 정당한 사람이라 평가한다. 남에게 주는 자신의 인상을 애써 찾고, 또 그들에게 주는 인상의 특성이 호의어린 것이 되게 힘쓰는 일은 매우 가치 있다. 나아가 인간은 주어진 배역을 연기하는 것만 바라지 않는다. 차라리 참되게 느끼고 참되게 살아가기를 갈망한다. 그러므로 우리는 참된 자아를 찾아내기 위해 자아 연구의 필요가 있다. 한 개 자서전을 만들어보면 이것이 자아 발견에 큰 도움을 줄 것이며, 효과적 대인관계의 발전을 위해 조언을 제공할 것이다. 스피치 훈련이 연사에게 밤새 활기찬 스피치를 하게 할 수 없으나 훈련에 관계되는 대부분 개성적 요소 일부를 변화시킬 수 있다.

효과적 스피치를 위한 개성의 특성, 이를테면, 좋은 음성은 그것이 습관과 기교로 습득될 때까지 부자연스럽게 보일 수 있다. 목적을 세밀하게 세우고, 자신을 부지런하게 이에 적용시키면 새로운 습관과 특성을 정당하게 발전시킬 수 있다. 개성을 연구하고, 자신의 명확한 특성을 발견하며, 특성 강화를 위한 절차가 결정되면, 바람직한 개성의 변화를 어느 정도 꾀할 수 있다.

1) 동 기

사람이 말하는 동기를 분석해 보면 거기서 사람마다 다른 흥미있는 개성의 차이를 발견할 수 있다. 동기를 면밀히 분류하기 어려워도 일반적인 것만 추리면 대략 다음과 같다.

■ 일반적 동기
① 자존심을 높이고 자신을 방어하며 주의를 모으기 위해
② 동작과 행위를 삼가기 위해
③ 감정을 덜고 긴장을 풀기 위해
④ 남을 어리둥절하게 만들고, 어떤 초점으로부터 주의를 이산시키며, 또 감정과 반응을 감추기 위해
⑤ 청자를 자극하여 그들 스스로 생각케 하기 위해
⑥ 사회 접촉의 즐거움을 촉진하기 위해
⑦ 문제해결에 도움을 주기 위해
⑧ 알리고 가르치고 밝히고 설명하기 위해
⑨ 사회적 욕구와 장래 목적을 토대로, 남을 감화시키고 조종하고 지배하기 위해

상기한 동기를 살펴보면, 부정적인 것에서 긍정적인 것에 이르기까지, 또 자기 중심에서 사회 중심의 것에 이르기까지 모든 동기역이 사회적 효과 획득을 목적으로 하고 있음을 알 수 있다. 만약 동기가 항상 부정적이면 이유를 밝혀 내고 원인을 제거해야 할 것이다. 그 대신 사회적으로 유익하고 누구나 수용할 수 있는 동기는 크게 발전시킨다.

2) 객관성

객관성이라면, 자기 자신이 자신의 목적과 성과를 냉정하게 분석할 수 있는 능력을 의미한다. 이 점 부족하면, 항상 진상파악이 어렵고, 이따금 낭패와 혼란을 맛보게 된다. 그리고 정력과 잠재력을 소모하는 부당한 주관은 소신의 객관화에 무능한 소치이다. 한편 객관성은 주어진 문제에 정당하게 직면케 하고, 문제의 핵심을 고려케 하고 또 세심하게 구성되고 발전된 계획을 필요로 하는 정황에 적응할 수 있게 해준다. 객관화의 능력은 호의어린 비평을 얼마나 잘 수용하느냐에 달려있다. 남의 비평을 조용히 받아들이고 자기 중심에서 벗어날 수 있으며 스스로 물러설 수 있을 때, 객관성이 유지된다. 만약 남의 비평을 받은 때, 감정적 동요를 일으키면 당면 문제를 객관화시킬 수 없음을 뜻한다.

한편, 남의 비평을 조용히 받아들일 수 있게 개성을 연마한 사람, 치켜 세워 주는 쪽과 신랄히 공격해 오는 양쪽을 세심하게 분간할 줄 아는 사람, 가능한 대로 자신의 객관적 성장을 위해 노력하는 사람은 적어도 개성의 면에서 발전하고 있다. 남의 비평을 받은 경험은 마치 강철의 연마와 같이 그만큼 단련되고 세련된다. 그 결과 스피치 개선에 큰 도움을 받는다. 비평이 정당하면 고맙게 받고, 부당하면 이에 지나치게 신경 쓸 필요가 없다.

3) 지 능

화자의 승패는 그가 지닌 일반적 능력과 지능에 크게 관계됨을 알지만, 의사표현은 그가 갖는 모든 지능의 복합적 표현이다. 즉 한 가지 사실에만 관련을 갖는 것이 아니다. 광역의 지능을 가진 사람으로 구성된 집단은 광역의 표현 능력을 나타낸다. 그러나 항상 표현 능력이 지능에 의해 바뀌지 않는다. 높은 지능지수의 사람은 그들대로 중요 문제를 갖는다. 어휘의 예처럼, 의사 표현상 약간의 구성요소에서 고도의 능력은 고도한 지능에 밀접히 관련돼 있음이 사실이다.

4) 사회적 지능

스피치 경험의 폭은 사회적 혹은 사회활동의 척도가 된다. 사회적 지능과 표현 능력의 상관관계는 크다.

경험이 풍부하면 그렇지 못한 사람보다 스피치 승패에 많은 차이를 보인다. 유능한 연사는 청자에 아주 민감하고, 청자 반응에 적절히 대응해 나간다. 그러나 사회 감도가 약한 사람은 청자 반응에 아랑곳하지 않고, 자신의 아이디어를 목적에 따라 설득하므로 맹목일 경우가 많다. 청중을 균형있게 응시할 수 없다면 청중에 대해 만족한 대응을 해나갈 수 없다. 청중을 잘 파악하고, 청중에 대해 친근감을 갖기 위해 각기 다른 정황에 처한 개개 유형의 사람을 파악하는 방법을 발전시켜 나가야 한다. 청중 연구는 반드시 중시돼야 한다.

5) 관심도

우리 관심과 적극성을 환기 할 수 있는 여러 가지 유형의 스피치 활동은 스피치 승패를 정하는 데 대단히 중요한 요소가 될 수 있다. 그러므로 설득, 토의, 토론, 연설, 방송 기타 여러 가지 형태의 스피치 활동에 자신의 관심을 환기함으로써 이에 흥미를 갖도록 노력한다.

6) 적극성

적당한 적극성과 지구력을 갖는 연사는 무한한 적극성을 갖는 사람보다 더 효과적이다. 적극성이 무한정하면 청중의 접촉과 개성의 투사로 청중에 감동 주기가 힘들다. 지나친 적극성 때문에 의사 표현이 실패하는 경우가 더러 있는 것이 사실이다. 이것은 상품의 강매에서 예를 찾을 수 있다. 그러나 스피치와 청중을 향한 연사의 태도가 알맞게 정력적이면 청중의 주의를 끌 수 있고, 청중의 흥미를 유발할 수 있으며, 또 건전한 반응을 환기할 수 있다.

7) 자 신

여러 사람 앞에서 처음 나가 제 의사를 표현하는 사람은 청중을 지루하게 만들고, 청중의 반발에 직면하면 크게 당황한다. 신념이 부족하고 즐거운 의사 표현의 경험이 없는 연사는 유능한 사람에 비해 청중 반응을 두려워하는 경향이 비교적 많다. 실제로 연사에 대한 청중의 평가는 연사 자신이 지니고 있는 능력과 거의 같다. 청중 대부분은 연사 이야기가 성공적으로 끝나기를 바란다. 그리고 청중은 연사에게 이끌려 간다.

자기 자신에 대한 생각에서 헤어나고, 신념의 주요 부면을 계발하도록 힘쓴다. 지나친 자기 중심의 성벽과 고집 없이 우리는 자부심을 가질 수 있다. 지나친 자신을 가질 때도 그렇지만 차라리 지나치게 위축될 때 한층 의사 전달에 실패하기 쉽다.

8) 지적 성실성

연사가 성실하고 솔직해야 함은 두말 할 것도 없지만, 이것을 고대 수사학자는 기풍이라 일렀다. 아리스토텔레스(Aristoteles, B.C 384~322)와 데모스테네스(Demosthenes, B.C 384~322)는 스피치의 형식적인 면보다 내용적인 면에서 연사의 지적 성실성을 하나의 도덕으로 본 것이다. 이처럼 스피치에서 도덕성을 갖기 위해 청중에게 덕을 보이지 않으면 안된다고 했다. 수줍어하는 성격이라 자기 선행을 감추는 사람은 유능한 연사일 수 없다. 개성을 반향하는 성실성은 자기가 한 말에 책임감을 느낀다. 연사는 청자에 대해 오해될지 모르는 모난 성품을 바르게 고치고, 항시 사실의 고의적 왜곡을 피한다. 그리고 믿지 않는 것은 무엇이건 발언하지 않는다. 청중의 안녕과 복리를 고려하는 연사의 책임있는 성실성은 청중 설득의 암시가 된다.

9) 합리적 사고

연사의 지적 태도는 그의 개성을 포함한다. 합리적 사고는 세련된 개성을 보이나 조절되지 않은 혼란한 사고는 세련되지 못한 감정적 태도를 나타낸다. 이것은 감성의 부적응에서 일어난다. 약간 부정적이고 감정적인 태도는 모순의 합리화이고, 논쟁 회피의 암시이다. 암시는 자극에 대해 무비판적 반응의 경향을 띤다. 또 말 없이 아이디어를 자동 수용하는 예가 된다. 군중에 의해 영향받는 연사가 있다면, 이미 그는 청중에게 굴복된 거나 다름 없다.

유능한 연사는 의제 토의가 거의 끝날 무렵 그의 소신을 발언한다. "내가 말하는 동안 누구도 말할 수 없다는"는 암시적 태도를 취하는 연사는 마음이 막히고, 고정된 아이디어와 강박관념에 사로잡힌 사람이다.

그런 사람은 아마 잘못된 억설을 정당하게 생각할지 모른다. 우리는 흔히 모순된 소신을 논하든가 혹은 모순을 깨닫지 못한 채 자기 견해를 말할 때가 있다. 가령, 빌려온 꽃병을 깬 까닭으로 소송을 받은 피고소인을 변호하기 위해 담당 변호인은 적어도 다음과 같은 몇 가지 요점을 변론해야 한다.

> ■ 변론의 요점
> ① 그 사람은 그 꽃병을 절대 빌린 사실이 없다.
> ② 그 꽃병을 빌릴 당시 꽃병은 이미 깨져 있던 것이다.
> ③ 빌려온 그 꽃병을 다시 돌려 줄 때 그 꽃병은 말짱했다.

합리화는 정해진 입장이나 작용을 정당화시킴에 있어 사실에 입각하지 않은 것을 그럴듯한 이유를 대고 논리를 전개하는 과정이다.

가령, 한 쪽으로 중요한 시험준비를 하고 있는 학생이 또 한쪽으로 스포츠 경기에 출전해야 하는 경우를 생각해 본다. 이 학생은 다른 학생이 모두 시험 준비만 하고, 스포츠 경기에 빠지면 경기 포기의 결과를 초래하므로 "나만이라도 경기에 참가하지 않으면 안 된다."고 판단한다. 이때 이 학생은 자기의 정당성을 합리화의 변명이라기보다 오히려 합리적이라고 판단한 것이다. 잘 조절되고 합리적인 주관에의 접근을 위한 편파적 진술을 논점의 묵살이라 일컫는다. 아이디어와 입장에 대한 책임을 스스로 지지 않고 남에게 전가하는 것이다. 다른 예는 전제나 정당성 없이 단정을 내리는 것이고, 주관에 관계되는 논점에 의해 단정하는 것이며, 유머와 일화는 쓰지 않고 단정법을 사용하는 것이다.

10) 감 정

의사 표현할 때 감정과 신념의 결핍은 언어 기교를 발전시킴에 있어 중요한 개성 문제로 간주된다. 지식 수준이 높은 집단 속에는 감정의 한계와 일반적인 지능과의 사이에 상관관계가 거의 없다. 우리의 감정은 어려서부터 가정적 및 사회적 환경의 영향으로 형성된다.

어린이가 성장·발달 과정에서 그들의 감정적 반응을 충분히 억제해야 칭찬받게 됨은 우리가 자주 경험하는 일이다. 지적인 활동을 자극하기 위해 절제된 감정적 반응이 나타나야 함에도 불구하고 강렬한 감정은 기억력과 복합적 사고 과정의 명료성을 감소시킨다. 스피치 연구에서 이 감정 반응을 분석하고 토론할 기회가 많다. 만약 자신의 감정 반응을 분석할 줄 모르거나 객관적 평가를 내릴 줄 모른다고 하면, 감정 반응에서 인간적 성장을 가져 올 수 있는 기회를 갖도록 힘 쓴다.

1. 국어 발음상 거론되는 기초적 항목을 설명하라.
2. 음성 표현상 거론되는 기초적 항목을 설명하라.
3. 시각 표현상 거론되는 기초적 항목을 설명하라.
4. 화자 개성에서 거론되는 항목을 설명하라.

참고 문헌

1. 전영우 역, 『화술의 지식』, 을유문화사, 1962.
2. 전영우, 『화법 원리』, 교육출판사, 1971.
3. ──, 『스피치 개론』, 문학사, 1964.
4. ──, 『오늘을 사는 화법』, 창조사, 1982.
5. Virgil A. Anderson, *Training The Speaking Voice*, Oxford University press, 1961.
6 Stephen S. Price, *Speak With Power*, McGraw Hill Book Company, New York, 1959.

스피치 기능

제9장

개 관

스피치라는 문제를 이해하고 그것을 올바르게 사용하기 위해서는 스피치의 기능을 정확히 파악하고 있어야 한다.

일반적으로 스피치는 표현이나 전달의 수단이라고 말할 수 있다. 하지만 단순히 무엇을 표현하고 전달하는 것일 뿐만 아니라 스피치는 보다 깊은 인간행동의 한 형태이며, 인간의 신체적 행동은 물론, 인간의 사고행동도 변화시킨다는 것을 알아야 한다. 즉, 스피치는 그것이 진행되는 과정에서 말하거나 듣는 사람의 생활, 또한 말하고 듣는 사람의 인간관계를 변화시킨다.

이 장에서는 스피치의 기능을 설명, 보고, 설득, 환담의 네 가지 기능으로 나누어 다루었다. 각 기능을 간단히 살펴보면 설명의 기능이란 상대가 아직 모르고 있거나, 불충분하게 알고 있는 지식이나 정보를 자세히 알려 주는 역할을 뜻하며, 보고의 기능은 화자가 알고 있는 사건이나 경험, 인상, 사실 등을 정리된 형식으로 발표하는 형태의 기능이다. 설득의 기능은 청자에게 무언가를 호소하여 화자의 의도대로 청자를 변화하게 하기 위한 목적을 가지며, 환담은 유머와 기지 등 청자를 즐겁게 해주는 형태의 스피치 활동이라 할 수 있다.

이 기능들은 각각 가지는 특성의 차이 때문에 수행하고자 하는 목적에 따라 유효적절하게 선택해서 사용해야 할 것이고, 그렇게 했을 때 비로소 스피치 활동은 더욱 바르고 효과적인 표현 및 전달의 수단이 될 수 있을 것이다.

1. 설명의 기능

우리는 대학의 일반적인 강의에서 어떤 철학 개념에 대한 설명을 하거나 들을 때도 있고, 고장난 가스난로에 대한 상세한 수리법에 대한 이야기를 기술자를 통해 들을 수도 있고, 찾기 힘든 집의 위치를 문의하여 설명 받을 수도 있으며, 더 나아가서는 어려운 수학 문제나 경제 이론에 대한 강의를 전문학자를 통해 들을 수도 있다. 이러한 예들은 설명을 필요로 하는 비근한 예에 지나지 않는다. 이렇듯 설명은 스피치 활동에서 뺄 수 없고, 설명은 일상생활의 정상적인 체험에 그 터전을 두며, 설명의 양식은 많고도 다양하다.

설명은 미지의 사실이나 아직 이해되지 않고 있는 사실의 의미를 상세하고도 분명히 알기 쉽게 밝혀주는 것이다. 그러므로 설명은 일상 행해지는 인간의 언어활동 가운데 가장 기본적인 형식이라 할 수 있다.

여기에 이 설명이 해설이나 해석, 해명과는 차이를 보이는 점이 있다. 설명한다는 것은 상대편에서 아직 모르고 있거나 또는 알고 있더라도 그것이 불충분할 경우 어떤 지식이나 정보를 이해할 수 있는 방법으로 상세하고 분명하게 청자에게 알린다는 목적을 갖고 있다.

이 점에 대해 하나의 예를 보이면, 가령 시행하려고 하는 어떠한 제도에 대해 아직 알지 못하는 사람들에게 그 제도의 목적이나 시행 방법, 실시 시기 등에 대해 알려 주는 것이 설명이라 하면, 이 제도를 조직적이며 체계적으로 여러 가지 다른 사실과의 관련성을 결부시켜 설명하든지, 이 제도에 대해 다른 표현을 써서 새로운 의미를 부여하든가, 설명자의 의견이나 독자의 의견을 첨가해 설명하는 것이 해석이고, 또 그 자체에 대해 아직껏 밝혀지지 않은 점이나 불분명했던 문제가 있을 때 보통 예증이나 주석, 조사 등을 가해 분명하게 밝히는 것이 해명이다.

보통 설명은 여러 가지 목적을 위해 사용하고 있는데 주로 어떤 용어의 의미에 대한 설명, 다른 사람이 말한 것이나 쓴 것에 대한 설명, 순서와 경과에 대한 설명, 방법에 대한 설명, 과거와 현재의 사건에 대한 설명, 사실의 중대성이나 그 의미에 대한 설명, 자신의 직접 및 간접 경험에 대한 설명 등이 있다.

이러한 목적 수행을 위한 설명형식의 스피치 유형은 대단히 많으나, 설명이 쓰이는 주요 유형은 다음과 같다.

강의, 강연, 여행담, 고지(아나운스), 보고, 발표, 지시, 명령, 문제, 뉴스 해설, 대표의 지명, 메시지, 공식인사, 일화.

설명 방법에 있어서는 거의 대동소이하나, 학자마다 다소 의견의 차이를 보인다. 먼저 베어드(C. Baird)는 서술, 분석, 분류, 정의, 실증, 실례, 비교, 사적인 설화, 연관성 등을 들었고, 디키(D. Dickey)는 서술, 정의, 분석, 종합, 통계, 실례, 비교와 대조, 재술, 시각보조 등을 예로 들었다.

설명을 구체적으로 행할 때에는 몇 가지의 방법이 필요하다. 그럼 설명에 쓰이는 효과적인 방법들을 살펴보기로 한다.

첫째, 정의 또는 일반적인 서술을 쓴다. 이 경우 그 주된 형태라고 하면 사전식의 정의형, 시간의 순서에 의한 형, 장소와 순서에 의한 형, 논리 및 명제로부터 특수사항이나 구체적인 사항으로 전개해 나가는 형, 이와 반대인 귀납적인 설명, 그리고 원인 관계의 순서에 의한 형이 있다. 이때에 주된 사항은 연령, 연수, 원인, 구성재료, 성립조건, 용도, 분류, 종류, 감각, 장소, 위치, 시대, 사용방법, 유형, 계급, 형태, 대소, 기세, 중량, 출처, 취미 등이다.

둘째, 비교를 써서 설명한다. 비교는 상대편이 잘 알고 있는 어떤 실례와 사실에 견주어 설명하는 것이다. 이 비교의 주된 형태는 유사점을 주로 하는 경우와 차이점을 주로 하는 경우가 있다.

셋째, 실례나 사실을 제시하든가 지적하면서 설명한다. 실연도 여기 포함된다.

넷째, 증명을 써서 설명한다. 필요에 따라 충분한 증거를 제시하든가 혹은 논증을 시도하여 설명하는 것이다. 이 증명에 의한 설명의 주된 형식은 사실에 의한 증명, 여론에 의한 증명, 권위있고 신뢰되는 출처에 의한 증명, 권위자가 언급한 바나 권위있는 문헌의 인용에 의한 증명, 논리적인 연역에 의한 증명이 있다.

다섯째, 통계를 써서 설명한다. 단 통계를 쓸 때는 그 숫자를 뽑은 출처의 신빙성이 보장됨은 물론, 그 숫자가 정확해야 하며. 그 정확성을 청자에게 알려야 한다. 또 어떤 통계표를 인용하더라도 언제의 통계이며, 누구의 통계이며, 어디에 실렸던 것이라는 주석을 첨가해 두어야 할 것이다.

여섯째, 시청각에 호소하여 설명한다. 근래에 와서 점진적으로 연구되고 실용되는 이 시청각에 호소하여 설명하는 방법에 다음과 같은 것들이 있다. 도표와 도형, 실연, 현장, 환등과 슬라이드, 사진, 녹음, 견본, 모형, 지도, 영화 등이 그것이다.

일곱째, 반복해서 설명한다. 반복의 효과적인 사용은 다음의 방식을 쓰면 더욱 두드러진다. 즉, 요점이나 요약을 순서대로 반복하고, 경구나 표어의 형식으로 고쳐서 또는 제안, 문제의 분석, 해결안, 새로운 문제 등의 형식으로 고쳐서 반복한다.

이렇게 다양하고 빈번하게 쓰이는 설명을 되도록 정확하고 효과적으로 수행하는 것은 매우 중요한 일이며, 따라서 설명의 기교를 신장한다는 것은 본질적으로 의사 표현력을 향상시키는 것이므로 특별한 배려가 뒤따라야 한다.

효과적이고 정확한 설명을 하기 위해 설명할 내용에 대해서 사전에 충분한 지식이나 정보를 설명자가 갖고 있지 않으면 안 된다. 또한 모든 경험을 풍부하게 갖고 있어야 하는데 이를 위해 어버이나 스승에게서 듣든가, 벗을 통해 듣든가, 혹은 그 방면에 경험이 풍부한 사람에게서 이야기를 들어야 하며, 또 전문서적, 참고서적, 신문, 잡지, 등을 통해 지식이나 정보를 획득할 수도 있다.

이렇게 다양한 대상을 통해 지식, 정보, 경험을 얻으려 할 때에 확실한 관찰, 신중한 고려, 주의 깊은 독서 습관, 깊은 사고로써 대비하고 그것을 자기 것으로 소화시키는 태도와 습관을 익히는 것이 필요하다. 이렇게 해서 진정한 자신의 것으로 소화시킨 지식, 경험, 정보만이 정확하고 효과적인 설명에 이용될 수 있는 것이다.

이러한 설명 자료는 신문, 잡지, 등을 이용할 때면 한 가지의 기사나 논설만을 읽을 것이 아니라, 가능한 한 동일한 사실이나 문제에 대한 여러 가지 다른 기사나 논설을 조사해 그 결과를 정리해서 메모를 모아놓는 것이 바람직하다.

다른 사람에게서 이야기를 듣고 자료를 수집할 경우도 마찬가지이다. 동일한 사실에 대해 서너 사람으로부터 이야기를 들어 정리하고 신문이나 잡지 등의 논설을 모으면 비교적 공평한 자료가 된다.

설명의 방법이나 내용의 파악도 중요하지만 그에 못지 않게 중요한 것이 설명의 순서이다. 설명할 방법이 정해지고 설명할 내용을 잘 알고 있더라도 설명의 순서가 부적절하다면, 설명의 효과가 오르지 않을 뿐더러 때로는 오해받기가 쉽다. 이제 효과적인 설명을 위한 순서와 그에 따른 주의점을 살펴보기로 한다.

첫째, 주의 깊게 순서에 따라 서술하고 한번에 한 가지의 사실을 이해시킨다. 순서에 따른 서술은 쉬운 것에서 어려운 것으로, 논지의 전제가 되는 사고에서 그 위에 덧붙일 수 있는 사고로의 순서이다. 이처럼 설명의 내용에는 몇 개의 사실에 몇몇 사고가 첨가되는 것이 보통인데, 그것을 순서에 따라 한번에 한 가지씩 설명하는 것이다.

둘째, 한 가지 사실이 완전히 이해된 후에 다음 것에 대한 설명을 해나간다. 대부분의 경우 설명할 내용이 이야기의 줄거리는 아니므로, 한 가지 사실에 대해 분명히 이해되지 않은 채 다음 것을 설명하면 설명의 효과가 감소됨은 당연한 일이다. 설명을 듣는 상대편이 처음 사실의 설명을 주의 없이 들었다고 가정한다면 다음 단계의 설명은 더욱 모르게 되고 결국 설명의 전부를 이해할 수 없게 된다.

셋째, 서술하려는 내용을 적당히 반복한다. 스피치는 그 성격으로 보아서 시간의 경과에 따라 지나가 버리기 때문이다. 인쇄되어 있는 것처럼 먼저 읽은 부분을 다시 고쳐 읽는다는 것이 불가능하다. 따라서 설명자의 의사 표현 능력에 따라 청자에게 전해지는 설명의 효과가 크게 좌우된다. 설명하는 방법이 지나치게 재미있거나 재미없으면 주의가 분산되고 청자는 머릿속에서 요점을 정리해 나가기가 곤란하게 된다. 때문에 설명의 요점이 되는 것을 적절하게 반복할 필요가 있는 것이다.

넷째, 청자가 잘 알 수 있는 용어를 택해서 서술한다. 자칫하면 특수한 용어나 전문가에게만 통하는 용어를 그대로 써서 설명하기 쉽다. 전문가일수록 이런 예가 많은데 이런 점은 특별히 주의해야 한다.

다섯째, 청자가 잘 알고 있는 실례를 들어 서술한다. 서술이 추상적으로 되기 쉽고 이해가 곤란한 부분일수록 말만의 설명으로는 부족하다. 청자가 잘 알고 있는 실례는 이해를 쉽게 해주기 때문이다.

여섯째, 설명하고자 의도하는 것과 유사한 예를 비교하면서 서술한다. 이때 중요한 것은 설명하고자 하는 것과 유사한 예와의 사이에 본질적인 유사점이 없으면 안 된다는 점이다. 그렇지 않을 경우에는 참된 설명이 되지 않는다.

일곱째, 청자의 질문이 있을 때에는 이를 허락하고 이에 대답하도록 한다. 청자의 수가 많아서 설명의 시간이 오래 걸리는 것은 청자 중에 혹 모르는 점에 부딪친 사람이 있을지도 모르기 때문이다. 그런 사람이 있을 경우에는 그때그때 질문하도록 해서 충분히 이해하도록 설명을 계속할 필요가 있다.

여덟째, 분명하게 설명하고 구체적으로 이해시키기 위해 일람표나 도표, 도해, 회화, 사진 등의 시각 자료를 활용한다.

아홉째, 분명하게 설명하고 구체적으로 이해시키기 위해 실연이나 동작을 통해 설명한다.

열째, 설명한 전체를 분명하게 밝히기 위해 주의 깊고 정확한 결론과 요약을 준비한다.

2. 보고의 기능

보고란 관찰자, 경험자, 견문자, 연구자가 어떤 사실이나 경험, 인상, 사실 등에 대해 정리된 형식으로 정보를 제공하는 것을 뜻한다. 이런 점에서 설명과 보고는 차이점이 있으며, 보고의 경우 일정한 형식과 필요한 내용이 요구될 때가 많다. 그래서 특정한 형식을 취하는 발표라고 말할 수 있다.

구두에 의한 경우를 다만 보고라 하고, 문서에 의한 경우를 보고서라 일컫는 것이 보통이다.

보고의 목적은 어떤 정보를 알기 쉽게 일정 형식으로 정리해서 고지하는 것이다.

이러한 보고는 분명하게 사고하고, 바르게 추리하고, 내용을 논리적으로 추려서 정확하게 표현하고, 확실한 결론을 끌어내는 등의 능력, 다시 말해서 사고력 증진을 위한 스피치 능력의 연습으로서 적합하기 때문에 스피치 훈련의 형식으로 유효한 언어활동이다.

정해진 형식과 필요한 내용이 요구되는 보고에서는 다음 요건을 충족시키지 않으면 안 된다.

첫째, 보고해야 할 사항에 관하여 분명히 이해하고 그것을 정확히 전하도록 한다. 각각의 문제를 정확히 분석·파악한 후 보고해야 하며 추상적인 보고가 되지 않도록 한다.

둘째, 보고에 사용될 자료의 선택에 신중을 기한다. 특히 그 문제에 적절한가, 신뢰할 수 있는 것인가, 권위가 있는 것인가, 하는 점 등에 기준을 두고 주의 깊게 선택할 필요가 있다. 자료의 원천으로는 자기의 직접 관찰, 문헌과 잡지류, 경험자의 이야기, 전문가의 이야기, 관계 기관의 이야기 등을 들 수 있다.

셋째, 보고에 쓰이는 자료, 그것은 사실이나 실제로 있었던 것, 채택하여 이야기할 가치가 있는 것, 구체적인 성질의 것이어야 한다.

넷째, 보고의 스피치 정리에 주의한다. 특히 기본적인 요건으로서, 보고하는 문제에서 벗어나지 않도록 해야 하며, 이야기가 부드럽게 이어지도록 연속과 통합이 있어야 하는데, 여기서는 적절한 요점이 택해지고 몇 개의 단계로 나누어 그것이 보다 나은 순서로 배열되어 이야기의 요점을 듣는이가 쉽게 알아듣도록 한다. 또한 정확한 언어를 사용하며, 문제 전체와의 관련이 명백하도록 각 요점이 정확하게 제 위치에 있어야 한다. 그리고 보고하는 도중, 이야기에 클라이맥스가 있는 것처럼 최고의 절정에까지 흥미를 이끌어 가는 것이 중요하다.

다섯째, 권위자의 이론과 자신의 그것과를 확실히 구별한다. 특히 정보의 출처가 그 방면의 전문가나 전문서인 경우 권위자의 의견이나 전문서에 기술된 이론과 자신의 의견을 혼합해서 보고해서 안 된다는 것이다. 그렇지 않을 경우, 그 방면에 정통한 청자가 보고자를 불신하게 되는 경우가 생기게 된다.

여섯째, 독단을 피하여 자기만의 생각으로 결론을 내리지 않도록 한다. 보고는 정보의 제공이 위주가 되므로 되도록 자신의 결론이나 판정을 피하고, 정보나 사실을 바르게 전하는 것만을 주로 하여 이것으로 청자가 판정을 내리도록 한다.

일곱째, 설득을 구할 뿐 동의나 의견의 일치를 요구하지 않는다. 단순한 정보의 제공만이 아닌 어떤 설득이 목적이 되는 보고의 경우, 납득시키는 태도보다 청자를 무리하게 자신의 의견에 동의 또는 일치시키려고 하면 안 된다.

여덟째, 메모를 읽는 것이 아니라 상대방에게 말을 건네듯이 보고한다. 메모와 개요는 미리 읽어 두고 발표시에는 보지 않는 것이 좋다. 그러나 복잡한 숫자나 통계를 보고할 경우는 청자의 확신을 위해서도 일부러 메모를 보면서 발표할 수 있으되, 자신의 권위를 위해서 책임자로서 당연히 알고 있어야 하는 숫자는 외워 두는 것이 좋다.

아홉째, 보고자는 내용이 청자에게 정확히 전달될 수 있게 쉬운 말로 보고한다.

열째, 도표, 도해, 그림, 사진, 실물, 모형, 더 나아가서 슬라이드나 녹음기 등 시청각 자료를 사용한다.

열한 번째, 도전적인 언사를 쓰지 않는다. 보고는 정보의 전달이 위주가 되므로, 반대 의견에 대해 감정적인 말이나 도전적인 말을 써서는 안 된다. 만일 도전적인 말을 쓰면 신빙성 있는 자료나 정보를 제공해도 받아들여지지 않을 우려가 있다.

열두 번째, 보고의 매듭으로서 필요하면 수집한 자료에서 당연히 생각할 수 있는 결론, 그것에서 예상되는 앞으로의 전망, 문제의 해결 방안 등도 제시할 수 있도록 준비해 둔다.

3. 설득의 기능

많은 사람은 설득을 아주 과장해서 생각하는 경향이 있다. 일반적으로 설득을 새삼스러운 특수한 상황에서 행하는 것이라는 생각이 지배적이다. 그러나 자세히 관찰해 보면 우리 생활은 설득의 연속이라 해도 과언이 아니며, 오히려 설득 속에 생활이 있다고 해도 좋을 정도이다.

설득이란 화자가 무엇인가를 호소한 결과, 청자가 화자의 의도대로 변하게 하는 것이다. 즉, 설득의 목적이란 한마디로 "하게 한다"는 것이라 말할 수 있다. 다만 알았다는 지적인 이해만이 아니고 납득이 가도록 해야 한다. 이 결과 행동화가 시작되는데, 이때 행동화에 정신적인 것과 신체적인 것이 있다.

어떤 사상에 공명해 그에 대해 이론을 세우는 것은 정신적인 행동화라 할 수 있고, 납득과 동시에 화자의 요구대로 움직여 주는 것은 신체적인 행동화가 병행하는 것이다. 이러한 행동화가 일어나는 것, 즉 화자가 바라는 어떤 행동을 청자가 하도록 하는 것이 설득의 목적인데, 이때 납득에 지적인 경우보다 정적인 경우가 더 많다. 설득은 상대편 마음에 호소해서 변화를 일으켜야 하므로 지적인 이해만으로 효과가 없으며, 대부분의 경우 상대편의 정서를 강하게 일으키지 않으면 안 된다. 그러므로 설득에 주로 언어가 쓰이나 언어만으로 그 힘이 미약하다.

앞 부분에서 약간 언급한 바와 같이 화자는 설득을 통해 자신이 바라는 대로 청자를 행동시키며, 청자가 자신에 대해 호의를 가지도록 유도할 수 있고, 자신의 의견이나 행동에 대해 찬성을 받거나 인정받을 수 있다. 또한 설득을 통해 자신과 동일한 의견이나 사고를 갖게 하고 동일한 행동을 유발할 수 있다. 그리고 상인이나 판매자인 경우에 상품이나 봉사를 팔 수 있게 된다.

이렇게 상대편의 의지를 화자가 희망하는 방향으로 움직이게 하기 위하여 화자는 설득을 통해 자극을 가하고 상대편 마음에 어떤 동기를 마련해 주어야 한다. 상대가 행동에의 확신을 갖지 못하고 있을 때 화자는 진위와 옳고 그름을 판단하는 데 필요한 증거를 설명해 보이고, 상대가 행동에 납득을 하지 못하는 경우 그 의의에 대한 상대의 이해를 분명히 구해야 한다. 또한 명심해야 할 것은 인간의 행동은 지적으로 설득되느니 보다도 감정에 의해서 움직일 때가 많기 때문에 앞에서 언급한 증거 제시나 분명한 설명만으로 부족한 설득이 되기 쉽다. 그러므로 효과적인 설득이 되기 위해 화자가 희망하는 행동을 보증할 충분한 증거가 있음을 보이고, 그 행동은 청자의 판단에 의해서도 충분히 가치있는 훌륭한 것이라는 점을 인정하도록 이끌어 그 행동에 청자를 몰아세울 수 있는 강력한 동기를 주어야 한다. 더불어 그 행동을 개시하려고 결심하는 바에 의해 청자가 깊이 만족할 수 있도록 유도해야 한다. 청자가 만족할 수 있다는 것은 납득이 되었을 경우를 말하는데, 이 납득이란 것은 상대편에 대해 말의 내용이나 혹은 진리에 대한 이해를 만족시켜 감정적으로도 충분한 호응이 있어야 하는 것이다.

이렇게 해서 상대가 납득이 되면 그 사실이나 행동에 대해 확신을 갖게 되는데, 이처럼 납득은 주로 설득의 결과로서 상대가 도달하는 심적 상태를 일컫는다. 경우에 따라 납득은 지적인 이해가 뒤따르지 못할 때가 있다. 의논에 의해 상대를 논파할 수 있어도 상대를 납득시키기는 쉽지 않다.

아리스토텔레스(Aristoteles, B.C. 384~322)는 그의 저서 『수사학』에서 세 가지 설득방법에 대해 언급하였는데, 첫째는 화자의 개성에 의존하는 것이요, 둘째는 청중의 심경을 일정한 방향으로 모아 놓는 것이요, 셋째는 스피치에 의한 명백한 증명이라고 하였다.

또한 설득을 주로 한 스피치의 특징에 대해 올리버(Robert T. Oliver)는 주의, 시사, 증명의 3단계로 그 구조를 대별하고 있으나, 먼로(A. H. Monroe)는 이보다 좀더 세분해서 5단계로 그 구조를 설명하고 있다.

5단계의 구조는 첫째, 화자에 대해 청자가 취하고 있는 무관심한 태도나 냉담한 태도를 변화시켜 화자가 말하고자 하는 것에 청자의 강한 주의가 쏠리게 하는 것, 둘째, 청자의 특정한 필요를 명백히 밝힌다. 즉, 청자가 현재의 상태를 변화시켜야 할 것인가의 여부를 청자에게 분명히 명시해 주는 것이다. 여기서 필요라는 것은 개인의 마음속에 무엇인가가 결핍돼 있음을 지적하고, 이것이 구체적인 형태를 취해 외부로 표출될 때 모두를 가리키는 것이다. 셋째, 청자의 필요에 대해 구체적인 제안을 하고, 이 제안이 청자의 필요를 충족시킬 수 있는 가치있는 제안임을 진술하는 것인데 이때 청자는 만족의 단계를 거친다. 이 세 번째의 단계에서 스피치의 내용은 일반적으로 제안을 하는 것, 제안에 대해서 설명하는 것, 제안의 근거를 논증하는 것, 사실의 경험에서 실례를 보이는 것, 반대론은 그 근거가 없음을 비판하는 것 등의 순서를 따르게 된다. 넷째, 구체적인 제안 적용의 결과에 대해 청자 자신이 구체적으로 상상할 수 있도록 한다. 즉, 청자가 화자의 구체적인 제안에 따른 경우에 장차 어떤 바람직한 결과가 될 것인가에 대해 생생하게 상상할 수 있게 하는 것으로, 이에는 세 가지 방법이 있는데, 화자의 제안을 실행하지 않을 경우 청자의 미래 상태를 상상시키는 소극적인 방법, 화자의 제안을 실행했을 경우 바람직한 청자의 미래 상태를 상상시키는 적극적인 방법, 소극적인 방법과 적극적인 방법을 모두 사용한 후 양쪽을 비교시키는 방법이 그것이다. 다섯째, 행동화라는 것은 청자가 특정 행동을 시작하도록 시키기도

하고 그 행동의 시인을 표시하도록 단적으로 요구하는 것이다. 이 단계에서 스피치는 일반적으로 다음의 단계를 거친다. 즉, 열렬한 호소, 시안, 주안점의 요약, 권위자와 권위서로부터의 인용, 주안점의 예시, 화자 개인으로서의 의지 표현의 단계이다.

이런 절차를 통해 목적을 달성하기 위해서, 즉 청자로 하여금 화자가 의도한 행동을 유발시키기 위해서 화자는 설득력 있는 태도를 취해야 한다. 어떤 설득 방법을 쓰든지 간에 화자가 설득이라는 행위에 대해서 열을 올리고 있다는 것은 듣는 이로 하여금 그만큼 감정을 불러일으킬 수 있는 계기가 되기 때문이다. 이 설득력 있는 태도란 화자가 설득하려는 내용에 확신이나 자신을 갖고, 그것에 대한 충분한 지식 또는 정보를 가지고 있음을 보여주는 것이다. 또한 그 태도에 있어서 화자의 외모는 엄숙한 빛을 띠어야 하며 적극적인 스피치로써 설득에 임하여야 한다. 이와 더불어 화자의 음성, 어굴 표정, 눈동자 등 전반적인 것에 걸쳐 설득적인 태도로 일관하여야 함은 물론이다.

위에서 언급한 화자의 설득적인 태도 중 화자의 음성과 관련된 조건에 있어서는 벤더(J. F. Bender)가 여섯 가지를 명시한 바 있다. 화자의 음성은 그의 성별, 연령에 상응한 음성이어야 하고, 적당한 공명을 동반하는 음성, 다양한 음색의 자연스런 음성, 그리고 시의에 맞는 음성이어야 한다는 것이다.

이상에서 우리는 설득의 목적과 특징, 그리고 설득이 이루어지는 단계와 설득력 있는 태도에 대해 살펴보았다. 그러면 이제 효과적인 설득 방법에는 어떤 것이 있는지 알아보기로 한다.

설득의 목적이 다양한 것처럼 설득의 방법에 여러 가지가 있다. 그 여러 가지 방법 중 화자가 실제로 설득을 할 때에 그 목적에 맞는 적당한 방법을 택해야 한다, 앞에서 이미 언급한 바가 있지만 설득의 결과인 납득은 감정을 통해서 성립되는 경우가 매우 많다. 그러므로 말만으로 설득해서 그 효과가 크지 못하다. 때문에 화자는 청자의 감정에 호소할 수 있는 방법은 무엇이든지 다 채택해서 사용하게 되며, 이럴 때 설득의 효과는 그만큼 더 커진다.

그러나 본문에서는 구현어에 의한 설득 방법만을 고려하고자 한다.

첫째, 이해에 호소해서 상대를 설득하는 방법이다. 이 방법은 특히 상대편이 사물을 판단함에 있어 지적인 이해에 의존하는 경향이 큰 사람일 경우 효과적인 방법이다. 이때에 논리학 분야에서 취급되어온 추론의 방법, 즉 일반 원칙에서 특수 사실을 연역하는 논법과 개개의 실례에서 일반 원칙을 유도하여 귀납하는 논법, 그리고 원인과 결과의 필연적인 관계에서 추론하는 논법 등을 사용하여 어떤 이유나 근거의 정당성을 증명하여 자신이 상대에게 요구하는 것이 정당하다는 설득 이유를 검토하여 상대에게 보인다. 이때 이 이유를 뒷받침하고 강하게 긍정하는 자료 등을 함께 상대에게 제시함이 효과적이다. 또한 자신이 요구하는 사항의 정당성을 보이는 한편 이에 대한 반대 의견은 그 근거가 없음을 명백히 밝혀 두는 것도 중요하다. 이것은 앞의 논법들이 적극적인 방법임에 비해 소극적인 방법이라 하겠다. 즉, 자신의 의견이나 사고 이외의 것은 모두 부정확하고 근거가 없으므로 바르고 정확한 것은 오직 자신의 주장뿐이라는 논법이다. 이때 반대의견이 근거 없음을 밝히는 과정에서 다음의 사실을 제시해 주는 것이 필요하다. 자신의 주장과 상반되는 의견 및 사고는 중요하지 않다든가, 당면하고 있는 과제와 관계가 없다는 점을 명백히 하고, 반대론이 잘못된 사실이나 정보에 근거를 두고 있음을 밝힌다. 또는 반대론의 이유 또는 논법 자체가 자기모순임을 증명하여 줄 수도 있다. 이렇게 자신이 주장하는 것에 대한 정당하고 확실한 이유를 제시하고 그에 대한 반대론이 있을 수 없다는 논리가 뚜렷하면, 청자는 필연적으로 설득되고 화자는 자신의 설득 목표를 이룩하게 될 것이다.

둘째, 첫째 방법이 화자의 입장에서 일방적으로 청자를 설득하는 방법이다. 이에 대하여 청자의 요구에 호소하는 방법이 있다. 이 방법은 일방적인 설득 방법보다 더 설득력이 있고 효과적인 결과를 가져온다. 모든 청자는 각각의 입장에서 여러 가지 절실한 요구를 가지고 있으며, 이러한 청자의 요구에 부응하는 설득은 더욱 쉽게 상대의 마음을 움직일 수가 있다. 그러나 인간의 부류가 다양한 만큼 청자의 요구도 여러 갈래이고, 그 요구 자체도 자연 그 절실함에 있어 차이가 있기 마련이다. 그러므로 화자의 입장에서 이렇게 다양한 청자의 요구 중에서 어느 정도의 공통성을 찾아내지 않으면 안 된다. 이에 대해 머레이(Murray)는 인간의 욕구를 심리적인 것과 생리적인 것으로 나누어 생각했으며, 인간의 사회적인 욕구에서도 모험과 명예를 통해 설득에 성공하는 예는 흔히 볼 수 있다고 했다. 일반적으로 인간이 요구하는 공통점을 살펴보면 사회적으로 인정을 받고자 하는 것, 건강, 작품이나 사업에 성공하는 것, 인기의 상승, 아름다운 외모, 로맨스, 성, 모험, 안전, 여가, 명예, 자존심 등이며, 이런 항목은 모두 설득력을 불러일으키기에 충분한 것들이다. 또 설득을 시키려는 상대에 따라 그 개인의 요구를 빨리 포착하여 거기에 적응하는 방법은 설득의 효과를 배가해 준다. 특히 이런 문제는 상품을 팔아야 하는 화자의 입장에서 더한층 고려가 필요하게 된다. 상품을 파는 기술도 상인에게는 중요한 설득 능력이기 때문이다. 이에 대하여 유명한 광고업자인 슈와브(Schwab)와 비티(Beatty)는 오랜 연구 끝에 다음의 일곱 가지 방법이 상품을 사게 하는 수단으로 유효하다고 발표한 바 있다. 그 일곱 가지는 무엇인가를 제공하거나 판매 기간이나 판매 수량을 제한하는 것, 보증을 붙이거나 정가 이상의 가치가 상품에 있다는 것을 입증하여 보이는 것, 또는 가격을 할인하여 판매하는 기간을 정하고 상품을 사지 않으면 손해라는 인상을 상대에게 심어 주는 방법 등이다.

앞에서도 말한 바 있지만, 이렇게 청자의 요구에 호소해서 설득하는 방법은 단순한 지적인 이해만으로 호소하는 설득 방법보다 더 빠르고 효과적으로 목표에 도달하게 한다. 중요한 문제는 설득시키려는 대상에게 지금 가장 절실한 요구사항이 무엇인가를 재빨리 파악하는 일이다. 그런데, 이방법의 이러한 효과적인 면을 악용하는 사례가 종종 있다.

셋째, 화자의 인격으로 상대에게 호소하는 것으로서, 이 방법은 상대를 덕으로 다스릴 수 있고, 상대를 설득하기에 충분한 인격이나 개성을 가진 화자에게 적용이 가능하다. 이때 화자가 갖출 수 있는 개성은 매우 다양하겠으나, 대체로 지식이 풍부하거나 부슨 일에든 공평무사할 때, 정직하고 솔직한 태도를 가지며 인간미가 있거나, 각 방면에서 신뢰받고 있는 등의 특질이 대표적인 것이다.

넷째, 같은 사실을 반복하여 호소함으로써 상대를 설득하는 방법이다.

다섯째, 각 방면의 정보, 즉 자기가 내세우는 이유를 뒷받침해 줄 수 있는 정보 뿐 아니라 그 문제에 관련되는 여러 가지 정보를 여러 방면에서 수집하여 청자에게 이 모든 것을 제공하는 방법이다. 그리하면 상대는 그 모든 정보에 입각하여 스스로 판단하고 결론을 내리게 된다.

여섯째, 추상화되기 쉬운 일반론보다도 구체적인 실례를 서술하여 상대를 설득한다. 실례는 그 자체로서 박력을 띠어 청자의 주의를 끌고 감정을 빨리 유발할 수 있다.

일곱째, 환심을 사면서 상대의 마음을 즐겁게 할 수 있는 자료를 써서 상대를 설득하는 방법이다. 이 방법의 일환으로 화자는 기지나 유머를 쓰게 되는데 특히 유머는 심리적인 장면 전환을 하려 할 때 효과가 있다. 따라서 유머는 인간간의 언어생활에 있어서 빼놓을 수 없는 부분이며, 이 유머를 이해하는 것은 근대인의 사회생활에 필수적인 조건이라 할 수 있다. 이러한 유머는 적절하고 재미있는 이야기를 하거나, 과장된 표현, 변덕스러운 말, 비꼬는 말, 또는 비유에 의해서 나타나고, 또 특정한 권위자나 옆 사람을 슬쩍 찔러 보거나 자기 자신을 야유하여 엄숙한 분위기를 웃음거리로 만들어버리는 등의 상황에서도 발생한다. 그리고 완곡한 표현을 사용함으로써 발생하기도 한다.

유머는 이러한 과정을 통해 발생하지만 기지는 의식적인 언어 기교에 의한 경우가 많다. 다시 말해서 기지는 일종의 언어적인 유희라고도 볼 수 있는데, 그러면서도 보다 지성적이고 세련된 맛을 풍긴다.

여덟째, 권위자가 언급한 바나 권위서의 인용으로 상대에게 호소하는 방법이다. 이러한 권위있는 사람의 글이나 저서는 청자의 주의를 끌고 화자의 의견에 빨리 수긍하게 만들기도 하기 때문이다.

아홉째, 전체가 기울고 있는 경향이나 여론의 방향을 제시하면서 상대를 설득한다면 상대를 쉽게 설득할 수 있다.

열째, 청자의 인정에 호소하는 방법이다. 인간애에 입각하여 청자의 인정이나 인간성에 호소하는 방법이 설득을 쉽게 한다.

4. 환담의 기능

쾌락은 인간이 바라는 가장 평범한 것의 하나다. 그러므로 연사는 이것을 충족시킬 수 있는 환담을 이따금 삽입할 수 있어야 한다. 그런데, 대부분의 연사들은 이점을 소홀히 다룰 때가 많다. 표면상으로는 사람을 웃기고 즐겁게 해주는 환담이 무척 용이한 것처럼 보이기도 하지만 사실은 그렇지가 않은 것이다. 다만 이 요령을 터득하려면 어느 정도의 실제적인 경험이 절대로 필요하다.

여기서 주의할 것은 환담을 위해서 스피치는 꼭 재미있어야 한다는 흥미 본위의 그릇된 관념에 대한 주의환기이다. 대체로 환담은 소설적인 서술이나 호기심을 끄는 경험담의 진술에서 발생된다. 경험담은 여행가에게서 들을 수도 있고, 특이한 인물에 대한 뒷공론에 관한 것일 수도 있는 바, 이것은 모두 환담의 기본을 형성한다.

대화를 재미있게 나눌 수 있는 것이면 모두 환담의 자료가 될 수 있다. 그러나 이것은 주제에 대한 기본적인 이해를 촉구하는 것이 아니고, 단지 기분 전환의 의미를 지닐 뿐이다.

생생한 서술이나 진문의 선택을 위한 상술은 여기서 생략한다. 유머가 모든 환담의 기본이 되는 요소가 아니라 하더라도 확실히 중요한 요소임에 틀림이 없다. 특히 유머나 소설적 서술을 통하든 혹은 그렇지 않든 간에 환담은 매우 진지한 목적을 갖는 스피치에서 뺄 수 없는 요소이다. 이쪽의 연설에 앞서 진행된 순서가 너무 길어서 지친 청중은 이쪽의 진지한 연설에 대하여 풍족한 환담을 바랄지도 모른다. 그러므로 환담을 토대로 하는 정황에서만 환담을 쓸 것이 아니라, 좀더 폭넓은 적용을 꾀해 융통성을 잃지 않도록 해야겠다.

광의의 환담은 결국 유머와 동일한 것으로 과장도 그 한 예가 된다. 유머는 환담의 주된 근원이고 웃음을 터뜨리는 근원이 되기도 한다. 그러면 유머에 대해 자세히 살펴보기로 한다.

스피치에는 유머를 적절히 삽입하는 것이 필요하다. 유머는 엷은 미소에서 갑작스런 홍소까지 자아낼 수 있게 그 폭이 넓은 것이다. 그러나 청자들이 왁자지껄하게 웃게 해서 안 되고 최소한 그들이 미소는 잃지 안도록 해야 한다. 여기 여러 가지 방법이 있으나 기본적인 것은 연사 쪽에서 볼 때 기분 전환하는 기질과 장면의 부조화를 보고 묘사하는 능력이다. 정객이나 종교인 그리고 휴양 중인 사람은 심각한 경우가 많으므로 웬만해서는 별로 웃지 않는다. 더욱이 유희를 할 때라도 모든 것이 정상적이면 웃게 되지 않는다. 그러나 유희에서도 규칙을 위반하면 우리를 웃긴다.

큰 말을 탄 사람은 우습지 않으나 큰 사람이 당나귀를 타고 가면 등자가 땅에 닿을 듯하여 우리를 웃긴다.

화자는 실제 이것을 어떻게 적응시켜 나갈 것인가.

유머의 형태를 항목별로 살펴보면 다음과 같다.

① 과장된 표현인데 어떤 사실을 과장되게 표현하면 그만큼 우스꽝스럽고 동시에 여전히 그 사실은 사실대로 바탕을 드러낸다.
② 이중의 의미를 갖는 어휘의 구사나 혹은 동음이의어의 활용이 웃음을 자아낸다.
③ 사람들은 빈정대기를 좋아하므로 권위나 위엄의 풍자에 대해 웃는다.
④ 반대어의 활용이다. 이것은 어떤 사실을 말함에 있어 반대되는 또는 대조적인 의미를 암시하는 것을 뜻한다.
⑤ 해학적인 면으로서 해학의 기본적인 특성은 우스꽝스런 일을 진지하게 다루든가 또는 진지한 일을 우스꽝스럽게 처리하는 것이다.
⑥ 청중으로 하여금 연사가 말하고 있는 것이 정상적이라고 믿게 한 뒤에 그 반대되는 깃을 말하는 불의의 전의이다.

⑦ 사람의 특이한 벽으로 일관되지 못한 사람에 관해 말하든가 사람의 어떠한 부류의 특성을 예증하는 것이다.

⑧ 희극을 들 수 있다. 인간의 웃음의 원인을 파헤쳐 보려는 시도는 과거에도 누차 행해진 바 있으나 아직은 이렇다 할 만족스런 설명을 찾을 수 없다. 그러나 웃음이 담백한 즐거움의 표시라는 데에는 이의가 없다. 예리하고 때로는 신랄한 기지에서부터 떠들썩한 익살과 경솔한 모든 형태 그리고 농담류에 이르기까지 코미디는 광역의 표현을 포괄한다. 가령 농담의 정의에서만 보더라도 농담이란 청자의 예상을 뒤엎는 결언으로 끝맺는 이야기인데, 실제로는 이 결언이 예상의 결언보다는 일층 재미있는 것이다.

⑨ 동정, 채플린의 연기처럼 불쌍한 느낌이 들 때.

⑩ 기상천외의 기발한 말을 들 수 있고,

⑪ 역설로서 언뜻 보기에 모순되거나 불합리한 것 같지만 실제는 올바른 설이다. "서두르면 늦어진다. 천천히 서둘러라"는 하나의 좋은 예가 되겠다.

⑫ 방언이나 음성 표현의 모방

⑬ 논리적인 관련은 전혀 찾아볼 수 없는 부조화나 풍자성의 동문서답

⑭ 불손한 언행을 들 수 있다. 어떤 권위에 대한 저항이나 모독은 사람들의 눈살을 찌푸리게 하고 비난이나 경계를 받는다. 그러나 사회규약이나 법률 등에 대한 권위를 허용하는 한도 내에서 풍자하는 것은 흔히 환담의 원천이 될 수 있다.

이상은 먼로(Monroe)와 디키(Dickey)의 분류를 중심으로 뽑은 것이다. 유머스럽게 표현할 수 있는 언행의 모순은 천태만상이지만 그 중에서 몇몇 예를 항목별로 분류한 것에 지나지 않는다. 대부분의 유머는 우리들 생활 주변의 실태 속에 있는 대조, 불합리, 모순을 파헤치는 능력에 따라 그 발생이 좌우된다.

우스운 일을 잘 관찰한다. 이따금 말하기에 앞서 찾아보기 쉬운 언어나 동작에 따른 일련의 사실은 자연스런 유머 발생에 알맞은 조건을 부여한다. 특히 말을 너무 진지하게 해서는 안 된다. 그러나 상대를 웃기려면 연사가 웃어서는 안 되고, 상대를 울리려면 연사가 울어야 한다.

그럼 환담의 구성을 살펴본다. 환담의 구성은 먼저 청자들의 주의를 끄는 단계인 동기부여가 중요하다는 사실이 고려돼야 한다. 청자들이 어떤 당면 문제를 알고자 하나, 확실한 설명과 의견을 듣고자 하지는 않는다. 청자들의 주의는 충분히 끌 수 있어야 하고 기분 좋은 상태에서 흥은 계속 돋구어져야 한다. 여기 다음 두 가지 방법이 있다.

첫째, 요점식으로서 실례, 이야기, 일화, 유머스러운 비교 등 일련의 항목이 서로 빠르게 꼬리를 이어가는 방법이다. 그러려면 하나의 중심 아이디어를 싸고도는 것인데, 이때는 이야기, 일화, 실례를 말하면서 환담의 각 항목을 잇는 주요 아이디어나 각 항목에 의해 표현된 관점을 지적해 주는 것이 필요하다. 또한 첨가되는 일련의 이야기, 일화, 실례 등이 뒤따르고 이 각 항목은 중심점을 확충하거나 아니면 명백히 밝혀줘야 한다. 그리고 흥미나 유머가 균형을 유지하도록 각 항목을 잘 조절한다. 재미있는 한 군데만 쏠리게 하지 말고, 특히 흥미나 유머가 점차 감퇴되지 않도록 주의해야 한다. 그래서 끝을 장식하기 위해 유머스런 일화는 되도록 끝으로 모는 것이 좋다. 이야기를 끝맺을 때는 분명히 밝혀야 할 중심점을 재술함으로써 끝맺는다. 또 여기서 연사의 취향이 포함되는 어떤 정감을 나타내면 청자들의 머릿속에 여운을 남겨 줄 수가 있다.

상기의 방법으로 환담을 진전시켜 나가는 것은 청자에게 웃음만을 주자는 것이 아니고 웃음도 주면서 동시에 사람들이 잘 기억할 수 있는 일정한 사상까지도 청중의 마음속에 그려지도록 하자는 것이다.

둘째, 해학식 방법이다. 이 방법을 쓸 때 청중의 심리학적인 반응만을 고려하는 한 주의의 단계만이 포함되지만, 환담의 구조상 여러 단계를 거쳐야 한다. 그 첫 번째 단계는 주의의 단계이다. 환담을 시작할 때 특수한 경우를 말하거나 최근의 에피소드, 이야기나 일화를 들려 주거나 농담을 던짐으로써 상대의 주의를 끈다. 두 번째 단계는 필요와 충족의 단계로서 진지한 문제를 제시하고, 이 문제에 대해 그 해석을 재미있게 하거나, 이에 관계되는 가공적인 이야기를 상술, 또는 대비에 의해 그 진지성을 과장한 후 이 문제를 해결할 흥미있는 방법을 진술함으로써 청자의 욕구를 충족시킨다. 이때 중요한 것은 부조화를 확대하기 위해 유머스러운 일화들을 잘 융합시키는 것이다. 세 번째 단계는 구상화의 단계이다. 즉 과장된 사실이 첨가된 고도의 불합리를 진전시켜 청자의 마음에 그것이 역력히 떠오르게 하는 단계이다. 네 번째는 마지막 단계인 행동의 단계이다. 화자는 이야기 줄거리에 반어를 사용하면서 그 줄거리의 급소를 요약하고 행위의 과대한 요구를 익살맞게 표현하는 동시에 순간적으로 환담을 끝낸다. 이때 요약은 짧고 재미있어야 한다.

어떤 방법을 쓰든지 간에 환담에 임하는 연사가 꼭 기억해야 할 것은 너무 길게 말하지 말아야 한다는 사실이다. 길게 말하는 것처럼 유머를 깨는 일이 없다. 잠깐 사이에 간단히 요점을 말하는 것이 좋다. 또 연사는 이쪽의 유머가 재미있는 것임을 확신하면서 자신감을 가지고 환담에 임해야 한다.

1. 설명에 쓰이는 효과적인 방법을 나열해 보라.
2. 보고의 목적은 무엇인가.
3. 효과적인 설득을 하기 위해 어떻게 하는 것이 좋은가.
4. 먼로가 5단계로 세분한 설득의 구조에 대해 설명하라.
5. 환담의 구성에 대해 말하라.

참고 문헌

1. 전영우, 『화법원리』, 교육출판사, 1967.

2. Alan H. Monroe, *Principles and Types of Speech*, Scott Foresman Company, Chicago, 1949.

3. A. Craig Baird, *General Speech*, McGraw Hill, New York, 1957.

스피치 유형

제10장

개 관

스피치 유형은 형태 분류와 설명이다. 가장 어려운 부분이다. 담화, 연설, 토론, 토의, 회의, 방송 화법, 구두 낭독으로 스피치 형태를 분류하였다. 이 중에서 담화류에 포함시킨 것이 회화, 대화, 좌담, 면접, 상담이다. 의미상 중복되는 감이 없지 않으나 일단 형태상 이 정도는 분류되어야 할 것으로 안다. 그리고 회의는 대규모 회의와 소규모 회의로 나누었다. 통상적 회의 규칙에 의하여 운영되는 회의가 전자에 해당되고 조직이나 기업에서 루틴화된 회의가 후자에 해당된다. 그리고 방송 화법을 라디오와 텔레비전으로 나누어 설명하였으며 구두 낭독을 스피치 형태 분류 속에 포함시킨 것은 국제적 학문 조류에 따른 것임을 여기 밝힌다.

1. 담 화

스피치의 가장 평범한 유형은 담화이다. 담화의 의미는 '말한다' '이야기한다'는 식으로 어떤 형식이 필요치 않은 스피치를 가리킨다. 바꾸어 말하면 격식을 따라 말할 준비를 미리 세밀하게 하지 않는다는 의미와 일정규칙이나 순서를 밟아 행하는 것이 아니란 의미를 포함한다. 담화에 비하여 사전 준비를 필요로 하는 것은 각종 연설이나 강의, 강연, 연설, 의식의 式辭 등이다. 일정 규칙이나 순서를 밟아 하는 것은 토의, 토론, 회의, 낭독, 라디오, 텔레비전, 연극, 영화 등이다.

일상적인 상태로 매우 자연스럽게 상대방에게 말을 건네는 유형의 스피치가 바로 담화이다. 최근에 와서 연설 및 式辭에서도 가능한 한 담화 형식이 바람직하게 느껴지고 있다. 이 같은 관점으로 보면 담화 형식에 일상 회화, 문답 등은 물론 연설, 강연, 설교 등도 담화의 일종으로 간주하게 된다.

그러나 담화의 특질은 규격과 격식을 갖추는 스피치와 대립된다. 담화는 자연스런 상태에서의 말하기이므로 상대방 청자가 직접 언어적 반응을 보이는 유형이다. 따라서 화자와 청자는 직접 교섭관계에 놓이게 된다. 연설이나 강연이 되면 가령 담화 형식이라도 청자가 직접 언어적인 반응을 일으키는 일은 거의 예외적이다. 연사의 말로 인해 심리적 반응이나 신체적 반응이 일어나는 경우가 빈번하다. 청자가 반문하고 의견을 진술하는 언어적인 반응을 일으켜 연사가 청자되고 청자가 연사되는 소통관계로 이야기를 전개시키는 일은 극히 예외적이다.

정부 고위층에서 담화를 발표하든지 외국의 고위 관리가 우리 나라에서 도착 즉시 발표하는 담화가 있으나 이 경우 역시 공식적인 성명처럼 형식을 갖춘 것이라 하기 보다 아무래도 약식이고, 단지 우호와 친밀감을 내포하는 스피치의 색채가 짙은 것이다. 담화가 끝나면 이 경우 예외 없이 질의응답이나 문답이 청자와의 사이에 실시되는 것이 보통이다.

거듭 말하거니와 담화는 틀에 박힌 형식을 필요로 하지 않고, 자연스럽게 말을 건네는 화법을 단순한 특색으로 하고 청자와의 직접 상호관계로 행하여지며 상대방의 언어적 반응을 기대하게 된다.

담화는 독백, 방백, 대사와 다른 것으로 어떤 개인적 상호관계에서 행하여지는 격의 없는 스피치이다. 따라서 현재는 일상생활의 회화, 회담, 문답, 상담을 비롯하여 연설, 강연, 발표 등까지 이에 포함할 수 있다.

그러므로 담화의 종류와 담화의 장면을 분석하기가 대단히 어렵다. 다만 기능을 중심으로 담화를 나누어 설명하기로 한다.

1) 회 화

회화는 일상의 언어 생활에서 매우 평범한 담화류에 포함되는 일반적인 것이다. 회화 능력의 적부적은 때로 개인 생활을 좌우하는 사회생활에서 가장 절실한 능력이다. 있을 법한 회화 내용이 의외로 오류와 반감을 불러일으킨 예가 우리 생활 주변에 허다하다. 그리고 인간이 언어를 습득하기 시작하는 어린 시절부터 자연스럽게 발달해온 부면이 많아 회화가 국어 교육에서 소홀하게 다루어지는 감이 없지 않다. 회화는 교육하지 않아도 저절로 터득되는 것이라고 잘못 인식하고 있다. 사회생활 또한 원만하고 풍족한 회화 능력이 공사간에 중요시되는 문제임에도 불구하고 효과적인 회화 능력을 신장하려는 노력이 부족하다.

사회생활과 대인관계에서 회화가 거의 그 방편이 되는 터요, 상호 이해와 협력은 일층 더 회화 능력의 의의를 강조하고 있다. 의사소통 수단인 회화는 몇 사람이 하는 것이란 인원수가 정해져 있지 않으나 대개 3～4명에서 5～6명 정도가 보통이다. 이때 특히 1대 1의 경우를 대화로 본다. 그리고 특정인 2～3명이 모여 주어진 화제를 놓고 담화를 나눌 때 이를 대담이라 하며, 단 3人의 경우 鼎談이라 하기도 한다. 또 다정한 이야기를 情談, 정치 이야기를 政談이라 한다.

회화라 할 것을 대화라 부르는 경우가 없지 않은 까닭은 회화는 외국어의 경우로 한정하는 데서 오는 오류이다. 회화와 대화를 구분하여 쓰는 것이 바람직하다. 회화는 이에 참여하는 사람이 대체로 동년배와 동지위의 경우, 연령이나 지위에 차이가 있는 경우, 동성만의 경우, 이성과의 경우가 있다. 그리고 그 때마다 주어진 환경과 장면에 맞게 적응하며 회화가 진행된다. 어떤 경우이든 상대방 마음을 깊이 헤아리는 방편을 배워 상대로부터 가치있는 정보, 지식, 의견을 얻으면 자신의 사고, 식견을 넓히고 또 깊이를 더하게 된다.

회화의 특징을 간추리면 다음과 같다.

① 참여 인원수가 비교적 소수이다.
② 진행은 참여자 전원에게 책임이 있다.
③ 화제는 반드시 일정하게 고정되지 않는다.
④ 결과와 결말보다 이야기 진행 자체가 목적일 때가 많다.
⑤ 참여자의 감정과 분위기가 이야기 내용과 진행에 영향을 미칠 경우가 많다.

물론, 어떤 특별한 의도로 실시되는 회화, 회담, 면접에서 의견 교환의 결과 또는 결말이 명백히 나와야 함은 두말 할 필요가 없다.

회화의 능력을 향상코자 하면 회화능력이 어떤 것임을 미리 알아둬야 한다. 맥키(Paul McKee)가 그의 저서에 인용한 맥브룸(M. Mcbroom)의 『회화에서 요청되는 적절한 능력의 분석』은 그 설명이 상세하다.

① 말할 내용과 그 가치를 분명하게 인식할 수 있는 능력
② 회화 진행 중 계속 열의를 낼 수 있는 자세
③ 남에게 불쾌감을 주지 않는 어구에 대한 지식

> ④ 남의 이야기를 기꺼이 들어 줄 수 있는 자세
> ⑤ 흥미있는 이야기 자료의 원천에 대한 지식
> ⑥ 공통의 에티켓을 지킬 수 있는 능력
> ⑦ 회화시 화제를 바꿀 수 있는 능력
> ⑧ 남이 싫증나지 않게 말할 수 있는 능력
> ⑨ 말해야 할 때와 말해서 안 될 때를 분별할 수 있는 능력
> ⑩ 남을 소개할 때와 소개받은 뒤의 화법에 능해야 된다.
> ⑪ 남을 방문한 때의 회화 지식
> ⑫ 상용 면접을 할 수 있는 능력
> ⑬ 주어진 장면과 회화 참가자에 맞는 화제 선택
> ⑭ 언어를 정확히 구사할 수 있는 능력
> ⑮ 흥미있는 자료 수집 방법에 따른 지식

이야기 내용의 깊이보다 말하는 에티켓이 회화에서 더욱 중요하다. 그러므로 회화에 유능하다면 회화의 에티켓이 몸에 밴 상태, 곧 회화의 바람직한 태도와 습관이 확립된 형편을 말한다.

> ■ 화자 입장의 에티켓
> ① 말할 내용을 분명하게 정리한다.
> ② 조리있게 생각하며 말한다.
> ③ 분명한 음성으로 정확하게 발음한다.
> ④ 올바른 어휘를 적절히 구사한다.
> ⑤ 비속어나 남에게 불쾌감을 주는 어휘는 쓰지 않는다.
> ⑥ 상대를 보며 편한 자세로 말한다.
> ⑦ 회화 중 적절한 표정과 동작은 있음직 하나, 정도를 지나치지 말아야 한다.
> ⑧ 메시지가 상대방에게 분명히 전해질 수 있게 말한다.
> ⑨ 화제와 무관한 방향으로 이야기를 갑자기 바꾸지 않는다.
> ⑩ 말하기를 독점하지 않는다.

⑪ 남의 이야기를 중도에서 차단하지 않는다.
⑫ 상대방이 이쪽 이야기를 잘 수용하지 않아도 시무룩해 할 필요가 없다.
⑬ 상대방 이야기를 반박하는 듯한 태도는 적극 삼간다.
⑭ 자신에게 잘못이 있음을 느끼면 즉시 바르게 정정한다.

■ 회화 참여자 전원의 에티켓
① 상대방 이야기를 열심히 경청한다.
② 적절한 응대어를 구사하여 상대가 말하기 쉽게 돕는다.
③ 화자 얼굴을 보며 듣는다.
④ 남이 말할 때 방해하지 않는다.
⑤ 화제가 바뀔 때 민감해야 한다.
⑥ 남이 말할 때 잡담하지 않는다.
⑦ 화제가 확산되게 노력한다.
⑧ 말하는 사람의 이야기를 중지시킬 때 언제 어떻게 할 것인가를 알아야 한다.
⑨ 남의 비위를 상하지 않도록 주의한다.
⑩ 화제가 남에 대한 험구와 비평이 되지 않게 유념한다.
⑪ 남과 의견을 달리할 때 정중한 태도를 보인다.
⑫ 과묵한 사람은 이야기를 꺼내기 쉽게 돕는다.
⑬ 좋고 싫음을 온화하게 말한다.
⑭ 무익한 논의는 가급적 피한다.

요약해 말하면, 일상 회화는 스피치의 기초 지식을 활용하는 좋은 계기가 된다. 다만 말은 글과 달라 좀처럼 잘못한 말을 정정 혹은 수정하기가 매우 어렵다. 그러나 지나치게 긴장함이 없이 자기 자신을 자연스럽게 표현하고, 남의 이야기를 잘 들어 상호 화제를 풍부히 만들고 교양을 높이도록 힘쓰는 일이 일상 회화의 지름길이다.

2) 의례적인 인사

이것은 일상의 사교생활을 부드럽게 행하기 위한 간단한 회화로 각각의 장면에 따라 대체로 정해진 언어 형식에 따르는 의례적인 경우를 가리킨다. 이에는 공적인 때와 사적인 때가 있는데 공적인 경우만 들어보면, 환송, 환영, 이임, 취임, 개회, 폐회, 결성, 낙성, 각종 기념, 표창, 입학, 졸업, 고별, 시무, 종무식 등인데 어느 정도 형식적이고 내용 역시 어느 정도 정해진 규정과 관례에 따르게 된다.

따라서 대부분의 인사가 미리 정해진 일정형의 어구, 문구의 나열이어서 매우 평범하고, 감격성이 결여돼 이로 인하여 청자측에서 염증을 일으키기 쉽다. 그리고 초고를 낭독할 때가 있어 독창성이 부족한 인상을 던질 수 있다. 연설집을 읽고 엮어낸 인상을 남기기 쉽다. 물론 연설집을 참고할 수 있으나 전적으로 이에 의존하는 것은 청자를 위하여 권할 일이 못된다.

공식 인사는 원칙이 마치 연설과 흡사하다. 성실성을 갖고 자연스럽게 그리고 되도록 간단히 생동하는 구체적 자료를 선택 유머를 섞어 말한다. 그런 고로 공식 인사를 일상 회화의 연장이라고 보아 담화 속에 넣은 것이다. 어느 때 인사이든 그것은 스피치이다. 기초 지식을 토대로 충분히 심사숙고해야 청자를 즐겁게 하고 또 감명까지 줄 수 있다. 이때 시간의 적절한 활용은 물론 개성이 풍기는 자기대로의 멋이 살아야 한다.

일상의 사교 생활 역시 복잡하고 다양하여 의례적 인사의 목적 또한 각기 다르다. 그러나 인사치레는 대개 다음 목적에 따라 행해지는 문답 형식의 회화라는 것이 좀더 담화류에 가까운 정의일 듯하다.

① 호의를 전할 목적으로,
② 환영 또는 축하의 뜻으로,
③ 일상의 대인 에티켓으로,

> ④ 방문과 면회의 목적으로,
> ⑤ 보고의 목적으로,
> ⑥ 자신의 안전을 전할 뜻으로,

이상은 주로 일상생활에서 흔히 쓰이는 인사다. 일층 사적인 예에 가깝다. 공적인 집회와 정황에서 행하는 형식은 공적인 예에 해당한다. 공식적이고 형식적인 의례적 인사를 달리 메시지라 하기도 한다. 양식은 연설과 유사하다.

또 소위 축사가 있다. 이것은 형식에 치우치기 쉽다. 더욱이 축사에 代讀이 많다. 불가피한 경우를 빼고 극히 바람직하지 못한 일이다. 의례적 인사는 사교 관계의 성격을 띠는 것이므로 몇 가지 특징을 갖는다.

> ① 대개 정해진 표현어가 있다.
> ② 정해진 순서가 있다.
> ③ 지위와 연령의 상하 관계를 무시할 수 없다.
> ④ 경어법이 크게 영향을 미친다.
> ⑤ 반드시 진실을 전달한다고 볼 수 없다.

의례적 인사의 문답 중 질문이 어떤 것이든 기업인은 네, 외교관과 정치인은 글쎄, 여성은 아니오로 대답하는 것이 유럽의 관례이다. 우리 또한 이에 주목할 바가 있다.

3) 대화의 정의

서로 마주 대하여 직접 이야기함, 또는 주고받는 그 이야기, 작품 중에 나타나 있는 둘 또는 그 이상의 등장 인물 사이의 회화, 또는 대담이 대화에 대한 사전식 정의이다.

어휘 해석으로 이 정도로 좋으나 사항 설명으로 미흡한 감이 없지 않다. 직접 대면하여 말하는 것, 혹은 또 그 이야기, 쌍방간의 이야기가 대화이다. 회화와 동일 의미로 쓰이기도 하고 또 회화 중에서 조금 다른 느낌을 주는 경우를 가리키는 등 의미가 일정하지 않으나 통례는 특정의 개인과 또다른 특정의 개인이 1 대 1의 형태로 상대하여 상호 말을 주고받는 경우 일반을 가리킨다. 따라서 대화를 나누어 문답, 상담, 간담, 교섭, 면접, 전화 등으로 분류하기도 한다. 해석학적 입장에서 일상생활적인 여러 방면의 이야기류는 회화이고 이에 대하여 극이든가 논리적 문답 관계를 특히 대화라 칭할 때가 있다. 대화 중에 지적 요소가 짙은 것을 문답, 정적 요소가 짙은 것을 회화, 논리적 요소가 짙은 것을 토론이라고 삼대별 하는 경우가 있다. 그리고 문답과 대담류를 대화에서 발전한 특수형태로 보기도 한다.

대화는 한 사람 한 사람이 상대하여 행하는 이야기인데 진전에 따라 화자가 청자 되고 청자가 화자 되는 가장 기본적인 담화 형식이다. 대화의 특수 형식으로 문답이 있다. 대화의 경우 이야기 진전에 따라 화제가 자유로이 바뀌는데 문답은 화제가 일정하고 주어진 화제를 해결하기 위한 협력하는 관계로 볼 때 대화에 비하여 지적 성격이 현저하다. 이야기하는 사람 수가 3인 이상이고 이야기가 일층 복잡해지는 것이 회화와 토의이다.

대화와 문답의 방법을 흔히 말하기의 캐치볼에 비유한다. 화자가 청자 되고 청자가 화자됨은 마치 말하기를 볼처럼 주고받는 역할 때문이다. 대화에서 이야기되는 화제가 계속 이어짐과 동시에 상대방 이야기를 잘 경청하고 응대어를 구사하여 그와 관련된 이야기를 진행시켜 나가는 것이 토대가 된다. 말하며 듣고, 들으며 말하는 역할이 계속 바뀌는 것이 특징이다. 따라서 자기 혼자 시종 말하는 것이나 상대방 혼자 떠들게 하고 자기는 아무것도 말하지 않는 것 역시 바람직한 대화가 아니다. 남이 개입하지 않고 둘만 충분하게 담화하는 것이 참다운 대화이다. 문답 또한 이와 동일하나 이것은 대화와 달라 일정 문제를 거론 문제 해결에 협력하는 방법이므로 상호 지식을 털어놓고 의견을 나눌 필요가 있다. 대화든 문답이든 말하며 듣고 들으며 말하는 방식이므로 말하기 속도, 음성의 고저가 주어진 장면에 적절해야 한다. 음성의 고저와 말하기 속도를 적절히 조절하려는 노력은 자연 충동적 화법을 의지적 화법으로 정리, 감정석인 형편을 논리적 사고로 발전시켜 통달 효과를 확실히 하는 것이 다른 유형의 담화나 다른 유형의 화법의 기초를 확립하는 관점에서 충분히 유념할 조건이다.

위에서 대화가 어떻게 정의되고 있는가 살폈다. 1대 1의 담화를 가리키는 것이 통념이고 기본이란 점이 명백하다. 그리고 여기 말하기와 듣기가 함께 포함된다. 이것을 도식적으로 말하면,

대화 = 말하기 + 듣기

처럼 볼 수 있다. 이 같은 관점에서 보면 말하기, 듣기를 각각 나누어 생각, 그것을 합치면 좋다는 결과가 된다. 다만 말하기는 듣기를 예정하는 것이고, 또 듣기는 말하기를 전제로 한다는 점은 두말 할 필요가 없다.

두 기능이 얽히는 것이 복잡하여 단순한 덧셈으로 표시하면 충분치 않다. 그러므로,

대화 = 말하기 × 듣기

와 같은 형식으로 표시하는 편이 훨씬 낫다. 수식의 형태를 차용한 것은 비유적 표현에 불과한 것이므로 물론 수학적 해석은 불가하다.

대화는 매우 자주 행해지나 대화는 그 때마다 다른 양상으로 보인다. 대화 방법을 모색하는 경우, 대화가 어떻게 성립되는가를 미리 분석해 보는 것이 중요하다. 그러므로 우선 모든 대화에 공통되는 부분 혹은 요소를 뽑아보는 일이 필요하다.

대화 성립을 위하여 무엇보다 먼저 화자와 청자가 존재해야 한다. 또 이때 이야기가 나누어지므로 전달 내용이 있어야 한다. 또 이야기하는 바에야 화자에게 어떤 말하기 목적이 있기 마련이다. 이 목적을 화자의 기대라고 말해도 좋을 것이다. 이 가운데 화법과 말하기 목적은 화자에 관련되는 사항이나 이를 청자에 관련지어 말하면 무엇 때문에 듣는가 하는 문제, 결국 듣기 목적이 되고 여기 관련된 청법이 있게 된다.

위의 사실을 정리하면 다음과 같은 결과가 된다.

      화자 — 말하기 목적
      전달 내용 — 전달방법
      청자 — 듣기 목적

요컨대 누가, 누구에게, 왜, 무엇을, 언어를 통하여 전달하는 것이 말하기요, 누가, 누구로부터, 왜, 무엇을, 언어를 통하여 수용하는 것이 듣기이다. 그리고 화자와 청자가 상호 말하기, 듣기 입장을 바꾸면 대화가 된다. 나아가 실제 대화시에 소위 T.P.O를 고려하지 않으면 안 된다. 시간, 장소, 장면이 주어지므로 이에 대한 충분한 배려 없이 대화는 원만히 이루어질 수 없다. T.P.O 역시 대화가 행해지는 경우 불가결의 조건이오, 대화를 구성하는 모든 요소와 밀접한 관계를 갖는다.

이에 덧붙여 커뮤니케이션으로서의 대화를 고려하면 다음과 같다.

    ① 어떤 회로로 행하여지는가?
      누가 커뮤니케이트하는가.
      무엇이 커뮤니케이트되는가.
      커뮤니케이션으로 누가 영향받는가.
      어느 정도로 영향받는가.
      커뮤니케이트된 내용과 효과는 어떻게 측정하는가.

커뮤니케이션 과정에서 상기한 6개 항목을 명확하게 하는 것이 커뮤니케이션 과학에서의 중심 문제이다.

② 화자 분석
  내용 분석
  미디어 분석
  청자 분석
  효과 분석

커뮤니케이션 형식을 분석함에 있어 누가, 무엇을, 어떻게, 누구에게, 전달하였는데, 어떤 효과를 가져왔는가 등 5개 연구 영역으로 나누는 것이고, 각 항목의 연구로 설정한 것이다.

③ 전달자
  전달 방법
  전달 내용
  수용자
  수용 방법
  효과

커뮤니케이션 성립을 위한 요소로 거론한 항목이다.

위 ①, ②, ③은 모두 세부적으로 상위가 있으나 전체로 대비하면 유사한 점에 주목하게 된다. 대화에서 특히 주의할 점을 뽑아 보기 위하여 편의상 전기한 대로 정리한 것이다. 이렇게 정리하면 매우 간단한 것이 되고 무미건조한 느낌이 가시게 된다. 그러나 이것은 대화 성립에 필요한 요소를 연결한 데 불과하므로 이것만으로 대화법이 되지 않는 것은 두말 할 필요가 없다. 실제 대화는 상기한 제요소가 복잡하게 얽혀 있는 것이므로 이 점에 대하여 고려하지 않으면 안 된다.

4) 기업내의 대화

B.C. 4백년 경부터 소크라테스(Socrates)는 대화로 철학하고 사람을 설득

하고 사람을 교육했다. 대화는 사실 진부한 듯하나 반대로 매우 중요할 뿐 아니라, 항상 일종의 신선미를 지니고 있다. 어느 시대를 막론하고 대화가 커뮤니케이션의 중대한 역할을 수행해 온다. 위대한 철인, 종교인, 교육자, 정치가는 항상 대화에 힘써 온다. 소크라테스를 위시하여 그리스도, 석가모니, 공자, 페스탈로치가 모두 대화를 행하였다. 대부분의 정치가가 대화를 잊지 않았으나 대화를 잃은 정치가는 일반의 신망을 얻는 데 실패했다. 경영에서 대화를 잃을 때에 경영 부진에 빠진다. 생산의 기계화에 수반하여 기업 내 인사관리까지 기계화하고 획일화하여 생산성의 저하를 가져올 때 이를 타개한 것이 인간관계라고 생각한다.

인간 관계론은 다름 아니라, 종업원의 기계적·획일적 관리를 지양하고 인간성에 기초를 둔 대화를 부활하는 길, 바로 이것이다. 인간 관계 최소의 단위는 1대 1의 개인적 관계이고 이것은 실제 1대 1의 면접으로 구체화된다. 경영에서 인간 관계론은 필연적으로 기업 내 면접을 활기 띠게 한다. 각종의 공식적 기업 내 면접이나 전혀 비공식적 면접이 아울러 행해진다. 이 같은 면접은 모두 대화를 행하는 일이다. 면접의 본뜻은 '얼굴을 맞대고'의 뜻이나 단지 얼굴만 맞대면 아무 의미가 없다. 여기 대화가 등장하는 당위성이 있다.

생산성의 저하를 구해낸 인간 관계론과 그 구체적 기법으로서의 면접이나 대화도 시간의 흐름과 더불어 잊혀지는 것이다. 기업 내 커뮤니케이션이 어느 겨를에 매스컴적이고 간접적인 그리고 일방적이고 공식적인 것으로 화하고 있다. 이것은 기업 내 커뮤니케이션의 동맥 경화요, 경영의 노화 현상이다. 기업에서 커뮤니케이션이 원활하지 못하면 경영을 부진한 상태로 몰고 간다. 그러면 어떻게 해야 기업 내 커뮤니케이션을 활발히 할 수 있을 것인가. 그것은 두말할 것 없이 대화를 부활시키는 일이다.

기업 내 대화 부활은 구체적으로 어떻게 실천하면 좋을 것인가 그것은 커뮤니케이션의 대비 분류, 즉

대중적(大衆的 — 社內報, 社內放送)
개인적(個人的 — 企業的, 面接)

언어적(言語的 — 口頭, 文書)
비언어적(非言語的 — 記號, 標識)
직접적(直接的 — 對面)
간접적(間接的 — 電話, 油印物, 컴퓨터)
일방적(一方的 — 上下)
상호적(相互的 — 對等)
공적(公的 — 公式)
사적(私的 — 非公式)

등에서 먼저 대중적이고 개인적인 점으로 기업이 대량 생산화하고 생산이 획일화되어 감에 따라 기업 내 커뮤니케이션까지 대중적인 것으로 화한다. 여기서 인간 소외와 인간성 상실의 현상이 나타난다. 이를 회복하기 위하여 기업 내 커뮤니케이션을 퍼스널 커뮤니케이션으로 한다. 이것이 대화에 접근하는 제일보이다.

제2는 언어적이라 하여도 문자나 문장에 의한 언어보다 구현어에 의한 커뮤니케이션이 일층 빈번하다. 또 비언어적 요소로 표정도 풍부히 써야 한다. 이것은 대화적 커뮤니케이션이 아니면 쓸 수 없는 것이다.

제3은 직접적인 커뮤니케이션을 강화하는 것이다. 현재의 기업 내 커뮤니케이션은 지나친 매체 의존으로 매우 간접화되는 경향이다. 명령의 시달이나 보고도 직접 대면하지 않고 문서나 녹음으로 할 때가 있다. 여기에 명령자와 수명자, 보고자와 보고받는 자의 직접적인 접촉이 없다. 문서에 의한 시달이나 보고도 그 사람 육필이면 어느 만큼 거기에 인간성이 섞일 수 있으나 그것마저 컴퓨터를 사용 간접적인 것으로 한다. 이를 직접화한다는 것은 바꾸어 말하면 면접에 의한 커뮤니케이션 부활이다.

사장이 사장실에 깊숙이 들어앉아 사원과 더불어 얼굴을 대면하는 일 없는 상태에서 대화가 있을 수 없다. 사장은 사장실을 떠나 자주 사원과 접촉해야 한다. 하물며 부장이나 과장까지가 부하와 직접 접촉하지 않는다면 대화는 도저히 행해질 수 없다. 명령, 시달, 보고도 직접 구두로 행하지 않으면 되물어 볼 수 없다. 부·과장은 일반 사원 속에서 의당 직접 커뮤니케이션을 실천하지 않으면 안 된다.

제4는 일방적이 아니라 쌍방적이어야 한다. 여기서 대화의 본질이 드러난다. 일방적 커뮤니케이션에 대화는 없다. 기업 내 커뮤니케이션이 전무하다 할 수 없다. 일방적으로 하는 커뮤니케이션에 3개 방향이 있는 것으로 알려진다. 하향, 상향, 수평이 그것이다. 이 3개 방향 가운데 적어도 하향 커뮤니케이션이 없으면 기업 그 자체가 움직이지 못한다. 최고 경영층의 경영 의사는 신속히 하부로 커뮤니케이션 되지 않으면 경영은 이루어지지 않는다. 그 소통의 늦고 빠름은 별 문제로 하여도 하향 커뮤니케이션은 경영의 기본조건으로 존재한다.

여기서 상향 커뮤니케이션이 빠져도 서투른 것이나마 경영이 성립된다. 불안정한 상태임은 물론이다. 건전하게 발전하는 기업은 반드시 하향 커뮤니케이션만 아니라 상향이나 수평 역시 순조롭게 행하여진다. 여기에 비로소 유기적이고 입체적인 경영이 성립된다. 다만 하향과 상향 커뮤니케이션이 따로 행해지는 경우 아직 대화적이라 말할 수 없다. 대화는 그러므로 쌍방 커뮤니케이션의 조건을 갖추어야 한다.

쌍방 커뮤니케이션은 하향과 상향의 교류가 있으면 전적으로 만족한 것이 아니다. 수평 커뮤니케이션 또한 잊어서는 안 된다. 현재 대부분 경영 조직이 주로 종적 체제로 되어 있는 관계상 모든 사내 커뮤니케이션은 하향 또는 상향으로 종적인 체제를 유지하고 있다. 종적 체제는 그대로 특색있고 편리한 점이 있으나 또 결점이 없지 않다. 가장 큰 결점은 수평 커뮤니케이션이 부족하여 횡적으로 벽을 쌓을 염려가 있다는 점이다. 회사나 조직이 이때문에 번민할 때가 있다. 정도가 심하면 이웃 부서에서 무엇을 기획하고 무엇을 실시하고 있는지 모를 상태가 벌어진다. 종적인 체제의 축도이다.

조직 커뮤니케이션 문제 뿐 아니라 인간 관계의 관점에서 횡적인 관계가 나빠진다. 기업체 내에서 횡적 관계를 잘하는 것이 인간 관계의 한 가지 단면이기도 하다. 횡적 관계를 잘하기 위하여 동료간 커뮤니케이션을 빈번히 행해 나가야 한다. 따라서 동료간 대화가 없어서는 안 된다.

대화를 실천하는 제5의 조건은 동료간의 수평 커뮤니케이션을 확장해 나가는 일이다. 동일 부서 내부에서 각 직원이 의논하고, 또 토의하고, 회의하는 일이 중요하다. 그리고 회사 조직으로 간부회의를 열고 횡적 연락을 긴밀히 하는 것은 횡적인 벽을 허무는데 큰 구실을 한다.

다음 제6의 포인트는 공적 또는 공식적 커뮤니케이션 뿐 아니라 사적 또는 비공식적 커뮤니케이션을 실천하는 일이다.

대중적 커뮤니케이션은 일반적으로 공개성을 띠고 그 의미는 공적 성격을 갖는다. 이것만으로 이미 틀에 박힌 공식적 커뮤니케이션이 되기 쉽다. 또 회사와 같이 제도상으로 공식적인 커뮤니케이션도 성질상 공적이다. 그러나 경영의 개별적 커뮤니케이션은 반드시 공적이라 한정할 수 없다. 오히려 의식적으로 사적 커뮤니케이션을 행할 필요마저 있다. 사적으로 비공식적 면접을 행하는 것이 기업 내 인간 관계를 잘 이루어 나가는 계기가 된다. 제도상 공식 상담에서도 사적인 문제가 거론되므로 공적이라고만 말할 수 없다.

그러나 경영상 비공식 커뮤니케이션은 틀림없이 사적이다. 부하의 사적인 번민을 상사가 상담해 주지 않으면 안 될 경우가 있다. 기업 내 대화를 원활히 실천하기 위해 비공식의 사적인 요소를 가미하는 일을 경시해서는 안 된다.

화자가 일방적으로 말하는 것이 대화는 아니다. 화자와 청자가 시종 그 역할을 빈번히 교환할 때 대화에 의의가 있다. 말하기만 일삼는 것이 아니라 듣기도 하는 것이 아니면 안 된다. 대화를 활발히 한다고 할 때 화법만 문제삼는 사람이 있으나 그것은 대화의 반만을 생각한 소치이다.

만약 대화를 말하는 반면만 생각하면 대화는 단지 평행적인 것이 되고 만다. 서로 자기 주장만 말하는 것이다. 여기에 사실상 교섭은 없다. 주어진 장면에서 말하고 듣고, 들으며 말하는 교류 작용이 있음으로써 비로소 대화가 이루어진다. 경영에서 대화를 실천하는 문제도 역시 이 점을 잘 고려해야 한다. 경영층의 일방적 언사는 대화가 아니다. 오히려 종업원 이야기를 비중있게 경청하지 않으면 안 된다. 듣기만 할 뿐 아니라 서로 말하고 듣는 정황에 참된 대화의 정신이 있다.

5) 화제의 선택

화제는 이야기의 중핵이므로 매우 중요하다. 화제가 신통치 못하면 말할 가치도 없고 들을 가치도 없다. 아무리 명배우가 열연한다 하여도 극본이 탐탁하지 못하면 관객에 대하여 호소할 것이 없는 경우와 같다. 화제 선택은 어떤 의사소통에서도 가장 중요한 요소가 된다. 그러면 좋은 화제는 어떤 것일까. 화자 아이디어가 아무리 훌륭하여도 그것만 가지고 좋은 화제가 될 수 없다. 이야기 효과는 화자 한 사람에게서 발생하는 것이 아니고 청자와 장면 등의 조건을 포함한 복합적인 작용에 의하여 발생하기 때문이다. 요컨대, 좋은 화제는 화자가 목적을 달성하는 데 잘 어울리는 것이고, 청자와 장면의 조건에도 매우 적합한 것이라 말할 수 있다. 보다 구체적으로 말하면 다음과 같은 것이다.

(1) 화제의 특징

♣ 친숙한 것

친숙한 것이면 청자에게 관심이 간다. 또 무관하지 않다고 하여 청자가 모두 그 내용까지 잘 안다는 의미는 아닐 것이다. 비록 현재 관심이 없다 하더라도 지식을 얻으면 십중팔구 새롭게 관심을 갖게 되는 화제가 있다. 어떻든 친숙의 의미는 청자가 친근감을 갖고 흥미를 느끼는 화제를 뜻한다. 개인 대 개인의 이야기이고 상대방을 잘 아는 경우이면 이같은 화제를 찾기 쉬우나 그렇지 않고 상대가 다수인일 경우는 청중을 신중히 분석하고 전체에게 공통되는 관심이 무엇인지 현명하게 파악해 보지 않으면 안 된다. 청자에게 별로 무관심한 화제라면 이야기가 무미건조해지고 상대방이 반드시 경원할 것이다.

♣ 명확한 것

분명하고 명확하여 애매하거나 모호한 점이 없는 화제를 뜻한다. 청자 입장에서 무엇을 들었는지 전혀 인상에 남지 않는 이야기가 간혹 있다. 이런 이야기는 청자에게 괴로움만 끼칠 뿐이다. 글로 쓰는 문장과 달라 이야기는 추상적이고 막연한 화제를 가급적 피하는 편이 좋다.

'행복에 대하여', '우정에 대하여' 등의 화제가 대화 중에 나오나 시종 일반론에 머물면 청자에게 호소하는 바가 크게 감소된다. 구체적이고 알기 쉬운 것이 바람직하다. 이야기가 말로 묘사되는 그림이 되어야 한다. 화자는 인상이 매우 선명하고 애매한 점이 없는 명확한 화제로 청자 마음에 그림을 그려 줘야 한다.

♣ 적절한 것

적절이란 청자에게 적중하는 화제를 가리킨다. 방송과 신문의 뉴스가 매일 보도되는 것은 뉴스가 그만큼 가치를 지니고 있기 때문인데 뉴스·밸류는 친근성, 인상성, 시간성, 지역성, 필요성에 있다. 뉴스는 결국 대중의 요구에 적중하는 화제인 셈이다. 이야기 화제가 항상 뉴스일 수 없으나 시의에 맞고 지역성, 필요성에 맞는 화제면 누구에나 환영받을 수 있다.

(2) 말하고 싶은 화제

♣ 자기 신상에 관한 것

국회의원은 국회에서 예산안이나 법률안을 화제로 삼고, 가십을 좋아하는 사람은 영화배우, TV 탤런트의 염문을 즐거이 화제로 삼는다. 수험생은 지망하는 상급학교 입시경쟁률을, 천문학자는 천체 운행을 화제로 삼는다. 자기 신상에 관한 것이나 취미, 관심에 따른 화제를 말하고 싶은 것이다. 학자는 전공을 의사는 전문과목을, 예술인은 그의 예술활동을 중심으로 말하고 싶은 것이다. 산행을 즐기는 등산이 취미인 사람은 다녀 본 산수(山水)를 말하고 싶고 낚시 취미의 사람은 낚은 고기와 낚시터를 기꺼이 이야기하고 싶은 것이다.

누구나 자기 신상에 관한 것을 말하기 좋아한다. 이때 주의할 일은 자만어린 직접 간접의 자기 자랑이다. 자랑처럼 남의 嫌惡를 사고 저항받는 화제가 없다. 신상 이야기 중에서 자만어린 부분은 가장 꺼리고 삼가야 할 사항이다. 사람은 누구나 자기 중심적이다. 따라서 말하고 싶은 화제 역시 자기 자신에 관한 것 뿐이다. 자만어린 이야기를 자주 꺼낸다, 쓸데없는 한탄을 잘 털어놓는다, 건강 형편, 경력 사항, 직업, 취미 등 그리고 자기이해에 매우 민감하다.

♣ 자기 이해에 관한 것

누구나 자기 이익 추구를 위하여 행동하므로 아무나 이기주의자라고 쉽게 못박을 수 없다. 자기 관심이 이기적인 것이고 부도덕한 것일 수 있고, 반대로 고귀하고 헌신적인 것일 수 있다. 자기 자신에 흥미와 관심을 갖는 것이 인지상정이나 한편, 항상 남에게 이익을 주는 일에 관심을 집중하는 사람 또한 없지 않다. 이기적이든 이타적이든 사람은 자기 관심에 기초를 두고 행동한다. 이 사실을 분명히 인식하는 것이 대인 관계에서 원만해질 수 있는 지름길이다. 누구든 자기 복지보다 자기 이익 추구에 더 한층 열을 올린다. 남을 대할 때 꼭 알아 둬야 할 사실이 바로 이 점이다. 그리고 동시에 자기 이해에 관한 화제는 무엇보다 우선 말하고 싶은 것이다.

♣ 타인에 대한 험담

자신에 관한 것은 듣기 좋은 말로 표현하고 타인의 일은 듣기 거북한 말로 표현하는 경향을 볼 때 타인에 대한 험담은 의식, 무의식 간에 사람이 말하기 좋아하고 때로 듣기 좋아하는 화제이다. 물론 에티켓이나 사회 윤리 또는 도덕적 규범이 엄격하게 이 같은 현상을 규제한다.

같은 대상을 놓고 자신의 경우와 타인의 경우는 표현이 크게 상이해진다.

구두쇠다.	경제적이다.
헤프다.	아끼지 않는다.
허약하다.	관대하다.
욕심이 많다.	앞을 내다 본다.
완고하다.	독립심이 강하다.
비겁하다.	슬기롭다.

전자는 타인의 경우요, 후자는 자신의 경우이다. 상기 사실에서 남의 험담을 말하기 좋아하는 우리들 습성을 쉽게 파악해 볼 수 있다.

♣ 취미에 관한 것

스포츠 관계, 예능 관계, 문과 계통, 이과 계통 등과 같이 취미 화제 역시 여러 계통이 있다. 가령, 여성이면 복장, 유행, 요리, 로맨스 등의 화제가 좋다. 어디까지나 말하는 화자 입장에서 고려하는 것이므로 여행, 등산, 낚시, 탁구, 테니스, 볼링, 수영, 승마, 우표 수집, 골동품 수집, 인형 수집, 돈 수집, 그림 그리기, 바둑, 장기, 당구, 독서, 음악 감상, 산책, 골프, 식도락, 낙서, 기타연주 등 취미를 들자면 이루 다 헤아릴 수 없다.

그런데, 취미는 그 사람의 사상, 정서, 성품, 교양의 상징인 것이다. 어떻든 자신이 취미로 골몰하는 것이 있으면 기꺼이 그것을 이야기 화제로 삼고 싶은 것이 일반의 숨김없는 심정이다. 모로아(A. Maurois)는 『결혼의 기술』이란 글에서 상대방 취미를 존중해 주지 않는 한 행복한 결혼 생활을 할 수 없다고 말한 바 있다.

♣ 자기만 아는 것

자기만 아는 것은 곧 상대방에게 미지의 화제이다. 상대방이 모르고 있는 사실을 말하고 싶어한다

"이 사실은 자네만 알고 있게. 남에겐 비밀로 해두게."

한다면, 청자는 또 다른 청자에게 다시,

"자네만 알고 있게."

하고 말하여 이야기는 계속 주위의 모든 사람에게 퍼진다. 이 같은 유형에 속하는 것이 바로 가십이다.

가십을 말하는 사람은 지적 수준이 비교적 낮고 가십은 함부로 말할 것이 못된다고 하나 반드시 그런 것은 아니다. 가십은 남과의 유대를 유지해 나갈 때 결여될 수 없는, 좋은 화제이다. 남과 더불어 사이 좋게 지내는 가장 좋은 방법은 상대방을 기쁘고 즐겁게 해주는 일이다. 그런데, 가십처럼 남을 기쁘게 해주는 것이 없다. 때문에 가십을 들려주면 상대방은 이쪽에 대하여 매우 가까운 친밀감을 느낀다. 사람은 남의 좋은 일을 진정으로 기뻐하지 않는다. 남의 좋은 일을 들으면 부지불식 간에 그에 대한 반감이 생긴다. 그러나 남의 가십을 들으면 정신적 배설감을 느끼게 돼 화자에 대하여 친밀감이 생긴다.

(3) 듣고 싶은 화제

♣ 행동에 필요한 것

여기서도 자기 관심사가 되겠는데 먼저 아침에 집을 나설 때 하늘이 잔뜩 찌푸렸기 때문에 우산을 갖고 나갈 것이냐의 여부를 생각지 않을 수 없다. 따라서 방송의 기상정보를 듣고 행동을 정하게 된다. 혹은 돈벌이에 관심이 큰 사람은 이에 대한 인포메이션을 가장 흥미 있어 할 것이다. 남편의 귀가를 기다리며 저녁 식단을 짜는 아내라면 전문가의 요리 강좌를 시청하고 싶어할 것이며, 아기를 키우는 젊은 엄마라면 육아에 따른 화제에 가장 많이 관심을 쏟을 것이다. 이 같은 일은 모두 이제부터 어떻게 행동할 것인가 하는 문제를 해결하고 자기 자신에게 이익을 가져오자는 심리에 기초를 두고 있다. 어떻게 하면 좋을지 결정을 망설이고 있는 사실에 대하여 행동에 필요한 이야기를 들려주면 사람은 곧 귀를 세우게 된다.

♣ 지식욕, 호기심의 만족

어떤 행동을 위한 직접적인 동기가 되는 게 아니라 지식욕, 호기심을 만족시키는 사항이 있다. 가령, 라디오 뉴스는 꼭 듣는다. 또 뉴스 취재에 따른 기자들 방담이나 뉴스 해설 등 그리고 외국에 오래 체재했거나 외국을 다녀온 여행자의 여행담은 방송 프로그램 중에서도 매우 인기있는 시청률을 유지한다. 이것은 모두 지식욕이나 호기심을 자극하기 위한 심리에서 우러나오는 현상으로 그 대상은 일시적인 것도 있고 그렇지 않은 것도 있다. 그리고 항설이나 가십 혹은 신상에 관한 것이든 아니든 상관하지 않는다. 그러나 신상에 관한 것은 누구라도 관심 깊은 사항일수록 호기심을 갖는 것이 인지상정이다.

♣ 기지의 사실에 연결된 것

남의 이야기를 들을 때 이미 자기가 알고 있는 사항이 나오면 누구나 단란한 기분이 들게 된다. 유명 인사 즉 누구나 아는 사람에 관한 화제가 누구에게나 호감을 살 수 있는 것도 그 하나의 좋은 예일 것이다. 이 같은 화제가 바로 기지의 사실에 연결된 케이스이다. 이때 그 유명한 사람이 화제에 오르면 청자가 기뻐한다는 심리는 미묘한 것이다. 그 사람이면 나도 안다는 기분이 조금은 작용한다. 즉, 청자는 무엇인가 자기가 인정받는 것 같은 기분이 든다.

♣ 자기만족을 촉진하는 것

칭찬을 들으면 기쁘다. 좀 으쓱해진다는 것은 모두 자아의 확대가 이루어진 데 따른 기쁨으로 남의 이야기를 들을 때 이 같은 심리를 만족시키는 화제가 어필한다는 것은 당연하다. 인정을 받을 때 역시 동일하다.

♣ 듣기 즐거운 것

자기 취미에 관련을 갖는 화제라면 기분좋게 귀 기울이고 또 장차의 이상적이고 희망적인 이야기는 한 발 앞으로 다가가서 듣고 싶어하는 것 역시 남의 말일망정 그의 말을 듣는 것 자체가 크게 즐겁고 기쁘기 때문이다. 어린이가 옛날 이야기를 좋아하는 것이나 어른이 코미디나 개그를 좋아하는 것이나 모두 듣기 즐거운 것에 대한 심리의 만족인 것이다.

♣ 욕구에 호소하는 것

사람은 자기 생활, 건강, 재산, 평판, 직업에 관계있는 것에 반드시 주의를 집중시킨다. 그것은 이 같은 사항에 대하여 누구나 강한 욕구를 가지고 있기 때문이다. 행복한 생활과 건강한 생활을 바라지 않는 사람은 아무도 없다. 세상의 평판과 직업, 재산 등이 현재보다 일층 좋아질 것을 희망하는 것은 당연한 일이다. 이 같은 욕구는 사회활동의 원동력이라 보아야 한다. 또 대체로 인간이 여러 가지 사항에 관심을 갖는 것 역시 이 같은 기본적 욕구가 모든 사람 마음의 저변에 깔려 있기 때문이다. 바꿔 말하면, 청자가 화제에 관심 갖는 것 또한 거기서 무엇인가 만족을 느끼고자 하는 욕구가 작용하는 까닭이다. 따라서 화자가 화제를 선택할 때 역시 청자 욕구에 관련된 무엇을 포함하도록 하는 것이 가장 중요하다.

인간의 욕구 중에서 누구나 공통되는 기본적인 것은 자기 안전과 외적 구속으로부터의 자유, 자아의 확대 등을 들 수 있다. 인간이 갖는 생물로서의 가장 기본적인 것에서 출발하여 각기 다른 환경과 성격에 의하여 욕구의 양상과 정도에 현저한 차이를 드러낸다. 인간의 욕구를 항목으로 나열하면 다음과 같다.

소유욕, 모험욕, 애정, 창조심, 호기심, 파괴욕, 공포심, 투쟁욕, 독립심, 충성심, 모방욕, 취미와 오락, 권력과 권위, 자존심, 숭배열, 동정심, 성욕, 건강, 휴식, 안전 등이다.

청자와 청중을 잘 분석하고 위에 열거한 욕구 중 어딘가에 초점을 잘 맞추면 그 화제는 매우 비상한 효과를 거둘 수 있을 것이다.

(4) 일반 화제

영국의 존슨(Johnson)박사는 영국의 왕과 함께 열차를 타고 6시간 이상이나 대담하였으나 동일 화제를 반복 말하지 않은 탓으로 왕이 감탄을 금할 수 없었는데도 존슨은 화제로 인하여 항상 번민했던 까닭인지,

"말은 황금이요, 침묵은 은이다. 그리고 무례할 정도의 침묵은 납이다. 그런데, 실은 나도 때로 황금을 납으로 할 때가 있다."

고 말한 적이 있다.

침묵의 위엄이란 것을 내심 깊이 간직하고 좀처럼 말문을 열지 않는 사람이 있다. 특히 나이 많은 분은 젊은이와 더불어 말하려 하지 않는 경향이 없지 않다. 그러나 자기 지위가 높을수록 인간 누구나 사회적 동물임을 자각하고 사교에 뒤지지 않아야 현대 문화인이라 할 수 있을 것이다. 사람은 대화로써 남과 사귀는 기쁨을 맛보고 사회적 동물의 본능을 충족시키는 것이므로 천부의 특권을 크게 이용할 필요가 있는 것이다. 말하기는 사교를 진전시켜 나가는 중요한 수단이므로 침묵의 위엄같은 것은 문화에 등지는 것과 같다고 할 수밖에 없다. 그러므로 우리는 대화를 유쾌하게 전개할 필요가 있고, 여기 화제 문제가 크게 눈길을 끌게 되는 것이다.

말하기는 자기 생각과 신념을 남에게 전할 수 있는 귀중한 수단이므로 상대에게 쾌감을 주고 그 속에서 자기 이야기를 경청케 할 필요가 있다. 그러기 위해서 어떤 화제를 택할 것인가와 어떤 화제를 피할 것인가의 두 과제에 직면하게 된다. 어떤 화제를 택할 것인가는 대부분의 경우 본론으로 들어가는 전제요 전주가 되지만, 이에 의하여 본론의 성패를 좌우할 경우가 왕왕 있다.

일상 세간사를 말하여 상대방에게 호감을 주고 후에 본론으로 들어간다. 대화에서 전주가 되는 일상 세간사가 잘 풀리지 못하는 경우 본론은 우선 실패의 조짐을 안고 있다 하여도 과언은 아니다. 때문에 누구를 방문하여 무엇을 의뢰할 경우 우선 세간사를 말하고 담소하는 중에 대화의

진전이 가능하면 중요한 용건을 말하고 목적을 달성할 수 있으나 그렇지 못할 때 본론을 피하고 대화 자리를 물러가는 것이 현명하다. 또 남의 방문을 받은 때 한층 더 주의하여 방문자의 용건을 솔직히 들으려 하기보다 세간사로 화제의 꽃을 피울 일이다. 만약 후에 상대방 요구를 거절한다 해도 상대방에게 불쾌감을 주지 않기 위한 배려이다.

♣ 일기와 뉴스

화제는 귀해 선택이 어려운 것이 아니고, 오히려 너무 많아 걱정이다. 사회 현상 어느 것 하나 화제 아닌 게 없다. 전철과 버스, 신문 배달 소년, 길에서 옷깃을 스친 미지의 어느 시민 모두가 화제에 오를 수 있는 사항이다. 그러나 상대방에게 관심과 흥미 없는 화제는 아무 효용이 없다. 자기와 상대방에게 함께 관련있는 화제가 가장 무난하다. 일기는 언제 어디서고 누구에게나 잘 통하는 인사로 나눌 수 있는 화제이다. 이것이 가장 무난한 인사말이므로,

"오늘 날씨가 매우 좋습니다."

하고 인사의 허두를 꺼내면 누구에게든 잘 통하게 된다. 그러나 일기에 따른 화제를 중언부언하면 곧 상대방에게 권태감을 안겨 주기 쉽다. 화제를 시원하게 다른 것으로 돌릴 필요가 있다. 가령 상대가 젊은이라면,

"이런 날씨면 등산하기에 아주 좋겠네."

또 상대가 나이 많은 분이면,

"이런 날씨면 정원수에 손질하시기 좋겠는데요……"

와 같이 화제를 돌린다.

"오늘 날씨가 참 좋은데 어디 안 나가십니까?"

"네, 아주 좋은 날씬데요. 그런데 오늘 하루는 쭉 집에 있을랴구요."

"아 그러세요? 댁 일이 바쁘신 모양이죠?"

와 같이 상대방 형편과 사정을 보며 제 2단계로 접어든다. 이때 제 2단계의 전개는 크게 중요하다. 여기에 위트나 유머가 가해지면 순간 상대방 얼굴에 미소가 떠오른다. 그러면 대화는 예상외로 순조롭게 전개된다.

제2단계에서 누구에게나 관심 가는 알맞은 뉴스를 선정하는 것이 좋다. 상대방에 실례되지 않는 화제를 제공할 것이며 새로운 것은 좋으나 겉으로 자만이 노출되면 좋지 않다. 가령, "곧 경기가 회복될 듯 한데요……"까지는 좋으나 "내 생각으로는 오는 7月 중순쯤일 거라고 생각합니다."라고 못박으면 탈선이다.

대체로 대화의 목적은 유쾌한 분위기에서 상대방에게 자기 신념을 전달하는 것이므로 약간이나마 상대방이 이쪽에 반감을 갖게 하면 대화는 실패로 그친다. 자만심만큼 사람에게 불쾌감을 주는 것이 없다.

좌담 또는 연설에서 뉴스를 화제로 꺼내 거기에 자신의 주관적 결론을 덧붙이지 않으면 견디지 못하는 사람이 있는데 그것은 자신의 소위 탁월한 식견을 나타내 보이려는 의도이나 뒤집으면 무교양을 드러내는 결과를 자초 할 때가 있다. 뉴스를 화제로 쓸 때는 흥미 있는 가벼운 것을 선택해야 한다. 논쟁을 벌이고 상대방 의견에 함부로 반대하면 대화의 에티켓에 어긋난다.

♣ 상대방의 장점

사람은 누구나 자기 장점을 정당하게 인정받을 때만큼 기쁠 때가 없다. 때문에 좌담에서 상대방 장점을 깊이 인식하고 그 점에 존경을 표시할 일이다. 그것은 어디까지나 정중하고 하나의 예의가 아니면 안 된다. 남이 찾아와 나의 장점을 말할 때 불유쾌할 경우는 거의 없다. 특히 고심어린 어떤 성과에 주의를 돌려주면 고맙기까지 하다. 남의 장점을 한번에 알 수 없는 것이다. 그러나 초대면의 경우라 하더라도 약간 주의하면 상대방 장점을 찾아 낼 수 있다.

"댁의 花壇은 잘 꾸며져 있는데요……"

"원 별 말씀을, 이렇게 변변치 못한 걸요, 애들 장난인걸요……"

"그래도 말끔한 손질이 무척 아름다워 보이는데요……"

"네, 손질을 하는 편이지요……"

라고 하면 대화가 부드럽다. 상대방 장점을 칭찬할 때 상대가 교양있는 사람이면 미소로 답할지 모르나 이때의 묵인이 호의적인 것일지언정 악의적인 것은 아니다. 다음에 전혀 다른 화제를 꺼내도 상대는 기분좋게 응대할 것이다.

♣ 아름다움에서 찾다

아름다움은 누구나 좋아하고 사랑한다. 아름다움을 말할 때 사람 마음은 반드시 여유를 느낀다. 일상의 좌담에서 美가 화제로 되면 지금까지의 권태가 곧 긴장으로 바뀌고 침체한 분위기가 활기를 되찾는다. 미의 화제를 찾기가 그렇게 힘들지 않다. 조금만 노력하면 가능하다. 영국의 紳士는 발음이 아름답고 화제 선택이 세련돼 있는데 그것은 교양있는 부인과의 대화를 자주 가짐으로써 대화에 세련미가 더해지고 한편 부인은 교양있는 신사와의 대화로 아름다움이 일층 돋보이기 때문이다. 이성과의 대화는 누구나 관심을 갖는다. 특히 부인은 미를 좇는 정열이 강하므로 부인과의 대화는 미의식을 크게 눈뜨게 해준다.

♣ 자기 실수와 실패담

인간의 정감은 매우 아름다운 것도 아니요, 또 매우 추악한 것도 아니다. 때로 아름답게 발로되는 경우가 있는 일면 추악하게 노출되기도 한다. 허영심이나 질투심 없는 사람이 없고 남의 성공담을 진실로 기뻐하는 사람은 부모에 국한된다. 고로 자기의 성공담이나 자만스런 이야기는 우선 진정으로 기뻐할 사람이 없다고 생각할 일이다.

화제를 택할 때 이 같은 인간의 감정을 참작, 자만어린 이야기 대신 자기 실수와 실패담을 말하면 상대방 관심과 호기심을 일층 크게 끌 수 있다. 자기의 자랑스런 취미, 기호, 치부, 여행, 주택 등의 화제는 되도록 삼가는 것이 바람직하다. 인간사회는 대체 생존 경쟁의 장이다. 그리고 인간 누구나 영원한 성공을 거둘 수 없고 대부분 실수와 실패의 연속이라 하여도 과언이 아니다. 뜻하는 바가 이루어지지 않는 데 대하여 많은 사람이 내심 매일 번민하는 것이다. 철두철미 도도한 성공담과 자만어린 이야기를 하면 상대방에게 아무런 흥미가 없으나 실수와 실패담은 크게 애교가 있다.

♣ 신변 잡화

대화에서 어느 정도의 신변 잡화는 하나의 예의가 된다. 피차의 근황을 묻고 말하는 것이 대화의 흥미이기도 하다. 모든 신변 잡화에서 자기 이야기를 도도하게 말할 것이 아니고 되도록 상대방이 많이 말하게 한다. 상대방이 유쾌해져 손을 올리고 몸을 움직이며 말하게 되면 대화 분위기가 고조된다. 자기가 많이 말하기보다 되도록 상대가 더 많이 이야기하게 하는 편이 대화 분위기를 위하여 효과적이다. 그리고 상대방 이야기가 끊어지는 대목에서 "아아……", "저런……" 등으로 열심히 응대어를 붙인다. 능변의 사람은 남의 말 듣기를 잘한다. 상대방 이야기를 들을 때 경건한 태도를 보인다. 시선은 특히 상대방 얼굴을 온화하게 바라본다. 눈은 마음의 창이므로 마음이 온화하면 눈빛 역시 온화하다. 상대방 장점을 찾아내고 경의를 표하는 일은 또 하나 대화의 에티켓이다.

♣ 그밖의 화제

자기가 몰두하는 방면에 관한 것인 한 그것은 누구에게나 간절히 말하고 싶은 화제가 된다. 인생 유전, 사회 경험이 많은 사람은 어느 경우이건 화제를 찾는 데 별로 괴로워하지 않는다. 흔히 화제 빈곤이란 말을 듣지만 주의력만 한군데 집중할 수 있다면 이야기 자료는 얼마든 찾아진다. 문제의식이 생기면 지금껏 눈에 잘 띄지 않던 것이 곧바로 눈에 띈다. 이 같은 주의 집중이 잘 되지 않는 사람에게 화제가 찾아지지 않을 것이다. 어떻든 주의 집중이 가능하면 화제는 많다. 그러나 초면의 사람이나 잘 모르는 사람과 대화할 때 무엇을 화제로 말해야 할지 망설일 때가 많다. 이때, 이야기 자료가 물레에서 실 풀리듯 하는 화제는 다음과 같은 것이다.

일기와 자연현상

취미와 기호
신문, 방송의 뉴스
문제 의식과 비판 의식
여행, 명승지, 고적, 풍속, 습관
지기, 교우, 친척, 유명 인사
가족 상황
건강, 질병, 요법
남녀 교제 관계
사업과 직업
의식주 생활
상대방의 장점
자기 실수와 실패담 또는 허점

위에 든 보기는 대화 실마리로서의 화제 종류이나 사교상 대화에서도 그대로 진전시킬 수 있는 화제이다. 다만 어느 정도 일반성을 띤 화제라는 편이 정당하다.

6) 대화의 조건과 능력

(1) 대화의 조건

♣ 나와 너 그리고 화제

우선 대화는 상대적인 것이므로 나와 너의 조건을 고려하게 된다. 그리고 주어진 정황에 알맞은 화제를 말하게 되니 자연 화제가 거론되기 마련이다. 이때의 화제 선택은 앞에 논의된 것처럼 말할 때 가능하면 상대가 듣고 싶은 화제를 선택할 것이고, 한편 상대방을 이야기시키려면 상대가 하고 싶은 말을 하게끔 자극해야 한다. 최소한 이 같은 배려를 염두에 두고 대화에 임해야 한다. 초면이든 구면이든 우리가 때로 잡담을 나눌 때가 있거니와 비록 그것이 잡담이라 하여도 우리가 의식할 것은 일치감(rapport)을 맛봄으로써 피차의 노력으로 애써 공감대(sympathy)를 형성해 나가야 한다는 점이다. 그러므로 이때 감정이입(empathy)이 미숙하면 소기의 성과를 대화에서 기대하기 어렵다. 감정이입이란 피차 상대방 처지에 서서 생각, 말하고 듣는 일이다. 감정이입이 익숙해야 대화 분위기 조성이 가능해진다. 모름지기 대화는 분위기 조성부터 중요한 의미를 갖는 것이다.

대화 분위기 조성
① 피차 긴장을 약간 푼다.
② 유머의 감각을 슬기롭게 활용한다.
③ 상대방 자존심을 세워 준다. 그러나 과장, 가식, 거짓은 적극 피한다.
④ 상대방 지금의 관심사를 화제로 말한다.
⑤ 동류 의식을 자극해 나간다. 피차의 공통 기반 구축이 대화에 필요하기 때문이다.
⑥ 감정 이입을 잘해 나간다. 자칫하면 역효과를 초래하기 쉽다.

♣ 에티켓

중국의 현자는 가까운 사이일수록 예의를 지키라는 충고를 하고 있다. 그러므로 우리는 친소간(親疏間)에 대화 중 예의를 꼭 염두에 두고 있어야 한다. 여기 해당하는 것에 다음과 같은 것이 있다.

① 대화시 이야기 독점은 삼가고, 특히 침묵은 일층 삼간다.
② 상대방이 비교적 더 많이 이야기하게 한다.
③ 자신을 함부로 뽐내거나 자랑하지 않는다.
④ 아무나 보고 자신을 한탄하지 않는다.
⑤ 거짓말은 특별한 경우를 제외하고 하지 않는다.
⑥ 농담, 야유, 핀잔은 정황에 따라 조심해 쓴다.
⑦ 욕설, 독설, 험담을 삼간다.
⑧ 자세히 알지 못하면서 매사를 아는 체 하지 않는다.
⑨ '네, 아니오'와 '찬성, 반대'는 분명하게 의사를 표시하되 정황을 참

작 예의에 벗어나지 않게 말한다.

⑩ 매사를 함부로 단정해서 말하지 않고, 항상 여유를 두고 말한다.

⑪ 부분을 보고 전체를 속단하여 말하지 않는다.

⑫ 남을 중상하거나 모략하는 언동을 크게 삼간다.

⑬ 대화 중 자기 잘못을 느끼면 즉시 정정한다.

⑭ 잘못된 흥분, 감정에 치우치면 자칫 실수를 범하기 쉽다.

⑮ 도전적 언사는 가급적 피한다.

⑯ 자신을 개방하고 상대를 적극 이해한다.

⑰ 상대방 약점의 지적은 금기이므로 가급적 피한다.

⑱ 피차의 의견 중 약간의 일치점이라도 확대, 공통 기반을 다져 나간다.

⑲ 특별한 경우를 빼고 논쟁은 피한다.

⑳ 가능한 대로 온화하게 말한다.

㉑ 공연히 남의 일에 참견하지 않는다.

㉒ 남의 뒷공론을 함부로 떠벌이지 않는다.

㉓ 상대방 의견에 대하여 함부로 비판하지 않는다.

㉔ 상대방 잘못은 함부로 지적하지 않되 자신의 잘못은 분명히 밝힌다.

㉕ 불평, 불만을 함부로 떠벌이지 않는다.

㉖ 상대방 이야기를 분별 없이 차단하지 않는다.

㉗ 독선적이고 독단적이며 경솔한 언행을 삼간다.

㉘ 남을 비판하는 데 조심하고 남을 칭찬하는 데 인색하지 않는다.

㉙ 유머의 감각을 발휘한다.

㉚ 의견 대립시 '네, 그러나' 화법을 쓴다.

㉛ '네' 반응을 얻도록 말해 나간다.

㉜ 상대방에 대한 일방적 강제보다 상대방이 선택할 수 있는 기회를 제공한다.

㉝ 상대방 주장에 동조해 보인다.

㉞ 상대방 이야기를 경청한다.

㉟ 질문과 응대어를 적절히 구사한다.

㊱ 상대방에게 무엇을 가르칠 때는 가르쳐 주지 않는 것처럼 가르친다.

㊲ 아름다운 심정에 호소한다.

㊳ 호의를 보이고 호감을 산다.

㊴ 인정감, 우월감, 중요감, 만족감을 상대에게 주도록 노력한다.

㊵ 필요시 피차의 의사를 확인한다.

이상 40개 항목의 에티켓은 어디까지나 참고사항이다. 그러므로 융통성 있게 해석하기 바란다. 다만 우리의 일상 대화시 적어도 이 정도 에티켓이 고려되어야 할 것이란 관점에서 거론한 것이니 만큼 부담을 지나치게 느끼지 않았으면 좋겠다. '하라'와 '해서 안 된다'를 요지부동의 사실로 이해하지 않기 바란다.

♣ 공감(Sympathy)

공적이건 사적이건 공식이건 비공식이건, 대화에 공감이 있다. 그런데 공감에 의사일치와 의사불일치의 두 유형이 존재한다. 그리고 그것은 부분에 국한될 수 있고, 혹은 또 전체를 포괄할 수 있다. 여하튼 대화 종결시 우리는 피차 간에 공감 부분을 확인하게 된다. 비록 대화 중에 의견 충돌이나 감정 대립이 있었다 하더라도 피차 정중히 사과, 양해를 구하여 장차 다시 만나 대화할 수 있는 여지를 남겨 둔다. 그리고 대화 중 약속이 있었다면 차후 언행일치로 약속을 반드시 지켜야 할 것이다.

(2) 대화의 능력

말할 줄 알고 들을 줄 알면 누구나 대화 능력이 있는 것으로 간주하기 쉽다. 물론 일차적으로 이것이 전제되지만 여기서 말하는 대화 능력은 한 차원 높인 것이다. 여러 기준에 따라 능력을 논의할 수 있을 것이다. 우선 다음 기준을 설정 능력을 기술해 본다.

♣ 퍼스낼리티의 매력

개인적 존재, 개성, 인격, 인품, 용모, 풍채 등이 대충 퍼스낼리티가 갖는 의미이다. 대인관계에서 나를 남에게 주는 형식적 및 실질적 인품을 말하는 것이다. 동양적 관념으로 한 기준을 삼아 훌륭한 인품을 따져 보면,

① 신언서판(身言書判)
② 외유내강(外柔內剛)
③ 언행일치(言行一致)
④ 지행합일(知行合一)
⑤ 재덕겸비(才德兼備)
⑥ 화이부동(和而不同)
⑦ 인의예지신(仁義禮智信)

등에 비추어 볼 수 있을 것이다.

♣ 가치있는 정보

우리는 매일같이 정보의 홍수 속에서 지내고 있다. 그러나 가치 있는 정보를 가지고 있어야 설득력을 발휘하게 된다. 가치 있는 정보를 어떻게 정의해야 할까. 조건을 제시함으로써 뜻을 드러내 보이면,

① 필요한 정보
② 최신 정보
③ 정확한 정보
④ 다양한 정보

등을 고려하게 된다.

♣ 풍부한 화제

아무리 달변이라도 화제가 빈약하면 남의 이목을 끌 수 없다. 주어진 장면이 어떻든 어떤 이야기가 오가든 이에 적응할 수 있으려면 다방면의 화제를 가지고 있어야 한다. 신문, 잡지, 단행본을 통하여, 남의 이야기를 통하여, 또 직접 체험을 통하여 우리는 많은 화제를 얻게 된다. 화제가 풍부하면 어느 때 누구와도 잘 어울리게 된다. 사교의 폭이 넓어지고 대인관계가 활발해진다. 인생 체험이 풍부한 각계 원로들의 이야기에 누구나 관심 있게 귀 기울이는 까닭 또한 무궁한 화제 속에서 삶의 지혜를 터득할 수 있기 때문이다. 화제가 풍부해야 대화능력이 향상됨은 물론이다.

♣ 정황 분석

정황이라면 여러 가지 사실을 포함한다. 대화장소, 피차의 처지와 입장, 상대방과의 관계, 상황과 장면, 그밖의 사항이 모두 망라된다. 주어진 정황을 얼마나 자세히 분석 평가하느냐에 따라 대화에 임하는 자세 또한 달라진다. 센스가 있으면 정황분석이 정확하나 센스가 무디면 이 점 소홀하여 대화에 좋지 않은 영향을 미치기 쉽다. 여기 하나 덧붙이면 청자 분석이다. 석가모니 부처도 '상대를 보고 법을 說하라'고 일렀다.

♣ 설득력 유무

설득 및 설득력은 수시 그 정의를 말해온 바 있듯이 상대방 의견, 주장, 신념, 태도 그리고 행동을 바꾸는 기능이요, 그 능력이다. 대인관계에서 설득력을 구사할 수 있어야 호의어린 관계가 유지되고 이 관계의 형성으로 말미암아 남을 나의 의도대로 움직일 수 있는 기반이 형성되어지는 것이다. 설득력이야말로 우리의 대인관계에서 무엇보다 긴요한 생활방편이 아닐 수 없다. 대화 장면에서 물론 설득력이 필요하다. 설득력은 세 각도로 나누어 볼 수 있다. 첫째, 인격, 둘째, 호의어린 대인관계 그리고 셋째가 지적 호소력이다.

♣ 화법 및 청법의 우열

의사를 효과적으로 전달할 수 있고 한편, 남의 의사를 효과적으로 수용할 수 있다면 대화 능력은 그만큼 실질적 향상을 도모할 수 있다.

● 효과적 화법
① 윤리적 표현
진실, 양식, 정의감, 겸허, 경험담, 청자의 이익 고려, 유머 감각
② 논리적 표현
기지의 사실에서 미지의 사실로, 이해가 용이한 것에서 난해한 것으로, 중요도에 의한 순서, 시간적 순서, 공간적 순서, 주제에 맞는 화제 배열,

인과 관계의 순서, 삼단논법, 추리, 연역, 귀납, 분석 및 종합, 문제 해결 방식, 변증법, 정립 반정립 종합, 직관 오성 이성, 가능성, 현실성, 필연성 등을 고려할 수 있다.

③ 감각적 표현

구체적 설명, 실례, 비교, 대조, 정보제공(imformation), 비유, 증명, 증언, 숫자와 통계, 사례, 삽화 등이 있다.

● 효과적 청법
① 정신 집중
② 적절한 질문
③ 적절한 응대어
④ 확인

7) 좌 담

좌담 역시 회화의 일종이다. 좌담은 몇 사람이 모여 비교적 장시간에 걸쳐 특정 화제에 국한하지 않고, 여러 방면 여러 각도의 화제를 놓고 이야기를 나눈다. 두 사람의 경우 대담이 되고 세 사람의 경우 정담이 된다. 일상회화는 참여자가 자연스럽게 모이고 화제는 생활에 관계되는 것이 많다. 이에 비하여 좌담은 여러 가지 이야기를 하기 위하여 의도적으로 한 자리에 모이는 특징적 경향을 띤다. 좌담의 진행은 참여자 전원에게 책임이 주어지고, 각자 화자이면서 동시에 청자의 역할을 수행한다. 그러므로 청자의 심리적 반응에 의하여 이야기 방향이 결정되기 쉽다. 이야기하던 화제가 다른 화제로 급전되는 경우가 있다. 이 같은 유형의 좌담은 클럽, 싸롱, 사랑방에서 비교적 마음의 여유를 가진 회원 간에 이루어진다.

좌담이라면 형식이 없으므로 화자의 본심이나 성격이 표출되기 쉬운 것이 특징이기도 하다. 그러므로 참여자는 일정한 에티켓을 지켜야 한다. 그것은 감정 대립이나 인신 공격이 발생하기 쉽기 때문이다. 좌담 에티켓이라면 다음 항목을 들 수 있다.

① 혼자 길게 말하지 않는다.
② 훌륭한 청자가 된다.
③ 개인적인 화제는 되도록 피한다.
④ 남의 의견을 존중한다.
⑤ 특정인만이 담소하는 것을 삼간다.
⑥ 상위자와 동석시는 필요한 경어를 잊지 않는다.
⑦ 필요한 때만 말한다.
⑧ 남이 경망하게 볼 태도는 취하지 않는다.
⑨ 청자에게 불쾌감을 주지 않도록 한다.

좌담에서 다루어야 할 것이 또 하나 있다. 그것이 바로 좌담회이다. 좌담회라면 바로 좌담이 행해지는 회합을 일컫는다. 특별히 계획되는 좌담형식의 심포지엄이다.

어떤 주어진 화제를 놓고 여러 사람이 모여 형식 없는 담화를 통하여 의견, 감상, 정보를 발표한다. 화제에 대하여 각자의 경험, 지식, 주장, 의견 등을 갖는 입장과 사상이 다른 자격의 사람이 뽑혀 여기 참여하는 것이 보통이다. 좌담회는 사회가 있어서 참여자로부터 자유스런 발언이 나오도록 좌담을 이끌어 나가야 하므로 좌담회 성패가 사회 역량에 좌우될 때가 많다. 토론회 및 토의회와 달라 좌담회는 화제 순서를 사회가 미리 예정해 놓아도 순서대로 진행되지 않는 경우가 있다. 그래서 가능하면 입장과 관점이 다른 사람의 의견과 감상을 듣되, 특정의 공통 결론을 구하려 하지 말고 참여자 전원이 그 때마다 떠오른 의견을 발언하게 유도하는 일이 사회에게 필요하다. 이때 중복과 탈선이 예상되나 종반에 정리할 기회가 있다. 입장과 관점이 다른 참여자의 성격과 사상이 드러나게 진행하는 편이 좌담회의 효과를 올리는 결과가 된다.

8) 면 접

인간의 일생을 면접의 연속이라 한다. 아침부터 밤까지 가정, 학교, 직장에서 여러 사람을 만나 언어를 매개로 의사를 소통하므로 넓은 의미로 인간의 생활이 면접의 연속이라 이르는 것이다. 이 면접을 통하여 인간관계를 형성 유지해 나가고 생활을 영위해 나가는 것이다.

인터뷰는 특정인을 특정의 한정된 용건으로 만나 말하는 좁은 뜻의 면접이다. 구체적으로 직업상의 회견이 이에 포함된다. 어떻든 면접 없는 생활을 상상할 수 없다. 면접의 능·불능이 우리 생활에 직접적인 영향을 미치므로 면접 능력은 매우 중요한 것이다.

■ **준 비**
① 상대방을 미리 알아볼 것
② 목적을 분명히 세울 것
③ 질문 내용과 화제 등을 정리해서 준비할 것
④ 시간과 장소에 유념 예정보다 일찍 서두를 것
⑤ 상대방 이야기를 끌어내는 것이 주가 돼야 한다. 자신이 혼자 길게 말하는 것이 아니다. 또 질문할 때 상대방이 어떤 압력을 느끼지 않게 배려한다. 상대방 반응을 보아가며 상대가 자유스럽게 말할 수 있게 구체적으로 요령있는 질문을 던져 나간다.

■ **주 의**
① 면접의 에티켓으로 보통사람은 누구나 복장을 잘 갖추고 예의 바르게 차리는데 이것은 상대방 인격을 존중하고 상대에게 불쾌감을 주지 않으려는 배려이다.

② 면접은 어떤 경우이든 유연성을 유지하고, 형식에 흐르지 않아야 한다.

③ 진실한 태도로 솔직히 말하는 마음의 교류가 이루어져야 한다.

④ 면접을 통하여 상호 인간관계를 깊이 하고, 신뢰와 성의와 열의를 보인다.

⑤ 자기 모습을 자연스럽게 보이도록 노력, 표정·시선 등 모든 면에 신경을 쓴다. 질문자와 응답자의 태도는 면접 효과를 결정하는 중요한 요소가 된다.

⑥ 질문자와 응답자의 감정 상태가 일치할 때까지 본론에 들어가지 않고 신변 및 신상에 관한 것이나 기상, 취미 등 공통 화제를 택하여 이야기를 진행하는 한편, 상대방 장점을 찾아 참된 찬사를 보낸다. 이때 장점을 구체적으로 지적하지 않으면 오히려 욕이 될 수 있다.

⑦ 남의 이야기를 끝까지 잘 듣고, 남의 이야기를 중간에서 함부로 차단하지 않는 태도는 면접 효과를 올리는 중요 요소의 하나다.

⑧ 질문이 결코 상대에게 이쪽 의견을 강제하려는 수단이 되면 안 되고, 어디까지나 즐거운 분위기 속에서 자유스럽게 말할 수 있는 기회를 주는 것이 되어야 한다.

⑨ 질문자가 때로 메모를 쓸 때가 있는데 이때 질문이 중단되지 않도록 한다.

⑩ 질문자는 화제를 적당히 바꾸어 약속된 시간 내에 필요한 정보를 정확히 뽑아낸다.

면접은 언어를 통하는 것(verbal)과 통하지 않는 것(non verbal)이 잘 융합되면서 비로소 그 효과를 가져오는 것이다.

2. 연 설

　자기의 신념이나 지론 또는 자기가 소속된 단체가 갖고 있는 주의 및 입장 등을 정당한 것으로 주장하고, 이를 청자 및 청중에게 납득시킨다. 넓은 장소에서 다수의 사람을 상대로 말하는 것이 곧 연설이다. 의사당에서의 연설, 선거운동의 연설(유세), 시민대회에서의 연설, 교회에서의 연설, 그 밖에 가두연설 등이 있다. 법정에서의 검사 논고 및 변호사 변론 등도 역시 연설이라 하여도 큰 차이가 없다. 전부터 연설이라면 곧 웅변을 연상한다. 한마디로 기운차고 막힘 없는 변설이 웅변인데 역사상 대웅변가리면 서양에서 고대 그리스의 데모스테네스(Demosthenes), 로마의 키케로(Cicero), 영국의 피트(Pitt) 등이요, 동양에서 중국 전국시대 소진, 장의 등이 웅변가였다. 미국의 링컨(Lincoln), 프랑스의 클레망소(Clemenceau) 등도 대웅변가이다. 전 미국 대통령 루스벨트(Roosevelt)는 흔히 말하는 현하지변의 웅변가는 아니나, 솜씨 좋게 청중을 향하여 말하고 자기 의견대로 리드해 나가는 점에서 참된 웅변가라 할 수 있다. 전 영국수상 처칠(Churchill)이 때로 전세계를 동요시키는 대연설을 한 것은 매우 유명하다.

　이상의 예에서 알 수 있듯이 대웅변가란 정치인이나 종교인에게 많고 학자, 군인, 예술인 등에서 드물다. 이것은 정치나 종교의 주장이나 홍보에 언변을 필요로 하는 관계가 있기 때문인지 모르나 현대의 우리는 문화 국민의 일원으로 정치에 대한 자기 신념을 당당히 주장할 수 있는 준비는 누구에게나 필요할 뿐 아니라, 종교적 신념, 도덕상 의견, 예술적인 주장 등 언제 어디서고 연설할 수 있는 마음가짐은 당연히 가져야 할 것이다.

　연설이라 하면 곧 웅변을 연상한다 했으나 한마디 웅변이라 하여도 여러 형태가 있어 미사여구를 나열하는 웅변대회형 연설은 이미 시대에 뒤진 느낌이고, 또 최근 고성능 확성 장치가 나와 비교적 넓은 회장이나 다수 청중을 상대로 하는 경우 큰소리로 절규할 필요가 없고 자연 예전과 다른 방식을 따르게 된다. 특히 호언장담으로 내용이 공허한 허풍 연설 등에 오늘의 청중은 벌써 움직이지 않는다. 연설에서 가장 중요한 것이 바로 내용이다.

연설은 어떻든 한 가지 주장을 강조하는 데 그 요체가 있다 하겠다. 이에 비하여 강연은 무엇을 상대방에게 이해시킨다는 것이 주안이 된다. 그러나 주장을 관철하기 위하여 내용을 이해시키지 않으면 안 되고, 한편 이해시키는 문제는 어떤 주장이 포함되므로 연설과 강연을 명백히 구분하기 힘드나 우선 말하는 형식으로 고려하면 연설은 도도한 열변인 데 비하여 강연은 차근차근 알아듣기 쉽게 말하는 소위 달변이다. 요컨대, 연설은 내용보다 변설에 더 중점을 두나 강연은 내용이 빈약하면 강연 자체의 효과가 감소되기 쉽다. 화법이 다소 미숙하여도 내용이 풍부해야 바람직하다.

대학의 강의는 어떤가, 학문상 연설은 전혀 별개의 것이다. 여기서 중요한 것은 항상 객관적 진리요, 이를 강의하는 경우, 사상 전달이 명석 균등하고 냉정한 논리를 갖고 있어야 한다. 학생은 교수의 확신을 간파하고 다음에 그 교수의 말을 금과옥조로 지킨다는 것 뿐만 아니라, 학생은 사상이 생성 발전하여 나가는 과정 및 그 입증을 가능한 대로 분명히 보아 둘 필요가 있다.

대학 수업에 일체의 즉흥은 금물이요, 이와 유사한 행위를 하여도 아무 도움이 되지 못한다. 바로 이 점이 학문상 문제에 관하여 차라리 원고를 읽어주는 한이 있더라도 즉흥적 이야기를 기피하는 주요 이유가 된다. 학문에 관한 이야기는 본질상의 강의요, 연설은 아니다. 대학 강의에서 학생이 희망하는 것은 학술적인 증명이다. 따라서 일체의 강의 내용은 신중히 숙고되고 연구 검토된 것이어야 하고 결코 순간의 산물일 수 없다. 강의 내용이 순간의 산물로 보이면 학생에게 황당무계하게 느껴지기 때문이다. 그리고 대학 수업을 모두 강연식으로 하는 것은 전적으로 추천하기 어렵다. 그것은 학생에게 수업 내용을 암기하고 있다는 느낌을 주기 쉽고, 혹은 교수가 다분히 주관적이거나 또는 피상적이라는 비난을 받기 쉽기 때문이다. 어떻든 강연식은 백해가 있을지언정 일리가 있을 수 없다. 때로 원고에 의하여 교수의 사전 연구를 실제로 증명하고 학생 눈에 안정감을 줄 필요가 있다. 물론 교수가 여기 지나치게 집착할 것까지는 없더라도 필요성만은 꼭 있는 것이다.

위에서 연설, 강연, 강의의 유사점과 차이점을 지적, 연설이 어떤 것인지를 밝혀 보았다. 연설 종류에는 보고연설, 설득연설, 환담연설 등이 있다.

1) 보고연설

주제와 특정목적의 선택, 아우트라인 구성, 요점 배열 등은 보고연설을 행하는 데 매우 적절한 항목이다. 그러나 모든 형태의 연설에 통용되는 이 같은 원리는 정황에 따라 첨삭을 고려할 수 있을 것이다. 다음에 제시하는 주요사항은 보고연설을 행하는 데 필요한 것이다. 보고연설의 도입과 종결은 거의 설명에 의존하고 전개는 주어진 주제의 특징에 따라 몇 개 형태로 분류된다.

♣ 도입부

어떤 유형의 스피치라도 도입 목적은 전개부에서 나타날 주요 부분을 청중으로 하여금 수용 준비하게 하는 데 있다. 이 점 보고연설에 그대로 적용될 뿐 아니라 오히려 일층 더 절실하다. 어떻든 도입의 기능은 스피치 전개부에서 나타날 구체적인 제재를 청중이 이해할 수 있도록 준비시키는 것이다. 바로 다음 사항은 설명에 만전을 기하는 데 큰 참고가 될 것이다.

① 개인적인 관련과 공통기반을 통하여 청중의 주의와 흥미를 끌 수 있게 이야기 머리를 장식해야 한다.
② 청중이 정확히 이해하기를 바라는 내용의 난해하고 복잡한 개념은 그것이 어떤 것이든 정의와 설명을 분명히 한다.

③ 선택된 주제의 근본 취지와 주제가 청중에게 크게 필요한 점을 명백히 밝히고, 청중이 주제에 대하여 얼마나 무관심하고 냉담한가를 염두에 두고 주제에 대한 부정 및 긍정의 측면을 보인다. 그리고 동시에 청중이 연사 이야기를 꼭 들어야 하겠다는 욕망을 일으키게 강한 동기를 부여한다.

④ 미리 준비한 화제 가운데 부적절한 곳을 배제할 수 있게 스피치의 전체적 방향을 제시한다. 그리고 특정목적을 명시한다.

⑤ 간단한 개요로써 전개부에서 나타날 요점을 시사한다.

♣ 전개부

전개부에서 연사의 중요임무는 여러 요점 등을 순서대로 다루어 나가는 일이다. 또 모든 요점은 이때 특정목적을 달성하기 위한 지원수단이 된다. 연사가 준비한 아우트라인에서 각 요점 밑에 들어가는 아이디어는 명백히 드러나야 하고 설명을 위한 가능한 모든 방법이 사용된다. 가령, 실례, 통계, 신빙성 있는 각종 발언의 인용 등이 필요에 따라 적절히 삽입된다. 아우트라인을 구성할 때 선택된 화제는 전체적인 일관성에 입각 배열해 나간다. 이야기 전개시 어느 부분에서 주제가 잘 다루어지지 않을 때가 있다. 이때 다음 방법을 고려하게 된다.

① 연대순 : 역사적 사실이나 어떤 제도의 변천과정을 진술할 때 연대순에 좇아 설명한다. 변천 발전의 초기 현상을 말할 수 있고 발전과정에 얽힌 뒷이야기 그리고 현재 크게 변모된 규모와 특징을 말할 수 있다.

② 공간순 : 시설물이나 설비 또는 구조물을 설명할 때 가장 효과적이다. 동에서 서로, 남에서 북으로, 앞에서 뒤로, 위에서 아래로 서술해 나간다.

③ 인과순 : 사고, 사건, 사태 등의 경위를 설명할 때 효과적이다. 또 제도에 미친 영향과 배경을 설명할 때 인과순에 따르는 것이 현명하다.

④ 화제순 : 논리적 분석이나 자료를 정리 제시할 때 주제에 맞는 화제를 선택 배열한다. 이때 화제순서는 중요도에 따라 배열하되 선후는 연사 주관에 좌우된다.

⑤ 특정순 : 단순 사실에서 복잡상태로, 旣知에서 미지의 사실로, 불요불

급에서 긴급한 중요 사실로, 용인되는 것에서 용납할 수 없는 사실로 등 특정 순서에 따라 연사가 스피치를 진행한다.

♣ 종결부

보고연설의 목적을 분명히 알고 있어야 한다. 종결부 또한 다른 부분과 동일하게 연설 목적에 집약된다.

① 이미 설명하고 강조한 사실을 다시 한 번 반복 요약한다.
② 이미 논의된 주제를 보완하는 사실을 첨언 보고한다.
③ 청중이 활용 혹은 적용할 수 있는 방안을 제시한다.
④ 이미 논의된 요점 설명에서 인용된 실례를 다시 한번 간단히 소개하면서 이야기를 끝낸다.

2) 설득연설

주제를 선택하고 이를 표현하는 데 경주되는 연사의 노력이 만일 상대방에 대한 감정적인 자극과 행동의 변화라고 하면 이야기를 단계적으로 세심하게 사전 정리해 둬야 한다.

♣ 도입부

① 이야기 머리는 청중의 주의와 흥미를 끌 수 있는 것으로 한다.
② 연사와 청중 사이에 공통 기반이 즉시 확립되도록 노력한다.
③ 말하고자 하는 문제의 중요성을 강조한다.
④ 스피치에 수반되는 모든 자료를 상대가 분명히 이해하도록 하기 위하여 필요한 설명과 정의를 내린다.
⑤ 특정목적 외의 것이나 부적절한 관점을 제거해 가며 스피치 방향을 제시한다.
⑥ 때로 전개부에서 논의할 요점을 미리 말할 수 있다.
⑦ 도입부에서 전개부로의 추이가 효과적이어야 한다.

♣ 전개부

전개부에서 우선 고려할 것은 연사가 표현할 요점, 논쟁점, 아이디어의 정리와 배열이다. 그리고 모든 설득연설에서 연사는 그가 기대하는 결과를 초래하기 위하여 스피치 구성 방법에 대한 기본적 결정을 내려야 한다. 전개부에서 가장 본질적인 것은 스피치 목적에 부응하고 주어진 정황에 적응에 나가는 일이다. 주제가 어떤 것이고 연사와 청자가 누구냐에 따라 스피치 구성방법이 마땅히 달라져야 한다. 다음에 스피치 구성의 세 가지 방법을 제시한다.

① 문제해결의 방식

가능한 최선의 문제 해결에 도달하기 위하여 연사와 협조 당면 문제를 해결하려는 청중이 있다. 고로 연사는 청중 앞에 가로놓인 논점의 효과적 토론을 위하여 자료를 선택할 때 청중을 염두에 둬야 그들의 사고를 돕게 된다. 연사는 청중에게 확신을 주고 또 연사는 '결론에 도달할 때까지 심사숙고하자'는 태도를 견지한다. 그래도 청중은 연사가 문제해결의 대변자로 알기 쉽다. 그러나 다른 한편, 그들은 연사가 독단적 선입견에서 탈피하려는 노력을 간취하게 된다. 연사가 꼭 명심할 일은 청중이 확신을 갖고 바람직한 해결책이 그들 자신의 의중에 환기케 되어야 한다는 기본 원리이다. 연사는 이때, 증거, 논거, 실례, 특례 등을 들어 나간다. 그러나 이것은 논쟁을 위한 방편이 아니고, 청중이 연사와 함께 문제 원인을 규명 가장 최선의 해결책을 찾는 데 도움을 주기 위한 방편이다.

② 논리적 방식

이 방식은 청중이 근본적으로 연사를 기대하거나 아니면 적어도 강력히 반대하지 않을 때 흔히 적용된다. 물론 연사의 태도가 '지금 나는 여러분이 이 문제에 대하여 꼭 납득되도록 말하려고 한다'는 식이어서 안 된다. 오히려 연사의 개인적 입장을 명백히 천명하고 청중이 수용하기를 기대하는 소신을 피력, 가능한 한 효과적으로 상대방을 설득해 나간다. 그러나 이 방식이 문제해결의 방식보다 더 많이 청중의 저항을 받을지 모른다. 이때, 공명성, 정당성, 포용력 있는 태도와 동시에 문제에 대한 깊은 관심과 고도의 지식, 그리고 확신을 具足해야 다소 연사는 위기를 극복할 수 있다. 연사는 결국 잘 조직된 기본적 요점에 의거 이야기를 전개하고, 결정적 단계에서 확실한 증거로 명백한 입장을 밝혀야 그의 주장이 설득력을 발휘하게 된다. 연사의 주장을 입증할 수 있는 상세한 증거로써 그의 이론을 개진한다. 다만 여기 인용되는 증거는 지적이고 도덕적인 뒷받침이 따라야 한다.

③ 해설적 방식

주어진 문제에 적합한 해결안을 보이는 실례, 실증, 개별 기록에 근본적으로 의존 이야기를 전개한다. 연사는 귀납법을 써서 그의 제안이 곧 문제의 해결안이 될 수 있게 충분한 증거를 제시한다. 연사의 기본적 관점에 청중이 정면 대립할 때 이 방식이 적합하다. 논쟁점에 대한 의견 개진은 무게 있고 깊이 있는 인용예의 정도에 따라 입증이 확실해진다.

앞의 3개 방식은 상호 중복되는 점이 있으나 각기 차이가 있다. 한 주제, 한 청중에, 한 가지 방식이 유용하다. 자기 자신을 아는 정황이면 가장 유리한 방식을 쓴다.

♣ 종결부

종결부의 중요한 목적은 연사의 제안이 청중에 의하여 수용되도록 기여하는 누가적이고 최종적인 인상을 주는 데 있다.

① 발표 내용을 명료히 하기 위해 단일화하고, 주장하는 논점을 요약한다.
② 연사가 기대하는 반응을 얻기 위해 청중 마음이 움직이게 호소한다. 설득 연설은 연사의 아이디어, 관점이 청중에게 지적으로 수용되고 일치돼야 한다. 그러나 격려연설은 연사의 관심이 어떻게 하면 청중이 안정과 휴지의 상태에서 벗어나 열의를 갖고 이상 실현을 위하여 움직이게 고무할 수 있느냐에 온갖 노력이 경주된다. 또 감동연설은 연사의 호소가 청중의 행동을 직접 자극하든가 혹은 억제하는 것이다.
③ 상기 목적을 달성하기 위하여 가능한 호소가 개별 혹은 전체적으로 청중에게 통해야 한다. 이따금 영웅주의, 희생, 일화 등이 청중에게 감명을 주는 놀라운 구실을 할 때가 있다. 연사가 거론하는 문제 및

주제에 관련을 갖는 운문 내지 산문의 명구를 인용 소개하면 청중을 움직일 수 있다.

④ 연사 개인의 정직성과 성실성을 명백히 드러낸다. 그리고 문제에 따른 자신의 감흥을 불러일으킨다. 그래야 비로소 청중의 감흥이 자극된다. 이 점 연사의 직접 구술에 의하기보다 그의 연설 태도에 의하여 나타내는 경우가 많다.

⑤ 결언 또는 결론에 가능한 한 가장 강력한 고도의 의의를 부여 청중의 주목을 확실하게 끈다. 그러므로 스피치 종결은 기억하기 쉬운 어구로 장식, 열의가 넘치게 표현한다.

스피치의 청중 설득은 인간 행동의 동기화에 있기 때문에 설득연설에서 연사에게 맡겨진 임무는 단도직입으로 말하여 하나의 도전인 것이다. 설득은 상대방 전인격에 영향을 미쳐야 한다. 사상, 사고, 정서, 갈등, 야심, 희망, 포부, 애정 등 요컨대 인간을 형성하는 모든 심리적 과정을 두루 망라할 수 있어야 한다. 이것은 청중을 개별적으로 혹은 또 집단적으로 관찰해 볼 수 있다.

결국 청자 및 청중, 분석 문제가 다시 제기되는 것이다. 청중은 여러 유형의 인간으로 구성된다. 그러므로 설득시 연사에 대한 청중의 반발 혹은 도전을 예상할 수 있다. 연사가 선택하는 설득 방법은 오용, 남용해서 안 된다. 설득시 연사는 의중에 자신의 윤리관을 견지한다. 그리고 그의 설득 목표는 청중의 보다 나은 앞날을 위하여 건설적이고 건전한 가치를 지니는 것이어야 한다.

3) 환담연설

다른 형태의 스피치처럼 환담연설 역시 단일의 뚜렷한 특정목적을 갖는다. 제1단계는 특정 목적이 항시 명백하고 확실하게 표현되도록 하는 것이고, 제2단계는 특정 목적의 달성을 지원하는 주요 아이디어의 설정과 자료 선택에 연사가 숙달돼 있어야 한다. 그리고 폭 넓은 다양성 때문에 환담연설 구성의 일정 형태를 소개하기 어렵다. 그러나 다음에 가능한 몇 가지 형태의 구성을 제시해 본다.

♣ 도입부

도입부의 중요목적은 청중으로 하여금 다음 전개부를 수용 준비케 하는 데 있다. 동기부여는 연사 의도가 청중에게 틀림없이 통하는 것이어야 한다. 이것은 주제에 대하여 과장되고 가공적이고 공격적인 형식을 쓰면 유머스럽다. 환담연설의 의도는 대부분 연사의 음성, 동작, 태도, 자세를 동반하는 이야기 전개로 나타난다. 모든 사람은 웃기를 즐겨 하나 '자극 없이 웃기'는 어렵다. 청중은 연사에게 가볍고 무표정하게 말 할 것을 기대한다.

♣ 전개부

정황의 과장된 서술로, 진기한 사실의 극적인 해설로, 우연한 사실의 일치를 지적하는 것으로 환담이 나오므로 환담연설의 전개 또한 양식이 대단히 다양하다. 우연한 사실의 일치는 클라이맥스 설정을 위하여 뽑아 논 자료를 세심하게 정리, 적절하게 화제순으로 엮는다. 극적 해설은 연대순으로 전개하는 것이 보다 효과적이다. 그리고 과장된 서술은 흔히 초점에 안맞는 것이 특징이므로 가능한 한 청중 웃음이 유발되게 고의로 주요 아이디어를 비논리적 순서로 엮어 나간다.

♣ 종결부

극적 해설에 기초를 두는 환담은 이야기의 결정적 종결이 결언이 되는 데 대개 놀라운 요소가 포함된다. 만일 환담이 우연한 사실의 일치로 구성된 것이면 이미 서술한 내용의 전체적 인상이 될 수 있는 가장 대표적 사실 하나만 구연하는 것으로 종결지을 수 있다. 또 일반적 환담의 종결은 단순한 일화만으로 끝낼 수 있다. 아니면 여러 개 농담 중에서 어느 하나를 진담처럼 꾸며 말하고 끝낼 수 있다. 환담의 종결 역시 환담의 유형만큼 다양하나 보고 및 설득연설의 종결과 같이 기본 기능은 연사가 설정한 특정목적의 달성을 뒷받침하는 것이다.

환담의 전형적 특징은 허구, 동정, 불경, 불손, 과장, 모방, 변덕 등이다. 환담연설은 연사의 균형, 자제 그리고 청중과의 일치된 호흡을 특히 필요로 한다. 경험 없는 대부분 연사는 참되게 환담할 수 있는 그들의 능력에 의아심을 갖는다. 그들이 유머스런 스피치를 효과적으로 할 수 없다고 믿는 까닭이다. 그러나 반드시 모든 환담연설이 유머스러워야 할 이유가 없다. 모험, 경험, 독서 그리고 우연한 사실 등에서 유머스럽지 않은 환담의 예를 찾을 수 있다.

정찬연설은 거의 환담 목적을 갖지 않으나 특별한 관심을 갖게 한다. 그리고 정찬연설은 항상 적절한 유머를 구사해야 하고 이때 유머는 비교적 쉽고 짧은 것으로 한다.

환담연설은 유형이 매우 다양함에 불구하고 구성은 다른 스피치에 비하여 현저한 차이를 보이지 않는다. 그러나 연사는 환담 머리에 특별히 주의한다. 그리고 연사가 뜻하는 바는 상대방을 즐겁게 해주는 외에 아무것도 없다는 데 유의한다. 환담은 오직 화기 애애한 분위기 조성을 위한 것이므로 형태가 어떤 것이든 모든 스피치에 활력을 불어넣는 청량제가 되기도 한다.

3. 토 론

1) 토론의 정의

토론은 어떤 의견이나 제안에 대하여 반대자와 찬성자가 각기 논거를 발표하고 상대방 논거가 부당하고 자기 주장이 정당함을 명백히 밝혀 나가는 논의이다. 따라서 자신이 찬성하는 사실에 대하여 진리와 의견 등 구체적 주장이 상대방에 의해 인정되고 상대방의 반대 주장을 논파하려는 의도로 토론이 행하여진다.

토론은 흔히 사상이나 입장이 다른 양방 사이에 각기 주장하는 바가 대립되고 모순이 생긴 때 주장과 반대 주장의 적부를 결정하기 위하여 벌어진다. 토론에 피차 설득 방식을 쓰되 그것은 지성에 호소하는 논리적 설득이라야 한다. 그러므로 상호 설득에 의한 토론이 성립된다. 한쪽의 주장이 분명히 밝혀지고 이것이 또 상대방에 의해 인정받게끔 이야기를 전개해 나가는 것이 토론의 한 특징이다.

토론의 특징을 정리 요약하면 다음과 같다.

> ① 양방의 사상과 입장에 차이가 있다.
> ② 특정 문제에 대하여 의견, 해결안, 결론 등이 사전에 결정돼 있어 상호 대립관계에 있다.
> ③ 자기 주장의 근거와 증거를 제시, 자기 주장의 정당성을 상대방에게 인식시킨다.
> ④ 상대방 주장이 불확실한 근거에 토대를 두고 있음을 논증한다.
> ⑤ 주장하는 내용의 서술은 설득 방법에 의존하나 논리적 방식을 쓴다.

토론에서 상대방을 제압하려면, 상대가 내세우는 논거의 모순을 지적하고, 자기 논거의 정당성과 합리성을 보여, 상대가 반론 제기나 논박의 여지를 갖지 못하게 해야 한다. 이처럼 상대를 궁지에 모는 것을 논파라 한다. 주최자에 의해 일정 장소에서 일정 형식을 갖추고 특정 문제를 중심으로 주장과 반대 주장으로 나뉘어 상호 순서에 좇아 상대설을 논파하고 자기설을 주장하는 논거를 대는 토론 양식이 있다. 토론의 논제가 공공적인 것이고 공개된 장소에서 다수의 방청자 앞에서 토론이 행해지면 이것을 공개토론이라 한다. 토론법을 익히려면 다음 항목에 주의한다.

> ① 논쟁중인 문제를 분석 판단하는 데 필요한 자료를 가능한
>   대로 여러 방면 여러 각도에서 수집 정리한다.
> ② 자기 소신이 명확히 논리적으로 발표되도록 여러 가지 논법
>   을 탐구하고 이를 효과적으로 활용해 보도록 노력한다.
> ③ 확신을 갖고 상대를 설득할 수 있도록 개성있는 화법을 부
>   단히 연구한다.
> ④ 토론 대상인 각종 현안문제에 관심과 흥미를 갖고 최신의
>   신빙성 있는 정보와 지식을 끊임없이 집약해 나간다.

어떤 문제(issue, proposition)에 대하여 찬반이 분명한 의견을 갖는 양방 사이에 행하여지는 것이 토론이므로 계속 토론법을 바르게 익히고 이를 유효 적절히 활용하도록 하지 않으면 토론 본연의 길을 갈 수 없다.

2) 사회자

토론시에 제3자 즉 사회자가 필요하다. 토론 사회자는 다음 조건을 구비하고 있어야 한다.

① 토론에 자신도 건설적으로 참가하고자 하는 사람으로 꼭 능변가이거나 전문가일 필요는 없다.
② 모든 사물에 폭넓게 통하는 상식적인 사람이면 된다. 다만 사고에 융통성 없고 특정의 사상적 경향이 농후한 사람은 부적당하다.
③ 경박하고 독선적이며 남을 야유하기 좋아하는 사람은 결격이다.
④ 자연스런 어조로 말하고 남을 위축되지 않게 말하는 사람
⑤ 자기가 가진 지식을 我田引水하지 않는 사람
⑥ 특정 의견과 특정인만 중시하지 않는 사람, 편견을 갖지 않는 사람

사회자 임무 중 중요한 것은 다음과 같다.

① 토론 장소와 토론 참가자 좌석을 미리 정한다.

② 토론 내용을 미리 알린다. 토론이 궤도를 이탈하지 않게 주의한다.

③ 토론이 난항을 거듭하거나 의견이 첨예하게 대립될 경우, 논점을 간명하게 정리 참가자 전원에게 주의를 새롭게 환기한다.

④ 어떤 발언 내용이 참가자 전원에게 고루 이해되지 않을 때 내용을 이해하기 쉽게 재언해 준다.

⑤ 사실과 의견을 명백히 구분한다.

⑥ 부적절한 때 중요 사실이 거론되면 메모해 두었다가 필요한 때 문제 삼는다.

⑦ 요약과 질문을 적절히 삽입, 토론 진행을 유연하게 해나간다.

⑧ 토론 종결시, 결론에 이르면 토론한 내용을 정리 요약하고 만약 결론에 이르지 않으면 토론 범위와 문제점을 정리하고 토론을 종식시킨다.

⑨ 전기한 임무를 수행하면서 사회자는 가능한 대로 발언을 억제한다.

토론이 격해지면 양방 간에 적대 의식이 조성되고, 끝내 논쟁으로 번지기 쉽다. 논쟁은 보통 대립된 의견과 주장이 비교적 장기간에 걸쳐 행해지는 토론을 가리킨다. 논쟁은 개인 사이, 학파 사이, 정당 사이, 단체 사이에 야기되는 경우가 많다. 논쟁은 장기간 양방 간에 자기설을 옹호하고 상대설을 반박하는 것이므로 양측이 어떤 일치점을 찾기 어려우나 다만 쌍방의 주장이 이론적으로 심도있게 발전하는 경우가 있다. 특히 학문 세계에서 논쟁에 의하여 연구가 일층 크게 진전된 예가 많다.

3) 토론의 요건과 순서

(1) 토론의 요건

토론은 논리에 의해 상대를 설득하는 것이므로 사실(증거)과 사실의 해석(논거)에 토대를 두는 추론이라 보는 견해가 가장 적절하다.

① 사실과 실례가 있다.
② 사실, 실례에 따른 해석이 타당하다.
③ 유추로 전개해 나간다.
④ 사실과 추론을 분명히 구분한다.
⑤ 인과관계를 밝힌다.
⑥ 연역의 결과이다.
⑦ 통계적으로 인정된다.
⑧ 권위자 의견에 일치한다.
⑨ 특수 사례에 적용된다.

(2) 토론의 순서

토론의 순서는 따로 형식적인 것이 있지 않다. 토론 현안과 제안에 따라 토론순서가 달라진다. 그러나 원칙적인 것을 보이면 다음과 같다.

① 자기 주장을 분명하게 제시한다.
② 상대방 주장의 근거인 증거와 논거를 일단 인정하고 가능하면 자기표현대로 지적, 상대에게 그것을 확인시킨다.
③ 자기 주장의 근거인 증거, 논거가 일층 신뢰성 있고 가치 있음을 간결하고 힘있게 구술한다.
④ 상대방 주장의 근거와 상대방 입장을 여러 각도에 입각 문제시하고, 노출된 취약점을 주의 깊게 살펴본 다음 이유를 앞세워 약점을 지적한다.
⑤ 자기 주장의 요점을 반복해 말한다.
⑥ 필요시, 상대를 납득시켜 자기설에 동조케 하고, 특정 행동을 일으키게 한다.
⑦ 토론 진행 중 효과적 단절어를 적절히 구사한다.

첫째, 우선, 먼저 생각할 것은, 둘째로, 다음에, 바꾸어 말해서, 그것과 별도로, 때문에, 단호, 두말할 것 없이, 무엇보다 먼저, 끝으로, 요컨대, 결국, 어떻든 간에.

4. 토 의

 토의는 집단에 의해 실시되며 집단적 사고과정을 통하여 어떤 문제 해결을 시도하는 방법이다. 따라서 일정 순서에 따라 참가자 전원이 협력하여 논의를 벌인다.

 연설은 한 연사가 청중에게 일방적으로 언어수단을 통하여 준비한 내용을 전달 표현하는 것이므로 설명, 설득, 환담 방법이 쓰인다. 이에 비하여 토의는 특정 문제를 참가자 전원이 공동으로 숙의할 뿐 아니라, 문제가 갖는 여러 가지 가치와 의미를 밝히기 위하여 상호 정보, 아이디어, 사실, 의견, 지식 등을 교환하게 된다.

 어디까지나 문제의 공정한 해결을 보아야 함으로 토의는 전원이 협력 숙의하는 공동 사고의 장이 되어야 한다. 토의는 주로 문제 해결을 목적으로 하는 협력적 방편이 된다. 토의는 주어진 문제에 대하여 공동 숙의해 나가므로 참가자 전원이 문제 자체에 대한 이해와 인식을 보다 깊이 할 수 있다. 다만 문제 해결안의 결정만 아니라 토의는 해결안 성안에 이르는 과정이다. 토의는 참가자 전원이 각각의 입장에서 자기 의견을 제시 특정문제에 대하여 공통의 해결점에 도달하려는 목적으로 전개하는 문제 해결 수단이다. 그러므로 토의는 다수결 및 상대방 주장에 대한 논파를 위주로 하지 않는다. 각기 다른 의견의 지적 교류에 의해 공통의 이해를 기반으로 공정한 문제 해결에 도달하려는 공동 노력이 토의이므로 소수 의견 역시 크게 존중되고 그들에게도 자주 발언 기회가 주어진다.

1) 토의 순서와 에티켓

♣ 토의 순서
 ① 문제에 대한 의미 확정

② 문제 분석과 음미
③ 가능한 모든 해결안의 제시와 검토
④ 최선의 해결안 선택
⑤ 해결안 실시에 따른 구체 방안의 모색

♣ 토의의 에티켓

① 발표 내용이 남에게 정확히 이해 납득되도록 분명한 표현으로 정중히 말한다.
② 분명한 음성으로 명료하게 말한다.
③ 큰 목소리의 강압적 화법은 금물이다.
④ 발언 기회를 독점하지 않는다.
⑤ 참가자 전원이 차례로 발언한다.
⑥ 침묵으로 일관하는 사람은 관심을 갖고 화제를 듣고 적극 토의에 참가한다.
⑦ 남의 이야기가 끝나기 전에 가로채지 않는다.
⑧ 동시 중복 발언이 나오면, 먼저 발언한 사람, 혹은 또 상위자가 계속 발언케 하고 자신은 다음 차례를 기다린다.
⑨ 상대방 입장과 주장을 인정하는 태도를 취한다.
⑩ 토론과 논쟁이 아닌 공동 의견을 모아 나가는 데 부단한 노력을 경주한다.

2) 토의의 분류

♣ 베어드(Baird)의 분류

① informal discussion
② committee discussion
③ committee hearings
④ panel discussion
⑤ symposium
⑥ forum discussion
⑦ school and college extra curricular discussion

⑧ radio and television discussion

♣ 먼로(Monroe)의 분류

① study group

② informal committee

③ executive meetings

④ formal business meetings

⑤ panel discussion

⑥ radio and television discussion

♣ 로마스(Lomas)의 분류

① the panel

② the symposium

③ the forum

이상의 제분류를 총정리하면,

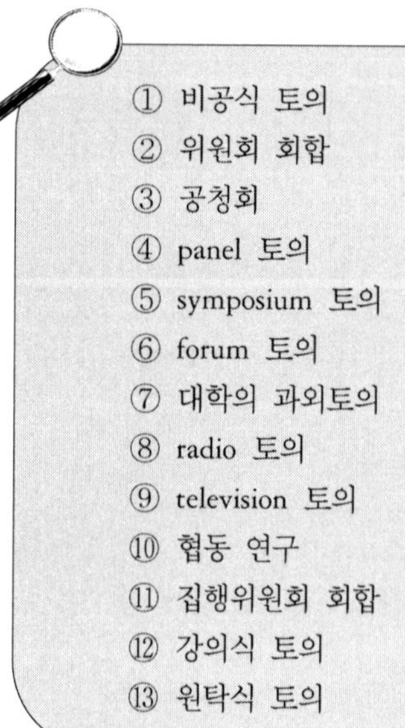

다음에 심포지엄, 포럼, 패널의 세 가지 유형의 토의만 상술한다.

3) 심포지엄

심포지엄은 패널토의 변형으로 생각한다. 특정 주제를 놓고 각기 다른 의견을 갖는 3~4명 참가자가 자기 의견을 발표하고 그 뒤 청중도 토의에 참가한다. 이 형식은 주제에 대하여 찬반 의견을 구하자는 것이 아니고 주제를 중심으로 입장을 달리하는 연사가 참가 가능한 대로 다양하게 의견을 진술해 나갈 때 적절한 토의 형식이다. 전문가와 권위자가 공통 문제에 대하여 각각의 입장에서 여러 각도로 발언하는 것이므로 문제 전체의 계통적이고 권위있는 설명을 들을 수 있다. 심포지엄은 한 개 문제를 각 분야 전문가가 검토하는 것이므로 먼저 사회자는 일반 참가자에게 한 사람씩 연사를 소개 각 분야의 전문가인 동시에 권위자임을 알려준다. 토의 연사는 청중을 향하여 10~15분씩 강연을 한다. 의견 발표를 2회로 나누어 각 연사가 매회 10분 정도씩 말하는 방법도 있다. 토의 연사는 각자의 입장에서 대표적 의견을 말하는 것이므로 다면성을 띠나 이것은 토론이 아니므로 다만 강연식 발표로 그칠 염려가 있다. 결국 동일 문제를 놓고 각자 연사는 별개 측면에서 전문가 입장에서 검토하는 것이다. 질의 응답 시간이 되면 사회자는 일반 참가자의 질문을 정리해 나간다.

심포지엄을 효과적으로 진행하려면 다음 항목에 유의한다.

① 주제를 정하기 앞서 문제 분석을 자세히 해놓는다.
② 가능하면 요점을 축소시킨다.
③ 사회자는 각 연사의 발언을 요약하는 능력이 있고, 각 발언의 상호관계와 위치를 잘 밝혀 나갈 수 있어야 한다.
④ 심포지엄 시작에 앞서 청중에게 예비지식을 줄 필요가 있다.

⑤ 발언자의 발언시간이 꼭 지켜지게 한다.
⑥ 전체 예정시간의 반쯤은 청중을 위해 남겨야 한다.
⑦ 청중석 발언은 되도록 짧아야 한다.
⑧ 사회자는 자기 나름대로 질문을 수용, 청중이 이해하기 쉽게 풀어준다.
⑨ 끝으로, 사회자는 전체 토의 요점을 약술, 당해 심포지엄의 의의를 다시 한번 강조하고 끝을 맺는다.

4) 포 럼

패널과 심포지엄은 질의응답이 뒤따른다. 그리고 질의응답은 토의연사의 강연이 끝난 뒤 청중에 의해 제기된다. 그러나 공개회합은 시종 청중 참여로 이루어진다. 다만 주제발표가 있을 뿐이지 강연과 연설의 예정은 없다. 이 같은 회합을 포럼이라 한다. 또 포럼은 고대 로마에서 실시한 재판 혹은 공공문제를 놓고 공개토의를 행한 공공의 광장을 의미하기도 한다. 그 후 포럼은 공개토의를 위한 공공 집회장의 뜻으로 바뀌었고 공공의 광장에서 공공문제를 공개토의하는 것을 포럼토의 또는 단순히 포럼이라 한다.

비교적 작은 집단에서 패널, 심포지엄, 혹은 강의식 방법을 취하기도 한다. 그러나 토의를 위한 간략한 주제 발표는 반드시 포함하되 자유가 보장되어야 한다. 대규모 집단에서의 포럼 종결시 청중은 질의 응답에 제한을 받는다. 포럼 사회자는 청중에 대해 질의 응답의 통제 규정을 미리 설명한다. 첨예한 이해관계, 혹은 의견 불일치를 수반하는 주제에 대하여 사회자는 서면 질의를 청중에 종용한다. 그러면 관계위원회는 질의서를 수집, 질의서 중에서 가장 간결하고 중요한 것만 뽑는다. 사회자에게 정당성과 의지가 있다면 서면질의로 주제에 따른 질문을 종결시킬 수 있다.

청중석에서 질문할 때 별로 격식을 따지지 않으나 간단한 규칙은 지켜야 한다.

> ① 질문 자체가 긴 연설이 되지 않아야 한다.
> ② 요점을 분명히 드러낸다.
> ③ 질문이 주제에 관련성을 가져야 한다.
> ④ 한 사람이 질문을 독점해서 안 된다.
> ⑤ 한 연사 또는 주제의 한 부면에 복수 질문이 제기된 때, 질문에 비교적 소극적인 사람을 우선 지명한다.

규모가 작든 크든 포럼에서 사회자는 청중석에서 나온 질문을 해당 연사에게 돌리기 앞서 질문을 재차 반복해 준다. 그리고 사회자는 되도록 산회시간을 넘기지 말아야 하며, 만약 산회에 앞서 일반 참가자가 포럼에 대한 관심이 감소되면 곧 산회하되, 모든 참가자에게 감사하고 질문을 계속할 사람은 산회 뒤에 개별적으로 하도록 제의한다.

5) 패 널

패널토의는 집단에 관계되는 주제를 놓고 4~8명의 패널이 청중을 위한 토의를 각각의 입장에서 전개하는 것이다. 패널은 반원형으로 청중 앞에 앉든가 아니면 사회자를 중심으로 원탁에 둘러앉는 것이 정상이다. 만약 청중이 다수일 때는 연단 위에 자리를 마련하고, 마이크가 필요하면 패널들이 자발적 발언을 자유로 할 수 있게 편의를 제공해야 한다. 패널토의는 이따금 이견 조정수단으로 의회와 일반 회의에 쓰인다. 잘 운영하면 패널토의는 주제의 가장 중요한 부면을 취급함에 있어 매우 큰 효과를 올릴 수 있다. 그러나 운영이 부적절하면 패널토의는 시간 낭비에 그치고 만다. 패널토의는 특정문제를 해결 또는 해명하려는 목적으로 몇 사람 패널이 선정돼 청중 앞에서 자신이 갖고 있는 지식, 견문, 정보 등을 통하여 각자 자기 의견을 제시, 협력적 숙의를 전개하는 공동대화라 할 수 있다. 특정문제에 정통한 전문가 혹은 어떤 입장을 대표하는 사람이 패널에 선정되고, 일반 참가자는 특별한 경우를 제외하고 토의에 직접 참가하지 않는다. 또 주어진 문제와 화제에 대하여 특별한 관심을 갖거나 가치있는 정보, 경험을 가진 사람이 패널로 선정될 때가 있다. 최선의 노력을 기울여 공공문제에 대한 일층 깊은 이해와 앞으로의 확실한 행동을 결정하기 위한 명확한 단안을 얻어내는 데 있어 각자 패널은 적극 협력하게 된다.

♣ 토의를 종결지을 때

"이번 토의로 우리는 주어진 문제에 대하여 무엇을 할 것이며, 또 어떤 대책을 강구할 것인가에 대하여 확실히 알게 되었다."고 말하게 된다. 패널토의가 효과를 거두려면 다음 사항에 유의한다.

① 회장의 물리적 조건을 구비한다.
② 패널은 4~8명이 좋다.
③ 청중은 100여 명이 적당하다.
④ 패널은 자연스런 정황에서 자유롭게 질문, 발언한다. 토의가 전체적으로 30~40분 경과하면 사회자는 패널의 발언내용을 요약한다. 그 후 일반 청중의 질문을 받는다. 이 경우 역시 30분이 적당하다.
⑤ 질문은 되도록 한정한다.
⑥ 사회자는 공평하게 토의를 진행 패널을 고르게 발언시키고 필요에 따라 패널의 발언 내용을 요약하며 때로 주석을 붙이고 문제를 분명히 드러내기 위하여 질문 또는 해설한다. 그러나 유머를 잊지 않는다.
⑦ 패널은 사회자와 한 가지로 주제를 잘 파악하고 화법과 청법이 적절해야 한다. 말은 짧고 힘있게 그리고 명확하게 한다. 청중 속에서 질문이 나오면 패널은 즉시 주의, 경청하고 짧은 시간 내에 명쾌하게 답변한다. 그리고 팀워크 유지에 협력한다.

⑧ 청중측에서도 의당 주제를 충분히 파악한 다음 질문하도록 한다. 손
　들어 발언 의사를 표시하고 사회자가 지명하면 자리에서 일어나 우선
　자기 이름을 댄다. 그 후 토의 궤도에서 벗어나지 않는 범위 내에서
　명료하게 질문한다. 사회자는 1인 1회 질문으로 한정하여 짧은 시간
　내에 되도록 많은 질문을 받도록 한다.

　패널토의의 순서는 먼저 나오는 패널이 자신을 소개하든가 아니면 사
회자에 의하여 소개받은 다음 자기가 특별히 조사 연구하고 문제에 따라
발언하고자 하는 내용이 무엇인가 간단히 밝힌다. 전체 패널이 적절히
질문하고 의견 요지를 설명하되 토의 분위기가 밝은 것이 되게 함께 노
력한다. 각 패널을 사회자는 순서대로 지명한다. 전체 참가자는 토의 진
행이 주제에 집중되도록 노력하고 각 패널은 3~8분 정도 발언한다. 지
명 발언이 끝나면 각자 자유스럽게 질문이나 요지 설명을 덧붙인다. 패
널 사이의 토의가 거의 끝나면 일반 청중에게 자유스런 발언이 허용되고
사회는 계속 진행을 맡는다.

　패널토의에 주어지는 문제는 찬반이 분명히 갈리는 성질의 것이기보다
오히려 결론이 여러 각도에서 이루어지는 성질의 것이 일층 적합하다.
일단의 토의자를 패널, 각각의 토의자를 패널리스트(panelist)라고 한다.

5. 회의

1) 회의의 개념

　집단생활은 개개인 의사의 조정과 통합을 필요로 하고 어떤 형태이든
이 기능을 실천하지 않으면 안 되므로 여기서 인류는 회의라는 커뮤니케
이션 방법을 찾아낸 것이다. 회의는 본래 합의제의 한 가지 형식이다.

① 회의의 유사어

합의(몇이 모여서 협의함), 토의, 회합, 좌담회, 협의회, 보고회, 토론회, 타합(미리 해두는 협의), 의회

conference(회의, 협의회)
congress(대의회, 미국 및 중남미의 의회)
convention(집회, 국민회의)
parliament(영국 및 캐나다 의회)
council(평의회, 지방의회)
counsel(의논, 협의)
assembly(집회, 한국의회)
session(법원 정기회의, 회기)
discussion(토의)
debate(토론, 논쟁)
deliberation(심의, 토의)
meeting(회합)
forum(공개 토의)
symposium(대표자 회의)

② 회의의 정의

회의를 한자 뜻으로 풀이하면 會는 합치를 의미하고, 議는 마음에 새긴 것을 언어로 표현한다는 뜻과 함께 상호 의논한다는 뜻을 나타낸다.

회의는 두 사람 이상의 모임에서 행해지는 합의를 위한 한 가지 형식이요, 동일 공간에 모인 사람들이 공동 목적을 달성하기 위해 주로 구두에 의하여 상호 협력, 계발 혹은 영향을 주고 받으며 정보 교환, 문제 해결, 의사 및 방침 결정 등에 도움을 주는 화법의 일종이다. 그러므로 회의 활동의 이점은 자기계발, 모랄 향상, 정보 수집, 지식 향상, 문제 해결에 도움을 준다는 데 있다.

2) 회의의 형태

기업 내 중요 회의는 주주총회, 이사회, 부과장회의, 예산회의, 생산회의 판매촉진회의 등이 있고 그 밖에 목적, 시기, 장소에 따른 것이 있다. 운영 방식에 따라 분류하면 다음과 같다.

① standard형

리더의 통솔로 전원이 동시에 참가 필요에 따라 질의 응답, 정보 제공, 의사 및 아이디어 교환, 토의 결정하는 것으로 비교적 적은 인원수로 운영한다.

② panel형

참가 멤버가 많을 때 쓰는 방법의 하나이다. 멤버가 모두 토의하는 대신 대표격인 패널에게 토의를 대행케 한다. 회의 형식은 4, 5명 패널이 사회자를 중심으로 자유로 발언, 토의, 토론케 한다. 이때 패널은 사회의 허락으로 발언하되 의사 진행이 방해되지 않는 한 몇 차례 발언이 가능하다. 패널토의로 끝나는 경우가 많다. 그러나 일반적으로 예정시간 일부를 패널토의로, 기타 시간은 전원토의로 보낸다. 그리고 홀로아 멤버는 사회 허락을 받아 질문, 반론, 소감 등을 말할 수 있다. 그러나 자칫하면 분위기가 가열되기 쉽다.

③ symposium형

분위기가 비교적 안정 기조를 유지할 수 있다. 공동이란 語義를 갖는다. 심포지엄은 사회가 있고 일정 룰에 의하여 선정된 대표의 발언으로 토의를 진행한다. 발언에 일정 순서와 시간이 있으나 다른 방해는 받지 않는다. 전반은 패널형처럼 대표 토의가 있고 후반은 훌로아 멤버의 포럼으로 이루어진다.

④ group discussion형

workshop, taskforce, small group토의, 또는 분임토의형이라 부르기도 한다. 다수인이 동시에 참가할 수 있다는 이유에서 발생한 회의형이다. 사전에 전체 인력을 몇 개 소 그룹으로 조직한다. 발언은 몇 명의 리더에게 국한된다. 회의가 원만치 않고 분규가 발생하면 리더는 훌로아 멤버의 위치에서 발언 참여할 수 있는 특색을 갖는다.

⑤ brain storming형

목적으로 분류하면 개발형이다. 아이디어 개발의 한 방법으로 창안된 것이다. 일명 '두뇌강습'이라 일컫는다. 한 개 주제를 놓고 참가자 전체의 두뇌를 총집중시킨다는 뜻이다. 이에 알맞은 인원수는 5∼15명 정도이다. 회의가 보통 3단계로 진행된다.

● 1단계

무비판의 가벼운 분위기에서 각자 자유로이 떠오르는 아이디어를 발표한다. 유사 연상, 반대 연상, 접근 연상 등이 효과적이다.

● 2단계

제시된 다수 아이디어를 철저히 평가하고 종류별, 중요성별로 분류 정리한다. 모아진 아이디어는 전문가의 평가를 거친 뒤에 선별하면 더욱 좋다.

● 3단계

정리된 아이디어를 재검토하고 실용성을 고려하면서 종합 수정하여 구체화로 이끈다. 놀라운 아이디어가 획득되면 그만큼 성공적이다.

브레인 스토밍을 위한 기본원칙은 다음 4개항이다.

① 절대로 비판해서 안 된다.
② 자유분방한 아이디어를 환영한다.
③ 가능한 대로 다수 의견을 제시한다.
④ 남의 아이디어를 새롭게 수정 또는 새롭게 연결짓는 일은 환영한다.

그리고 발상→집약·전개→구체화로 진전되는 각 단계에 가장 적임이라 생각되는 인물을 배치할 필요가 있다. 발상 단계는 다양한 경력 소지자를 중심에 두는 것이 유효하고, 구체화 단계는 고도의 전문지식을 배경으로 한 인사를 중심으로 회의를 진행시켜 나가는 것이 바람직하다.

3) 회의의 정형

♣ 1단계 도입

리더는 회의 분위기를 만들고 주제를 설명한다. 동시에 참가자 주의가 집중되게 하고 관심을 자극하며 토의 방향을 제시한다. 그리고 토의가 다른 방향으로 확산되지 않게 한정 조건을 적절히 덧붙인다. 이때 회의 주역은 리더요, 멤버에게 질문을 통한 약간의 발언 기회가 주어진다.

♣ 2단계 정보교환

몇몇 참가자로부터 정보를 제공받고 문제를 명백히 부각시켜 나간다. 의사표시보다 정보제공이 더 발언시키기 쉬우므로 이 단계는 리더의 회의 진행 능력으로 보나 회의 분위기 조성으로 보나 매우 중요한 의미를 갖는다.

♣ 3단계 의사표시

가장 회의다운 부분이다. 각자 자설을 발표, 토의 형태를 취한다. 토의가 궤도를 벗어나지 않게 또 참가자의 교차발언이 빈발하지 않게 리더는 세밀하게 회의를 리드한다. 리더의 통솔 정도는 일층 격감되고 회의 주역은 각 참가자에게 돌아가고 마침내 참가자 전원의 회의로 양상이 바뀐다.

♣ 4단계 결론

결론을 다수결 방식으로 결정 채택하는 것은 최후 수단이다. 두 의견이 정면으로 대립 타협의 여지가 없을 때와 재차 회의 소집이 불가능한 때만 비로소 리더는 다수결 방식을 쓴다. 3단계에서 나온 몇 가지 의견을 검토 기각할 것은 기각하고 문제 범위를 축소 참가자 전원 합의로 한 가지 결론에 도달하는 것이 이상이다.

♣ 5단계 정리

회의 경과를 복습하고 토의에 미흡한 점이 없는가 검토한다. 결론을 반복 설명 전체가 확인케 한다. 그러나 이때 왕왕 새로운 의견이 나온다. 그럼 리더는 "이미 결론이 나왔으므로 이제 다시 그 문제를 재론할 필요가 없다고 봅니다."하고 잘라 말한다.

6. 회의진행법

회의진행상 유의해야 할 기본 항목은 다음과 같다.

> ① 회의 진행은 의사 일정의 처리를 돕는다.
> ② 다수결의 원칙에 따른다.
> ③ 회의에 참가하는 모든 사람은 동등한 권리와 특권을 갖고 동시에 동등한 의무와 책무를 지닌다.
> ④ 소수 및 다수 집단의 권리는 다같이 보호돼야 한다.
> ⑤ 해결해야 할 모든 제안의 토의는 회칙 규정과 내규에 따르는 확정된 질서이다.
> 토의 종결 동의는 3분의 2이상의 찬성이 있어야 한다.

> 토의 제한 동의는 3분의 2이상의 찬성이 있어야 한다.
> ⑥ 목적 달성에 가장 효과적인 방법을 쓴다.
> ⑦ 모든 동의는 우선 순위에 의한다.
> ⑧ 모든 회원은 그들 앞에 야기된 의제 내용과 가능한 효과에 대하여 언제든 알아볼 수 있는 권리를 갖는다.
> ⑨ 동시에 복수 의제를 취급할 수 없고 단일 의제에 국한한다.
> ⑩ 과반수 찬성이 있어야 권한 위임이 가능하다.
> ⑪ 의장은 정당성, 판단력, 고도의 책임감을 갖고 그의 권위를 행사한다.
> ⑫ 모든 회원의 참고를 위해 회의 경과를 모두 기록 보존해야 한다.

조직에 상설조직과 임시조직이 있다. 임시조직은 목적 달성에 소요되는 시간 길이에 따라 1회 또는 몇 회의 회합을 위하여 존속한다. 그러나 상설조직은 장기간에 걸쳐 기능을 발휘하게 된다. 조직의 창립자는 현안의 중요 문제를 토의하기 위하여 위원회나 소집단에서 예비적으로 회합을 갖는다. 여기서 논의될 문제는 조직의 목적, 목적 달성을 위한 방법, 재원 염출, 회원의 종별과 성격, 정책, 다른 조직과의 제휴, 임시 임원에 관한 사항 등이다.

이 같은 기본 문제가 해결되면 위원회나 소집되는 최초의 회합을 위한 계획을 수립할 수 있다. 시간과 장소는 물론 회합의 유형을 결정해야 한다. 회의 창립위원의 공시 방법을 정하고 회의 소집자, 의장 후보, 의장 후보 지명자, 회의 목적을 설명할 사람, 의결 사항 및 가결된 내규를 기록할 사람을 정한다. 상기 제반 사항이 모두 정해지면 한 개 조직이 이루어진 것이다. 만일 이 조직이 상설 기구라면 회칙을 기안한다. 모든 예비 조직이 완료되면 창립위원은 제1차 회합을 소집하게 된다.

1) 제1차 회합

제1차 회합은 이미 뽑힌 소집자에 의하여 소집된다. 그리고 소집자는 미리 정한 의장 후보가 의장에 선출되도록 제의하는 동의를 제기한다. 한 동의가 재청되면 곧 투표에 들어간다. 이때 임시 의장으로 모씨를 찬성하는 사람은 '찬성이오', 반대하는 사람은 '반대요'하고 말한다.

찬성을 計數한 다음 반대를 계수한다. 만약 과반수 찬성이면 소집자는 "과반수가 모씨를 찬성했으므로 모씨는 임시의장으로 선출됐습니다. 그럼 모씨는 의장직을 맡아 주십시오". 그러나 만약 동의가 부결되면 소집자는 "대다수가 반대이므로 동의는 부결됐습니다. 그럼 다음 동의를 받겠습니다"라고 말한다. 보통 한사람이 임시 의장으로 지명되나 만약 다른 또 한 사람이 지명됐다면 그중 한 사람이 과반수를 차지할 때까지 동의 순서에 따라 각 후보에 대한 투표를 시행한다. 그 후 한 후보자를 의장으로 뽑았음을 선포한다. 임시 의장은 곧 임시 서기를 추천하고 임시 서기는 임시 의장 때와 같은 방법으로 선출한다.

서기 선출이 끝나면 의장은 창립위원의 한 사람으로 하여금 회합의 목적을 설명케 한다. 그리고 창립위원은 이 회합이 그대로 한개 조직이 되도록 하는 동의나 결의안을 제출한다. 만약 이것이 과반수 찬성으로 채택되면 회칙과 내규를 기초할 위원을 임명하도록 하는 다른 회원의 동의가 제출돼야 한다. 만약 이것이 미리 기초되었다면 임무 수행을 위한 집단의 책임이 기록돼야 한다.

2) 회칙 및 내규

회칙에 최소한 7개 기본조항이 들어간다.

① 조직의 명칭
② 조직의 목적과 임무
③ 회원의 자격
④ 임원의 의무와 임기
⑤ 임원회와 집행위원회 그리고 그 구성방법
⑥ 정기회의 시기와 임시회의 소집절차
⑦ 회칙의 개정사항

내규는 회칙 운영상 필요한 시행 세칙이다. 내규는 보통 다음 사항을 포함한다.

① 회원의 종별
② 회원에 대한 요구조건
③ 입회 방법
④ 회원의 의무
⑤ 임원의 권한과 의무
⑥ 위원회의 권한과 의무
⑦ 임원 선출과 위원회 구성방법
⑧ 회의 소집과 운영상 규정
⑨ 회의의 존엄성
⑩ 의결에 필요한 정족수
⑪ 내규의 개정 절차

3) 임원의 임무

회합의 성패는 부분적으로 선출된 임원들의 유능하고 성실한 운행에 달려있다. 그래서 임원들은 정당하고 객관적인 태도로 공무를 관장해야 할 특별한 책무를 지니는 것이다. 조직에 따라 차이가 있기는 하나 대부분 회합을 이끄는 의무와 책임은 의장, 회장, 부회장, 서기, 회계에 의하여 조종된다.

① 의장의 임무

의장이나 회장의 임무는 회합에서 질서를 보전하는 것이다. 그리고 연설은 항상 서서 하고 개인 자격이 아니라 의장 자격으로 말한다. 혼란을 피하기 위하여 의장은 각 회원이 발언권을 얻어 말하도록 종용한다. 의장은 찬반이 갈릴 때와 토의에 들어갈 경우만 투표를 실시한다. 그리고 대리를 지명하거나 의장 서리가 취임한 후에만 회원의 자격으로 말할 수 있다. 의장에게 임명권이 부여될 수 있다. 가령, 의장은 어떤 위원회나 소수 임원을 지명할 수 있다. 그러나 의장 직무는 어디까지나 정당하게 최대 능률을 올릴 수 있는 절실한 의사 처리 방안을 모색하는 것이다.

② 부회장의 임무

회장 유고시는 부회장이 의장으로서 집무한다. 그리고 부회장은 주요 조직의 의장이고 兼職의 경우가 많다.

③ 서기의 임무

서기는 회의의 기록원이고 회의 의사록을 보존한다. 서기 임무는 다음과 같다.

> ① 회원 명부를 보존하고 필요시 회원의 회의 출석을 조사한다.
> ② 임원, 위원 그리고 그들이 위임한 대리인을 공식 발표한다.
> ③ 모든 위원에게 필요로 하는 참고문헌을 제공한다.
> ④ 위임장으로 대리인을 참석시킨다.
> ⑤ 별도의 특별한 명문 규정이 없는 한 조직에 의하여 인정된 회계상 모든 서류에 회장과 더불어 서명한다.

서기는 회칙, 내규 등을 성문화하여 제본하되 한 면은 모두 공백으로 남긴다. 여기 수정사항을 기입하고 수정된 의사록의 일자와 쪽수를 참고

하기 쉽게 빨간 잉크로 기록한다. 서기는 의장에게 각 의사일정을 논의하는 데 필요한 자료를 제공한다. 서기는 각 회원에게 회보을 발송하고 가능하면 유사 단체 회보도 함께 발송한다. 그러나 만일 통신 담당 서기가 따로 있으면 이 업무는 그가 맡는 것으로 내규에 명시돼 있을 것이다. 대체로 서기는 회의를 기록하는 임무를 맡는다.

④ 회계의 임무

회계는 조직의 재정을 담당한다. 회비를 징수하고 영수증을 발부하며 청구액을 지불하고 일정 회계 기간의 결산 보고서와 예산집행 보고서를 작성한다.

4) 의사일정

실제 모든 조직은 특별한 의사일정이 있다. 만일 이것이 없다면 다음 항목에 따를 수 있다.

① 의장이 개회를 선언한다.
② 서기가 출결인원을 조사한다.
③ 전회 회의록 낭독, 정정 및 정리
④ 임원 보고
⑤ 위원회 보고
⑥ 미결사항
⑦ 새로운 의사일정
⑧ 의제 선포
⑨ 진행순서
⑩ 산회

만일 의장이 일정에 벗어날 때 예정된 의사일정에 들어가도록 누군가 요구할 수 있다. 이때 의장은 정규 의사일정에 따라야 한다. 회칙 및 내규에 의하여 규정을 일시 중단할 수 있다. 의사 일정에 대한 규정 변경은 거의 만장일치로 결정된다.

5) 의사록

회의 의사록을 기록하는 일은 서기 임무에 속한다. 회의 의사록에 다음 사항이 기록돼야 한다.

① 회의 종별, 정기 혹은 임시회의 여부
② 회의 명칭
③ 회의 일시와 장소
④ 의장, 서기의 참석여부, 대리인의 명칭
⑤ 전회 회의록 기재사항의 실행 여부
⑥ 원동의(원안, 의안, 기본동의)제출자 성명과 의결건명
⑦ 규칙 발언과 청원의 요약, 부결 및 폐기되지 않은 모든 동의
⑧ 전체 참석자 혹은 불참자 명단
⑨ 진행 순서
⑩ 산회 시간

6) 동의의 제출

동의는 집단에 의한 고려와 행동을 위한 제안 혹은 의제의 정식 발언이다. 동의는 결정을 필요로 하는 의사 일정의 한 항목을 제출하는 것이

다. 그리고 동의를 의제 혹은 제안이라 말하기도 한다. 동의 제출은 다음 단계를 밟는다.

① 한 회원이 일어나 의장에게 발언권을 요구한다.
② 의장은 회원 이름을 부르며 발언권을 준다.
③ 회원은 동의를 제출한다.
④ 다른 회원이 동의에 재청한다.
⑤ 의장은 모든 회원에게 동의를 설명한다.

의장을 제외하고 모든 회원이 동의를 제출할 권리가 있다. 동의를 낼 때 일어서서 의장의 공식 명칭을 부른다. 이것은 발언권 혹은 동의권이 주어지기를 희망한다는 뜻이다. 후에 회원은 승인을 기다린다. 대개 첫 번 회원에게 발언권이 주어진다. 의장은 회원 이름을 불러 발언자로 지명한다.

지명된 회원은 소속 및 자기 성명을 댄다. 만일 동시에 복수의 회원이 발언권을 요구할 때 발언의 우선권을 누구에게 줄 것인가?

① 동의나 보고사항을 설명하는 첫 번 기회의 제안자에게 우선권이 부여된다.
② 이미 의제 토의에 들어간 사람보다 처음 말문을 연 사람이 우선권을 갖는다. 또 집회에서 시청을 자주 끄는 사람보다 좀처럼 발언하지 않은 사람에게 우선권이 간다.
③ 의장은 가능한 대로 동의의 지지자와 반대자에게 발언 기회를 균등히 배분한다. 반대 의견이 있을 경우, 의장은 발언자가, 취하는 입장을 물어볼 수 있다. 그리고 이렇게 발언 기회가 공평히 돌아가도록 노력한다.

동의는 집단이 어떤 행동을 취하거나 어떤 의견을 표현케 하는 한 가지 권고이다. 발언자는 '나는 무엇을 동의하오.' 만약 동의가 장황한 것이면 회의에 앞서 미리 제출 의사 일정에 상정되도록 하거나 발언권을 얻어 동의 내용을 일단 낭독한 뒤 의장에게 제출한다. 서면 동의는 대개 내용이 案을 갖추기 때문에 의안이라 한다. 동의가 제출되면 회원은 자리에 앉는다. 그러면 다른 회원이 의장 승인을 기다릴 필요 없이 동의에 再請한다. '再請이오'의 발언은 동의가 전체 회원이 고려해 볼 문제라는 뜻이다.

정당한 절차를 밟아 동의가 제출되고 再請까지 받으면 의장은 가능한 대로 간결하고 명료하게 회의에서 동의를 정식으로 再述한다. 이때 표현상의 수정은 일단 동의 제출자의 동의가 있어야 가능하다. 그럼 동의가 상정된 것이다. 상정된 동의가 표결에 붙여질 때까지 토론이 계속되고 이 동의가 懸案의 의제가 된다. 그러나 동의가 즉시 재청되지 않으면 의장은 동의내용을 거듭 말하고 會衆에 再請 여부를 묻는다. 아무 반응이 없으면 의장은 동의가 성립되지 않음을 밝힌다. 그리고 다른 의사를 진행한다.

7) 표결방법

조직의 회원은 집단의사를 결정짓는 발언권을 갖는다. 최종 확정은 표결방법을 통하여 결정짓는다. 기본적 표결은 의장의 구두 질문에 대한 '찬성이오' 또는 '반대요'의 동의 표결인 구두 방법이다. 회원의 구두음량으로 의장은 표결 결과를 결정짓는다. 그러나 이 방법이 부적절하면 회원의 기립 혹은 거수 표결로 결정할 수 있다. 또 하나 點呼方法이 있다. 이것은 의장이 출석회원의 이름을 가나다순 혹은 소속순으로 부르고 회원은 자기 이름을 들을 때 찬성과 반대로 대답하는 것이다. 중요 의안이나 인사 처리의 경우 무기명 투표 방법을 쓴다. 경우에 따라 우편에 의한 투표가 허용되나 이 방법은 회칙과 내규에 의해 특별히 인정돼야 한다.

8) 동의의 종류

(1) 원동의(의안 · 원안)

어떤 문제를 집단이 심의할 수 있게 제출되는 동의를 원동의라 한다. 이것이 의사의 중심이 되며 원동의가 표결되기 전에 다른 원동의를 낼 수 없다. 한 의제 원칙이 있기 때문이다. 그러나 다만 의사 일정을 변경 상정하자는 동의가 가결되면 가능하다. 원동의는 재청이 필요하며 토론도 할 수 있고 표결시 출석 회원 과반수의 찬성으로 가결된다.

(2) 보조동의

보조동의는 원동의를 처리하기 위해 나오는 것이다. 따라서 원동의가 상정되어 있을 때만 나온다. 보조동의가 나온 때, 이것을 선결하지 않으면 원동의를 처리할 수 없다. 보조동의는 다음과 같다.

① 수정 동의(改議 · 再改議)
② 위원회 회부 동의
③ 토론시간 제한 및 연장 동의
④ 토론 종결의 동의
⑤ 보류동의

②, ⑤항이 가결되면 원동의는 한동안 심의가 중지되고 부결되면 원동의를 계속 심의하게 된다. 再改議 및 ②, ④, ⑤항은 수정할 수 없다. 그리고 ③, ④항은 중요성에 비추어 출석회원 3분의 2이상의 찬성으로 가결되며 보류 동의와 같이 재청이 있으면 토론 없이 곧 표결에 붙인다.

(3) 임시동의(附帶동의)

임시동의는 다른 동의와 독립하여 나오고, 돌발적으로 나온다. 때로 원동의 자체에서 생기므로 부대 동의라 한다. 다른 동의와 같이 정중한 절차를 밟는 것이 아니고 제안자가 제자리에서 질문하거나 요구하면 대개 再請 없이 의장 재량으로 결정될 때가 많다. 우선동의를 제외하고 어떤 동의보다 먼저 처리해야 하므로 이 동의가 해결되지 않은 채 의사를 진행할 수 없다. 또 이 동의는 내용이 간단하고 가부가 분명하므로 특별한 경우를 제외하고 수정 및 토론을 할 수 없으며 긴급을 요하는 것이므로 즉결해야 한다. 보조동의보다 일층 중요하다. 임시동의는 다음과 같다.

① 규칙상의 질문, 임원의 지명, 후보자 추천 방법에 대한 동의
② 추천 중지의 동의
③ 공백의 보충
④ 표결 방법에 대한 동의
⑤ 심의 방법(동의 분할에 관한 동의)
⑥ 심의 반대 동의
⑦ 규칙 일시 정지의 동의
⑧ 재표결의 요구

(4) 우선동의

우선동의는 회의 전체를 위해 또는 회원의 권한을 위해 다루는 동의이다. 다른 동의가 심의 중이거나 동의가 없을 때 심지어 회원이 발언중이라도 이 동의를 제출할 수 있고 토론도 하지 않고 보조동의가 나올 겨를 없이 곧 처리해야 한다. 우선동의는 다음과 같다.

① 일정 촉진과 일정 변경의 동의(긴급동의)
② 特請

③ 휴게 동의
④ 개회(산회) 동의
⑤ 차회 회의 장소와 일시 결정 동의

特請은 회원 개인이나 전체의 특권이 부당하게 침해되어 회의 효과를 충분히 올릴 수 없을 때 특권을 정당히 지키기 위하여 요구한다. 동의에 재청이 필요 없으며 토론 없이 의장 재량으로 즉결한다.

(5) 변안동의

일단 가결된 의안을 재심의하자는 동의다.
동의의 순서

① 우선동의
② 임시동의
③ 보조동의
④ 原동의

7. 방송화법

1) 라디오 화법

라디오 화법도 청중 앞에서 말하는 스피치 요령과 같다. 스피치와 연사는 똑같이 중요하다. 그리고 목적과 형식 또한 주어진 정황으로 보아 동일하다. 라디오 연사는 일반 연사가 직면하지 못하는 두 가지 문제에 봉착한다. 하나는 마이크를 통하여 말하게 된다는 사실과 또 하나는 물론 그렇지 않을 때가 있지만, 눈앞에 보이지 않는 청중을 향하여 말하게 된다는 두 가지 사실이다. 마이크 앞에서 방송하는 연사는 주제, 세부사항, 구성 그리고 언어표현상의 문제를 적절히 조절하지 않으면 안 된다는 사실을 즉각 인식한다. 우선 스튜디오 안에 있다는 사실 자체가 연사를 심리적으로 위축시키는 원인이 될 수 있다. '손짓 신호'는 그에게 마이크에 좀더 가까이 가도록, 말의 속도를 줄이도록, 마이크를 정면으로 향하도록, 좀더 큰소리로 말하도록, 그리고 손짓에 대해 적절하게 움직이도록 지시해준다. 연사는 원고지 넘기는 소리를 내지 않든가 혹은 기침소리를 피하기가 매우 어렵다는 사실을 알게 된다.

라디오 청취자는 눈에 보이지 않기 때문에 포착하기도 어렵고, 청취자의 반응을 판단하기도 어렵다. 직계가족이 방송을 듣고 있을지 모른다. 그러나 방송 可聽區域 안에 있는 가정주부, 실업가, 학생, 농부 그리고 그 밖에 다른 사람의 경우는 어떻겠는가? 동일한 15분 길이의 유행음악, 뉴스 해설, 야구 중계 혹은 극적인 풍자 등 각 방송국의 프로그램 중에서 취사선택할 때 청취자가 내 방송을 택해서 들어줄 것인가? 청취자가 비록 다른 프로그램으로 다이얼을 돌리지 않으리라고 가정한다 하더라도 그들이 이쪽 연사 이야기에 꼭 공감할 것이란 보장은 없지 않은가! 청취자는 전체 可聽區域을 통해서 산재해 있는 개인이나 혹은 몇 개의 집단으로 구성되고 있다. 각 개인이 연사 이야기에 찬동하기도 하고, 연사의 호소에 반응을 보이기도 하는 전체 청취층을 형성하기 때문에, 이들 각개 청취자들을 결속시켜야 한다. 그렇게 할 수 있는 가능한 방법은 어떤 것일까?

(1) 청취자에의 적응

무엇보다 먼저 이쪽 방송을 들을 청취자 계층을 파악한다. 때로 적십자 운동 같은 전체 청취층을 대상으로 방송할 경우가 없지 않다. 그러나 우리가 참석하고 있는 것이 한 개 정기적인 특집일 수 있고, 이 프로그램이 청취자의 꾸준한 인기와 관심을 모을 수 있다. 때로 스폰서는 우리의 청중이 될 수 있는 특정집단을 미리 조직해 놓을 수도 있다. 당해 연도, 어떤 이슈에 대한 찬성 또는 반대 입장을 미리 대학생 토론자들로부터 파악하여 토론을 일반에 예고함으로써 비판적이고 관심있는 청취자들을 사전에 확보해 둘 수 있다.

어느 경우든 연사는 한 특정집단을 향하여 말하고 있다는 사실을 염두에 둔다. 이를테면, 우리가 아는 대학생들, 우리 가족, 그리고 꼭 듣겠다고 약속한 나머지 사람들이다. 이들에게 우리 의견을 말한다고 할 때, 분명히 우리는 우연히 듣게 된 다른 사람에게 관심을 갖게 된다. 루스벨트 대통령은 첨예한 수많은 사람의 주목을 끄는 내용을 그대로 전달하면서도 많은 청중에게 호소력을 발휘, 연설의 대가가 되었다.

라디오 방송이 아닐 때, 연사의 주제와 주제 취급은 온전히 당시 청중의 특성과 현장의 직접적인 정황에 의존하게 된다. 그러나 라디오는 공기요, 각국에는 전파를 이용하는 사람이 따라야 하는 법규가 각각 제정되어 있다. 방송 스피치의 자유를 옹호하고 촉진하는 가장 최상의 방법은 여러 집단의 구성원들에게 격조와 존경을 보이는 일이다.

악의적인 諷刺를 피하고 남의 존경과 신뢰를 받도록 해야 한다. 균형이 잘 짜여진 인품을 나타내 보인다. 라디오 화법은 잘 짜여진 인품을 필요로 한다. 청취자는 화를 잘 내거나 싸움 잘하는 연사들 때문에 간혹 흥미를 느낄 때가 있으나 진정으로 그들을 환영하지 않는다. 청취자는 연사에게 교양미를 기대한다. 혹심한 諷刺, 꾸민 듯한 유머, 초연한 체하는 모든 표현 등을 청취자는 모두 싫어한다.

(2) 토크의 구성

직접 눈앞에 보이는 청중과 같이 라디오 청취자도 내용의 명료성과 그 구성에 반응을 보인다. 세부를 지나치게 열거하지 않고 반복과 개요의 방법을 쓴다. 대부분 청취자는 스피치 일부만을 듣기 때문이다. 허버트 후버가 때로 행한 것 같이 루스벨트 대통령은 강연 골자를 만들지 않았다. 그는 매우 효과적으로 주제를 전개하고 반복했기 때문에 언제나 스피치 원고가 없었다.

스피치를 요약한다. 라디오 화법에서 간결성은 무엇보다 중요한 요소이다. 처리가 간결하고 효과가 즉각 나타나지 않으면 라디오 청취자는 아마 15분쯤 뒤에 홍미를 잃을 것이다.

스피치 원고를 잘 쓴다. 길이와 내용을 검토하기 위하여 라디오 방송사는 대개 복사된 스피치 원고를 요구한다. 그러나 스피치 원고를 쓸 때, 그것이 작문이나 수필투가 아닌 구두 표현문이 되도록 작성해야 한다. 그것을 소리내 읽어보고 효과적으로 읽는 '讀點 치기'를 연구한다. 가능하면 그것을 녹음하고, 녹음한 것을 재생시키며 깊이 있게 연구해야 한다.

청취자의 주의를 끌 수 있게 말머리를 꺼내고, 자기 입장을 밝힐 수 있는 개요나 혹은 직접 호소로써 빠르고 간략하게 말끝을 맺어야 한다. 복잡한 문장보다 오히려 단순한 것을 선택한다. 20단어 정도로 길이를 제한하되, 내부 구조는 다양하게 만든다. 도미문과 비교구문을 사용한다. 질문과 감탄을, 그리고 때로 명령법을 쓴다.

문체는 다양하고 명료하고 간결해야 한다. 추상적이고 일상적이며 현학적인 어투를 피하고, 비유적이고 함축성 있는 언어를 사용한다. 의례적인 어투는 사용하지 않는다. 이 같은 표현은 청취자 주의를 포착하기 어렵다.

원고를 읽기 쉽게 작성한다. 카피는 컴퓨터로 치고, 두 칸쯤 뗀다. 그리고 각 문장은 한 단락이 되게 한다. 연사를 혼란에서 피하게 해주는 어떤 표시를 하거나 경우에 따라 말소가 가능하게 한다. 원고지의 일면만을 사용한다. 그것을 가위로 자르거나 혹은 접지 않도록 한다. 순서대로 원고지를 정리하고, 그것을 세어본다. 원고의 끝 부분을 정리한다. 그러면 스피치를 끝내기 전에, 비록 삭제되는 한이 있더라도 일단 목적을 달성한 셈이다. 방송 담화 중 시계를 보면서 프로듀서의 '끊으라'는 신호를 지켜보고 지시에 따른다.

원고를 대화하듯이 읽는다. 그리고 낭독하는 듯한 어투는 적극 피한다. 마치 친구를 향하여 말하듯 읽되, 원고에만 전적으로 의존하지 않는다. 語와 어구의 억양효과를 연구한다. 특히 강조하고 싶은 어구 밑에 밑줄을 그어 놓는다. 경험이 풍부한 유능한 연사는 원고에 없는 어구를 보충하고, 그 때마다의 분위기와 정황에 따르기 위하여 어구를 생략하거나 변화를 준다.

(3) 라디오의 음성

라디오 연사는 명확하게 말하고 꾸밈이 없어야 한다. 자신의 정상적인 톤과 정상적인 음성조절로 시작한다. 잘 알려진 저명한 연사를 모방하지 않는다. 음성을 뚜렷이 내세우기보다 오히려 어떤 내용을 청취자에게 잘 전달하는 것이 우리의 목적이란 사실을 기억한다. 그러나 우리는 부단히 음성표현의 기술을 향상시켜 나가야 한다. 어떤 엔지니어는 높은 테너의 목소리보다 바리톤의 목소리가 라디오에서 일층 더 효과적으로 전달된다고 말한 바 있다. 라디오 방송은 보다 높은 주파수에 힘을 가하는 경향이 있기 때문이다. 그러나 소프라노와 테너는 말의 속도를 늦추는 것으로 그들의 톤을 개선할 수 있다. 말의 속도가 빠르면 이따금 톤이 상승하는 원인이 되기 때문이다. 동시에 지나치게 낮은 피치와 쉰 목소리 그리고 어두운 목소리 등은 피한다.

어느 정도의 속도로 말해야 하는가, 말의 속도는 각자에게 알맞은 자연스러운 속도이어야 한다. 청취자가 스피치를 느리게 끌어가는 것으로 느낄 때, 그들은 연사가 말할 내용을 확실히 정하지 못했구나 하는 결론을 자기 나름대로 내릴 수 있다. 1분간 130~150단어를 말하는 것이 정상 속도이다. 그러나 대부분 연사의 자연스런 속도, 스피치 성격 그리고 청취대상 등에 의하여 크게 좌우된다. 대개의 경우 뉴스 아나운서는 1분간 170단어 이상의 속도로 말한다. 조정기사가 기계적으로 강도를 조정하기 때문에 강도에 관하여 그의 충고를 듣는 것이 좋다.

소리의 강약에 대하여 더 크게 혹은 더 조용히 말하도록 권고 받을 수 있다. 강도의 기계적 증폭이나 완화가 연사의 음성을 왜곡할지 모르기 때문이다. 극단의 강약은 피한다. 극적인 속삭임과 회의장에서의 외침은 모두 라디오 스피치로서 부적절하다. 방송 전문가의 충고에 따르도록 한다. 청취자가 약 1미터 50센티미터 앞에 있는 것으로 간주하고 말한다. 사용할 마이크가 한 방향, 두 방향, 또는 무지향성인지 여부를 알고 있어야 한다. 마이크와의 거리는 늘 일정하게 유지한다. 그리고 변화 없는 볼륨을 낸다. 일정한 진동의 톤을 유지한다.

신체적인 동작 표현 역시 불가결하다. 스튜디오 연탁 앞에 동석자가 있어 신체적 동작 표현을 억제해야 하는 이유 때문에 자신의 아이디어와 음성마저 억제할 필요는 없다.

명료하게 조음하고 정확하게 발음한다. 우리 나라에 7개 방언이 있다는 사실을 크게 염려할 필요는 없다. 그러나 무리가 없는 한도 내에서 전형적인 한국인이라 생각되어지는 조음과 발음으로 말한다.

마이크 공포에 대한 최선의 보장책은 주도 면밀한 준비에 있다. 적절한 여유 시간에 방송사에 도착한다. 심신을 편히 갖고 스피치와 무관한 일에 관하여 이야기한다.

자연스런 매너를 취한다. 그리고 전에 여러 번 한 것처럼 말할 뿐이란 사실을 명심한다.

녹음기를 사용한다. 방송사에 녹음 장치와 재생 장치가 있다. 자신의 방송 녹음을 입수한다. 그리고 연습이 필요한 결함을 발견하기 위하여 녹음을 비판적으로 연구한다. 자신의 조음과 발음, 말하기 속도 그리고 대화의 격조 등을 면밀하게 기록한다. 효과적인 녹음은 자신을 비평가로 만들게 될 것이다.

2) 텔레비전 화법

라디오 화법의 대부분 원리를 텔레비전에 적용하면 되나 특별히 다른 것은 텔레비전 카메라다. 또 시간조절은 특별한 문제를 제기한다. 출연자는 음성과 함께 몸의 동작을 시청자에게 보이는 시간을 계산하지 않으면 안 된다. — 연사가 칠판 쪽으로 갈 때나 설명을 도표로 지적할 때와 같이 — 그리고 공간 처리는 또 다른 문제를 제기해 준다. 방송 출연자는 텔레비전 카메라 시계 안에 있어야 한다. 그리고 감독 의도가 지금 '클로즈 업'인지, 아니면 좀더 먼 '쇼트'인지 여부를 알아야 한다. 텔레비전에 특유한 제3의 요소는 조명이다. 영상과의 콘트라스트가 나쁘면 시각 효과를 상실시킨다. 또 텔레비전은 '소리의 한계'를 수반한다. 만약 출연자가 스튜디오 안에서 이리저리 움직이면 소리를 포착 흡수하기 위하여 마이크는 계속 움직이는 방향으로 따라가지 않으면 안 된다.

다음에 열거하는 항목은 텔레비전 토크를 준비 방송하는 데 큰 도움을 줄 것이다.

(1) 사전 연습

기회가 주어지면 스튜디오 안에서 갖는 몇 차례 '試演'은 매우 유익하다. 미리 세부적으로 프로그램 개요를 작성한다. 개요에 토크를 구성하는 화제와 세부를 기록하고, 또 각 단계에 허락되는 정확한 시간 — 토크 길이에 상관없이 — 그리고 사용할 시각보조물의 목록, 자신이 취할 신체적 동작 등에 따른 비고를 포함시킨다.

(2) 카메라

제작감독은 연사가 앉느냐 서느냐 또는 데스크 앞에 있어야 하느냐의 여부와, 연사의 전신상을 나타내느냐 혹은 얼굴 정면만을 나타내느냐 여부를 결정한다. 시각 보조물 사용여부 역시 동일하다. 어느 경우이든, 카메라가 사람의 얼굴 표정과 몸의 동작을 즉각적으로 명백하게 확대시킨다는 사실을 시종 잊어서는 안 된다.

의상과 연사 외관에 대한 감독의 충고는 크게 참고가 된다. 남성은 갈색, 청색, 회색 양복이 흑색이나 백색의 것보다 더 낫다. 와이셔츠는 번쩍인다. 여성은 조명에 나쁘게 반사할지 모르는 강한 색깔의 의상이나 한층 더 번쩍거릴지 모르는 보석은 삼간다. 카메라 혹은 감독이 지시하는 쪽을 똑바로 보아야 한다.

방송중인 때 카메라 앞머리의 빨간 텔레라이트를 본다. 그러나 그것을 의식적으로 응시하지 않는다. 텔레라이트가 꺼지면 눈을 떼고 라이브렌즈에 눈의 초점을 맞춘다.

(3) 정상적 음성

마이크는 바로 앞이나 머리 위에 있다. 보이지 않는 시청자는 14인치 혹은 21인치 화면을 응시하고 있는 소집단이나 개인이다.

뉴스 캐스터와 스포츠 기자는 원고를 사용할 때가 간혹 있다. 그러나 그들이 방송할 때 원고를 읽는 것 같지 않은 인상을 준다. 원고 없이도 불편한 망설임이나 주저함이 없다면 즉흥으로 말해도 좋다. 텔레비전에서 대화적인 어투를 쓸 수 있게 충분한 사전 준비만 쌓았다면 원고를 이따금 보아도 될 뿐 아니라, 원고에 눈 돌리는 것을 시청자가 의식하지 않게만 하면, 원고 읽기와 암기의 절충 방식을 써서 무방하다. 우리는 카메라 옆의 보드에 전체 스피치나 혹은 개요를 항목으로 적어 놓을 수 있다. 그런 연후에 시청자를 곧바로 볼 수 있고, 동시에 준비된 담화를 예정대로 진행시킬 수 있다.

근본적으로 텔레비전은 대학강의 같은 경우 불편한 세부적 시각 자료까지 전달해 주는 매체이다. 방송사는 보드, 지시봉 그리고 그 밖의 비품이나 설비를 공급해 준다. 차트는 글자와 그림을 뚜렷이 새긴 진한 회색 카드이어야 한다. 방송 실시 이전에 반드시 이 같은 보조물을 점검한다. 텔레비전 화면에 도움되고 준비가 가능하면 투명한 슬라이드를 사용할 수 있고, 표준 규격이면 유성 무성의 필름도 사용이 가능하다.

8. 구두 낭독

'읽는다'는 것은 읽는 동작이 목적이 아니라 문장 내용의 진솔한 표현, 즉 의미를 풀어 제것으로 하고, 제것이 된 글의 내용을 남에게 진술하게 말하여 들려주는 것이다. 그러므로 읽는 목적을 따라 읽는 태도가 바뀌는 것은 매우 당연하다. 그리고 태도를 따라 읽는 법이 달라질 것이다. 예컨대 남에게 들려 줄 때는 아무쪼록 남이 잘 알아듣도록 읽어야 할 것이다. 남이 알아듣기 좋은 성조가 읽기에 적합하다. 무작정 높은 고성이 좋지 않은 것도 하나의 좋은 예이다. 따라서 음성을 가다듬어 세련되고 개성 있는 음성으로 어조를 높였다 낮췄다 하면서 부드럽게 누가 듣든 쾌감을 느끼고 어떤 정감을 갖도록 해줘야 한다. 이것이 낭독이다. 또 읽기는 바르게 해야 한다. 우선 자신이 읽게 될 글의 내용을 확실하게 파악해야 하고 모를 말이나 어려운 말은 쉽게 익혀야 하겠으며, 글쓴이의 이미지가 살아나도록 실감 있게 남이 잘 알아듣게끔 읽어야 한다.

1) 묵 독

글 읽기 전에는 먼저 묵독의 과정이 있다. 묵독은 눈의 움직임을 주로 하는 읽기이기 때문에 글을 처음 대할 때나 글을 속히 보아 내려갈 때 묵독을 한다. 이때 온 정신이 온전히 글의 내용에 집중되므로 글의 내용을 자세히 파악할 수 있고 어구를 구체적으로 파악할 수 있다. 그러므로 묵독의 단계에서 글의 내용을 파악하고 글쓴이의 이미지와 정감을 쉽게 파악할 수 있다.

2) 음 독

묵독 다음이 음독이다. 곧 소리를 내서 읽어보는 것이니 야스페르센도 일찍 발음연습을 위해 글은 음독해야 한다고 했지만 특수한 어구와 발음하기 어려운 어구를 실제 익혀보기 위하여 음독이 필요하고, 어디서 띄고, 어디서 붙이고, 어디를 강조하고, 어디를 빨리 읽고, 어디를 천천히 읽으며, 어조는 어떻게 유지하고, 어떤 소리로 읽어야 글쓴이의 뜻에 가장 가깝게 접근 할 수 있을 것인가를 다지기 위해 음독은 필요한 것이다. 묵독과 음독을 거쳐야 비로소 낭독 단계에 이른다.

음독을 보다 구체적으로 설명하면 음독은 남에게 어떤 내용을 들려주기 위해 필요하고, 낭독 전제조건으로 꼭 거쳐야 한다. 발음이 정확히 나오느냐의 여부, 또 글을 틀리지 않게 잘 읽을 수 있는가 여부를 확인할 때, 또 작자의 감정과 호흡을 간접 체험하고 뉘앙스를 그대로 표현하려면 낭독에 앞서 반드시 음독을 거쳐야 한다. 그런데, 음독은 발음기관 연마에 주력하는 나머지 정신이 발성에 집중되어 정작 글의 내용과 멀리 떨어져 가기 쉽다. 그래서 음독에 앞서 묵독이 꼭 필요한 것이다. 소리내어 빨리 읽으면 읽을수록 글의 내용은 자칫 잊어버리기 쉽다.

　음독의 일종으로 제독이 있지만 제독은 여럿이 일제히 소리내 읽는 것이다. 초등학교 어린이가 비교적 초급 학년에서 선생님을 따라 국어 교과서를 읽는 것은 분명 제독인데 여기 일종의 특이한 음조가 생기기 쉽고, 또 각 어구의 고저 장단이 문란해져 음성 언어 본래의 모습이 자취를 감출 우려가 없지 않다. 그러므로 다만 난삽한 발음 연습과 난삽한 어구의 음독에만 齊讀이 따라야 한다. 이때 난삽한 발음이나 어구는 혼자 하기보다 여럿이 어울려 음독할 때 바르게 터득되기가 쉽기 때문이다.

3) 낭 독

　다음이 낭독이다. 낭독 역시 소리내 읽는다는 점에서 음독과 구별하기 어려우나 낭독은 美讀을 뜻한다. 문체를 따라 읽는 투가 달라야 하는 까닭도 낭독이 실은 미독이기 때문이다. 낭독은 발음, 발성, 고저, 강약, 속도, 호흡조절, 띄어읽기, 어조변화, 말의 뉘앙스 등의 표현기교로써 글의 내용을 되도록 바르게 음성으로 표현하는 것이다. 즉, 글의 내용을 음성 기교로 표출하는 것이 낭독이다. 그래서 저자는 언어 표현 중 낭독법을 마술에 비유한다. 말은 모두 성질이 다르기 때문에 좀체로 전문가가 아니면 다루기 힘들다. 마찬가지로 글의 내용도 모두 다르기 때문에 모든 글을 일률적으로 낭독할 수 없다. 낭독 역시 경우에 따르게 된다. 그리고 낭독자는 말을 다루는 기수가 되어야 한다. 말을 다루는 기수가 말의 성질과 호흡을 완전히 파악하여 기수와 말이 일심 동체가 되어 뛰는 것처럼, 글을 읽는 사람은 읽혀지는 글과 완전히 조화되어야 한다. 낭독자와 글이 온전히 조화된 뒤에 비로소 낭독법상의 기교가 운위될 수 있다. 낭독법을 문장을 통하여 설명하는 것만큼 어려운 것이 없다. 다만 여기서 낭독법의 표현기교만 설명하고자 한다. 그것은 일반화법의 표현기교와 대동소이하나 오직 어투에 차이가 있다. 이것을 영어로 change of pace라

한다. 이 점의 유무가 화법과 낭독법상 표현 기교의 차이가 된다. 표현 기교에 어투, 고저, 강약, 장단, 명암, 속도, 억양, 공백표현법 등이 있다.

어투는 가령, 소설의 경우 서술문체와 곁들여 대사가 등장 인물에 따라 다르기 때문에 음성 표현의 기교에 어느 차이를 두어야 한다.

고저는 높은 말소리와 낮은 말소리를 어떻게 조화시켜 낭독하느냐는 것인데 고저는 계속 나타나므로 여기 당연히 멜로디가 발생한다.

강약이라 함은 어떤 의미를 강조하고자 할 때 일정 부분을 강하게 또는 약하게 표현하는 음성표현 기교를 뜻한다.

장단은 단어의 장단 발음 구별은 물론, 문장에 따라 부분적으로 길게 또는 짧게 소리내야 하는 차이를 보이는 것이다.

명암은 작자의 감정상 밝고 어두운 점을 구분지어 낭독으로 표현하는 기교이다.

속도, 한 개 글월이 동일 속도로 읽혀질수록 상대가 내용을 포착하기 어렵다. 단어 자체가 부각될 필요가 있는 부분은 자연 속도가 느려지고, 그렇지 않은 부분은 빨라진다.

고저는 어조라고도 한다. 한 개 어구의 고저 관계이다. 이는 높고 낮은 음의 흐름이기 때문에 음악에서 말하는 멜로디와 같다. 국어에 수평조, 상승조, 하강조의 셋이 있다.

공백표현법은 가장 중요한 음성표현 기교이다. 영어로 pause라 한다. 포즈는 낭독을 듣는 사람이 머리로 이야기를 정리하고, 이해하고, 혹은 감정의 희비를 맛보고, 다음 전개될 이야기를 수용할 차비를 차리게 낭독 중 일정 길이의 시간상 공백을 두는 것이다. 달리 정어법(停語法)이라 한다. 어느 경우든 듣는 이의 심리적 영향을 계산하지 않고 결정할 수 없는 것이 포즈이다. 그러나 포즈는 낭독자의 글 내용 해석에 대한 센스가 결정할 문제이다.

4) 방 송

지금까지 말한 낭독법의 표현 기교가 개인의 차이에 따라 조화되는 모습이 모두 다르다. 낭독은 글 내용에 따라 여러 형태를 갖는다. 詩 낭독, 隨筆 낭독, 小說 낭독, 日記 낭독, 手記 낭독이 한 계열을 이루고, 이와 좀 다른 기준으로 따질 때 방송이 있다. 한편 극본 또한 다른 계열을 형성한다. 방송은 뉴스, 일기 예보, 소개, 디스크 자키…… 등 원고방송을 뜻한다.

특히 원고 방송을 '읽는다'고 표현하는 사람이 있는데, 문예물 낭독과 약간 차이가 있는 것으로, 방송은 원고에 의해 '말한다'는 개념으로 파악해야 한다. 만일 원고 방송이 순수하게 '읽혀진다'고 하면, 벌써 그것은 방송 테두리를 벗어나가는 결과가 된다. 원고방송은 원고에 의하여 고지하는 형태를 취하는 것이다. 따라서 원고 방송은 낭독의 제2개념으로 설명된다. 그리고 극본이나 대사 역시 광의의 낭독으로 보나 협의의 낭독, 즉 제1개념으로 볼 수 없고, 또 원고 방송인 제2개념으로 볼 수 없다. 전혀 별개의 형태를 취하기 때문이다.

첫째 개념의 낭독은 前記한 바에 따라야 할 것이되 둘째 개념, 즉 원고방송은 매스컴 회로를 염두에 두고, 시청자층을 향하여 뉴스를 위시한 방송 고지사항을 전달한다든가 음악을 보냄과 동시에 원고에 의하여 흥미 있는 이야기를 간간이 들려주는 것인데 앞에서 지적한 낭독의 '읽기'와 성격이 전혀 다르다는 사실을 인식해야 한다.

또한 대사는 단순한 읽기도 아니고, 원고에 의한 단순한 말하기도 아니다. 대사는 읽혀지고 말해지되 음성기교를 통한 극적 표현이므로 1,2개념의 낭독으로 이해할 수 없다. 독백이 아닌 한 대사는 적어도 둘 이상의 배역이 극적 조화를 이루어야하므로 방송 드라마든, 무대극이든 글의 줄거리와 작가의 이미지, 연출자의 해석, 출연자가 수용하는 극내용과 결부하여 맡겨진 배역의 성격분석, 이에 수반되는 극적인 감정조절, 다음에 비로소 음성표현의 기교를 통하여 대사가 처리된다. 텔레비전 드라마와 무대극은 연기자의 얼굴 표정과 몸 동작이 동시에 표현된다.

아무래도 낭독은 '읽기'이다. 읽기에서 중요한 요소는 발음과 호흡조절이다. 이 호흡 조절을 저자는 '띄어읽기' 또는 '띄어말하기'라 불러온다. '띄어읽기'는 원래 '띄어쓰기'와 별개의 특징을 가지므로 따로 필요한 것이다. '띄어읽기' 요령은 문장의 구독점에만 의존하지 않는다. 문장 구성으로 보아 주어, 서술어, 수식어, 한정어로 구분해 낭독할 수 있고 달리 강조할 부분을 중심으로 뗄 수 있다. 뉴스 방송은 문장이 기사문이므로 6하원칙에 따라 '띄어읽기'를 해야한다. 다만 하나 감정의 안정과 호흡조절이 일치해야 '띄어읽기'가 보다 효과를 거둘 것이다. 그리고 낭독, 방송, 대사는 상대방, 시청자, 관객이 항상 그 대상임을 명심해야 한다.

1. 회화와 대화를 형태상 어떻게 구분할 것인가?
2. 화제 선택에서 사람들이 일상적으로 말하고 싶은 화제와 듣고 싶은 화제를 항목으로 지적해 보라.
3. 대화의 조건을 말하라.
4. 대화 능력을 향상하고자 할 때 어디에 기준을 두어야 할 것인가?
5. 설득연설의 대강을 말해 보라.
6. 토론과 토의의 의미상 차이를 말해 보라.
7. 회의의 개념을 적어 보라.
8. 회의의 정형은 어떤 것인가?
9. 동의의 종류를 말하라.
10. 텔레비전 화법에서 시연(試演)의 중요성을 말하라.

참고 문헌

1. 이호진, 『회의진행법』, 제일문화사, 1956.
2. 전영우, 『스피치개론』, 문학사, 1964.
3. ──────, 『화법원리』, 교육출판사, 1971.
4. 齊藤美津子, 『話シコトバの科學』, 東京, 至文堂, 1965.
5. 平井昌夫, 『話シコトバの機能』, 東京, 光風出版社, 1955.

6. A. Craig Baird, *General Speech*, McGraw Hill, New York, 1957.

7. Robert T. Oliver, *Communicative Speech*. Dryden Press, New York, 1958.

8. A. Graig Braird, *Discussion*, McGraw Hill, New York, 1943.

스피치 평가

제**11**장

개 관

효과적 스피치란 어떤 것인가? 어떤 기준으로 판단하는가? 스피치가 생활 방편으로 개인, 사회, 교육에 영향을 미친다면, 우리는 큰 관심을 갖고 이를 연구 검토해야 한다. 당면 문제의 해답은 이 방면 연구를 위한 이정표를 제공할 것이다. 이 문제는 스피치 교육사에서 크게 논란되고 있다. 해답은 고대에서 발상, 현재까지 존속해 온다. 해답은 당시와 같이 현재도 당면 문제로 간주되고 있다. 각 해답은 기본적인 것이고, 각기 동일하지 않다.

대통령 선거는 여야의 두 후보와 지원 연사가 많은 횟수의 연설을 하도록 한다. 수백만 유권자가 선거 유세를 듣는다. 막대한 정력과 경비와 시간이 중요한 토론에 투입된다. 여기 참여하는 인사는 스피커로서 얼마나 유능한가? 어느 유형이 보다 효과적인가? 이유는 무엇 때문인가? 이 같은 일련의 질문은 타당하고 유용한 것이다. 이 질문은 바로 스피치 교육상 빈번하게 논의되는 문제이다. 스피치 실연의 평가와 비평은 스피치 연구에 있어 중요한 과업의 일부이다.

1. 청각 수용

1) 듣는다는 지각양식

말을 들어 이해하고, 음악을 들어 즐기고, 강한 소리를 듣고 놀라고, 우리 일상생활은 音으로 가득 차 있다. 아침에 일어나 밤에 잘 때까지, 좋든 싫든 주위환경 속에서 발생하는 음에 휩싸인 채 생활한다. 이처럼 여러 가지 음을 늘 들어야 하지만 그 속에서 우리는 특정음에만 귀를 기울일 능력을 갖추고 있다. 따라서 우리는 생활환경 속에서 어떤 음을 청취하고, 이 음을 매개로 음이 발생된 원인에 주의를 기울일 수 있다. 실제의 음을 청취한다고 할 때, 이 말은 음이 발생된 배후에 있는 어떤 사실에 주목한다는 의미로 쓰일 경우가 많다. 대체 어째서 우리는 이처럼 음이 발생된 배후 사실에 주목하는 것인가? 인간 생활을 영위해 나가기 위해 자기를 둘러싼 주위 환경에 적응, 적절한 행동을 취할 필요가 있기 때문이다. 그러기 위해 각종 지각계가 활동해야 한다. 이때 감각계가 예외일 수 없다.

따라서 청취 의의도 맛보고, 만져보고 하는 경우와 동일하여, 개체가 환경에 적응하기 위한 정보를 얻는 것이 본질이라 할 수 있다. 오관의 감각기능은 동일한 의의를 갖는다 해도 이들은 모두 양식이 구체적으로 다르고, 각기 다른 특징을 갖는다. 여기서 다만 音의 청취기능에 국한, 청각의 특징을 고찰하고자 한다. 다른 감각과 마찬가지로 청각 역시 외부자극에 의해 지각된다. 어떻게 들리느냐는 것은 자극이 된 음의 물리적 성질, 구조 등에 의해 크게 좌우된다. 청각은 주로 공기를 통해 오는 음파로 지각되기 때문에 음의 근원이 되는 물체에 직접 접촉하지 않더라도 근원을 인지할 수 있다. 귀에 들리는 음파는 광파에 비해 파장이 길기 때문에 방향에 관계없이 音을 들을 수 있다. 청각은 발생적으로 촉각에서 진화된 것이라 하나 음파가 매개되어 인지되니 대상에 접촉해야 인지되는 촉각에 비해 편리하다. 그러나 반면에 대상과의 관계를 파악할 때 촉각만큼 절대적 의의를 갖지 못한다. 이점 청각은 촉각보다 시각에 가깝고 청각이 원각이란 소이도 여기 있다. 청각은 어느 정도 멀리 떨어진 곳의 상황을 파악할 때 유효하나 정확한 파악은 시각만 못하다. 그러나 시각은 원각으로 결점이 있다. 사물을 바라볼 때, 대상을 향해 몸을 돌리고, 얼굴, 눈길을 그쪽으로 돌려야 하고, 또 눈과 대상 사이에 장애가 있으면, 이를 피해 몸을 움직이지 않으면 안 된다. 이점 시각이 촉각에 가깝다.

들는다는 지각양식이 갖는 또 하나의 특징으로 시간분해가 뚜렷하다는 점이다.

끝으로 자극이 되는 음은 시시각각 소멸해 音이 들리는 상태를 보존 재생하기 어렵다. 물론 최근에 녹음기술의 발달로 어느 정도 사정이 바뀌었으나 문자 쓰기처럼 간단히 어디서고 녹음 재생이 가능하지 않고 상태 보존방법 역시 문자와 본질적으로 다르다.

들는다는 것은 어디까지나 시간 계열상의 현상이므로 이것을 재생할 때 역시 시간 계열상으로 재생하지 않으면 안 된다. 정확한 시간 순서를 따르는 한, 몇 번 반복하여 재생해도 순간음은 소멸해 간다. 그러므로 문자, 그림처럼 장시간 동일 자극 상태를 유지 할 수 없다. 이와 같은 관점으로 보면, 녹음 재생장치가 아무리 훌륭해도 말해진 소리말이 소멸한다는 이치는 불변이다.

2) 청각 기능

청각 기능 가운데 가장 중요한 것은 잡다한 음이 섞여 있는 속에서 특정음만을 들으려면 주어진 음의 현상속에서 특정 규칙에 따라 일정부분만 가려서 듣는다고 생각할 수 있다. 무의식적으로 매우 복잡한 규칙에 따라 여러 가지 음을 취사선택하는 것이 현실이지만 이것을 실행하려면 복잡한 많은 규칙을 정리해서 기억하지 않으면 안 된다. 따라서 역으로 생각, 기억된 모든 규칙을 알 때는 그 사람이 듣는 기능을 확실하게 추정하면 할 수 있다. 예를 들면, 음악인 것과 음악이 아닌 것을 어떤 종류의 규칙에 따라 들어서 분별하고, 또 남성과 여성도 특정 규칙에 따라 판별하고 있다. 물론 여기 쓰이는 규칙은 단일한 것이 아니고, 많은 단계에 걸쳐 복잡할 뿐 아니라, 규칙의 중요성 역시 각기 다르다. 가장 기본적인 단계에서 이 규칙은 감각기관의 생리적·물리적 제한 조건에 의해 주어진 것이라 간주할 수 있고, 주어진 음파는 어떤 규칙에 따라 들리는 음으로 변화된 것이다. 일단 들리는 음이 감각된 뒤, 청각 중추에서 여러 규칙에 의해 들어야 할 음만 분리 추출되는 것이다. 여기서 음이 갖는 의미와 음의 연결로 발생하는 의미가 중요한 역할을 하고 있다.

먼저 기본 규칙으로 어떤 음파가 음의 감각에 포함될 것인가, 또 주어진 음파와 音의 감각과의 관계는 어떻게 되어있나 좀더 자세히 서술해 본다.

우리가 음으로 느낄 수 있는 공기의 진동은 매초 약 20회에서 약 2만 회의 진동수이다. 이보다 빠른 변화나 이보다 느린 변화는 음으로 지각되지 않는다. 진동수에 의한 감도는 각기 달라 가청 진동수 범위의 극한 점에서 감도가 아주 나쁘고, 가장 감도가 좋은 진동수는 대체로 매초 약 8백회에서 약 4천회의 진동수이다. 강도의 차이를 어느 정도까지 식별할 수 있는가는 음의 진동수와 그밖의 조건으로 약간 차이가 있으나 대체로 5~10% 정도가 간신히 구별되는 한계이다. 다만 이 정도 차이를 식별할 수 있는 음의 강도는 시간상 서로 계속 변화하는 경우이다. 비교해야 할 두 음이 시간상 약간의 차가 있을 경우, 강약 구별의 정도가 나빠진다. 가령, 어느 음의 강도와 어제 들었던 음의 강도를 어떤 부차적 방법없이 비교하려 할 때 음의 차이를 확실히 구별하기 어렵다.

한편, 음의 높이는 구별의 차가 한결 쉬워 진동수가 0.3% 정도 차이지면 간신히 그 차를 알아들을 수 있다. 물론 이것도 강도의 경우와 같이 일정상태를 유지하는 음의 진동수를 시간적으로 계속 변화시킨 경우 구별이 가능하다. 아주 정밀하게 구별되는 음의 차이는 5~6초 걸리지만 분명히 그 차이를 알 수 있는 것이면 0.2초 밖에 안 걸린다. 이것은 강도 및 고도 어느 편에도 해당한다. 보통 우리는 대체적인 분석을 하고 대신 빠르게 판단한다. 이 같은 방법은 음성을 들을 때처럼 순간의 빠른 판단을 요하는 경우 매우 유효하다. 반드시 일련의 음이 들려야 어떤 음성을 인식한다. 일련의 음이 기억되면 주어진 음을 기억된 일련의 음과 비교·대조, 유사점과 차이점을 구분한다. 이때 기억되어 있는 일련의 음은 표준계열의 역할을 하고, 구성 인자수가 많을 수록 구분이 일층 정밀해진다. 음의 크기가 주로 물리적 강도와 관계가 있고, 고도는 음파의 진동수와 관계되면 음색의 감도는 음의 물리적 면과 어떤 관계가 있는가? 결론부터 말하면, 음의 진동범위, 단시간 내 진동의 변화, 음파의 규칙성 및 불규칙성, 부분음의 구조와 변동, 단시간 내 강도 변화 등 많은 요인이 음색의 감도를 결정한다. 진동수가 적은 음은 음의 고도가 낮게 느껴질 뿐 아니라 크고 시끄럽게 느껴진다. 그리고 진동수가 많을수록 가늘고 정밀하게 느껴진다. 또 부분음을 전혀 갖지 않는 순음이라도 진동수를 변화시키면 [i], [e], [ɛ], [a], [ɒ], [ɔ], [o], [u]의 어느 것에 흡사한가를 판정하는 것은 일정하다. 순음의 모음적 성질이 바로 이것이다.

또 일정 시간 내에 진동수가 근소하게 변동하는 음은 음색의 감도가 부드럽다. 그리고 정상 복합음의 음색은 음의 부분음 구조에 의해 분명히 결정되고, 악기 음색과 인간의 음성 특히 모음은 대체 부분음 구조의 현저한 차이로 구별된다. 부분음 구조가 간단한 순음은 음색이 맑고, 부분음이 많은 음은 음색이 풍부하다. 많은 악기와 인간 음성의 모음처럼 성분이 기음과 배음으로 된 것에 비해 성분이 배음 이외의 부분음을 포함하는 잡음은 음색이 탁하게 들린다. 또 성분이 배음만으로 된 음이라도 높은 차원의 배음을 포함하면 음색은 거칠고 탁하다.

악기의 경우, 정상적인 부분보다 공명이 시작될 때의 부분음 구조의 변동 상태와 음의 강도 변동에 따라 음색이 특징 지워지는 일이 있다. 화음에서 자음의 경우 정상적 부분음 구조보다 시간적 변화가 음색을 결정하는 데 중요한 역할을 한다. 우리가 음악과 이야기를 들을 때, 현재까지 들은 바의 내용에 따라 다음 순간을 듣는 것이다. 어떤 음을 예측하고 어느 정도 예지하며 듣는다. 이때 완전히 예지되면 다음에 듣는 것은 전혀 무의미해진다. 남의 이야기를 들을 때 모두 예지된다 할 수 없고, 어느 정도 불확실한 점이 남는다. 이점을 확실히 하기 위해 듣는 것이다. 가령, 음악과 이야기에서 주어진 상황에 따라 어떤 것을 들려줄까는 거의 알고 있다. 또 악기의 음색과 음악 구성 양식에 관한 대체적 규칙은 오랜 동안 습득되는 것이고, 목소리에 대한 규칙과 이야기에 쓰이는 많은 규칙 역시 오랜 동안 체득되는 것이다. 따라서 거기 남은 불확실성은 미미한 것이고 여유있는 상태에서 확인하는 정도로 듣는 것이므로 결과적으로 많은 것이 들은 것으로 간주된다. 또 여유있는 상태에서 듣기 때문에 계속 소멸하는 음의 여러 측면까지 주의를 기울일수 있게 된다.

2. 청법구성

1) 청법의 단계

라디오와 구연의 이야기 청취, 대학 수업의 수강, 대화에서 남의 이야기 듣기, 논의와 토론에서 남의 발언 경청 등 장면과 정황에 따라 말과 이야기를 듣는 청법이 이루어진다. 이것은 어디까지나 화법에 대응하는 관계의 청법이다. 이야기를 듣는다는 것은 잡음이나 음악을 듣는 것과 다르다. 듣는다 하더라도 음악을 들을 때와 음성을 들을 때를 구분해야 한다. 단순음을 들을 때 음의 의미를 고려하지 않아도 좋다. 물론 자동차 클랙슨 소리는 "지금 자동차가 가니 주의하라"는 신호가 되고, 건널목에서 울리는 경종은 "지금 열차가 통과하니 좀 기다리라"는 신호가 된다. 또 Beethoven(1770~1827)작곡의 교향곡에서도 무엇인가 호소하는 의미가 있다. 그러나 이것은 모두 단순음이오, 기호적 의미가 있다 하여도 어디까지나 인간이 발하는 음성이 아니다. 우리가 문제시하는 것은 인간이 발하는 음성에 의한 언어의 청법이다. 언어는 음성복합이 표현하는 의미가 있다. 그러므로 청법은 음성을 듣고, 음성 기호가 무엇을 표현하는 기호인가를 알아듣는 일이다. 요컨대, 청법은 어떻게 주의해 듣고, 어떻게 의미를 정확히 이해하며, 어떻게 주의를 집중시키는가가 주된 방법이다.

'hear'와 'listen'에 구별이 있다. 전자는 '듣는다'요, 후자는 '귀담아 듣는다'에 해당한다. '귀담아 듣는다'는 '듣는다' 보다 일층 주의해 듣는 것이지만 주의를 다시 집중해 들을 때, 이것을 경청이라 한다. 'active listening'이 바로 그것이다. 이처럼 듣는 작용을 듣는 의지와 주의의 정도로 나누면 다음과 같다.

■ 듣는 작용
① 들린다 – 듣고 싶지 않아도 귀에 들리는 경우
② 듣는다 – 들으려는 의지를 갖고 들을 때
③ 귀담아 듣다 – 들으려는 의지를 갖고 주의해서 듣는 경우
④ 경청하다 – 들으려는 의지를 갖고 주의를 집중해 들을 때
⑤ 신문하다 – 듣고자 하는 의지를 상대방에까지 미치고 답을 요구하는 적극적인 청문

들는다는 것은 어떻든 화자의 표현 내용을 이해한다는 것이다. 표현된 말은 어떤 의미가 주어진 것이다. 그것은 화자의 체험의 표현이자 주관이지만 제3자가 알기 쉽게 표현하려면 사회적으로 통용되는 객관적 언어로 표현해야 한다. 결국 주관의 객관화와 보편화이다. 그러면 청자는 언어 표현을 사회 약속의 의미대로 수용하게 된다. 이것을 도식으로 보이면 다음과 같다.

화자의 주관 — 객관적 표현 — 객관적 수용 — 청자의 주관

남의 말과 이야기를 듣는 능력은 결국 "자아의 깊이", 청자인격에 좌우되는 것이다. 여기서 청법의 단계를 개략적으로 요약하면,

■ 청법 단계
① 화자의 말을 허심탄회하게 객관적으로 듣는다.
② 가능한 대로 화자주관에 접근, 이해한다.
③ 청자주관에 비춰 화자의 말을 수용한다.

"화법에 능하면, 청법에도 능하게 마련이다" 이것은 말 잘하는 사람은 남의 말도 잘 듣는다는 사실을 지적하는 것이고, 말하기와 듣기가 동일행위의 양면임을 뜻하는 것이다. 청법에 능하면 상대방이 만족하게 말하게 할 수 있다. 청자가 듣고자 하는 것, 알고자 하는 것을 충분히 말하게 하는 것이다. 최근 성행하는 카운슬링 방법은 청법의 가장 중요한 수단이다. 카운슬링은 스스로 처리 또는 해결하지 못하는 문제에 부딪혀 카운슬러의 도움을 받고자 하는 사람에게 주로 면접에 의해 상호 신뢰와 이해에서 발생하는 깊은 인격교류 속에서 새로운 문제 해결의 방법을 모색하는 상담치료 및 협력을 위한 전문적 활동이다. 여기서 주목할 점은 카운슬러가 설교하든가, 해결책을 제시하든가, 또 문제를 처리하는 것이 아니라는 사실이다. 카운슬러는 다만 좋은 상담자가 되어 줄 뿐인 것이다.

문제가 처리되지 않고 번민이 해결되지 않는다는 것은 사태가 혼란한 때문이다. 그러나 카운슬러가 알도록 사태를 설명하기 위해 내담자 스스로 자신의 머릿속을 정리해야 한다. 그러므로 카운슬링은 단 한번의 면접으로 해결되고 치료되는 것이 아니다. 이처럼 카운슬러는 단지 상대방 이야기를 들어주면 되는 것이지만 실은 그 청법이 어려운 것이다. 내담자 스스로 머리를 정리하도록 듣고 상대방 자신이 스스로 해결책을 발견하도록 협력하고 이것이 발견되면 그것을 실행하도록 상대를 돕는 것이다.

2) 언어의 이해

이야기 내용을 이해하기 위해 먼저 말의 의미를 이해하지 않으면 안 된다. 어휘구사를 이해해야 한다는 것인데 이것은 화자에게 우선 일차적 책임이 지어지나 청자는 어휘를 풍부하게 기억할 필요가 있다. 이야기를 들어 이해하는 것은 말을 단순음으로 듣는 것이 아니고, 일련의 음성에서 단어의미를 파악하는 것이므로, 개개 단어의 의미를 모르면 이야기 내용의 이해가 불가능하다. 그러므로 일반의미론의 문제가 여기 제기된다.

화법과 청법에서 일반의미론이 중요한 것은 말할 필요가 없다. 개개 단어는 단일 의미만 갖는 것이 아니고, 여러 의미를 내포한다. 이때, 청법상 다만 전체 문맥에서 뜻을 파악한다. 그리고 음성표현에서 억양과 어조가 주는 의미변화는 청법상 잘 고려해야 할 문제이다. 그러나 국어에서 억양으로 인한 문법적 성질의 차이는 거의 찾아볼 수 없으므로 억양이 주는 의미 변화는 일부 지역어를 제외하고 그 예가 희소하다. 문맥상 의미 파악과 음성표현상 의미 파악은 일반법칙에 의한 방법이지만 일정사회, 일정개인은 동일단어와 동일단어 배열에서 의미가 바뀌고 의미가 통하지 않을 때가 있다. 언어는 그것을 쓰는 사회의 사회적 의미를 파악하지 않으면 안 된다. 그리고 언어는 역사적 변화를 하나의 특징으로 한다. 동일 단어를 역사적 발전 속에서 파악해야 하는 소이 역시 이 때문이다. 결국 언어를 바르게 이해하려면.

■ 언어 이해
① 개개 단어의 의미를 안다.
② 한개 단어의 몇 개 의미가 있을 때 그 중 가장 적합한 것을 선택한다.
③ 개별적 의미는 물론, 보편적이고 추상적 의미까지 파악해야 한다.

> ④ 기호와 실상을 혼동하지 않는다.
> ⑤ 전체 문맥에 따라 의미를 파악한다.
> ⑥ 억양 및 어조로 의미를 파악한다.
> ⑦ 사회적 차원에서 언어 의미를 이해한다.
> ⑧ 역사적 차원에서 언어 의미를 이해한다.

이상은 화자의 말과 이야기 내용을 파악하기 위한 청법인데 단지 내용을 파악할 뿐, 충분한 수용능력이 없다면, 바른 청법이라 말할 수 없다. 상대방 이야기를 이해하고 지식과 교양으로 들으면 족할 이야기가 있고, 혹은 들어 이해되면 거기 찬성하고 곧 행동으로 옮기는 수가 있을 것이다. 그러나 충분한 수용없이 행동하기 앞서 들은 말과 이야기가 어떤가를 비판할 필요가 있다. 또 비판할 뿐 아니라, 감상하고 거기서 어떤 즐거움을 맛볼 수 있는 청법이 있다. 이 청법은 청자가 듣는 입장이라 말할 수 있다.

> ■ 듣는 입장
> ① 내용을 파악하고 이해하기 위한 청법
> ② 이해하고 행동하기 위한 청법
> ③ 비판하기 위한 청법
> ④ 감상의 즐거움을 맛보기 위한 청법

상대방이 말하는 것을 잘 이해하고 들으면, 이야기에 결함, 모순, 오류가 있을 때 곧 지적할 수 있고, 또 당연히 문제점까지 발견된다. 여기서 비판이 비롯된다. 비판적 청법에서 유의할 것은 사전의 선입관과 편견이다. 청법에서 권위의 관습적 판단은 불필요하다. 다만 참된 평가만 필요하다. 그러나 남의 이야기를 들을 때, 충분한 사전지식이 필요하다. 문헌조사가 있어야 할 것이고, 주어진 문제를 중심한 반대와 지지의 의견 검토가 따라야 한다.

3. 교육적 평가

1) 평가 기능

화법교수의 가장 중요한 임무의 하나는 비평과 평가이다. 교수가 다양한 환경속에 처한 수많은 학생들의 의미표현의 비평에 골몰해야 함은 당연하다. 비평은 대상과 시기가 정해져야 하고, 숙달된 판단을 필요로 한다. 비평이 솔직한 것이 되지 못하면, 차라리 최소한 두려운 마음으로 임해야 한다. 바꾸어 말하면, 남의 스피치를 비평할 때, 거기 있을 법한 비평의 오류와 언어표현의 복잡한 양상에 따른 오류에서 오는 결과에 대한 경계이다. 화법 교수는 인간처세에 영향을 주는 비평의 국면에 특히 유의한다. 연극, 문예비평의 경우, 현저한 현상을 보인다. 자신이 종사하는 어떤 생활에 중대 문제가 걸릴 때, 우리는 항상 우리를 평가하는 비평가의 주기적 도전에 직면한다. 그러나 스피치 수강생은 전문적 비평의 충격을 감수하는 예술가의 주의 깊고 민감한 성격의 소유자가 거의 아니란 사실로 약간 안도감을 갖는다.

물론 비평가로서 화법 교수는 연극, 문학, 방송 혹은 동일 형태의 창조적 노력이 경주되는 전문비평가가 맡는 것과 약간 다른 역할을 갖는다. 후자의 비평가들 역시 구체적 기능으로 봐서 서로 다른 차이가 있으나 일반적 견해로 보면, 그들은 비교적 평판좋은 작품을 권장하기 위해 공중을 자극하고 또 무가치한 작품은 公衆에 대해 주의를 환기하는 것으로 예술 형태를 향상 발전시키는 일에 종사하고 있다. 몇몇 비평가는 작품 장려의 기능보다 공중을 향해 어느 점 주의를 환기하는 기능이 비교적 흥미있고 절실한 것이라 주장하는 이가 있음은 말할 필요가 없다. 더욱 일단의 비평가는 작가의 작품을 파악하지 못하고, 최상의 기지를 전시하는 수단으로 그 작품을 이용할 줄 모른다. 오히려 그들은 남의 작품을 비평하는 일에 적이 걱정까지 하는 일이 있다.

"어제 밤, 아무개는 햄릿으로 분장했는데, 그 햄릿역은 실패였다"는 식으로 비평하는 전문적 비평가는 해당 연기자로 하여금 보다 훌륭한 연기를 보여주도록 하는 필요한 자극을 주지 못하는 결과가 된다. 비평의 본질을 떠난 이 비평가는 단순히 일격을 가하는 것만이 능사요, 비평의 정의라 착각하고 있는 것이다. 그러나 비평가로서 화법교수의 역할은 예술, 연극의 전문비평가가 갖는 것과 판이하게 다르다. 교수는 講評받는 학생의 성장 촉진이 그가 갖는 주된 목적이다. 그러므로 그는 순수 자아를 상실하지 않고, 학생의 역량과 결함을 상기, 실연의 실제적 판단을 신중히 내리게 된다. 이 방법은 때로 다른 절대적 척도로 평가할 때, 높이 살 수 없는 스피치 평가의 양상을 띨지 모른다. 또 때로 비난을 모면하기 위해, 차라리 친절하고 사리 밝은 침묵으로 대치할지 모른다. 하지만 이 같은 비평태도를 부정직한 강평이라 할 수 없다.

교수의 객관적 평가는 학생이 필요로 하는 개성에 대한 고려와 세밀한 판단으로 이루어진다. 학생에게 만족감을 주지 못하는 교수는 학생의 의사 표현 능력을 향상시키기 어렵다. 그리고 학생은 결점만 지적하는 독단적 비평을 원하지 않는다. 일반적으로 학생이 바라는 것은 세련된 스피치 특성을 파악할 수 있게 하는 주의 깊은 지도이고, 또 동시에 학생 자신의 평가와 이해에 대한 주의깊은 지도이다. 그러므로 스피치 비평가로서 교수는 다음 두 가지 형태의 판단이 필요하다.

> ■ 교수판단
> ① 학생의 적성과 표현능력에 대한 판단
> ② 독특한 표현의 절대치에 대한 판단

어떤 화자에 대한 비평이라도 이 두 판단에 입각하여 고려하게 된다. 물론 여기에 결함이 없는 것은 아니다. 유능한 교수라면 폭넓은 경험이 있어야 하고, 자신이 가졌던 오류의 인식을 새롭게 깨달아야 한다. 반드시 모든 비평이 모든 학생에게 도움을 주는 것은 아니다. 어떤 비평은 도리어 철회하는 편이 더 좋을지 모른다. 감각적인 교수는 어떤 언질도 학생에게 주지 않을 때가 있다.

2) 평가의 기준

평가 기준은 학생목적에 의해 좌우된다. 의사표현의 목적을 알고, 목적 달성에 개인적 노력이 필요함을 느끼는 학생은 이미 그가 바라는 평가의 기초를 닦은 셈이다. 평가분야에서 화법 교수문제는 감소될 수 있다. 다만 이것은 스피치 실연이 화자를 위한 향상의 목적과 합리적 전달 목적을 구비하고 있을 때 뿐이다. 어떤 목적의 행위도 거기에 맞는 평가기준이 있기 마련이다. 가령, 청중에게 정보를 주는 것이 목적이라면, "청중은 정보를 얻었는가?"의 질문에 포함되는 기준에 자동으로 직면한다. 스피치 우열을 구별하는 교수 의견은 그가 장려하는 스피치 상을 결정짓는다. 이 때 가장 중요한 문제는 스피치의 가치판단에서 기준을 어떻게 정하느냐는 점이다. 이것은 누구도 쉽게 말할 수 없는 고차적 의미를 갖는다.

스피치 본질을 다소 파악한 사람이면, 모든 실연에 적용할 수 있는 정오의 절대적 기준에 크게 관심을 갖는다. 기준을 찾는 데 큰 충동의 힘을 갖는 것은 충분히 이해된다. 이 같은 경험을 가진 교수는 학생의 실연 우열을 확신을 갖고 만족하게 식별할 수 있다. 스피치에 자신있는 교수는 의문과 불확실성을 놓고 논쟁하는 동료 사이에서 선망의 대상이 될 것이다. 그리고 그는 불필요한 근심 걱정을 크게 덜 수 있다. 그리고 학생 소망을 모르는 이에게 가해지는 학생의 조소를 사지 않게 된다. 나아가 그는 남을 감동시키는 지혜와 기교를 재빨리 터득하기를 갈망하는 사회의 단면을 설명하게 된다.

가치를 판단할 수 있는 기준이 있지만 이것은 수학과 생리학의 정밀한 기준과 다르다. 그것은 화자와 정황과 시간에 따라 양상이 모두 다르기 때문이다. 훌륭한 스피치 기준은 효과에서 찾는다. "연설을 듣는 청중이 매우 짧은 시간 내에 연사 의도대로 움직이게 할 수 있다면 그는 가장 훌륭한 연사일 것이다." 효과를 위한 이 같은 기준은 스피치 행위를 각각 독립적으로 판단해야 함을 의미한다. 나아가 이 기준은 화자, 목적, 입장, 그리고 청중과의 관계에서 일어나는 총체적 정황에 의해 스피치 정오를 결정할 수 있음을 의미한다.

'훌륭한 의사표현'의 기준이 특정화자와 특정정황에 관계되는 것이면, 특정문화와 특정의 역사적 배경까지 기준에 포함 평가하지 않으면 안 된다. 예를 들면, 한 단어의 발음은 그것을 받아들이는 사람의 판단에 따라 정오가 갈린다. 또 정확한 발음과 관습적 발음은 시대적으로 지역적으로 각기 다르다. 단어의 정확한 발음은 상징적인 음성적 및 시각적 행위의 관용을 포함하는 다른 과정의 전통적인 면과 거의 동일하다. 언어는 습관임을 새삼 깨닫게 된다. 특정 문화에서 파생되는 이 같은 전통을 중시할 때 훌륭한 의사 표현의 기준은 안정된 문화를 향유하는 것이거나 아니면 거기서 벗어나는 것이다. 교수는 학생이 스피치 활동을 전개함에 있어 그가 누리고 있는 문화에서 강요되지 않은 채 새롭고 뚜렷한 형태를 활용할 수 있게 도와야 한다. 또 그들이 처한 사회의 전통을 평가하도록 도와, 그들이 일시적 형태를 영속적이고 절대적인 필요성으로 간주하는 우를 범하지 않게 해주어야 한다.

스피치 가치를 판단하는 데 적어도 두 가지 상대적 근거를 고려할 필요가 있다. 그것은 가치를 측정하는 방법에서 상이하고, 기교를 발전·향상시키는 방법에서 상이하다. 판단의 첫째 근거는 경험이다. 이것이 바로 '경험적 평가'이다. 경험적 기준은 실제 정황에서 특정 행위의 효과를 관측하는 데서 파생한다. 이러한 판단이 참고적 효과의 기준으로 작용하고 또 스피치가 실제환경에 적합한가 여부를 확신케 하는 원인이 된다. 스피치 행위에 대해 교수 자신이 갖는 반응의 기초 위에서, 또 그가 관측한 청중의 반응 위에서, 그리고 화자가 처한 정황의 다양한 요소에 대한 자신의 감도에 입각해서 경험적 판단이 이루어진다.

講評은 예를 들어 다음과 같이 할 수 있을 것이다.

"화자가 자신의 의견에 대해 의문이 있는 것 같으므로, 그 의견을 나 역시 쉽게 받아들일 수 없다.

농부에 대한 화자의 진술이 일부 청중을 자극하고자 한 것이면, 나는 놀라지 않았을 것이다. 이 점에 대해 좀더 생각해 본다. 만약 내 추측이 사실이면 그렇게 한 까닭을 알아보자.

화자는 현대사회에서 가장 흥미있는 주제를 놓고 이야기했다. 그리고 내가 화자 이야기를 매우 흥미있게 들을 수 있던 것 역시 바로 이 주제 때문이라고 믿는다."

어느 경우 좋은 반응을 불러일으키는 것이 환경과 정황이 바뀌면, 반응이 좋지 않은 스피치가 있음을 학생이 잘 이해하도록 지도하는 것이 교수 임무이다. 그리고 스피치를 성공케 하는 제요소가 강조되어야 한다. 경험적 판단에 의하면, 주위 환경의 영향을 받은 화자의 명랑한 성품이 스피치 실연에 유효하게 작용한다는 사실이 입증되고 있다. 경험적으로 판단하고, 학생에게 힘과 자극을 주는 정도는 때와 경우에 따라 잘 조절할 수 있다. 이 결과 학생이 보다 더 효과적인 의사 표현을 체득한다. 그러므로 대부분 스피치 교육은 실질적이고 경험적인 판단에 의해 실시되고, 가치는 학생이 직면한 다양한 문제와 특수한 형편을 즉시 현장에서 파악·해결한다는 실질적 교육이란 점에 있다. 이때, 학생은 청중 반응을 예의 주시한다. 청중은 스피치 본질과 정황에 따라 학생 장래를 전망할 수 있는 절대적 요소가 된다.

고대 로마의 실용주의 학파에 속하는 Quintilianus(35~95)는 "연사는 의사 표현에 숙련된 훌륭한 사람이다"고 하여 평가에서 논리적 측면을 보이고 있다. 현장효과를 측정할 때, 학생 생활에 영향을 미치는 사회의 표준적 규범에 기초를 두고, 의사 표현의 기초를 판단한다. 판단의 두 번째 근거는 사회의 규범이다. 관례적으로 교수의 기준범위 내에 있는 규범적 기준의 가장 중요한 근간은 논리이다. 그리고 덕성의 논거는 내면적 타당성 여부에 바탕을 둔다. 특히 논리적 결론은 증거의 진실성에 기초를 둔다. 교수는 논리에 대한 자신의 검토만으로 논쟁의 타당성을 평가한다. 논술과 증거 활용에 깊은 배려를 하도록 교육하는 사회에서, 이 같은 규범적 평가는 어느 정도 가능한 가치를 기대하게 된다. 인간의 비판적 사고능력의 증진은 스피치의 효과적 활용과 관련이 깊다. 일반적으로 청중은 화자의 과실에 크게 개의치 않는다. 화자가 갖는 논리적 사고의 결함 때문에 교수는 화자의 스피치를 평가하는 것이다. 다른 규범적 판단은 논리학의 범주에서 스피치 평가로 들어온 것이다.

"고의적으로 어떤 사실을 왜곡하는 것은 부당하다.

화자가 목적 달성을 위해, 고의적으로 청중 사이에 증오와 적의가 일도록 선동하는 것은 부당하다."

이 같은 판단은 명백히 규범적인 것이다. 그리고 판단의 근거가 되는 윤리적 기준은 우리 사회 속에 비교적 안정되어 있다. 어떤 교수도 평가에서, 정직, 공정, 성실, 담력의 원리 적용을 빼놓을 수 없다. 논리적이고 윤리적인 태도를 분석하는 규범적 판단이 우리 사회 속에 안정성과 보편성을 갖는 것으로 보일 때, 거기 대체로 문화적 소산인 스피치 규범이 있기 마련이다.

다양한 문화 수준에서 일상적 국어관용은 대체 사회 관습이고, 굳혀진 언어구조요, 하나의 규범이다. 혹 바람직한 교육의 결과로 인해 관습으로 굳혀진 경우가 있다. 발음의 기준 역시 문화적 규범에 기초를 두는 것이고, 이것은 억양, 강조, 운율을 포함하는 국어의 음성적 특징을 포괄한다. 그리고 문화적이고 관습적인 이 규범은 거의 가변성을 갖는다. 화법 교수는 관습적으로 이 규범을 지킨다. 이 규범은 고유적 유산의 일부일 것이다.

스피치를 평가함에 있어 교수는 경험적 기준과 규범적 기준을 모두 활용해야 함은 이미 지적한 바 있다. 평가의 입장에서 볼 때, 불합리할지 모르나 심리측정의 추구가 평가에서 유일한 참고가 된다. 합리적 입장에서 스피치는 음성표현이라는 규범적 기준을 내세우게 된다. 모든 분야의 평가에서 실용주의적 정당성의 경향은 이미 싹텄지만 이것이 하나의 평가전통을 세운 것이다. 교수는 학생에게 논리에 관한 지식을 얻도록 요구하게 되므로 실용주의적 정당성을 확립하는 데 큰 노력이 기울여지게 된다. 학생은 사실에 대한 정확한 판단을 할 수 있어야 하고, 담화에서 유사한 기준을 지키는 사람과 쉽게 대화 교류할 수 있는 언어표현 기교를 합리적으로 발전시켜야 한다. 좀 모호할지 모르나 이런 기교가 실연상 큰 효과를 가져온다. 규범적이고 윤리적인 단순 판단에 이따금 나타나는 실용주의적 諷刺를 주의해 보면 매우 흥미있다.

가령, 교수가 "사실을 잘못 진술하고 있다"고 말할 것을, "사실을 진술하도록 해라. 그렇지 않으면 어느 누가 잘못된 진술을 파악할 것이고, 학생을 어리석게 보게된다"고 講評하게 되는 것이다.

경험적 판단을 위요하고 평가를 단일화하려는 교수의 경향은 보편적이고 규범적인 기준을 더 많이 찾는 다른 사람의 경향과 균형을 이룬다.

규범적 평가를 동반하는 예는 '일반의미론' 분야에 관심이 큰 저술에서 이따금 찾아볼 수 있다. 언어는 대인관계에서 상호 이해를 촉진시키는 기능을 가졌고 더 미묘한 언어 감각은 학교에서 키울 수 있는 것으로 저자들은 말하고 있다. 여기 강조되고 있는 것은 스피치가 바람직한 의사표현의 본질인 강직한 개념을 마땅히 따라야 할 것이란 점이다. 그러므로 이를 주장하는 측은 종래부터 강조되는 훈련에 대해 매우 비판적이다. 오히려 교수 자신이 확립한 방법으로 학생이 효과적 스피치를 하게 차비를 차려주는 것이 바람직하다고 주장한다. 물론 교수는 강의실에서 정한 바람직한 규범에 따른 문제를 연구해야 한다. 그러나 교수는 경험적 판단이 강조되는 훈련에서 보이는 실제 결과를 잊지 않아야 한다. 평가를 위한 규범적이고 경험적인 기준의 포괄적 단일화의 형적은 없다. 전혀 다른 두 개의 근거에 입각, 평가한다는 데 크게 의아할 필요는 없다. 오히려 평가에서 두 가지 근거의 잘 조화된 균형은 매우 정상적인 것이다. 경험적이고 규범적인 평가는 병행이 가능한 각각의 근거를 갖는다. 활용 및 제한에 있어 교수와 학생의 확실한 인식만 있다면 평가는 쉽게 강화될 수 있다.

평가의 실제에서 교수가 당면하는 문제의 하나는 교육받은 모든 사람의 문화적 수준보다 자신의 수준을 더 높이 평가하는 추세이다. 교수는 세련된 스피치 특징으로 아주 정확한 조음의 몇몇 표준을 예로 내세울 수 있다. 그것은 단순히 교수 자신이 쓰는 특징이든가, 아니면 그가 좋게 듣는 특징이 바로 조음이기 때문이다. 그러므로 교수는 보통 대화적인 화법의 조음을 '무의식의 부주의한 조음'이라고 분류할지 모른다. 그리고 나아가, "적어도 교육받은 사람은 그렇게 부주의한 발음으로 말하지 않는다"고 지적할지 모른다. 학생이 존경하는 대부분 명사가 하는 말의 조음 역시 정확한 것임에도 불구하고, 가부간, 교수 판단이 옳은 것으로 학생이 납득할 것을 교수가 기대할지 모른다. 교수는 그의 평가가 교양적으로 정상일 뿐 아니라, 또 본질적으로 정당하다고 생각할지 모른다. 이때 교수의 개인적 편견과 학생을 위요한 문화전형인 스피치 기준과의 혼동을 교수는 어떻게 피할 것인가? 교수는 자신이 성장한 고장의 지역어와, 교수로 봉직하는 고장의 지역어 및 성인과 미성년의 언어를 연구하는 입장이 되어야 한다는 충고는 매우 정당한 것이다. 교수는 자신의 개인적 기준을 되도록 줄이고, 타인 우선의 관측을 계속해야 하고, 자신의 판단을 발전시키기 위해 학생은 물론, 주위 사람의 도움을 받도록 해야 한다. 그리고 일정 형태의 변함 없는 최상의 스피치보다 오히려 各異한 형태의 것이 각각의 장면에서 효과적이란 사실을 깨우쳐 줘야 하므로 교수는 자신과 학생을 위해 지각적이고 포괄적인 스피치관의 형성을 위한 소지를 꾸준히 닦아 나가야 한다.

물론 그러다 보면, 발음과 자세(姿勢) 정도를 바로 잡아 주는 교수가 될지 모른다. 그러나 이것은 권위를 위한 사명 때문이지만 교육과 혼동하면 곤란하다. 차라리 수학문제보다 더 복잡한 전체적 복합행위를 관측하는 것이 심리학적으로 보아 일층 보편적인 것으로 되어 있다. 스피치 교수에게 바로 이 점이 중요 문제가 된다. 원리상 모든 요소에 결함이 있음에도 스피치가 성공할 수 있다는 사례는 담당 교수에게 주의를 환기해 준다. 표면상 음성, 동작 또는 언어표현에 취약성이 있어 의사전달이 거의 효과를 거두기 어려움에 불구하고 몇몇 화자는 그의 목적을 달성하는 사례가 없지 않다. 또 의사전달에서 각각의 사람이 그들 목적을 효과적으로 달성하는 스피치 패턴에는 다양한 개성의 작용이 있는 것이다.

스피치의 효과적 평가는 보통 한정적이고 특정적이다. 평가를 위해 선정된 세부 항목이 평가 대상 학생의 총체적 과정에서 실제로 특이하다는 점을 교수는 어떻게 확신 할 수 있을까? 이 의문은 해결이 가능하다. 발전의 여지가 있는 학생의 잠재력과 배제할 수 있는 학생 취약성에 대한 한 개 가정은 학생 스피치를 총체적으로 판단한 후 특수한 세부 항목을 선택할 수 있기 때문이다. 스피치 성패의 특수 구조에 관해 평가 부문에서 새로운 판단을 요하므로 각각의 스피치는 평가의 특이한 문제를 내포한다. 더욱 스피치 효과가 총괄적이란 사실은 흔히 스피치 향상의 길이, 화자의 재능을 신장하는 방법이 됨을 의미한다. 예를 들어, 신체적 균형과 기력의 결함은 제거하기가 거의 힘든 것처럼, 어떤 화자는 아주 현저한 결함을 갖고 있다. 그러나 이 사람 역시 화자로서 어느 정도 잠재력은 갖고 있으므로 이 힘을 발전시키면 그의 결함은 크게 중시하지 않아도 좋다. 세계연설사 자료에 따르면 이 같은 성공적 보완의 예는 많이 발견된다. A. Lincoln(1807~1865)은 음성적으로 제약이 있었다. "……가늘고 높은 목소리에 비음의 배음마저 갖고 있었다." 그러나 그는 연설로 명성을 떨친 바 있다.

학생의 취약성을 설명하는 대신, 힘을 길러줘야 한다는 주장이 일반적 교훈은 아니다. 교수 판단이 학생의 두드러진 취약성을 제거하도록 시도해야 함을 지시할 때가 있다. 결국 불리한 조건을 제거하는 자체가 스피치를 향상시키는 지름길이 된다. 우선 학생의 잠재력을 찾아보라는 것이 교수에게 좋은 충고이다. 연사로서의 면모를 이미 갖추고 있는 학생을 발견하면 교수는 일층 효과적인 발전을 도모할 수 있는 학생의 미래를 전망할 수 있다.

의사 표현의 부면이 모두 쉽게 관측되지 않으나 연설의 어느 일정특성은 쉽게 기술할 수 있다. 효과에 대한 평가는 각기 다르다. 신체적 활기,

말하기 속도, 스피치 변화에 대한 문제는 대개 일치된 의견이다. 그러나 스피치 구조의 명쾌성과 합리성, 전달코자 한 의미에 따른 언어활용의 관련성과 적절성, 연역과 귀납의 논리적 타당성 등을 검증하고 기술하기는 비교적 어려운 국면이 연설에 있다. 그러므로 이 같은 항목은 사려깊은 평자에 의한 활발하고 정력적인 분석의 소산으로만 관찰이 가능하다. 경험이 많으면 표면적 특성을 논의함에 있어, 말이 유창하다든가 또는 상대적 확신이 있다든가를 쉽게 분별할 수 있다. 교수는 평가에서 관찰하기 쉽고 언급하기 쉬운 세부항목에 역점을 둘지 모른다. 그러므로 화자가 주목할 아주 형언키 어렵고, 비교적 곤란한 다른 세부에 대한 논의는 피하게 된다. 자동으로 쉽게 관찰할 수 있는 몇 가지 양상은 스피치 과정에서 모호한 면만큼 과오가 크다. 스피치 교수는 그의 평가에서 중심되는 사항을 쉽게 관찰할 수 있는 자연스런 경향을 따라야 한다.

　의사 표현에 대해 특별히 언급하는 회수는 학생에 따라 좌우된다. 그것은 표현상의 다양한 요소에 붙여지는 몇몇 지적 사항과 같다. 의사 표현의 다른 국면보다 부적당한 시선에 대해 더 많이 신경을 쓰는 교수는 바람직한 의사 표현의 가장 중요한 원리가 '적당한 시선'이란 것을 학생이 인식하고 있는 사실에 별로 기이하게 생각하지 않는다. 또 바람직한 스피치 전개의 표면적 국면에 평가를 집중시키는 교수는 스피치 성과를 판단하는 데 학생이 사용하는 가치의 척도를 곡해하고 있을지 모른다.

　결국 스피치 실제를 균형있게 평가함에 있어, 당면하는 문제에 대한 해답은 용이한 것이 되지 못한다. 확실히 담당 교수는 이 점 자기 반성을 필요로 한다. 평가가 스피치 전개에 균형이 잡히고 심사숙고된 것인지 여부와 평가가 가장 뜻깊은 관찰에 의해, 그리고 가장 형편에 알맞은 관찰에 의해 결정된 것인지 여부에 대해 이따금 스스로 자문해 볼 필요가 있는 평가 과정은 적극적인 것이고 至難한 것이다. 그리고 구두 또는 문장으로 쉽게 흘리는 종류의 평가는 민첩하고 발랄한 현실판단이라기보다 차라리 평가의 형식 남용에서 오는 무의미한 어구의 나열이며 동시에 언어와 문자의 농단이라 하겠다.

3) 평가의 척도

스피치 평가 형태에 특히 등급척, 대조척, 측면척의 방법이 있다. 이 방법은 한 집단 전체 구성원의 의견이 고루 비교될 수 있고, 스피치 세부에 대한 파악이 용이하다. 그러나 분류와 재분류의 평가 등 고정된 형식은 개인평가의 참뜻을 저버릴 염려가 있다. 사실 이 방법은 스피치 평가에서 제한을 받는다. 다만 이 평가척은 평가방법으로서의 다른 평가척을 모색할 수 있는 계기를 제공할지 모른다. 그리고 이 평가척은 이따금 일정집단의 의견을 일치시킬 수 있고, 또 무의미하고 부주의한 지적을 사전에 방지할 수 있다. 나아가 이 방편을 발전시키면 학생에게 평가척을 구성시켜, 결과적으로 스피치 과정의 여러 요소를 다시 검토하게 도와준다는 데 큰 의의가 있다.

1. **등급척**	1	2	3	4	5
1. 의사 표현이 효과적이었나	☐	☐	☐	☐	☐
2. 적당히 들렸나	☐	☐	☐	☐	☐
3. 발음은 정확했나	☐	☐	☐	☐	☐
4. 유창했나	☐	☐	☐	☐	☐
5. 청자를 장악했나	☐	☐	☐	☐	☐
6. 의미심장했나	☐	☐	☐	☐	☐
7. 자신과 균형이 유지됐나	☐	☐	☐	☐	☐
8. 어휘활용은 적절했나	☐	☐	☐	☐	☐
9. 사고전개는 명확했나	☐	☐	☐	☐	☐

2. **대조척**
 －1. 청중이 즐거워 보였다.
 －2. 태도가 좋았다.
 －3. 태도가 적대적이고 불쾌했다.
 －4. 무성의해 보였다.
 －5. 알아듣기 어려웠다.

- 6. 음성이 단조롭다.
- 7. 어미가 약하다.
- 8. 말을 씹고 말을 몰아쳤다.
- 9. 명료한 발음이 아니다.
- 10. 빠르게 말했다.
- 11. 틀린 발음이 있다.
- 12. 음성 표현에 다양성이 있다.
- 13. 불확실한 몸가짐이다.
- 14. 시선 배분이 좋다.
- 15. 침착하고 자신이 있다.
- 16. 선 자세가 빈약하다.
- 17. 앉은 자세가 빈약하다.
- 18. 주의도 끌기 전에 말했다.
- 19. 말하면서 연단을 떠났다.
- 20. 안절부절못했다.
- 21. 제스처가 훌륭했다.
- 22. 제스처가 부족했다.
- 23. 밑바닥, 천장, 들창쪽을 봤다.
- 24. 좋은 증거를 댔다.
- 25. 좋은 이야기, 확실한 예를 들었다.
- 26. 자료를 잘 구성했다.
- 27. 청중의 관심과 흥미를 끌었다.
- 28. 중간부터 이야기를 시작했다.
- 29. 결론이 부족했다.
- 30. 준비가 부족했다.
- 31. 이해하기 힘든 아이디어였다.
- 32. 남의 말을 중도에 가로챘다.
- 33. 자주 군말을 썼다.
- 34. 어휘가 풍부했다.
- 35. 일정의 어휘와 어구를 자주 썼다.
- 36. 문법이 무시됐다.
- 37. 과장된 표현이 많다.
- 38. 흥미를 끄는 다양한 어휘를 썼다.

－39. 명확한 문장을 썼다.

－40. 자주 속된 표현을 썼다.

－41. 자주 군소리를 썼다.

－42. 두서 없는 이야기를 했다.

－43. 토의에 적절한 자료를 썼다.

－44. 토의에 요령부득이다.

－45. 신뢰를 받았다.

－46. 사전준비가 착실하다.

－47. 무례하고 비협조적이다.

－48. 토의에서 제 구실을 못했다.

3. **측면척**

	수	우	미	양	가
1. 음성	☐	☐	☐	☐	☐
2. 자료구성	☐	☐	☐	☐	☐
3. 표정, 동작	☐	☐	☐	☐	☐
4. 청중에 대한 의식	☐	☐	☐	☐	☐
5. 시선방향	☐	☐	☐	☐	☐
6. 용모, 태도	☐	☐	☐	☐	☐
7. 주제선택	☐	☐	☐	☐	☐
8. 기타 의견(임의의 언급)	☐	☐	☐	☐	☐

1. 청법 구성에서 듣는 작용을 말하라.
2. 언어를 바르게 이해하기 위한 8개 고려사항을 설명하라.
3. 듣는 입장에서 4개 청법을 말하라.
4. 평가 척도에 어떤 것이 있는가.

참고 문헌

1. 전영우, 『스피치개론』, 문학사, 1964.
2. ———, 『화법원리』, 교육출판사, 1971.
3. ———, 『화법론』, 익문사, 1973.
4. A. Craig Baird, *General Speech*, McGraw Hill Book Company, New York, 1957.
5. Lew Sarett, *Speech*, Houghton Mifflin Company, New York, 1947.

화법의 연구

제12장

개 관

　스피치는 연설로 옮겨지는 것이 일반 통념이지만, 이를 화법이라 표현한 것은 한 개 학문의 명칭으로 사용한 것이다. 기실 스피치를 우리말로 옮기는 데 매우 적절한 해어(該語)가 발견되지 않고 있다. 쉽게 표현하면 말하기, 듣기의 활동이 스피치 행위이나 말하기, 듣기를 한데 개념지어 나타낼 아주 적절한 학문적 표현이 없다. 필자는 화법을 스피치에 대치시키고 있으나 구현법, 화술이라 이름붙인 경우를 본다. 화술은 우리 역시 써오나 실은 일본의 德川夢聲이 동일 명칭으로 저서를 낸 점이 있고, 術이 주는 이미지가 학문 명칭으로 적절치 않다고 생각한다. 스피치를 화법으로 수용한 저간의 경위를 먼저 밝힌다.

　화법교육사에 따르면, 멀리 고대 이집트에서 비롯, 고대 그리스, 로마, 중세 유럽을 거쳐, 현재 영·미 양국에서 화법 교육과 화법 연구가 활발한 진전을 보이고 있다. 따라서 스피치의 학문적 연구 양상을 개관하려면, 미국 학계를 일단 조감해 볼 필요가 있다. A. H. Monroe의 학설을 중심으로 화법연구의 방법을 소개한다.

1. 스피치 행위

커뮤니케이션 과정에 포함되는 일련의 스피치 현상의 세부적 사항은 구체적으로 어떤 것인가? 한 사람이 남과 대화할 때 발생하는 상황은 어떤가?

1) 순환반응

대화는 일방이 아닌 쌍방 상호작용을 뜻한다. 따라서 화자의 음성은 청자 귀는 물론, 화자 귀에 들리고, 경우에 따라 좀더 크게 혹은 좀더 천천히 말해야겠다는 인식을 위한 신호가 된다. 또 청자가 화자의 말을 잘 들을 수 없다면 청자는 귀에 손바닥을 세우게 될지 모른다. 그리고 이 행위는 화자에게 화음을 좀도 크게 발성하라는 신호가 된다. 화자가 말하는 내용을 이해하기 곤란해 얼굴 표정을 찌푸리는 청자의 표정은 화자에게 좀더 설명을 분명히 하도록 자극하는 것이 되고, 또 반신반의하는 청자의 얼굴 표정은 화자에게 좀더 증명을 충실히 하도록 화자를 자극하는 신호가 된다, 물론 이 같은 상호작용은 대화와 집단 토의에서 더욱 명백해진다. 화자는 오디언스가 반응을 보이는 원인이 되고, 오디언스의 반응은 화자의 스피치에 부단히 영향을 미친다. 화자 역시 말하는 일방, 자신의 노력에 계속 반응을 보인다. 이 같은 계속적 상호작용을 소위 '순환반응'이라 한다. 이 작용이 바로 대화 행위의 기본적 특징이다. 그러나 이 행위를 좀더 구체화하기 위해 일련의 상호작용을 분석하고. 다양한 요소가 직접적인 장면에서 발생하는 것을 가정한 '먼로'의 스피치 과정 분석을 다음에 인용한다.

♣ 스피치 과정

① 화자가 청자 의중으로 전달하기 바라는 화자 의중에 있는 한 아이디어로써 스피치 커뮤니케이션이 시작된다. 화자가 어떻게 아이디어를 획득했는가는 — 관찰, 독서, 혹은 수집한 정보를 통해 — 아직 무관한 일이다. 또 아이디어를 전달해야겠다고 느끼고 자극받은 이유 역시 무관한 일이다. 아이디어를 갖고 이를 말하고자 한다는 화자 의도에서 시작한다.

② 화자는 아이디어를 어느 종류의 언어기호로 옮겨야 한다. 語, 節, 句, 또는 文으로 옮겨야 한다. 그러나 지금까지는 이 같은 언어 기호가 오직 정신적 개념일 뿐이다. 이것이 화자 의중에서 발생해야 하고 이것을 상대가 들을 수 있게 하기 위해.

③ 중추신경 계통으로부터의 신경 자극이 스피치에 작용하는 복잡한 근육 계통을 조절하지 않으면 안 된다. 호흡근, 후두근, 악근, 설근, 순근 등, 그리고,

④ 이 같은 근육 등이 적절한 음을 발하기 위해 조절된 작용으로 반응하지 않으면 안 된다. 그러나 이 같은 음이 語와 文이 된 것이 아니다. 단순히 화자를 에워싼 미분자 공기의 유통 방해요, 압축되고 희박해진 미분자 공기에 의한 한 파형이다.

⑤ 공기를 통한 이 같은 파형의 외부 작용이 청자의 고막을 때릴 때, 화자는 청자에게 음을 전달한 셈이 된다. 음파를 전파로, 다시 전파를 음파로 변환하는 전화와 라디오의 활용은 2차적 단계를 보인다.

⑥ 청자의 귀에서 압축되고 희박해진 공기파가 다시 신경 자극으로 전이되고,

⑦ 공기파는 청각 신경에 의해 뇌로 전이된다. 이때 비로소 청자는 음을 청취한 결과가 된다. 그러나 아직 화자를 이해했다고 할 수 없다.

⑧ 청자는 신경 자극을 語와 文의 언어기호로 인식해야 하고, 그리고,

⑨ 청자는 일련의 언어 기호에 의미를 부여해야 한다.

⑩ 끝으로 청자는 이 점에 반응하고, 또 다른 한편 청자 반응을 관찰하고, 순환 반응을 계속하면서 화자는 청자의 반응에 다시 반응한다.

커뮤니케이션의 과정은 전기한 먼로의 10단계 과정을 완벽하게 거친 때만 온전하다. 전기 사실에서 화자가 청자에게 曲解되는 경우가 있음직한 근거를 충분히 推察할 수 있다. 화자와 청자 사이에 이 같은 일련의

사실이 존재할 때, 어디서고 의사 전달의 단절 혹은 왜곡이 발생, 화자가
의도한 것이 아닌 아이디어를 청자가 수용하는 결과를 초래한다.

    2단계 : 화자에 의한 어휘 선택의 미숙
    3, 4단계 : 온전하지 못한 조음과 발음
    5단계 : 외부 소음의 간섭
    6, 7단계 : 반농 상태의 청자
    8, 9단계 : 청자에 의한 부적절한 어휘 수용, 혹은 의미 왜곡
    10단계 : 청자반응을 잘못 관찰한 화자의 曲解

앞의 현상 중 어느 하나도 화자 아이디어가 청자에게 왜곡되거나 또는
불완전한 스피치 커뮤니케이션을 초래한다.

2) 습 관

구두 커뮤니케이션 과정에서 각각의 단계가 화자와 청자의 의식적 노
력을 필요로 하면, 대화는 매우 완만해질 것이고 또 고통스러운 형편이
될 것이다. 먼저 기술한 구두 커뮤니케이션 과정이 복잡다단함에 불구하
고, 대부분 스피치가 용이하고 자연스럽고 즉흥적인 것이다. 언어 행위가
빈번하고 자동적이기 때문이다. 습관에 따르면 총체적 과정의 대부분을
사람은 단순화한다. 어느 동물을 볼 때, 거의 자동적으로 '고양이'라는
語를 발한다. 만일 동물 이름을 말하고 싶으면, 습관이 적절한 신경 근육
의 패턴을 확립하기 때문에 스피치 기관은 많은 의식적 노력을 기울이지
않고, '고양이'라는 語의 音을 발하게 된다. 사용되는 文의 구조와 표현
되는 비교적 큰 사고단위의 배열도 사색하고 대화하는 사람 습관에 의해
크게 영향을 받는다. 언어행위의 여러 단계도 실제 습관화하기 때문에
보다 쉽게 말하는 것이 상례이다. 그러나 일층 스피치가 습관적 과정에

접어들수록, 그것이 정당한 것이든 부정당한 것이든 비교적 덜 의식하게 된다. 습관은 영속적인 것이나 반드시 완전한 것은 아니다. 스피치 연구에서, 인간의 언어 습관이 아이디어를 명료하게 전달할 수 있느냐의 여부와, 또 습관이 용이한 커뮤니케이션을 왜곡하거나 방해하지 않는지 여부를 관찰하기 위해, 前記한 커뮤니케이션 과정의 각 단계에서 인간의 스피치 습관을 조사·분석하는 것이다.

2. 사고와 감정

스피치 커뮤니케이션의 실제적 과정의 바로 배후에 화자 및 청자의 사고 과정, 감정적 반응 등 여러 패턴이 존재한다. 스피치 구성상 실제적 적용의 세부사항은 다른 章으로 미루고, 여기서 기본적 성격에 대한 일부 국면만 고려한다.

1) 사고 과정

사고는 본질적으로 증명, 분류, 관계결정, 문제해결 등으로 구성된다. 우선 생활환경을 관찰해본다. 일정 대상물이 우리의 시선을 끌고, 外樣, 色彩, 大小 등에 주목하게 된다. 어떤 감촉을 느끼고, 때로 중량 파악을 위해 일정 대상물을 들어보기도 한다. 후각을 통해 냄새를 맡고, 미각으로 맛을 본다. 이 같은 종합적 판단의 결합이 기억으로 남는다. 그리고 다시 그에 직면할 때, 대상물을 증명하려면 상기 결합이 도움을 준다. 얼마 후에 크기만을 제외하고 모든 점에 유사한 또 다른 대상물에 우연히 직면한다. 제2의 대상물은 비교적 크다. 이처럼 크기의 차이에 불구하고,

제1 대상물에 대한 기억에 비해 새로운 제2 대상물에 대한 인상이 얼마나 유사한가에 주목한다. 그리고 이것이 동일 종류라고 말한다. 모든 것을 유사한 특징을 갖는 同類의 것으로 동일시한다는 사실을 인식할 때까지 언제나 유사한 대상물에 직면하면 이 같은 과정을 반복한다. 가령, 바위가 있다고 가정한다. 바위를 본 후에, 다시 새로운 대상물을 보면 그것이 바위와 유사한 특징을 갖고 있느냐 여부에 따라, 이것은 바위다 혹은 이것은 바위가 아니다고 말하게 된다. 이같이 어느 대상물을 이벤트의 발생 여부와 특질 그리고 溫冷, 黑白으로 분류한다.

사고를 시작할 때, 분류를 최소 단위로 재분류한다. 석회암, 자갈 등, 그리고 최대 단위로 결합한다

바위+흙+부식토 등=땅 그리고 각개에 이름을 붙인다. 특질과 행태에 있어 실상이 없는 유사성까지 주의를 돌린다. 그리고 그것을 아름다운 것, 친절한 것의 범주 속에 포함시킨다. 이 같은 형식의 사고는 인상을 조직적으로 정리할 수 있다. 조금씩 다른 무수한 개체를 비교한 입장에서 몇몇 분류로 취급할 수 있고, 동일 분류의 각 개체 사이에 항시 존재하는 차이는 망각하기 쉽다. 논리학과 의미론에 관한 연구가 이 문제에 연관을 갖는다.

사고의 다른 양식은 관계이다. 주위의 대상물과 발생한 이벤트에서 정상적 관계와 장면에 주목한다. 한 가지 이벤트는 또 다른 것을 추구하게 한다. 한 대상물은 다른 것보다 비교적 크다. 두 성질은 함께 발생한다. 그러나 제3의 성질이 나타날 때 전혀 다르다. 이 관계를 주목한다. 그리고 경험을 분석하기 위해 관계에 따른 지식을 활용하고, 행동 결과를 예측한다. 관계되는 현상으로 미루어 과거를 탐구하고, 미래를 전망한다. 문제해결에 다른 형식의 사고를 적용하지 않는다면, 상기 사고 양식은 단순히 학술적인 것이 된다.

도저히 넘을 수 없는 높은 담으로 인해, 식사를 할 수 없는 상황의 인간을 상정한다. 만일, 숙고함이 없다면, 대중없는 뜀박질과 담을 뛰어넘으려는 보람 없는 노력으로 정력을 헛되어 소모하게 될지 모른다. 그리

고 마침내 지칠대로 지치고, 허기진 채 낙망할지 모른다.

그러나 주어진 상황의 문제에 관해 숙고하면 의중으로 달리고 뛸 것이다. 과거의 경험을 적용한 분류와 관계의 과정을 헤아리며, 前記 행동은 무위로 그치고 만다는 사실을 결론지을 것이다. 당면 문제의 성질을 분석하고, 유사한 문제 해결의 경험을 재검토하면서 발판과 사다리를 만들지 않으면 안 되겠다는 결론에 도달하면 곧 실천에 옮길 것이다.

이 같은 종류의 사고는 창의적이고 상상력이 풍부한 사고이다. 지적 개념을 결합하고 그것을 잘 취급하면서, 인간은 이에 소모되는 정력을 소비하기 앞서, 의중에서 일련의 행동을 종합 판단한다. 사물을 대하는 인간의 노력을 감소시켜 주는 인간 사고의 사물지칭이 바로 언어이기 때문에, 언어로 표현되는 모든 중요 사물을 모든 사고 과정에서 중시하게 된다. 화자가 스스로 사고하고, 오디언스의 사고를 이끌어 나갈 때, 언어를 사용한다. 따라서 적절한 사고와 부적절한 언어표현은 동시에 발생치 않는 것이 통례이다.

2) 감정과 효과

사고 과정의 논의에서, 인간은 이성에 의해 說服된다는 사실이 추론될 수 있다. 그러나 이것은 사실과 좀 거리가 멀다. 인간 행태의 가장 큰 부분은 매우 감정적이거나 아니면 감정에 젖는 것이 상정이기 때문이다. 오래 전부터 인류는 생존 경쟁에서 인류를 위요하고 있는 위험에 대해 명백한 형태의 반응을 발전시켜 온다. 이 같은 패턴의 근거는 현재 분노, 공포, 흥분 등의 상태로 지속되고 있는 심리적 양상이다. 이 같은 반응은 또 강력한 생리학적 근거를 갖는다. 인간이 분노하거나 공포에 떨 때 아드레날린(Adrenalin)이 분비되고, 혈당이 혈액에 유입되며, 심장은 보다 빠르게 고동친다. 그리고 호흡속도에 변화가 온다. 과거와 별 다름없이, 인간의 신체는 뛰거나 혹은 싸우는 위기에 직면할 수 있는 태세를 항상 갖추고 있다. 물론, 문화인은 행동을 위한 기호인 언어를 갖는다. 때문에 생리적 힘으로 안면을 맞았을 때와 같이, 언어 기호만 듣고 인간은 노하게 된다. 그리고 인간은 동일한 언어 기호의 방법으로 반응한다. 그러나 과거와 같이 생리학적 과정은 계속된다. 그래서 이따금 분격하는 것이다. 전기한 사고 과정은 인간 행태를 수정하고 지배하는 데 도움을 줄 수 있다. 이때, 기본적 감정패턴은 대부분 자동적이고 또 거의 무의식적이다.

　감정의 농도는 물론 판이하다. 유순한 감정은 거의 항상 나타나고, 유익한 목적에 도움을 준다는 사실에 대부분 심리학자가 의견일치를 보이고 있다. 이 같은 감정은 유쾌한 기분 및 조절된 감격이나 혹은 운명을 개척하도록 인간을 움직이는 유순한 자극 속에 나타난다. 가령, 오디언스에 직면, 어떤 자극을 느끼지 못하는 화자는 무감각한 소이로써 연설을 효과적으로 하지 못하게 된다. 강한 감정의 제2기준은 농도는 물론 종류도 달라지는 경향이다. 강한 감정은 항상 한 초점을 갖는다. 무엇에 관해 혹은 어느 사실에 대해 우리는 때로 분격한다. 혹은 또 무엇을 몹시 두려워한다. 강한 감정은 항상 모호한 일반적 느낌보다 차라리 격노, 공포, 애정 등 일정한 형태를 취한다. 그리고 생리학적 변화는 유순한 감정보다 크다. 우리는 강한 힘을 발휘하도록 준비하나, 계속 조정된 행동을 할 수 있다. 어떤 행동을 억제한다는 것이 매우 어려운 일이나, 어느 정도 행동을 의식적으로 조절할 수 있다. 에네르기는 방출을 필요로 하나, 그것을 조직적 방식으로 조절할 수 있다. 그러나 극단적 감정은 하나의 분열된 감정이다. 감정이 매우 강하게 작용할 때, 인간은 자제력을 상실할 수 있다. 어떤 동물이 경악할 때, 제위치에서 움직이지 못하는 것 같이 인간 역시, 순간 동결될 수 있다. 혹은 주어진 상황에서 되는 대로 빠져나오고, 아무 가치없는 임의의 동작을 시작할 수 있다. 분열된 감정의 기준은 사람에 따라 모두 다르다.

　화자는 자신의 감정적 반응을 지배하고, 또 청자의 감정을 전환시키는 식견을 활용할 수 있다. 화법에 활력을 증가시킨다. 그리고 자신의 의욕과 강한 감정을 환기하는 주제를 말하는 것으로써, 비평의 불안을 감소한다. 화자는 청자의 감정에 역행하는 내용을 말함으로써, 청자가 어떤 행동을 일으키도록 자극할 수 있다. 화자 제안이 지각있는 방향을 제시하기 위해, 화자와 청자의 사고과정을 활용한다. 그리고 화법과 오디언스에게 요구되는 민감한 반응에 활력과 감정을 돋구어 주기 위해, 감정에 관한 지식을 활용할 수 있다.

스피치의 이론적 배경과 개념 그리고 2에서 다루어진 여러 사항은 현존하는 스피치 원리에서 발췌한 것이다. 이 원리에서 추출한 몇 가지 근거를 검토하고, 다양한 접근방법에 따라 스피치 연구가 어떤 진전을 보이고 있는가에 관심의 초점을 옮긴다.

3. 학문적 근거

과학자는 주도면밀하게 조절된 관찰에 의해 진실을 탐구하고자 시도한다. 그러나 예술가는 창의적 방법으로 무엇을 표현함에 있어, 지나치게 진실을 발견하려 하지 않는다. 과학자는 분명히 밝혀진 가설의 진실 여부를 시험하기 위해 작업에 착수한다. 그리고 이 가설에 관계되는 자료를 수집·분석하기 위해 조직적이고 타당성 있는 방법을 탐색한다. 이같은 관찰에서 결론이 유출되고, 명백히 입증된 데이터에 대한 단정은 엄격히 한정된다. 그러나 예술가는 작업에 자신을 투사한다. 관찰하고 획득한 참된 에센스를 구현하고, 또 효과적 패턴으로 표현할 구상이 짜여질 때까지, 관찰에 민감하고 창의적 상상력을 발휘한다. 후에 구상을 완전하고 아름답게 표현할 아직 손대지 않은 자료를 구성해 나갈 때 예술적 능력이 발휘된다. 만약 건축 기술과 같은 실용적 예술에 종사한다고 하면 구상과 제작은 美는 물론, 유용성까지 관계를 갖는다.

스피치 연구는 과학적이고 예술적인 두 방법을 모두 필요로 한다. 따라서 스피치의 과학적 연구를 통해 스피치 현상에 대한 여러 측면을 탐색할 수 있다. 그리고 객관적 방법으로 여러 기초적 가설을 시험할 수 있다. 교량을 건설하거나 문장을 구상하는 것과 같이, 토크는 창의적 표현의 한 형식이기 때문에, 전문가에 의해 제외된 창의적 방법의 연구와 탁월한 연구로 여러 각도에서 가능한 방법을 모색할 수 있다 창의적 표현은 개인적 행동이고, 또 사람에 따라 각기 다르기 때문에, 연구되는 모든 원리가 과학적으로 증명될 수 있기를 기대할 수 없다. 그러나 인간이 생리학적으로 심리학적으로 거의 동일하다는 사실을 인식해야 한다. 스피치 기초를 과학적으로 연구할 수 있도록 음파와 언어기호는 충분한 일관성을 갖고 작용한다. 스피치 현상과 참고할 수 있는 화법의 창의적 행위에 관한 학적 근거를 다음에 고려한다.

1) 기본 가정

외관상 어떤 사실과 원리는 기본적인 것으로 수용해야 한다. 수학의 원리와 같이 자명하고, 어떤 변형도 불합리하기 때문에 원리는 받아들여진다. 실례로 다음 원리를 고려한다.

"토크는 신체적 기관, 즉 舌面, 聲帶 등을 적절히 활용할 수 있는 능력에 의존한다."

분명 결함있는 舌面, 缺脣, 異常있는 성대 등을 가진 사람은 토크를 효과적으로 하지 못하거나 전혀 못한다. 또 이런 원리를 고려한다.

"토크는 언어 구사를 요한다."

어휘를 사용하지 않고, 어느 정도 의사를 전달할 수 있으나, 표현해야 할 여러 다양한 아이디어를 명백히 전달하려면 많은 제약이 따른다. 으르렁대는 소리 '시잇'하는 소리가 특정 의미를 부여하려면 곧 실제적으로 새로운 일련의 어휘가 야기되고, 일종의 문장이 형성되어야 한다.

이와 같은 자명한 원리와 조건에서, "語의 적절한 선택은 효과적 스피치를 위해 절대로 필요하다"는 논리적 귀결을 가져온다. 혹은 또 "설면과 구순의 융통성 있는 활용은 명료한 발언을 위해 매우 중요하다"는 원리 역시 동일하다. 이 같은 원리의 귀결은 기본적 가정과 이를 추출한 논리에 의존한다.

상기 원리와 가정을 연구할 때, 타당성 여부가 확인된다.

스피치 연구에서 직면하는 또 다른 형태의 가정은 관점과 목적을 표현하는 현재 의도이다. 의도의 인정 여부는 표현 관점에 대한 동의 여하에 달려 있다. 예를 들어 다음 사실을 고려한다.

상기 사실에서, 만약 ①의 사실을 인정하면, 말하기 효과는 아이디어의 전달 여부로 결정된다. 그러나 ②의 사실에 따르면, 자신의 만족만 충족하면, 아무 듣는 사람 없이도 훌륭히 말할 수 있다. 다시 1의 사실에 따르면, 어느 누가 스피치를 듣고, 화자가 의도하는 바를 이해하는 사람이 없는 한, 온전하게 표현된 스피치는 존재하지 않는다. 이 같은 종류의 가정은 모든 사람에 의해 명백한 사실로 받아들여지지 않고 일반적으로 이 같은 종류의 眞僞는 증명할 수 없다. 단지 각자의 의도와 목적에 따라 받아들여진다. 누구나 자신의 견해를 정해 놓아야 한다. 후에 자기 견해와 상통하는 어떤 종류의 가정을 세운다. 대부분 상기 2개 항목 중에서 1의 사실에 동의한다.

2) 전문가의 의견

대부분 어떤 사실을 진실이라 말해도, 그것이 반드시 진실이 아닐 때가 있고, 비록 어느 방면 전문가 의견이라도, 의견에 오류가 발견될 수 있다. 그러나 어느 방면 연구에 전념한 전문가 중에 스피치 원리에 대한 실질적 동의가 있거나, 혹은 원리의 가치에 동의하는 어떤 방법을 사용할 때, 그들이 정당하다는 추정은 성립된다.

스피치 연구에 포함되는 대부분 원리와 방법은 이 같은 학문적 근거에서 파생한다. 사실 Aristoteles(B.C. 384~322)가 언급했고, 후에 다시 Quintilianus(35~95)에 의해 보완된 고전적 수사학의 원리가 오늘날 스피치 연구 분야의 저술에서 반복되고 있는 사실을 발견할 수 있다. 오랜 시일이 경과했음에도, 이 같은 원리의 성공적인 응용은 원리가 본질적으로 정당함을 증명하는 것이다. 또 정반대의 입증이 나타나기까지, 이 원리와 방법은 근거가 확실할 뿐 아니라, 충분한 가치가 있는 것으로 인정된다.

3) 직접관찰

토크 행위를 관찰하고, 토크 행위에 사용된 여러 전달방법을 분석하는 것만으로, 스피치에 관해 많은 사실을 연구할 수 있다. 그러나 대부분 분별 없이 관찰하게 되므로 결과는 아무것도 없기 쉽다. 그러나 관찰을 조직적으로 행하면 판단의 정당성이 증명될 수 있다. 그러면, 관찰하고자 하는 화법의 타입을 미리 택할 수 있고, 주의를 집중코자 하는 방법 역시 미리 택할 수 있다. 연구하고 있는 원리에 대한 상호 관계를 요약하고 쉽게 판단할 수 있도록 관찰 결과를 기록하는 조직적 체계를 안출할 수 있다. 본질적으로 이것은 '種의 起源'을 연구한 C. Darwin(1809~1882)이 사용한 방법이다. 크게는 앞서 말한 전문가에 의해 사용된 방법이기도 하다.

예를 들어, 아리스토텔레스는 모든 주제에 대해 이 방법을 사용했다. 물론 자연과학 역시 동일하다. 조직적 관찰에 근거를 둔 전문가 의견이 완전할수록 신빙성이 높다. 자신의 관찰로 어떤 결론을 입증할 수 있다면, 이중으로 확신을 얻을 수 있다. 그러나 이 같은 관찰에서 최소한 오류를 피해야 한다. 하나는 관찰에 선입견을 투사하지 않도록 주의하는 것이다. 보려고 의도한 것을 보는 것은 매우 용이한 일이다 관찰자가 온전히 관찰에서 떨어져 나가지 않을 수 있다면, 판단이 동요하는 것을 막을 수 있다.

전형적이지 않을 뿐 아니라 수적으로 부족한 정황으로 관찰이 제한될 때, 또다른 오류가 발생한다. 동시에, 국회에서 효과적 화법이 반드시 비즈니스 회의에서 효과적일 수는 없다 그리고 Cicero(B.C. 106~34)의 명연설이 오늘에 와서 명연설일 수 없다. 몇몇 유능한 연사의 스피치 관찰에 기초를 둔 결론이 일반적 사실로 받아들여질 수 없다. 이 같은 오류를 피할수 있다면, 직접 관찰에 의해 스피치에 따른 상당 부면을 연구할 수 있다.

4) 역사적 증거

인간은 오랜 동안 언어 기호를 사용해 오고 있으나 상기 방식으로 수 세기에 걸쳐 직접 스피치를 관찰할 수 있던 사람은 아무도 없다. 그러나 역사적 언어자료의 면밀한 연구는 스피치에 관한 많은 사항을 노출시킨다. 언어음운의 변천은 이 같은 방법으로 노출된다. 당대 관찰자의 서면 정보는 과거 위대한 연사의 생애, 화법, 그리고 영향에 관한 자료를 전해 준다.

전기적 자료는 연사의 주위 환경과 교육의 영향을 설명해 준다. 때로 스피치 준비방법까지 전승해주고 있다. 또 역사적 연구는 당시의 경제적이고 사회적 형편과, 오늘에 와서 관련있는 화자가 말한 '이슈'의 배경과 이면을 제공해 준다. 물론 이 같은 원천에서 파생한 지식은 항상 불충분하다. 그리고 결론이 한정되고 시험적이다. 특히 사용된 원천 자료의 충실성과 선입견 개재 여부의 평가는 신중을 기해야 한다. 실례를 들면 A. Lincoln의 '게티스버그 연설'에 관한 모든 상이한 기사가 당시의 각 신문에 게재되고 있다. 그 날 연설이 얼마나 효과적인가 하는 점은 아직껏 분명치 못한 채로 남아 있다. 그 밖에 또, 최초의 원천 자료를 찾아내는 데 주의하지 않으면 안 된다. 발생한 사실을 전문해 기술한 기록은 한낱 전문 증거로써 부정확하기 때문이다.

5) 원문, 필름, 녹음

주요 스피치의 원문은 문장형식으로 스피치를 수록하고 있다. 그러나 현대에 와 간혹 음성을 녹음하고 때로 필름 릴에 스피치의 생생한 녹음은 물론, 시각적인 면마저 보존한다. 현대적 기계 장치로서 유명 인사의 연설 뿐 아니라, 모든 화자의 토크를 녹음 수록한다. 이 같은 녹음물이 스피치에 관한 유용한 지식을 원천적으로 제공한다. 후에 주도 면밀한 스피치 연구가 가능하다. 녹화도 마찬가지이다.

어휘와 文의 구조, 논리와 감정적 호소의 유형, 억양, 발음, 정황, 동정 등 모든 사항은 적절한 녹음물을 통해 연구·분석할 수 있다. 그리고 이 같은 연구는 사실상 많이 행해지고 있다. 이때 주의할 것은 인쇄된 연설 원문은 때로 신빙성이 희박하다는 사실이다. 연사는 간혹 원문을 인쇄하기 앞서 수정을 가하고, 연설한 것보다 오히려 연설하려고 의도했던 것을 기록에 남기기 때문이다.

6) 실험적 연구

스피치의 확실한 국면은 실험적 연구로 제시한 자료이다. 관찰자는 관찰결과를 검토할 뿐 아니라, 나타난 현상 자체도 조사·분석한다 관찰 분야를 단순 내지 한정화 하기 위해, 또 복잡한 영향을 제거하기 위해 발생 사실을 인정하든가, 혹은 야기된 일련의 상태를 종합한다. 수차에 긍해, 정확한 실재 데이터를 획득하기 위해 기계 장치를 사용한다.

스피치에 관한 폭넓은 지식은 성대는 어떻게 진동하는가, 감정이 있는 음성표현은 어떻게 효과를 나타내는가, 의사표현에 미치는 유머 영향은 얼마나 중요한가, 최대한의 명료성을 띠는 음성 표출의 확성 장치는 어떻게 설치하는가, 그리고 오디언스를 극단적으로 방해하는 화자의 癖은 무엇일까 등, 광범위하게 參異한 문제에 따른 정보를 제공한다.

물론 실험적 증거는 스피치의 각 국면에 관한 가능한 한 가장 정확한 정보를 제공한다. 그러나 실험하기 위해 필요한 실제 조종이 정상적 정황에서 일상적으로 말하는 일반적 자발성을 저해할 우려가 있음을 인식하지 않을 수 없다 따라서 각각의 오디언스 앞에서 장치없이 말할 때와 똑같이 흉곽 부위에 호흡 운동 기록기를 달고, 실험실에 있는 '마이크로 폰'을 향해 동일한 상황으로 말할 수 있는 사람은 거의 없다

한 실험적 입장에 도달한 결론을 지나치게 확대 해석하는 일이 없도록 특히 주의하지 않으면 안 된다. 그러나 스피치에 관한 원천적 지식은 매우 중요하다.

7) 타분야의 추론

부가적 정보를 위해 스피치 연구의 경우처럼, 타분야의 지식에 극도로 의존하는 경우가 많지 않다. 스피치는 개인생활과 사회생활상 매우 중요

한 기능을 발휘한다. 스피치가 크게 의존하는 것은 放射된 많은 살의 지탱에 좌우되는 차바퀴의 바퀴통 같은 생리학적·물리학적·심리학적인 집중력의 상호작용이다. 따라서 생리학자는 음성 기관의 기능에 관해 많은 사실을 일깨우고, 심리학자는 기억과 감정 문제에 대한 洞察力을 제공하며, 물리학자는 음성이 형성하는 음파의 성격을 설명하는 데 조언한다. 언어학자는 언어의 원천을 추적하고 사학자, 경제학자, 저널리스트, 문학과 예술을 탐구하는 인사가 스피치 연구 분야에 많은 정보와 다양한 연구방법을 소개한다. 이 모든 사실에서 스피치 문제에 관계가 있는 추론이 추출될 수 있다

4. 수사학의 영향

스피치 연구에 대해 고전수사학이 미친 심대한 영향을 고려한다. 이따금 스피치 연구를 새롭고 별다른 특이한 분야로 인식하는 경향이 없지 않으나 실제로 스피치는 학문적 연구의 가장 오래된 부분이다. 그리스와 로마의 학자들이 수사학 연구에 특별한 주의를 환기시켜 준다. 그리고 수사학에 관한 조직적이고 체계적인 저술은 훌륭한 학문적 업적이다.

수사학은 구두표현어와 문장표현어의 사용을 두루 취급한다. 그리고 고대학자들은 문장작법까지 포함시켰다. 그러나 당시 인쇄기가 발명되지 않았고 문헌도 희귀했으며, 따라서 독서와 문장작법은 화법보다 비교적 덜 중시했다. 화법 일반과 함께 연극상연, 시 낭독도 중시했다. 그러므로 고전 수사학이 크게 강조한 점은 구현 형식의 언어에 관한 것이었다. 중세기 암흑시대 이후 유럽에서 부활된 연구는 보존된 그리스와 로마의 稿本에 집중했다. 동시에 고전 수사학은 최근 스피치 분야 연구의 기초가 된다. 그리고 이 영향은 미국에 대학이 설립되면서 대서양을 횡단, 미국으로 이행했다. 용어와 강조점의 변화는 인정하나, 화법의 최근 교재에

포함된 내용과 범위 그리고 대부분의 기초원리는 고전학자의 저술에서 발견되는 것과 거의 유사하다. 이같이 수사학원리의 집념이 오직 역사적 관습의 결과라고 하면, 원리의 가치에 회의적이라 하여도 지나친 評은 아니다. 오랜 세월을 통해, 여러 연사에 의해 원리가 효과적으로 응용되었다는 사실은 고전수사학자에 의한 이 원리의 형성이 예리한 관찰과 통찰력에 기초를 두고 있음을 시사한다

1) 코락스

그리스인 코락스(Corax)는 기원전 5세기경의 수사학 저자이다. 후에 전복되었으나, 과거 전제군주에 의해 토지를 몰수당하고 추방된 사람이 다시 귀환하자, 토지를 반환받고자 하는 요구를 처리하기 위해서 시라큐스(Syracuse)에 법정이 개설되었다. 그리고 토지 소유권을 주장하기 위해 피고소인이 법정에 출두했다. 코락스는 바로 법정 변론을 연구했다. 그리고 이 같은 종류의 스피치 내용을 준비하는 계획을 세웠다. 또 확신이 증명될 수 없는 경우, 개연성을 입증하는 증거 사용의 연구를 행했다. 스피치 조직과 개연성에 관한 논술은 일반적으로 연설원리에 대한 최초의 계통적 제시로 인정받는다.

2) 플라톤

플라톤(Platon B.C 427~347)은 본래 도덕적이고 정치적인 철학자이다. 수사학에 대한 관심은 당시 아테네 웅변가들에 의해 사용된 수사학에 대한 일종의 혐오에서 발생했다. 당시 수사학의 과다한 강조가 주도 면밀

한 논리와 주제에 대한 완전한 지식에 있지 않고, 오히려 언어의 巧言令色에 있다는 사실을 잘 인식하고, 대화에서 이 점을 강조했다. 그리고 진실과 도덕적 목적에 기초를 둔 참된 수사학을 개설했다. 그러나 일방, 청중의 이해에 접근하기 위해 인간 감정의 본질에 대한 연사의 지적 중요성을 크게 인식했다. 스피치의 진실과 도덕의 목표에 관한 강조와, 고전 수사학에 대한 기여는 스피치 구성 원리에 대한 진일보의 발전이다.

3) 아리스토텔레스

아리스토텔레스(Aristoteles B.C. 384~322)는 플라톤 밑에서 연구했다. 그리고 플라톤의 영향을 크게 받았다. 아리스토텔레스의 업적은 당대 모든 지식을 계통적 방식으로 분류하고 조직하는 특징적 능력을 발휘한 것이다. 아리스토텔레스의 수사학은 스피치를 단일화하고 종합화하는 형식에 있어, 포괄적이고 계통적인 최초의 제시다. 연사와 훈련, 스피치의 전개 그리고 마땅히 분석해야 하는 청중을 거론했다. 아리스토텔레스의 논술은 새로운 것이기 보다 오히려 완벽하고 실제적인 유용성의 입장으로 분류한다. 수사학 분야에 수반하는 모든 연구에 실제적 기초를 제공하며 아리스토텔레스의 수사학은 오늘까지 큰 영향을 미친다.

4) 키케로

키케로(Cicero B.C. 106~43)는 본래 로마의 위대한 웅변가로 알려지고 있다. 키케로의 스피치는 오늘까지 웅변술의 귀감으로 손꼽힌다. 이미 키케로의 웅변은 우연의 소산이 아니다. 웅변 원리를 주의 깊게 연구했고,

실제 활용에 관련을 가진 입장에서 원리에 관한 저술을 행했다. 키케로는 웅변가의 적절한 훈련에 관심을 두고, 수사학 분야의 연구만 아니라, 보다 폭넓은 교육을 권했다. 키케로의 저술은 스피치 구성과 표현에 중점을 둔 것을 제외하면 아리스토텔레스의 원리와 거의 유사하다. 가장 잘 알려진 저술은 『웅변가와 웅변』이다.

5) 퀸틸리아누스

퀸틸리아누스(Quintilianus)는 연사라기 보다 오히려 로마의 교육자이다. 12권으로 된 『웅변원리』는 연사 교육을 위한 전체 교육과정을 소개하고 있다. 키케로와 같이 웅변가는 웅변술은 물론, 지식과 특질을 겸비해야 한다는 사실을 확신했다. 퀸틸리아누스에 따르면 위대한 웅변가는 항시 말을 잘하는 훌륭하고 유능한 사람이다. 퀸틸리아누스에 의해 제시된 수사학원리는 아리스토텔레스에 크게 의존하고 있다. 그러나 원리의 적용에 능숙하려면 누구보다 교육자의 충고가 중요함을 강조했고, 연사가 꼭 갖추어야 할 구비 여건을 두루 취급했다.

상기한 저자의 저술에서 스피치에 관한 대부분의 원리가 추출된다. 그것은 오랜 경험을 통해 시험되었고, 더욱이 최근에 심리학적 연구에 의해 수정 보완되고 있다. 스피치를 진지하게 연구하는 입장에서 이 저술을 음미함으로써 스피치에 대한 이해의 폭을 넓히고, 그만큼 스피치에 새로운 관심을 불러일으킬 수 있다.

5. 스피치 연구

스피치 연구는 다양한 형식을 취한다. 형식의 중점은 스피치의 한 국면에서 다른 국면으로 이행한다. 단순화의 위험이 따르긴 하나, 스피치 교육에 대한 현재의 개념에 각각 어떻게 기여하는가를 검토하기 위해 주요관점을 간략히 관찰한다.

1) 수사학적 접근

상기한 바 초기에서 현재에 이르기까지 스피치 연구는 수사학 연구를 포함한다. 그러나 수사학적 전통을 계승한 학자의 중점은 어투에 있지 않고 스피치 자체에 있다.

이 방면 연구는 형식과 내용 그리고 논리, 문체구조에 초점을 맞춘다. 일화와 숫자 및 통계사용, 비교와 대조, 그리고 일관성, 조화, 강조는 명연설문집의 조사를 통해 연구한다. 간혹 스피치는 문장으로 기술되고, 주의깊게 교정되며, 수사학적 완벽을 기하기 위해 축어적으로 암기된다. 스피치를 완벽하게 구성함에 있어, 연사와 청중이 망각되든가, 혹은 고전이라고 수사학이 외면되는 극단적 견해는 오늘날 존재하지 않는다. 스피치의 구조, 내용, 문체에 접근하는 작업은 오늘날 스피치 연구의 중요한 부분으로 남는다.

2) 기술적 접근

델사르트(F. Delsarte 1811~1871)는 스피치 방법에 역점을 둔 19세기에 이를 지지하는 강력한 운동을 전개할 필요가 있음을 염두에 두었다. 청자는 화자의 의중을 파악할 수 없고, 다만 화자로부터 시청할 수 있는 인상만 받기 때문에, 그가 창안한 스피치 연구의 명제는 신체 및 음성

훈련이 가장 중요하다는 사실이다. 모든 가능한 유형의 사고와 감정에 적응하는 주의 깊은 연습을 준비하고, 제스처와 음성 및 억양의 정교한 체계를 안출한 것이다. 일정한 인상을 받고, 반응하는 청중을 위해 이 같은 과학적 체계에 따라 언어에 동작을 일치시켜야 한다는 주장이다. 이 같은 견해는 상당히 수정된 형식으로, 러시(Rush)와 머독(Murdok), 그리고 훌톤(R. Fulton)과 트루블러드(T. Trueblood)에 의해 일층 진전을 보였고, 그들의 『실험적 웅변』은 금세기 초의 유명한 교재로 손꼽힌다. 이들은 물론, 성실한 목적과 논리적이고 실질적인 스피치 내용을 강조한다. 그러나 후에 등장, 웅변과 극예술을 교육한 다수의 가정교사가 행한 바와 같이, 이 같은 견해로 교육한 당연한 귀결은 스피치의 표면적이고 기술적인 국면만 강조한 셈이 되었다. 연설 방법의 숙련은 오늘에 와서 여전히 강조되고 있다.

그러나 교육 핵심이 아니라, 목적달성의 한 수단으로 교육되고 있다.

3) 효과적 자기표현

웅변 추종자의 부자연성에 대한 당연한 반발은 자기 자신을 자연스럽게 표현하려는 욕망으로 나타났다. 이 같은 반발은 미국 보스톤에 표현학교를 설립한 커리(S. Curry)로부터 구체화되었다. 스피치 방법을 발전시키는 수단으로 음성적 및 신체적 연습을 결코 등한시하지 않았으나, 표현에 선행하는 자기 인상의 중요성을 '커리'는 강조했다.

학생은 자신을 충분히 주제의 지식에 몰입시키고, 자신 속에 성실한 감정을 확립시키도록 조장해야 표현이 자연스럽고 동적이고 독특하다는 것이다. 그러나 이 견해는 지나치게 단순화되고 있다.

주제에 자신을 몰입시키면 표현은 자연스럽게 도출된다는 사실과, 또 이 같은 태도는 커리학교에서 전혀 용인하지 않는 부주의한 배열의 내용과 비효과적 표현을 초래하기가 비교적 쉽다. 하지만, 이 견해가 의미하는 개인의 성실성과 특성에 대한 새로운 강조는 스피치 교육계에서 계속 수긍되고 있다.

4) 심리학적 접근

작금에 증대하는 심리학의 영향은 스피치 연구에 광범위하게 작용한다. 현대 수사학의 중점과 전문용어는 바로 심리학의 영향을 크게 받은 것이다. 주로 제임스(W. James)와 동시대 심리학에 의해 크게 영향을 받았다. 기초 과정을 중점 취급한 울버트(C. Woollbert)는 연사의 훈련에 대한 와트슨(Watson)의 행동주의 심리학 교의를 응용했다. 개성문제에 따른 심리학자의 증가된 관심은 전달 능력의 증진은 물론, 개성 발달의 수단으로 스피치 훈련이 적절한 한 시도라는 사실을 반영해 준다.

태도와 지론을 측정하는 심리학자의 진전된 방법은 논쟁과 설득 방법의 재평가를 선도한다.

그러나 주로 심리학의 영향은 스피치 교육의 방향을 전환하기보다 오히려 수정하고 보완하는 것이다. 그리고 연사와 청중 간의 결정적 고리로 인식되고 있다. 그러나 표현상의 수사학적 구조와 능력은 아직 고리를 다지는 이상으로 본질적이다.

5) 임상적 접근

대부분의 어린이가 보유하는 스피치 결함에 대한 최근의 각성은 스피치의 치료문제를 급격히 대두시켰다. 이 문제의 의학적 관심은 히포크라테스(Hippocrates)가 표명한 것이다. 그리고 교육적이고 임상적인 심리학이 여기에 상당한 주의를 돌리고 있다. 심리학과 의학 분야는 물론, 스피치 학계 전문가의 협동적 노력을 통해 이 방면 연구가 어느 정도 진전을 보이고 있다. 여러 가지 스피치 결함에 대한 상세한 분석은 신경근육과 심리학적 과정에 포함되는 많은 내용을 명백히 하고 있다. 그리고 被驗者의 병력기록 연구를 통해 스피치에 결함이 있는 어린이의 조기 훈련과 주위 환경에 존재하는 여러 원인을 발견했다. 연설 병리의 전문학자는 오랜 기간 등한시되어 왔던 스피치의 새로운 분야에 대한 지식에 실질적으로 공헌한 진단과 재훈련을 위한 임상적 처리를 발전시키고 있다. 특히 스피치 결함의 발생 원인과 성격에 대한 연구를 통해 전형적 스피치에 포함되는 스피치 과정에 대한 지식을 크게 발전시켰다.

6) 생리학, 음성학, 음향학적 접근

상기한 스피치 연구의 주요 추세에 덧붙여, 스피치의 여러 특정 부분에 관한 지식에 실질적으로 공헌하고 있는 또 다른 연구 방향이 있다. 이 방면의 연구는 발성기관의 해부 및 생리학으로 이루어진다. 발음 요소는 언어학적·역사적·지리적 그리고 실험적인 관점에 따라 영향받는다. 音의 음향학, 특히 화음의 음향학은 음성과학에 특별한 관심을 쏟는 학자에 의해 연구되고 있다.

전화와 라디오에 의한 장거리 커뮤니케이션의 발전과 디스크, 필름, 테이프의 스피치 녹화와 재생은 이 방면의 조사 연구를 촉진시켜 주고 있다. 이 같은 연구는 화음 자체와 발음기관에 대한 상세한 지식을 증가시켜준다. 그리고 이 연구는 스피치 실연의 녹화와 측정을 위한 유용한 테크닉을 제공해 준다. 뿐만 아니라 이 연구는 스피치가 청자에게 이해·수용되기 용이하게 하는 여러 가지 요소에 관한 중요 자료를 제공한다.

여기서 발견된 여러 요소는 결함있는 스피치의 교정과 청취 난해한 스피치 문제 해결에, 매우 유용한 것으로 입증되고 있다. 스피치 연구에는 이밖에도 많은 견해가 상존한다. 前記한 주요 관점의 하위 국면이나 혹은 일시적 작용에 따른 관점은 생략한다.

　이밖에 극예술 관계 역시 생략한다.

7) 절충식 접근

　상기한 관점이 각기 단독으로 제구실을 하는 것은 아니다. 스피치의 현대적 연구는 각 견해의 효용성 있는 국면에 대한 지적인 혼합을 포함한다. 지금까지 스피치 연구를 위한 배경으로 기본적 개념을 상세히 검토했다. 스피치의 사회적 기능과 중요한 본질을 간략히 고찰했다. 그리고 또 신경과 근육 운동, 공기를 통한 音의 전달은 어떠며, 스피치 커뮤니케이션의 총체적 행위에 관련된 청각과 두뇌에 대해 설명했다. 언어, 사고, 그리고 감정의 밀접한 관련 여부를 검토했다.

　최종부분에서 스피치의 학적 근거와 스피치의 연구에 대한 고전수사학의 영향을 강조했다. 결국, 당면한 연구방법인 폭넓고 절충적인 기초를 제공하는 여러 견해가 어떻게 결합되어야 하는가를 스피치 교육의 입장에서 검토한 것이다.

1. 스피치를 연설이라 할 때와 화법이라 할 때를 비교 설명하라.
2. 스피치 과정 10단계를 말하라.
3. 스피치 연구의 다양한 형식을 말하라.

참고 문헌

1. 전영우, 『화법론』, 익문사, 1937.
2. ———, 『화법원리』, 교육출판사, 1971.
3. Alan H. Monroe. *Speech*, Scott Foresman and Company. New York, 1949.
4. Robert T. Oliver, *Speech*, The Dryden Press, New York, 1958.

歐美의 스피치 비평체계

제13장

개 관

  유럽과 미국에서 스피치 교육이 활발히 실시되고 또 연구열이 높아 이 방면의 학문적 체계가 이미 오래 전에 정착되었다. 그러므로 이집트, 그리스, 로마, 영국, 미국의 스피치 교육의 변천과정을 개관하여 역사적 흐름을 살펴본 다음, 歐美의 스피치 비평에 대한 여러 학설을 소개함으로써 국어화법 교육에서 우리가 당면한 스피치 비평의 기준을 설정해 보고 이를 토대로 스피치의 교육과정을 구상할 수 있을 것이다.

  그리고 별도로 동양사와 한국사에서 화법교육의 배경을 탐색해 봄으로써 서양의 스피치 교육사와의 대비를 시도해 볼 수 있을 것이다.

1. 스피치 교육의 변천

1) 이집트의 화법교육

화법교육의 여명기인 5천여년 전에도 사회를 지배하는 방편으로 언어 표현의 중요성은 크게 인정됐다. 세계에서 가장 오랜 문헌의 화법교육에 관한 최초의 기록을 보면 B.C. 3200~2000년에 이미 언어표현에 관한 것이 발견된다.

1847년 프랑스 파리의 국립박물관이 쁘리스 파피루스(Prisse papyrus)를 입수했다.

이 파피루스의 명칭은 이것을 박물관에 전한 쁘리스 다벤느(Prisse D' Avennes)에 유래한 것이며, 다벤느는 프랑스의 고고학자로 많은 고대 유물이 묻혀 있는 이집트의 고분 발굴에 참가했고, 당시에 발견한 파피루스가 곧 쁘리스 파피루스이다. 이것을 한편 프타호텝(Ptah-ho-tep) 및 케겜니(Kegemni)의 교훈이라고 한다. 이집트인은 생애가 끝날 무렵, 유언을 기록해 재산과 함께 파피루스를 후손에게 남긴다. 때로 유언 속의 충고가 재산보다 귀중할 때가 많다. 충고가 후손의 장래를 위한 전생애를 통한 인생 체험의 결과이기 때문이다. 따라서 파피루스의 내용도 각기 다양하다.

관리를 지낸 사람은 정계 인물에 관한 것을, 또 왕의 자문을 지낸 사람은 왕실에서 성공할 수 있는 처세의 비결을 후손에게 전하고 있다. 그 중에서 지금껏 전해진 가장 오랜 파피루스에는 청소년을 어떻게 교육시켜야 도시의 시장이나 왕의 자문으로 성공할 수 있느냐는 내용의 것이다. 쁘리스 파피루스의 첫 부분은 케겜니가 장래 도시의 시장이나 왕의 자문을 희망하는 청소년에게 주는 교훈이고, 둘째 부분은 프타호탭이 아들에게 주는 교훈이다. 이 두 교훈은 다같이 주어진 주위 환경에 적응할 수 있는 처신과 언사 등을 주로 언급하고 있다. 프타호탭은 B.C. 2500년, 이집트 왕국의 제5조 Isosi 왕조의 고관이다. 당시, 이집트인은 하류 사회인의 기술에 당시 명사의 서명을 받는 관습이 있으므로 쁘리스 파피루스의 둘째 부분에 기록된 내용이 사실상 프타호탭의 것인지, 혹은 그가 강론한 것을 제3자가 기록하고, 글에 서명만 한 것인지 여부는 확인할 길 없다. 그러나 이것이 여기 문제될 것은 아니므로 내용만을 검토할 뿐이다. 대체로 이 파피루스의 가장 큰 요점은 현존하는 문헌 중 세계에서 가장 오래된 것이라는 점이다.

이집트인은 파피루스를 문헌이라 했고, 기실 이집트인이 문헌을 갖고 있다는 하나의 상징으로 알려진 것이 이 케겜니 파피루스다. 케겜니의 교훈은 프타호탭의 것보다 앞선 것이다. 배티스컴 건(Battiscombe Gunn)도 프리세 파피루스를 번역해서 프타호탭의 교훈과 케겜니의 교훈이라 했고, 동시에 세계에서 가장 오래된 문헌이라 일컬었다. 파피루스는 목봉에 감은 두루마리인데 자료가 파피루스로써, 이것을 얇게 세로로 쪼갠 다음, 가로와 세로로 쌓아 놓고 물에 흠뻑 적신 뒤 압축해서 평평한 면으로 만든 것이다. 쁘리스 파피루스를 펼쳐보면, 길이가 7미터, 나비가 1미터 가량이다. 속에 18단 가량 적색과 흑색 잉크로 쓴 충언이 있다. 바로 여기에 프타호탭이 후손에게 전하는 가장 중요한 대목이 포함돼 있다. 그것은 주로 화법의 중요성과 화법을 어떻게 학습해야 한다는 등 화법에 관한 것이다. 그 중에 다음과 같은 표현이 있다.

"멋진 언어 표현은 돌 자갈 속에서 얻은 에메랄드 보석보다 더 희귀하다."

프타호탭은 언어 기법이 사회를 지배하는 방도라고 생각한 것이다. 이것은 언어 기법에 대한 현대적 의미를 이미 내포한 것이다. 울버트(Woolbert)는 『언어 기법의 원리』라는 저서에서 언어 기법의 기능을 넷으로 분류한다. 언어 기법은 자기의 사상과 감정을 타인에게 전달 표현하는데 필요한 것으로, 첫째 청중으로 하여금 연사의 사상과 감정을 수용케 하는 의도가 연사에게 있어야 하며, 둘째 언어를 구사해서 사상 및 감정을 표현해야 하며, 셋째 청중은 연사의 웅변을 듣고, 연사의 의도와 목적을 충분히 전달받을 수 있어야 하며, 넷째 연사가 동작을 통해 청중이 연사를 시각적으로 직감할 수 있게 해야 한다고 했다.

한편, 파피루스의 프타호탭은 첫째 요소인 연사의 의도와 목적을 강조했으며, 그것을 취급할 때 윤리면도 중시했다. 울버트와 함께 프타호탭은 과장되게 큰 발성이나 어음을 바람직하지 못한 것으로 돌린 동시에, 잘 조절된 발성을 종용했다. 연사는 발언하면서 동시에 제스처를 쓰는데, 이것이 청중에게 미치는 영향이 크다는 것도 함께 강조하고 있다.

이와 같이, 프타호탭은 언어 기법을 요소별로 분석함에 있어, 현대적인 감각을 갖고 있을 뿐 아니라, 언어 기법에서 특히 청중을 절대시한 점도 현대 스피치 교육의 이론과 일치한다.

프타호탭은 언어 기법이 사회를 지배하는 도구라고 생각했다. 언어 기법이 청중에게 미치는 영향을 중시한 나머지 후손에게도 각계 각층의 청중에게 다양성 있는 언어 기법을 활용하도록 종용했다. 그리고 여러 특이한 감정을 표현하면 이에 따른 특정의 반응을 획득할 것이라는 사실을 일깨워 줬으며, 의도한 바 효과적인 반응을 획득함에 있어 윤리의 중요성도 그 인식을 크게 촉구하고 있다.

프타호탭 이외의 다른 고대 이집트인도 언어 기법의 가치를 강조했고, 어떤 이집트인은 화법을 기술이라고 표현했다. 결국 고대 이집트인은 이 구동성으로 인간의 혀는 무기이고, 언어 기법은 싸움보다 무서운 힘을 보유한다고 했다.

2) 그리스의 화법교육

쁘리스 파피루스로 미루어, 언어 기법의 비법이 얼마나 많이 이집트의 고분 속에 묻혀 있는 것일까를 생각해 보는 일은 매우 당연하다. 따라서 그리스인이 수사학을 최초로 형성한 것이 아님을 반증한다.

프타호탭 이래 100년 즉 B.C. 1000년경에, 일리아드와 오딧세이를 통해, 호머(Homer)는 효과적인 화법을 터득하고 있음을 보여준다. 분명히 호머는 언어 기법이 사회를 지배하는 하나의 방도라고 생각했다. 연사와 청중의 상호관계에도 비상하게 예민하다.

호머는 청중이 연사의 웅변에 납득이 가도록 하는 것이 얼마나 긴요한가를 알고, 또 청중을 이해시키는 데 연사의 경험이 중요함을 지적했다. 이 같은 사실이 호머의 독창적인 능력에서 우러나온 것인지 여부는 알 수 없으나, 호머가 효과적인 언어 기법에 통달했다는 점만은 인정해야 한다. 호머는 말할 자료를 수집해서 정리하는 방법과, 적절히 단어와 문을 택하는 방법, 그리고 음성과 제스처로 청중에게 전달 표현하는 방법을 알았다.

B.C. 5세기 초에 엘리아(Elea)의 제노(Zeno B.C. 490~429)가 새로운 토론법을 창안했다. 이것은 토론을 통해 어떤 결정을 도출하기 위한 것보다 진실을 발견하자는 데 목적을 둔 토론 방법이다. 제노는 페리클레스(Pericles B.C. 500~429)의 恩師다. 기록에 의하면, 페리클레스는 모든 분야의 교육을 유능한 스승 밑에서 받았다. 제노 또한 예외는 아니다. 제노가 사용한 화법 교육에 관한 기록은 없으나, 이룩한 결과에 대한 기록은 남아 있다.

제노의 제자 페리클레스는 적수이건 동료이건 그들의 혼백이 빠지게 하는 웅변법을 익힌 웅변가라고 전한다. 페리클레스는 당시, 국민의회가 큰 권력을 가진 때에 그리스에 생존했다. 일반 시민이 소송사건을 일으키면, 이에 대한 판결을 현재와 같이 판사가 하는 것이 아니고 배심원이 행했다. 당시 완벽한 정치가 페리클레스는 웅변만 아니라 중대 사건의 수임자로서 유명하다. 페리클레스는 능숙한 웅변으로 변론하여, 사건에 모든 사람이 감동하도록 노력했다. 페리클레스의 웅변법이 정확하게 전하지 않으나, 그의 언어 기법이 민중의 행동을 제한 또는 지도하는 데 효과적이었음은 의심의 여지가 없다.

페리클레스와 동시대의 코락스(Corax B.C. 5세기 경)는 체계화된 언어 기법의 효과적인 지침서를 저술했다. B.C. 466년, 시라큐스(Syracuse)에 폭군이 타도되고 민주정치가 구현됐다. 정변의 결과 많은 선량한 시민이 망명지에서 귀국해, 폭군에 빼앗겼던 재산이 반환되도록 열렬히 탄원했다. 그러나 일부시민의 재산은 기록의 불명이나 분실로 재산의 반환이 몇 년씩 지체되었다. 재산 반환의 요구에 대한 문서상의 지원도 중요했으나, 증거의 불충분한 점을 구두 변론으로 보충하는 일이 더 중요했다. 이와 병행해 언어 기법의 적극적인 필요성이 현실적으로 대두됐다. 언어 기법으로 인해 잃었던 재산을 되찾기도 하고, 언어 기법이 능숙하지 못해, 본래의 자기 소유 재산마저 포기하지 않으면 안 되는 경우가 非一非再했다. 이때 대부분의 재산반환 요구자는 소송을 제기했는데, 소송 절차에서 대부분은 어떤 지도를 필요로 했다. 시라큐스의 코락스는 이 기회를 포착해 화법 선생으로 활약했다. 코락스는 스스로 직업적인 조언을 제공했고, 효과적인 언어 기법의 원리를 체계화한 최초의 인물이다. 코락스는 화법 교재도 저술하고, 말할 내용을 정리하는 아이디어도 발전시켰으며, 웅변의 동기 부여 방법을 비롯해 전개와 토론 그리고 결론으로 이끌어 가는 방법 등도 구체적으로 제시했다. 또 코락스는 연사가 갖춰야 할 것을 갖추지 못하고도 청중을 설득시키는 방법을 제시했으며, 타당한 결론을 끌어내기 힘드는 경우 임기응변으로 대치할 수 있다고 했다. 그리고 이 같은 개연성에 대한 관념은 고대 그리스인에게 큰 무기가 되었고, 오늘날에 와서도 이 개연성은 청중을 설득시키는 일반적인 방법이 되었다.

코락스의 제자인 시실리의 티시아스(Tisias)는 수사학의 중요성을 인정했으며, 코락스의 언어 기법에 대한 견해를 전반적으로 발전시켰다. "개연성과 논쟁의 명백한 관계에 전적인 기초를 두는 논증에서 유리된 스피치를 평가하기는 매우 곤란한 일이다. 연사는 스피치의 주제와 언어, 음성, 그리고 동작 등을 조정하는 인간의 천성과 재능을 인식해야 한다. 논쟁의 무쌍한 변화는 인간이 물체 대신, 언어로 대치했을 때 일어나는 변전 바로 그것이다." 코락소와 티시아스의 주장은 현재, 모든 스피치 교재에 포함된다.

B.C. 5세기 중엽부터 약 100년 간 소피스트(Sophist) 라는 일단의 교사가 자유주의적인 교육을 실시했다. 소피스트는 학생을 일상생활에 적응하도록 교육시켰다. 소피스트는 학생으로 하여금 실사회에 나가 즉각 활용할 수 있는 내용의 교육에 주안을 두었다. 환언해, 지식을 추구하기보다 일상생활을 성공으로 이끄는 데 큰 관심을 기울였다. 따라서 소피스트 학파는 진리와 지혜를 가르치는 철학자와 점점 유리돼 나갔다. 특히 그리스에서 유능한 의사표현 능력이 사회생활을 성공으로 이끄는 중요한 수단이기 때문에 소피스트는 수사학과 언어 기법을 교육하는 입장에서 큰 역할을 다했다. 그리고 언어 기법을 교육하는 많은 학교가 설립됐고, 당시에 언변에 능한 인물이 많이 배출됐다. 한편, 언어 기법을 교육하는 웅변학교의 평가 기준도 능변가의 배출 다소에 두었다. 일반 시민은 많은 소송 사건을 이들 능변가에게 부탁하고, 소송의 변론을 부탁 받은 쪽에서 소송을 성공으로 이끌기 위해, 때로 허위 증거와 교언영색을 일삼기도 했다. 따라서 이 반향은 불미스런 결과를 초래했고, 그리스 내의 유수한 철학자들은 모든 소송을 성공으로 결부시키려고 웅변가들이 부도덕한 방법을 사용하고 있다는 이유로 수사학 교육 내지 웅변교육을 반대하기에 이르렀다.

플라톤(Platon)도 당시의 수사학이 내포하고 있는 기만성과 천박한 지식에 수반하는 결함을 통렬히 비난했다. 플라톤은 저서 『Gorgias』와 『Phaedrus』그리고 『Republic』 등을 통해, 수사학에 대한 비판적인 견해를 표명했으며, 언어 기법이 사회생활상 절대적 방편이라고 소피스트 학파가 주장한 데 반하여, 플라톤은 화법 교육을 성공으로 이끌려면 도덕적인 면을 떠나서 안 된다고 밝혀 언어 기법상의 윤리 도덕면을 크게 강조했다. B.C. 5세기 경, 언어 기법의 효과를 깨닫고 옹호한 부류가 있다. 이들이 바로 프로타고라스(Protagoras B.C. 481~411), 고르기아스(Gorgias B.C. 485~376), 그리고 이소크라테스(Isocrates B.C. 436~338)이다. 프로타고라스는 토론법의 비조로 알려진다. 프로타고라스는 최초로 소피스트란 호칭을 받았고, 또 최초로 보수를 받고 언어 기법을 가르쳤다. 그가 끼친 업적은 남아 있지 않으나, 플라톤의 대화 중에 약간 전한다. 프로타고라스는 언어 기법의 명확한 타입과 또 철학 원리를 화법에 포함하고 있으며, 언어 기법은 사회인의 자격 여건의 하나임을 주장했다.

고르기아스는 소피스트라고 호칭 받기를 탐탁치 않게 생각했으나, 교사이면 누구나 소피스트라고 불리던 당시의 형편으로 고르기아스도 이를 피할 도리는 없다. 그는 자신을 수사학자로 호칭해 주기를 희망했다. 고르기아스는 시실리의 레온티니(Leontini)에 거주하다, B.C. 427년 아테네로 이주 정착하면서 교사 생활을 시작했다. 아테네에 정착한 고르기아스는 시대적 조류로 보아, 자기의 지식이 비교적 앞선 것을 알았다. 후에, 오랜 경험을 토대로 수사학과 웅변의 원리를 잘 정리했다. 그러나 가장 흥미를 가진 분야는 언어 계통이다. 문체는 품위가 있으며, 어휘의 구사도 무궁무진하다. 때로 피상적이라는 비난까지 받는다. 일부의 학설에 따르면, 고르기아스의 웅변은 내용이 없다고 하나 시실리에서 아테네로 수사학을 가져왔으며, 단어와 문장을 교묘히 다룬 사실만은 인정받는다.

이소크라테스(Isocrates)는 그리스의 화법 교사다. 그러나 자신은 토크를 능숙하게 하지 못했다. 키케로(Cicero)에 의해 웅변의 아버지라고 불리운다. 젭(R. C. Jebb)은 이소크라테스의 수사학 교수 방법이 아리스토텔레스보다 위대한 것으로 믿는다. 이소크라테스는 오래도록, 그리스에 큰 영향을 미쳤다. 학교를 설립해 당시 그리스의 사교계에 유능한 인재를 많이 배출했고, 이소크라테스는 언어 기법을 대국적인 견지에서 볼 때, 문화의 일부로 간주한다고 했으며, 화법교육은 두 부면에 주안을 두고 치중했다.

하나는 수사학적인 면이요, 또 하나는 그리스의 시민이 되기 위한 훈련이다. 이소크라테스도 소피스트이며, 보수를 받고 연설문을 써 준 것은 사실이나, 후세를 교육하는 데 큰 관심을 기울였다. 분명히 동시대의 다른 소피스트보다 기법적인 측면에서 한층 앞선다. 피교육자의 개인차 원리를 견지하면서, 교육에 임했기 때문에 연사에게 적용할 수 있는 스피치의 원리 탐색에 크게 부심했다. 오늘날, 스피치 학계에서 관심의 초점은 소피스트 학파의 연구다. 소피스트 학파는 언어 기법의 습득을 소개했으며 또 이를 강조했다. 교육의 목적을 유능한 시민의 인격 형성에 두었으나, 보수를 받고 소송에서 반드시 승소할 수 있는 언어 기법을 일반 시민에 가르쳤기 때문에 비난을 모면할 길 없다. 그러나 시대 조류에 따라, 점차 사건을 승소로 이끄는 방법에 있어서도 도덕적이고 부도덕적인 것을 구별하게 되었다. 그리고 소피스트 학파가 화법을 교육의 일면으로 포함시킨 것은 의심할 바 없기 때문에, 화법 교육사에서 소피스트 학파의 공헌이 결코 과소 평가될 수 없다.

프로타고라스와 고르기아스 그리고 이소크라테스는 토론의 기초를 비롯해 수사학적 능력과 민주적 정치인과의 유대를 강조한다. 화법이 인간 생활에 있어 이같이 중요하고, 세계적인 발전을 하고 있기 때문에, 학계 일부에서 화법은 교육해야 하기보다 차라리 전승해야 한다고 믿는다. "말은 누구나 한다", "말이란 천부의 것이다", "누구나 직관적으로 말하는 법을 알고 있다"는 표현은 빈번히 들을 수 있다. 대체로 화법 내지 언어 기법이란 원리만 적용하면 습득이 용이하고 개선의 여지가 있음도 일반적으로 수긍된다.

B.C. 4, 5세기의 화법 교사가 이룩해 놓은 가장 큰 공헌은 웅변도 배워야 한다고 주장한 것이다. 언어 기법이 전승되는 능력은 아니라고 주장한다. 그리고 실제적으로 청중에 적응해 나가는 데 어느 정도 효과적인 원리가 있다고 주장한다. B.C. 4, 5세기경 아티카(Attica)지방에 열 명의 웅변가가 있었다. 화법 교육과 언어 기법에 대한 원리에 대체적으로 의견의 일치를 보기 때문에, 열 사람의 아틱 웅변가라는 호칭을 받는다. 다같이 기법보다 웅변의 내용을 중시해 첫째, 사상 둘째, 언어라 하여 언어에 포함된 어떤 사상보다 언어 자체에 비중을 두어 온, 종래의 견해는 쇠퇴한다. 한편, 청중에 따른 언어 기법이 필요한 점과, 연사나 청중 그리고 정황에 적응하는 웅변체를 구사할 것을 주장한다. 또 웅변과 변론과의 차이를 규명한다. 아티카 웅변가는 안티폰(Antiphon), 리시아스(Lysias),

안도키데스(Andocides), 디나쿠스(Deinarchus), 이사에우스(Isaeus), 리쿠루구스(Lycurgus), 하이페리데스(Hyperides), 아이스키네스(Aeschines), 데모스테네스(Demosthenes) 그리고 이소크레테스(Isocrates) 등이다.

이 중에서, 이소크라테스와 데모스테네스의 이름은 가장 친숙하다. 이소크라테스는 물론, 데모스테네스도 화법 교육에 공헌한 큰 인물이다. 데모스테네스는 효과적인 스피치를 통해 아테네와 그리스의 국리민복을 위해 국민생활을 보다 나은 방향으로 이끄는 방법 등을 제시했다. 이것이 그의 특징이다. 그밖의 다른 아티카 웅변가도 모두 직업적인 화법 교사로서 화법 교육의 기초를 닦은 것이다.

1948년 돈센(Thonssen)과 베어드(Baird)는 아리스토텔레스에 관해 기록을 남겼다.

사실 아리스토텔레스는 당대까지의 화법 교육상, 중요한 요소를 조직적으로 망라해 체계적으로 집대성했다. 아리스토텔레스의 논거가 높이 평가되는 것은 의심할 바 없이, 일상생활의 경험과 사상의 단편적인 관련의 결과라 하겠다. 아리스토텔레스는 16세 때, 당시 학술원장인 61세의 플라톤 밑에서 20년 간 사사했고, 후에 학술원 교사로 봉직했다. 플라톤이 작고한 뒤 몇몇 동료와 함께 아리스토텔레스는 어써스(Assus)에 학교를 설립했다. 마케도니아 필립왕의 초청을 받은 아리스토텔레스는 펠라(Pella)로 가, 어린 알렉산더의 교사로서 7년 간 체류했다. 아리스토텔레스는 당시 그곳에 逍遙學派로 알려지게 된 자신의 학교를 세웠다. 학교의 조직은 오늘의 대학과 유사한 것으로, 건물과 이에 따른 시설물이 구비돼 있으며, 전공과목도 여럿이 있다. 다만 여기서 교사와 학생이 정원을 소요하며 여러 문제를 토의하는 관례가 이채롭다. 末年에, 아리스토텔레스는 라이시엄(Lyceum)에서 저서인 『Rhetoric』의 대부분을 강론했다. 이 수사학은 모두 3권으로 나뉘어 있으며, 제1권은 연사에 관한 것이고, 제2권은 청중에 관한 것, 그리고 제3권은 언어 기법에 관한 것이다. 오늘날 대부분의 스피치 학자들은 아리스토텔레스의 이 저술이 화법 학설에 크게 공헌한 것으로 간주한다. 그가 언급한 청중을 조정하는 법도 화법교육면에 큰 영향을 끼쳤다. 청중 없는 스피치는 무용하다고 했으며, 청중으로부터 기대되는 반응을 얻기 위해 연사 자신이 그의 능력을 알아야 하고, 상대방 청중을 이해해야 할 것이며, 또 청중을 감동시키는 방법이나 스피치 내용의 구성법 등을 알고 있어야 한다고 했고, 연사와 화법 그리고 청중의 호흡이 일치해야 한다고 천명했다.

청중은 연사의 인격에서 감명을 받으며, 또 연사가 환기시키는 감정 그리고 스피치의 이론에 의해 좌우된다. 명연사가 되려면 대중을 움직일 수 있는 여러 증거를 잘 활용할 줄 알아야 한다. 아리스토텔레스는 인간이 감정적 동물인 동시에 이론적 동물임을 깨닫고, 감정을 지배할 수 있는 상세한 방법을 가르쳐 준다. 아리스토텔레스는 연사가 청중의 인간성을 변화하려 하지 말고, 인간성을 조정하려고 노력하라고 주장했다. 연사와 청중의 상관관계에서 아리스토텔레스는 인간성에 관한 과학적인 연구를 했다. 아리스토텔레스는 이와 같이 화법교육에 광범한 이해를 가졌다. 다른 화법 교사는 스피치가 청중을 기만하는 단순한 "트릭의 주머니"라는 견해를 가진 일도 있으나 주도 면밀한 각 방면의 조사와 건전한 주제, 이론이 정연한 지식, 청중의 심리 파악 등이 보다 효과적인 스피치를 할 수 있는 기초가 된다고 주장했다.

아리스토텔레스와 동시대에, 정반대의 이론 전개가 있다. 그들은 냉철하고 이론적인 논쟁을 전개해야 언제나 진리에 도달할 수 있다고 생각하고, 스피치는 삼단논법에 의해서만 형성되는 줄 알았다. 그러나 아리스토텔레스는 청중 앞에서의 논쟁이 삼단논법의 형태를 취하는 경우가 드물다는 사실을 보인다. 아리스토텔레스는 행정부는 신중성 있는 스피치를, 법정은 변론적인 스피치를, 그리고 의식은 의례적인 스피치를 함으로써 스피치의 형태도 대상인 청중에 따라서 좌우되는 특성을 갖는다고 지적한다.

이같이 아리스토텔레스는 수사학이 이론적이면서 수사학 자체의 독특한 특성과 필요한 성격을 구비하고 있음을 명백히 했다. 스피치에 관한 저술인 수사학 제3권에서, 아리스토텔레스는 스피치의 구성과 언어 그리고 전달 표현 방식에 중점을 둔다. 아리스토텔레스는 문장 표현어와 구두 표현어를 각기 구분하고, 스피치 표현에서의 음성과 제스처에 동일한 비중을 둔다. 오늘날에 와서도 빈번히 그의 저술이 대학 교재로 선택되는 경우가 있다. 이것은 스피치의 효과를 올리는 데 필요한 이론과 원리가 포함돼 있기 때문이다.

아리스토텔레스는 스피치 학술을 체계있게 이해했으나, 자신은 명 연사가 되지 못했다. 또 아리스토텔레스는 이소크라테스만큼 웅변가를 배출시키지 못했다. 대부분의 스피치 학자는 아리스토텔레스의 시대가 스피치를 발전시키기에 적절한 시기가 아님을 지적한다. 스피치를 실제로 즉시 활용할 수 있게 화법 교육에 임하기보다 스피치에 대한 깊은 원리를 발견하는 데 아리스토텔레스는 업적을 남긴 것이다.

3) 로마의 화법교육

학설을 이해하면, 실제적으로 응용해 보는 것이 언어 기법 발전의 일반 정칙이다. 이 같은 실례는 아리스토텔레스 200년 후에, 로마에서 발견할 수 있다. 당시의 로마인은 매우 실제적이다. 로마의 웅변가 Cicero는 스스로 언어 기법의 절실한 필요를 느꼈으며 언어 기법을 실생활에 즉각 활용할 수 있게 교육했다. 키케로는 유명한 웅변가요, 수사학자를 대표하는 제1인자이다. 키케로는 기존의 화법 학술에 깊이 집착하지 못한 것 같으나 화법에 관해 동시대인이 이해하고 납득하고 있던 화법이론을 체계 세웠다. 특히 키케로는 소피스트 학파의 교사와 연사가 행한 비평에 많은 관심을 경주했고, 빈약한 주제를 통해서도 효과적인 스피치 실연을 할 수 있는데, 여기에 어떤 기초가 있는 것이라고 역설했다. 또 키케로는 수사학을 비판했던 플라톤 학파의 철인을 존경했다. 키케로가 플라톤 학파의 철인과 적어도 스피치에 관한 한 의견에 일맥 상통하는 점이 있기 때문이다.

논문 "De Oratore"에서 일반적인 교양교육이 효과적인 스피치를 하는 데 불가결한 것이라고 주장한다. 키케로의 사상은 크래써스(Crassus)나 다른 비평가의 견해와 동일하고, 안토니우스(Antonius)와 6명의 군소 인물을 옹호한다. 크래써스는 연사가 전반적 지식이 있어야 하며 어느 때 어느 문제에 관해서도 언급할 수 있는 능력을 갖춰야 한다고 주장한다. 이 같은 키케로의 주장을 안토니우스는 매우 이상적인 것이라고 긍정하면서, 지식이 부족한 연사는 언어 기법이나 음성 또는 제스처 등 스피치의 다른 요소를 훌륭히 구비하는 것으로써 연사의 약점을 은폐할 수 있다고 지적한다.

현재도 스피치 학계에서 부적절한 주제, 비효과적인 언어 기법 및 제스처 등에 관한 문제에 직면하는데, 키케로가 제시한 논법은 아직도 널리 인용된다. 모든 스피치를 5단계 과정으로 분류하는 방법을 키케로가 창안한 것이라고 할 수 없으나, 이 방면에 키케로는 명백한 이론을 정립해 놓았다. 키케로에 의하면, 다음 5단계가 어느 종류의 스피치를 준비하는데도 필요한 것이라고 하였다.

조사 — 구성 — 언어 — 기억 — 전달

기억을 제외하면 이 방법은 B.C. 100년이나 현재나 동일하다. 키케로가 분류한 구성을 세부적으로 보면 서론, 주제의 진상, 사실의 증명, 그리고 결론 등으로 분류된다. 이 같은 분류는 멀리 그리스의 이소크라테스와 웅변가로부터 기원을 찾는다. 키케로는 그것을 좀더 구체적으로 서술했다. 요컨대, 아리스토텔레스가 그리스를 위해 해 놓은 것을 키케로는 로마를 위해 해 논 셈이다. 여기 특기할 점은 키케로의 업적이 학술적이기보다 실생활적인 면에 더 치우쳐 있다는 점이다.

이후 A.D. 1세기 경, 로마에서 정부의 통치가 확대됨에 따라, 스피치 교육의 필요성이 다소 감소된다. 이 같은 현실에서 퀸틸리안(Quintilian)이라는 저자가 나타나 그리스의 전통을 깊이 이해하고, 화법 교육에 대한 기존 학설을 재현하려고 노력한다 『Institutio Oratoria』라는 저서는 화법 교사가 참고할 화법 교재이다.

퀸틸리안은 A.D. 45년에 스페인에서 출생했다. 부친은 로마에서 연구한 수사학자이다. 이때문에 퀸틸리안은 로마로 이주하게 된다. 학업을 마친 다음, 스페인으로 갔으나 수사학을 지도해 달라는 초청을 받고 로마로 되돌아온다. 공립학교 최초의 수사학 교사가 되고, 20년 간이나 계속해서 교육에 임한다. 문하에는 플리니(Pliny)를 비롯한 당대의 유명한 인물이 많다. 은퇴 후에도 서기 95년 경에 전기한 『Institutio Oratoria』를 저술했다. 화법 교육 방법에 관한 많은 저서 중에서 가장 유명한 저서에 퀸틸리안은 그리스 및 로마의 모든 이론을 최대한으로 기술했다. 목표는 완전무결한 웅변가를 양성할 수 있도록 화법 교사를 돕는 것이다. 그리고 일반 교육자로서 또 화법 교육자로서 생애를 보낸 것이다.

모든 타입의 주제에 관해 교육시킨 아리스토텔레스와 키케로의 장점을 퀸틸리안은 특히 강조했으나 일반적이고 자주적인 교육 배경으로 그 개념을 확대시켰다. 퀸틸리안은 유년 시절의 교육을 중시해 유아교사와 부모를 먼저 교육시키자고 주장했다. 어린이는 나면서부터 언어 교육을 받아야 한다고 주장했고, 어린이가 학습해서 안될 언어를 어려서부터 습관 들이지 않도록 해야 한다고 주장했다. 퀸틸리안은 다방면의 지식을 집중시키자는 데 동조하고, 따라서 모든 주제에 관련이 있는 지식은 물론, 다른 분야의 지식도 함께 습득하고 있어야 청중에게 무엇이든 납득시킬 수 있다고 믿었다. 이 같은 기도의 하나로, 퀸틸리안은 학교 내에서도 모든 분야의 지식을 가르치려고 노력했을 뿐 아니라, 교육에 활용하기 위해 학교 외부의 사회로 진출했다.

퀸틸리안은 개인의 능력과 개인이 필요로 하는 특성을 지적하고, 각 개인은 자기 능력과 소질을 최대로 활용할 수 있는 상태에서 교육받아야 할 것이라고 했다. 따라서 개인차의 원리는 그의 교육 이념에서 중요한 위치를 차지한다. 이에 기초를 두면 실용성 있고 친절하며 이해성 있는 인물이 적절한 특질을 갖춘 훌륭한 화법 교사라는 데 대체적으로 의견의 일치를 보게 된다. 화법 교육은 그만큼 개인적이기 때문에 학생의 개성을 충분히 고려할 수 있는 교사만이 교육을 성공으로 이끌 수 있다고 했다. 퀸틸리안은 저서를 통해 이상적인 화법교육자임을 드러내 보인다. 직접적인 지도를 통하여 언어 기법을 개선하는 것에 찬성했고, 언어, 음성, 발음, 제스처 등을 중시하는 반면에, 화법, 독서력, 웅변, 토론, 논쟁 그 밖의 일상 대화 등도 문제의 초점으로 삼는다. 동시에, 이 방면의 연구를 깊이 있게 함으로써 화법 교육의 기초를 닦았다. 퀸틸리안의 화법 교육 방법은 고도의 도덕적 기준에 입각한 것이기 때문에 크게 존중받는다. 그가 규정한 연사의 제1조건은 언어 기법의 손질만 아니라, 고매한 인격도 함께 겸비해야 한다는 것이다. 완전 무결한 연사를 퀸틸리안은 다음과 같이 정의 짓는다.

"효과적인 언어기법에 익숙한 동시에 진실한 인간이어야 한다."

당대까지의 화법 교육의 역사를 통해 화법 교육의 유형과 범위 그리고 유능한 연사를 필요로 하는 시대적 요구와의 사이에 직접적인 관련이 있다. 퀸틸리안과 동시대인은 토론이나 공식 연설을 할 기회가 거의 없었다. 투표권도 없고, 행정에 참여할 권한마저 없었다. 다만 사적인 토론, 법정 변론, 일반 대화 등에서 실제의 연설 기회를 가질 수 있을 뿐이었다. 그러나 퀸틸리안이 가르친 학교에서 기념사를 비롯해 환영사, 송사, 축사, 吊辭, 찬사 등의 연설에 큰 관심을 집중했다.

한편, 퀸틸리안은 언어 기법을 실제적으로 활용할 수 있는 한 방도로 웅변 대회 같은 행사를 거행함으로써 토론적이고 변론적인 웅변에 대한 흥미와 관심을 재현하려 노력했다. 그러나 이 같은 姑息的인 방법으로 웅변을 고조시킬 수 없었다. 우렁찬 음성, 감정적인 호소, 우아한 제스처 그리고 유창한 언어를 사용하도록 웅변은 요구하나, 종종 사상적인 면이 무시된다.

퀸틸리안은 이소크라테스, 아리스토텔레스, 그리고 키케로 등의 이상을 시인하나, 근본적인 목표는 유능한 시민이 되지 못하면, 교육은 실패라고 보는 것이 그의 신념이었다. 그의 화법 교육에 대한 진보적인 견해는 이

전의 저명한 사상가가 공헌한 것보다 일층 중요한 것이다. 일반 교양교육에 중점을 두고 습관 형성을 중시했으며, 시만 생활의 기초가 되는 언어 기법 다음에 효과적인 연설의 본질이 될 고매한 인격 형성이 화법 교육에 따른 진보적인 견해라 하였다.

이 점으로 미루어 볼 때, 퀸틸리안은 지금까지 알려진 어떤 화법 교사보다 위대함을 窺知할 수 있다. 퀸틸리아누스의 영어명이 퀸틸리안이다.

퀸틸리안 이후 A.D. 1500년까지, 화법 교육의 관심은 주로 남부와 서부 유럽에서 수도원의 신부에 의해 겨우 명맥을 유지한다. 성 어거스틴(Augustine)의 저서 『On Christine Doctrine』에는 아동 교육이 중심으로 서술되고 있다. 뿥어거스틴은 키케로나, 퀸틸리안, 그밖의 그리스의 여러 학자의 방법을 재현하려 했고, 허식적이고 인위적인 소위 소피스트 학설을 외면했다. 어거스틴은 스피치의 어투를 체득치 못하고 스피치를 하는 학생은 언어 기법을 경시하고, 스피치의 내용을 중시하는 경향이 있을 것이라고 확신하고, 독서법을 화법 교육에 도입했으며, 성서를 효과적으로 읽기 위해 독서법이 필요하다고 확신했다.

4) 영국의 화법교육

영국에서 발달한 언어 교육의 전문 분야는 어휘와 문장 그리고 문장 수식의 연구로 국한된다. 16, 17세기, 10여종에 달하는 영국의 교재는 수사학이란 언어를 적절하게 구사하고, 스피치 수식을 풍부하게 하는 사상의 장식 기술로 취급 출판했다. 오늘날, 리처드 쉐리(Richard Sherry)가 1550년에 간행한 『Treatise of Schemes and Tropes』나, 혹은 헨리 피참(Henry Peacham)이 1573년에 출간한 『Garden of Eloquence』를 볼 때, 언어 기법이 청중의 행동을 조정하는 실용성 있는 것이라는 사실을 망각하고 있는 듯하다. 수사학에 대한 편견을 가진 교육의 결과는 불만스런 점이 많다. 마침내 1667년, 학자의 집회인 런던 왕실학회는 이 같은 유형의 교육을 맹렬히 비난하기에 이르렀다.

17세기, 또 다른 집단의 영국 학자들은 영국 교육에서 연설투에 대한 주의가 미약하다는 데 관심을 집중했다. 그들은 음성과 발음 그리고 신체 동작에 관한 저술을 남겼다.

> 1917년, 로버트 로빈슨(Robert Robinson)의 *Art of Pronunciation*
> 1644년, 존 비시버(John Bishver)의 *Chirologia and Chironomia*
> 1806년, 길버트 어스틴(Gilbert Austin)의 *Chironomia*
> 1872년, 앨버트 베이컨(Albert bacon)의 *Manual of Gesture*

이후에 영국에서 연설투가 중요하다는 연설 운동이 일어나고, 연설의 개념도 점차 공식석상에서의 스피치 자체와 동시에, 신체 동작 그리고 독서력까지 포함시킨다. 운동의 주도적인 역할은 존 워커(John Walker), 토마스 쉐러던(Thomas Sheridan), 제임스 버러(James Burgh), 조슈아 스틸(Joshua Steele) 등이 담당했다. 이들은 그 운동을 elocution이라 불렀다. 그리고 18, 19세기의 웅변 운동은 영국과 미국의 화법 교육에 큰 영향을 미친다. 고대 수사학에서 웅변이란 용어가 포용하는 의미는 언어 스타일 연구이지만, 18세기 영국에서는 연설투 Speech delivery의 연구다. 모든 스피치 학자가 한결같이, 연설투 연구에 견해를 같이 한 것은 아니다. 쉐러던과 워커는 연설투 연구에서 서로 다른 방법을 제시했다. 쉐러던은 지역적인 방법을 옹호한 데 비해, 워커는 인위적인 방법을 주장한다. 쉐러던은 연설할 때, 인위적이고 가식적인 태도를 경계하는 동시에 참된 진실성과 자연 그대로의 것을 찬양한다. 한편, 워커는 발음과 억양, 자세, 강조점, 다양성 등에 대한 체계를 확립했다. 19세기에, 이 두 주장이 모두 상당한 지지를 획득했다.

그러나 19세기 말엽에 모든 웅변 운동이 부자연스럽고 허위적인 것을 조장한다고 비난받는다. 영국과 미국의 화법 교사는 광범위한 독서력과 제스처 및 공식 연설 등을 교육했으며, 어느 정도 과학적인 토대 위에서 화법 연구를 시도한다. 이들의 업적은 현대 화법 교육의 발전에 크게 기여했다. 화법 교육에서 전문적인 관심의 진전으로 영국에서 교육의 일부로 취급하던 수사학이 완전히 자취를 감춘 것이라 볼 수 없다.

1530년, 레오나드 콕스(Leonard Cox)가 『Arte and Crafte of Rhetoryke』를 출판했는데, 그리스와 로마 수사학의 이상이 여기 기록돼 있다. 또 1553년, 토마스 윌슨(Thomas Wilson)은 보다 완벽한 저술을 남겼다. 『Art of Rhetorique』는 아리스토텔레스, 키케로, 퀸틸리안이 취급했던 것과 동일한 내용을 포함한다. 윌슨의 저서는 대중적이고, 30년 간에 8판을 발행했다.

17세기 프란시스 베이컨(Francis Bacon)은 수사학에 대한 광범위한 연구로 아리스토텔레스의 사상을 대부분 소생시켰다. 그리고 수사학 학설에 근본적으로 기여했다. 베이컨은 청중의 중요성을 강조하고, 일상 생활에서 대화의 중요성도 인정했다.

1776년, 조지 캠벨(George Campbell)의 『The Philosophy of Rhetoric』이 출간됐다. 이것은 언어 기법의 목적을 저자의 심리학적인 용어로 흥미있게 분류해 놓은 것이다. 그는 인간의 심리는 지식이나 감정으로 분리되고, 스피치의 목적은 연사가 청중의 지식이나 감정에 호소하려고 결심하는 데 따라 정해진다고 했다.

1783년, 에딘버러(Edinburgh)대학의 수사학 교수 휴 블래어(Hugh Blair)는 수사학 강의를 발간했는데, 이 책은 후에 영국과 미국에서 널리 읽혔다. 블래어 교수는 실례와 개념을 이소크라테스, 리시아스, 데모스테네스, 혹은 키케로 등 그리스와 로마 시대의 권위자에게서 직접 인용해 놓았다. 그는 저서를 통해 스피치만이 아니라 문학 비평도 서술했다. 따라서 영국 문학의 비조로 일컬어지기도 한다.

1829년 출판된 리처드 위틀리(Richard Whately)의 저서 수사학은 가장 중요한 영국의 교과서로, 아리스토텔레스, 키케로, 퀸틸리안이 확립한 수사학의 정의에 가장 접근한 것이다. 대주교이기도 한 그는 도덕적인 증거와 신념의 법칙을 분석하려 노력했다. 개연성이라든가 예증, 추측, 오류 등을 포함하는 논쟁에서 각각의 개념을 밝혀 놓았다. 효과적인 스피치란 가장 도덕적인 것으로 간주하고, 수사학의 단련을 쌓으면 누구나 다 훌륭한 연사가 될 수 있음을 강조한다. 그리고 수사학적인 단련이 쌓여 있는 사람은 허위의 함정에도 빠지지 않는다고 확신했다.

언어 기법의 교육방법을 역사를 통해 쉽게 관측할 수 있으나, 16~20세기에 걸친 영국의 수사학 교사는 경험을 통해 당대의 언어 기법을 성실하게 교육한 것이다. 적어도 몇몇 화법교사는 영국 화법 교육의 경험에 비추어, 언어 기법을 복잡한 인간 활동으로 간주하는 것을 경계한다.

화법 교육은 반드시 전인 교육과 밀접한 관계를 갖고 있어야 하며, 언어와 주제를 찾고, 이를 조직하는 기법 등도 포함해야 한다. 연설체나 연설투 등 좁은 면의 스피치 관념에만 사로잡힌 화법 교사는 스피치란 실생활에 파고드는 기초적인 방편이란 사실을 잊고, 또 스피치는 인간을 유능한 연사로 성장케 한다는 사실도 종종 잊는다.

5) 미국의 화법교육

이집트를 출발 기점으로, 그리스, 로마, 유럽 그리고 영국을 거쳐 화법 교육이 드디어 미국으로 들어간다.

1636년, 하버드 대학이 주로 정부 관료와 법률가 양성을 위해 설립되고, 당시 화법도 커리큘럼의 일부로 포함됐다. 이때 화법 교육은 웅변과 공식 연설에 중점을 두고, 대부분의 교육 내용은 고어로 기술된 연설문 및 선언문을 암기하는 것이다. 교육 계획안도 전적으로 영국에서 도입한 것이고 교재와 참고 서적이 모두 영국 것이다.

그러나 1680~1800년 사이에 교육적인 연극에 대한 관심이 크게 대두된다. 이것은 미국 대학에서의 과감한 혁신이다. 대학의 후원을 얻은 최초의 연극이 1680년, 하버드 대학에서 상연되고, 1690년에 Gustavus Vasa의 공연이 있었다. 그리고 1758년 이후에 하버드 대학에서 정기적으로 연극이 공연됐다.

1760년, 프린스톤(Princeton)대학에서 ode to peace란 대화극을 공연했고, 1799년, 트랜실배이니아(Transylvania)대학생들이 The Busy Body, Love a la Mode를 공연했다.

미국의 화법 교육에 연극까지 포함됐다는 사실은 미국의 화법 교육사에 있어 화법이 학문적인 인정을 받았다는 증거로 입증된다. 화법에서 웅변과 수사학에 우선 학술적인 인정이 주어진 것이다.

18세기 윌리엄 앤 매어리(William and Mary), 프린스톤(Princeton), 펜실배이니아(Pennsylvania)대학 등에서 수사학을 커리큘럼의 일부로 포함 시켰다. 윌리엄 앤 매어리 대학에서 1729년에 출판한 커리큘럼에 일부로 포함돼 있다. 수사학과 화법에 대한 관심은 계속 확장해 나갔으며, 그후 50년 간 웅변 발표의 기록이 전한다.

1753년, 펜실배이니아 대학에서 웅변교수를 임명하고, 동년에 프린스톤 대학에서 커리큘럼에 수사학을 포함했다. 이 같은 기록은 모두 화법교육에 대한 관심이 광범위하게 파급했다는 사실을 입증한다. 18세기에 들어와서 화법이 커리큘럼에 포함된 것은 화법 교육의 현저한 발전을 의미한다.

1760년, 프린스톤 대학에서 대학 2년생 전원에게 수사학 이수를 요청하고, 1764년, 졸업반 학생은 모두 공식 연설이 필수 과목으로 부과됐다. 이 같은 경향은 화법 교육의 일반적인 필요성이 인정된 증거이다. 동년, 하버드 대학에서 졸업반 학생에게 논리학, 1년생에게 수사학과 화법을 새로운 강좌로 설정했다.

이 같은 사실은 시대적인 요청으로 간주한다. 18세기 미국에서 화법에 관한 교재가 처음으로 출판되었다. 버러(Burgh)의 『Art of Speaking』이 처음 나왔고, 1791년에 캘립 빙험(Caleb Bingham)의 『Columbian Orator』가 나왔다. 미국인은 미국 특유의 연설 문제를 인식하기 시작하고 이에 대해 여러 시도가 다양하게 나타난다.

1780년, 윌리엄 앤 매어리 대학에서 모의 재판을 개최했는데, 이 행사를 계기로 일상의 언어 기법과 대학의 화법 교육과의 사이에 많은 관련성이 제기 되었다. 이와 함께 19세기에 들어와 화법이 더욱 새롭게 확대 인식되었다.

1866년 브라운(Brown)대학에서 연극부를 창설했고, 1876년, 삼각 연극 클럽이 프린스톤 대학 내에 조직 됐다. 그 후 언어 기법과 화법 교육에 관한 저서가 미국인 저자에 의해 많이 출간 됐다. 미국의 화법 교육은 어디까지나 미국인에 의해 미국인을 위해 발전되지 않으면 안 되었다. 이것은 1805년에 비롯한 미국의 19세기 화법교육에 관한 저서 출판이 입증해 준다.

Lectures, by John Adams(1805)

The American Orator, by Increase Cook(1812)

The Analysis of Vocal Inflection, by Ebenezer Porter(1824)

The Philosophy of the Human Voice, by James Rush(1827)

The Elocutionist, by Jonathan Porter(1829)

The Rhetorical Reader, by Ebenezer Porter(1843)

Practical Elocution, by Andrew Comstock(1837)

The Art of Reading and Speaking, by James Fleming(1896)

앞의 문헌 중에 제임스 러슈의 음성의 원리보다 중요한 것은 없다. 이 것이 미국 화법 교육의 과학적 방법의 기초를 세운 것이다. 언어 기법의 여러 중요 부분 중에 가장 현저한 개인적 차이를 다루고 있다. 개인의 언어 기법이 개인의 특수한 신체적 여건에 달려 있다는 개념은 진취적인 이론이다.

화법 교사는 학생을 시험하고, 또 학생의 선천적인 소질과 환경을 관찰하고, 이 같은 모든 자료를 토대로 유능한 연사로 교육할 것을 시도해야 한다.

이 같은 견지에서 보면, 음색의 종류는 인간의 성대 구조에 따라 다르며 발음은 구강의 형상에 달렸으며, 제스처는 전체적인 몸의 균형에 의해 결정되고, 언어와 주제는 환경과 경험에 의해 결정됨을 알 수 있다.

2. 스피치 평가의 제설

효과적인 스피치란 어떤 것인가? 어떤 기준으로 판단하는가? 스피치가 생활의 방편으로 개인, 사회, 교육에 영향을 미친다면, 우리는 큰 관심을 갖고 이를 연구 검토해야 한다. 당면 문제의 해답은 이 방면의 연구를 위한 이정표를 제공할 것이다. 이 문제는 교육사에서 크게 논의되고 있다. 해답은 고대에서 발상, 현재까지 존속해 온다. 해답은 당시와 같이 현재도 당면 문제로 간주되고 있다. 각 해답은 기본적인 것이고 각기 동일하지 않다.

대통령 선거는 여야의 두 후보와 지원 연사가 많은 횟수의 연설을 하도록 한다. 기백만의 유권자가 선거 연설을 듣는다. 막대한 정력과 경비와 시간이 중요한 토론에 투입된다. 여기에 참여하는 인사는 연사로서 얼마나 유능한가? 어느 유형이 보다 효과적인가? 이유는 무엇인가? 이 같은 일련의 질문은 타당하고 유용한 것이다. 이 질문은 바로 스피치 교육상 빈번하게 논의되는 문제이다. 스피치 실연의 평가와 비평은 스피치 연구에 있어 중요한 작업의 일부이다.

한 후보는 선거에서 승리하고 다른 후보는 선거에서 패배했다고 가정할 때, 이 가정이 승리자는 패배자보다 비교적 유능한 스피커였음을 증명한 것일까? 그렇다면 이유는? 아니라면 이유는? 분명히 양 후보자의 제 일차적인 목표는 당선돼야 한다는 것이다. 한 후보는 성공했고 또 다른 후보는 실패했다. 승자는 비교적 효과적으로 말한 것이라는 사실을 결론 짓는 일 외에 다른 것은 없다. 이 같은 결론은 건전한 실용주의에 바탕을 둔다. 만약 패배자가 보다 유능한 연사였다고 하면 스피치가 성공적이고 동시에 효과적인 것이라고 시인할 수 없을 것이다. 그러나 이 문제는 또 다른 단면을 보인다.

선거유세에서 패배한 후보가 취한 입장을 열렬히 지지하는 처지에서 볼 때, 결과에 상관없이, 그 후보는 정당했다. 이때 승리했다는 단순한 이유만으로 승자가 유능한 연사이다 라고 단정하는 것이 정당한 판단이라고 수긍할 수 없다. 불건전한 주장이나 혹은 비교적 불건전한 주장을 방패로 하는 스피치가 효과적인 것이면, 스피치 실연의 평가기준은 어떤 것이어야 하는가?

공정히 볼 때, 패자가 정당했다면 비록 선거에 패배했더라도 그는 유능한 연사였다고 결론 질 수밖에 없다. 또 다른 가정을 고려한다.

결국 이 선거에서, 승리한 후보의 성실성을 완전히 확신할 수 있다. 한편, 패자와 그의 동료는 믿을 수 없다. 이때 패자가 보다 유능한 연사였다고 결론 질 수 없다. 만약 선의와 성실한 자극을 모욕하거나 외면하면, 스피치 실연의 평가기준이 되는 것은 무엇인가?

승리한 후보의 경우와, 위의 두 가정은 스피치를 감정하는 각각 다른 기준을 예증한다. 각 기준은 정당한 확신을 주려 한다. 그러나 이 판단의 어느 것도 승복된 입장을 유지할 수 없다. 각 기준에서 추리는 불완전하다. 스피치 실연의 건전한 판단을 위한 이론적 설명이 필요하다.

1) 결과설

효과적인 스피치란 어떤 것인가? 어떤 기준으로 스피치의 실연을 평가하는가? 하나의 해답은 호의적인 반응을 획득하고, 결과적으로 승리한 스피치가 효과적인 스피치라고 말할 것이다. 즉, 결과로써 스피치를 평가한다. 만약 스피치의 목적이 커뮤니케이션이면, 청자 반응의 시험 이상으로 커뮤니케이션 능력을 평가할 수 있는 길이 있을까? 유세자는 선거에서 승리했는가? 변호사는 담당 사건을 승소시켰는가? 세일즈맨은 상품과 서비스를 판매했는가? 연예인은 관객의 웃음과 박수 갈채를 받았는가? 연사는 지지자를 획득하고, 청중에게 어떤 영향을 미칠 수 있었는가?

미국 식민지에 대한 융화 정책을 위해 에드먼드 버크(Edmund Burke)는 영국의회에 청원을 냈다. 그러나 실패했다. 아돌프 히틀러(Adolf Hitler)

는 웅변으로 수백만 독일인의 정신을 매료시켰다. 소위 속임수가 승리했다. 그러면 이 같은 사실은 버크의 화법이 비효과적이고, 히틀러의 화법이 효과적이었다는 사실을 의미하는가? 어떤 수정 없이, 이 같은 결론을 추출할 수 없다.

버크는 과연 패했던가?

히틀러는 과연 승리했던가?

역사는 버크가 주장한 대부분의 사실이 정당했음을 입증하고 있다. 그리고 히틀러는 궁국적인 패배를 충분히 인식할 수 있게 생존하지 못했다.

결국 결과가 判斷尺이라는 입장을 견지하고 일시적인 결과와 궁극적인 성과와의 간극을 식별해야 한다는 입장을 견지할 것인가?

유추법은 스피치 결과로 스피치를 평가하는 본질적인 취약성을 드러낸다. 불치의 병으로 생사의 갈림길에 놓여있는 환자가 있다. 저명한 외과 의사는 절망 상태에서 최후의 수술을 위해 집도했다. 환자의 생명을 구하려는 가망 없는 한 시도로 알려진 모든 외과 기준을 망라한 수술이 완전한 의술로 시술됐다. 그러나 환자는 끝내 숨지고 말았다. 이때 의사의 수술이 불충분한 것이라고 결론지을 수 없다. 그가 할 수 있는, 혹은 그 밖의 다른 외과 의사가 할 수 있는 최선을 다했다. 여기서 의사가 감당할 수 없는 어떤 다른 요인이 작용한 것이다. 이 같은 요인이 스피치의 실연에 나타난다. 이 요인은 수사학적인 기술에 의존할 때도 있고, 혹은 그렇지 않을 때도 있다.

1932년 허버트 후버(Herbert Hoover)가 루스벨트(Roosevelt)에게 대통령 선거전에서 패배했을때, 루스벨트는 그의 처지에서 그나 또는 그 밖의 다른 사람이 할 수 있는 능숙한 선거유세로 선거전에서 승리한 것이라고 볼 수 없다. 루스벨트는 선거유세의 세객으로서 유능하지 못했음에도 불구하고 대통령으로 당선된 것이다. 이 선거전에 스피치 실연과 다른 요인이 작용했다.

당시의 미 국민은 정당하게 혹은 부당하게 후버와 공화당 정부를 비난했다.

모든 스피치 실연의 정황에서 결과에 작용하는 원인은 매우 복잡하다.

성공이나 또 그 반대의 보증으로 이 같은 요인이 충분하게 작용할 수 있다. 이 요인이 연사의 의견에 반대할 수 있고, 또 이 요인이 성공이나 실패를 비교적 용이하게 해줄 수 있다. 어느 경우 이 요인을 연사가 담당할 수 없을 때도 있다. 스피치의 목적이 비록 청중의 반응에 있다 하더라도, 소망하는 반응을 획득하지 못하는 것이 반드시 스피치가 비효과적이었다는 신호도 아니고, 또 스피치가 효과적이었다는 사실의 지적도 아니다.

평가의 기준은 더 탐색해야 한다. 결과설에 대해 가장 치명적인 사실은 우직한 부류의 사람이 결과설에서 추출하는 결론의 종류이다. 만약 히틀러가 속임수로 독일 국민을 설득하는 데 성공했다면, 허위와 왜곡이 효과적인 설득으로 인정돼야 한다. 이 같은 결론은 외양상 타당하게 보인다. 그러나 불투명한 것을 이기적으로 이용할 때, 그 결론은 위험하다. 그리고 누구나 심사숙고한 것을 언어로 표현한다.

스피치 교육사는 상당수의 궤변가와 함께, 그들에게 잘 설득 당한 청중을 동시에 밝혀 준다. 따라서 스피치 교육사는 궤변법에 굴복한 다수의 연사를 예증해 준다. 그러나 사회는 왜곡된 사실을 교정할 책임과 의무를 져야 한다.

2) 진실설

효과적인 스피치란 어떤 것인가? 어떤 기준으로 평가하는가 결과설에서 쉽게 생성된 궤변법에 대한 강력한 반응으로 진실설이 대두했다. 역사상 위대한 그리스의 철인 플라톤은 당시 궤변가에 대한 강력한 불복으로 항의를 제기한 최초의 인물이다. 스피치 학계에서 아직도 플라톤의 논쟁을 읽고 큰 영향을 받는다.

스피치를 그 결과로써 효과적으로 평가할 수 없다면, 스피치를 스피치 실연과 동시에 발생하는 진실로 측정하지 않는 이유는 무엇인가? 연사가 진실을 말할 때, 스피치는 효과적이라고 할 수 없는가? 연사가 말한 것이 진실이 아닐 때, 스피치는 비효과적이라고 결론 질 수 없는가? 이 같은 질문이 큰 수정 없이 긍정될 수 없는 이유를 지적하기 앞서, 이 같은 사실은 이미 이해되고 있어야 한다. 모든 인간이 진실을 탐색하는 것이 당연하다고 생각한다. 허위와 교언영색은 스피치에서 용납될 수 없다. 무지와 우둔한 스피치를 통해 범해진 진실의 왜곡은 언제 어느 때고 가능한 한 즉각 정정해야 한다. 그러나 이 같은 강력한 입장이 스피치와 동시에 발생하는 진실만으로 스피치를 판단해야 한다는 결론을 정당화하지 못한다.

(1) 진실은 충분조건일까?

가장 권위있고 가장 오래된 "스피치에의 도전과 회의"는 허위의 동기를 진실로 위장할 수 있다는 사실이다. 청중이 연사에 의해 그릇 인도되고, 기만당하는 경우가 확실히 있다. 그러나 일방 연사를 용납하지 않는 청중에게 진실을 나타내 보임으로써, 스피치가 청중과 연사의 관계를 밀접하게 연결시키는 데 공헌한다는 사실도 확실하다. 이것은 고차적인 목적을 가진 다수 연사의 막중한 임무이기도 하다. 진실을 지각하도록 청중을 조력해 주는 스피치에 의해 다수의 청중은 비극적인 오류를 벗어날 수 있다. 그러나 여기서 직면하는 것은 진실만이 항상 충분 조건은 아니라는 사실이다. 이슈를 혼란하게 하고 진실을 왜곡하기 위한 스피치 커뮤니케이션도 인정된다. 그러나 진실을 명백히 드러내고, 보다 효과적인 스피치 내용을 위한 스피치 커뮤니케이션이 엄존한다.

비평가는 진실을 식별한다고 가정하고 연사의 노력이 원천적으로 진실한 것으로 판단한다는 조건이 전제된다. 허위의 동기를 위장하는 비난받는 수사학의 기초를 비평가는 인지하고 또 한편, 비평가는 진실한 동기를 허위의 것으로 보는 미숙과 또 무능을 賞讚하도록 강요받는다는 이론적 현실을 용인하게 된다. 이 결론은 불가피하다.

만약 스피치가 지지받는 동기를 진위로 보아 효과적 또는 비효과적이라 판단한다면 연사의 입장이 청중에 의해 지지되지 않는 한 효과적인 스피치도 어딘가 미흡한 것으로 평가해야 한다. 그리고 다른 기준으로 다시 측정한 건전한 동기를 내포한 미숙하고 무능한 스피치는 효과적인 스피치로 평가해야 한다. — 비록 스피치가 청중을 소홀히 하면서 계속되더라도 결과는 같다.

부족한 화법도 바람직한 동기를 내포했다는 단순한 이유 때문에 부족한 화법을 상찬하도록 강요받는 비평적인 기분은 수긍하기 어렵다. 아리스토텔레스가 말한 바와 같이 "진실과 정당성은 본래 상대적인 허위와 부당성보다 일층 강하다. 필연적인 결과가 초래되지 않아도 그의 주장이 정당하다는 연사는 결과를 그의 탓으로 돌린다. 따라서, 화법의 경시는 수정을 요한다.."

엄격히 말해, 바로 이것이 문제의 핵심이다. 허위의 동기를 위장하기 위한 수사학은 이에 반대되는 수사학을 옹호할 수 없고, 반대의 경우도 이와 동일하다. 연사의 능력 한계를 벗어나 작용하는 어떤 요인이 존재하는 한 진실한 주제의 경우와 같이, 허위의 주제를 수긍시킬 수 없기 때문이다. 스피치를 주도 면밀하게 충분히 비평해야 한다면 스피치는 스피치 원리에 의해 평가해야 한다. 원리를 적용하면, 진실의 동기를 미숙하게 취급하는 수사학의 결함도 지적하는 동시에 허위의 원인에서 수사학적인 책모도 지적하게 된다.

(2) 진실의 확인

전술한 바와 같이, 진실은 항상 비평가에 의해 알려진다는 무언의 가정이 있다. 이 같은 상황에서 진실이 스피치 판단을 위한 확실한 기준을 제공하지 못한다. 이에 덧붙여, 설상가상으로 동기의 시비에 의해, 연사의 노력을 판단해야 하는 비평가로 인해, 여러 경우, 진실은 직접 확인할 수 없다. 스피치 실연 시에 항상 스피치의 정황은 다르다.

제1차 세계 대전을 수행하면서, 미국의 상원은 미국 역사상 가장 큰 토론을 전개했다. 즉, 문제의 현안은 국제 연맹가입 여부다. 당시의 상원 의원 히치콕(Gilbert M. Hitchcock), 윌리엄즈(John Sharp Williams), 그리고 윌슨 대통령의 대변인 월시(Thomas J. Walsh)를 포함한 일단의 인사가 동 연맹 가입을 열렬히 지지하고, 러지(Henry Cabot Lodge)와 보라(Willam E. Borah)에 의해 선도되는 공화당 의원들은 연맹 가입을 적극 반대했다. 65, 66차 본회의의 격론을 알리는 의회의 의사록은 연맹 가입을 위요한 지지 및 반대 연설문으로 가득 차 있다.

당시는 연맹 가입의 지지자가 토론에서 패배한 것으로 알려졌다. 미국은 국제 연맹에 가입하지 않았다. 그리고 역사는 변전, 동연맹은 완전히 자취를 감췄다.

만약 현재에 이르러, 이 중차대한 토론의 시시비비를 판가름할 때, 진실설을 채택하면, 진실을 가려내는 것은 물론 필연적이다. 그러나 진실여부를 어떻게 밝히겠는가? 미국은 연맹 가입 실패의 오류를 범했던가? 그러나 적어도 당시의 미국민은 그렇게 단정하지 않았다. 최소한 의회의 대다수 의원은 미국이 연맹 외부에 머무를 것을 희망했다. 그리고 미국 국민의 대다수도 의회 지도자와 동일한 의견을 가졌다.

제2차 세계 대전 종전 후에 창설된 유엔 창립 이후의 향배는 어떤가? 1919년으로 돌아가, 당시 미국민이 국제 연맹 가입을 거부한 것이 잘못이라는 사실을 지금은 잘라서 단정할 수 있다. 그러나 진실은 1919년 당시 이상으로 대다수의 투표에 의해 간신히 결정됐다. 몇 가지 결론은 실례를 통해 도출할 수 있다.

첫째, 대부분은 그렇지 않아도, 간혹 스피치 실연 장소의 정황에 진실이 알려지지 못할 때가 있다. 개연성이 깃든 진실이나, 혹은 가장 현명한 결정을 내리기 위해 토의와 토론법이 차용된다. 이 같은 방법으로 결정된 개연성은 이따금 스피치의 실연에서 진실의 주요 주장을 발견한다. 만약, 스피치 내용에 진실이 포함됐다고 스피치를 효과적인 것으로 판단하고, 스피치가 효과적이라고 스피치가 진실을 포함하고 있다고 판단하면, 언제든 이해할 수 없는 일종의 순환 추리를 차용하게 된다.

당시에 활용할 수 있던 모든 증거를 근거로, 1919년 의회의 대다수 지도자는 정당했던 것으로 가정한다. 즉 미국이 국제 연맹에 가입하지 않은 것이 정당했다는 가정이 성립될 것이다.

그러면 스피치가 효과적인 것이었다고 결론 질 수 있을 것이다.

또 다른 가정을 시도하면, 미국이 국제 연맹 가입을 거부한 것이 잘못이라는 결론에 도달하게 된다. 그리고 토론의 화법 능력에 관한 판단을 역전케 할 것이다.

명백히 말해서 이 같은 스피치 평가는 수긍이 어렵다. 부족한 동기 대신 능력있는 스피치를 그리고 바람직한 동기 대신 무능한 스피치를 하는 일이 빈번하다. 누구나 바람직한 스피치를 희망한다. 그러나 동기를 바람직하게 지지하는 수사학을 온유하게 시인하고, 스피치 이상을 실현하는 것 같지 않다.

3) 윤리설

바람직한 스피치란 어떤 것인가? 어떤 기준으로 평가하는가? 스피치를 결과나 혹은 내용의 진실 여부의 기준으로 측정할 수 없다면, 연사의 동기와 취지에 의한 판단은 성립이 가능한 것인지? 정직하고 정당한 연사의 화법을 賞讚하고, 부정직하고 부당한 연사의 화법을 비난할 소지가 있다.

스피치상의 부정직, 허위, 그리고 표리부동을 개탄하고, 지지받을 수 없는 비평에 대한 이의를 전제하기를 누구나 희망한다. 그리고 형식적인 상찬과 실질적인 비난을 받는 스피치의 경우, 연사로서 무능하더라도, 정직한 동기와 취지가 있으면, 어느 정도 그를 상찬할 근거를 갖게 된다. 미흡한 평가 기준의 약점이 드러나지 않는다면, 몇 가지 의문을 제기하는 것으로써, 연사의 동기와 취지로 화법을 판단하는 시도의 약점을 지적할 수 있다.

연사의 동기를 비평가는 어떻게 알 수 있는가? 만약, 비평가가 동기를 감정할 수 있다면, 동기를 어떻게 판단하는가? 연사의 화법 능력에 연사의 동기가 어떤 구실을 하는가? 파멸의 길이 바람직한 취지로 포장될 수 있다.

윤리설은 비평가를 윤리학과 수사학의 외중으로 몰아 넣는다. 문제의 여지가 있으나, 윤리적 기준은 수사학을 끌어들이고, 호불호간에 수사학적 기준을 차용한다. 바람직한 인간이 반드시 바람직한 연사는 아니고, 바람직하지 못한 인간이 반드시 바람직하지 못한 연사는 아니다. 그리고 共鳴할 수 있는 사실은 연사를 위해 연사의 개성과 덕성이 작용한다는 것이다. 그러나 바람직한 인간에게 부여된 스피치 능력을 찾아보는 일이 선행해야 한다. 어떻든 이 같은 입장은 바람직한 동기와 바람직한 스피치의 맹목적인 동일시를 정당화할 우려가 없지 않다.

청중이 시인하는 동기를 갖는 연사가 행한 스피치에 대한 보증은 화법으로 숙달된 유능한 연사가 영향력의 범위를 확대시키는 것과 다르다.

4) 원리설

바람직한 스피치는 어떤 것인가? 어떤 기준으로 평가하는가? 만약 스피치를 결과로, 내용의 진실 여부로, 혹은 연사의 동기로, 정당하게 평가할 수 없다면, 해답은 무엇인가? 비평의 원리설은 이 같은 기본적인 의문에 대해 유일하고 적절한 해답을 제공할 것이다. 원리설은 이미 이의를 제기했던 문제에 대한 간략한 설명과 판단 기준의 비교에 의해 자명해 진다.

(1) 언어 기법으로서의 스피치

원리론은 스피치가 원리를 응용할 수 있는 기법이라는 사실을 의미한다. 효과적인 스피치는 이 같은 원리로 이룩되고, 통찰력 있는 비평가에게 이 같은 원리를 제시하며 스피치는 원리로 평가할 수 있다. 어떤 목적을 위한 어떤 정황의 어떤 스피치도 원리에 의존하면 그만큼 효과적이나, 반대의 경우에 그만큼 비효과적이다.

아리스토텔레스의 수사학 허두에서 스피치를 아트로 간주하고, 기법 원리를 체계 세울 수 있음을 시사했다.

(2) 결과보다 원인

원리설은 결과설과 같이 연사가 청중으로부터 어떤 반응을 획득하려고 노력한다는 사실을 인정한다. 연사는 결과에 관심이 크다. 기대되는 반응은 유능한 인간의 반응이나 행동, 혹은 연사가 희망하는 유능한 인간의 반응이나 행동일 수 있다. 그리고 기대되는 결과가 진실 아니면 허위일 수 있다. 따라서 연사는 스피치 성과의 진위를 알 수 있고, 모를 수도 있다. 취지도 바람직한 것일 수 있고 비천한 것일 수 있다. 연사는 충분히 알지 못하는 문제에 대한 해답을 찾을 수 있고, 스스로 자문자답할 수 있다. 따라서 다음의 결론은 불가피하다.

"연사는 반응을 탐색한다. 그리고 반응의 성격과 반응에 대한 비평가의 평가는 기본적인 사실을 변경시키지 못한다. 또 연사가 사용하는 방법이나 이에 대한 비평가의 평가도 근본적인 사실을 변경시키지 못한다” 이 같은 결론에 대한 유일의 예외는 광인의 토크일 것이고, 또는 이와 유사한 경우일 것이다. 이때, 원리설이 결과설과 일치한다. 그러나 한 가지 결정적인 점으로 보아, 원리설은 결과설과 판이한 국면을 지닌다. 즉 원리설은 스피치 실연의 결과로 스피치를 판단하지 않는다. 바로 이 점이 결과설의 치명적인 오류로 지적된다.

스피치 아닌 다른 요소가 결과에 영향을 미친다는 매우 중요하고 쉽게 논증할 수 있는 사실을 결과설은 투시한다. 이 같이, 스피치를 결과로 측정 평가하고, 동시에 온당치 못한 결과로써 다수의 연사, 비평가, 교육자를 기만하는 판단의 오류를 범하기보다 원리설에 입각하는 비평가는 스피치를 차라리 기법의 원리로 판단한다.

개념적인 스피치 원리는 결과를 관찰할 수 있는 스피치에 관한 모든 과거의 기록으로부터 보편화할 수 있다. 그리고 기록에서, 이 같은 결과를 가져온 스피치 아닌 다른 요소의 영향을 평가하는 데 적절한 주의가 집중된다. 이 대규모의 조사 연구는 매우 고루한 학자가 즐겨 떠맡는 어려움이 따르나, 다른 요소에 적절한 주의를 돌리는 상황에서, 성패의 원인을 발견하는 유능한 다수의 연사의 방법과 결과를 조사 분석하는 것은 가능하고 절실하다. 물론, 스피치 학계에서 이 같은 폭넓은 연구가 실천돼 왔고 도 이 방면의 연구가 현재도 진행 중이다. 이 분야의 스피치 연구는 가장 풍요하고 이 중의 몇몇 연구는 수사학적인 요소를 다른 요인으로부터 분리 식별하기 위해, 특별히 계획된 실험적인 조사로 주의깊게 시험되고 있다.

동시에 또 다른 연구 분야는 연사, 그의 방법, 그리고 각각 양상이 다른 스피치 결과에 대한 주도 면밀한 역사적인 연구이다. 또 하나의, 연사를 위해, 연사에게 작용할 수 있는 다수의 요인에 완전히 친숙한 비평가에 의한 기지에 찬 경험적인 관찰이다.

어떤 결과가 스피치에 의해 획득될 수 있는 한 상기한 제 연구는 연사가 특정의 정황에서, 그가 찾는 결과를 그에게 가져다 주리라는 확신할 수 있는 원리를 제공한다는 가정에 근거를 두는 것이 원리설이다. 특히 유념케 되는 것은 이렇게 파생된 원리가 스피치의 판단에서 가장 신빙성 있는 기본이라는 사실이다.

(3) 원리에 의한 판단

스피치의 원리가 유능한 연사의 누적되는 시험으로 확실하게 일반화 되고 있다면 이 같은 계통적인 체계는 의당 청중의 어떤 반응을 획득하 려는 연사를 위한 실용적이고 효과적인 지침이 돼야 한다. 그러면 원리 는 우둔하고 사악한 연사에 의해 이기적으로 이용되는 잘 알려진 수법이 나, 혹은 진실 및 도덕에 무관한 철저히 실용주의적인 계통적 체계와 다 른 어떤 것일까? 여기서 제기되는 문제는 허다하다.

사실, 원리가 하나의 실용주의적인 계통적 체계임을 인정한다. 이해 관 계가 개인적인 것임도, 또 원리는 도덕에 무관한 것임도 인정한다. 그러 나 계통적 체계가 철저한 것이고, 진실에 무관하며 부도덕하고 그리고 이기적으로 이용된다는 결론도, 체계 세워진 원리를 적용 시험할 때까지 무용한 것이다. 체계의 성급한 시험은 바람직한 스피치를 가로막는 요인 중에 포함되는 무가치한 동기와 진실에 대한 무관심을 노정할 것이다.

명쾌하게 납득하는 연사의 정의는 "설득 그 자체요 본질이다", "the very body and substance of persuasion",그리고 연사의 개성은 "모든 설득 방법 중에서 가장 영향력이 크다", "most potent of all the means to persuasion" 이라고 말한 아리스토텔레스는 2천여년 전에, 이미 이 결론에 도달했다.

위험을 무릅쓰고, 연사가 범하는 스피치의 실제적인 원리를 제외한 사 실은 비전의 찬성을 받는 진실과 도덕에 대한 권유는 아니다. 몇몇 비평 가가 그것을 설정해서가 아니고, 여러 스피치를 듣는 청중이 그 방법을 제시했기 때문에, 그것은 스피치 원리로서 인정한다. 이 같은 관계를 고 려함 없이, 형이상학과 윤리학으로부터 스피치 기준을 안전하게 끌어 낼 수 없다. 상기한 관계의 고려 없는 시도는 잘못 오도되는 것이고, 무익하며 결국 그것은 원리의 스피치를 거부하는 결과가 된다.

이 장절의 결론으로서, 스피치는 개인, 사회 그리고 교육에 있어 중요하다고 믿는다. 개인과 사회에 크게 기여하도록 연구될 수 있는 방법으로, 스피치가 개인 생활 및 사회 생활을 결정해 주고 영향을 미친다는 사실을 확신하게 된다. 스피치는 인간이 남의 생활에 어떤 영향을 주려고 시도하는 점으로 보아, 기법이란 사실을 믿고, 또 이 기법의 원리는 정확히 식별되고 정의될 수 있다고 확신한다.

최상의 경우라도, 인간 행태에 영향을 미치는 다른 많은 요소에 대한 적절한 고려가 없는 잘못 판단한 실례에서, 이 같은 원리를 일반화시키는 것은 효과적인 스피치를 잘못 선도하는 편파적인 의견이다. 그리고 동기가 가치 있는 것이라도, 동기가 스피치 목적을 지지하는 관계에 대한 고려 없이, 기법으로 진실과 도덕의 철학적인 개념을 끌어들이는 것은 불건전하다고 생각한다. 스피치의 참된 원리는 인간 행태에 영향을 미치는 점으로 보아, 실용주의적으로 건전할 뿐 아니라, 결국 인간 행태의 지침으로서 건전한 것이다. 그리고 이 같은 원리를 자유 자재로 구사하는 연사는 풍부한 개인 생활과 바람직한 사회적 가치를 스스로 발견할 수 있다. 이것이 사실이라면, 스피치 연구는 크게 가망있고, 의미 심장한 교육을 위한 최소한 하나의 교육적 가치를 내포한다.

1. 그리스 화법교육의 근간은 무엇인가?
2. 미국 화법교육의 특징은 어떤 것인가?
3. 스피치 비평의 결과설을 요약해 보라.
4. 스피치 비평의 원리설을 요약해 보라.

참고 문헌

1. 전영우, 『화법론』, 익문사, 1973.
2. 양동휘, 『영어 음성학』, 범한서적, 1967.
4. 전영우, 『스피치 개론』, 문학사, 1964.
4. ──, 『표준 한국어 발음사전』, 집문당, 1992.
5. 허 웅, 『국어 음운학』, 정음사, 1981.
6. 『표준어 규정 해설』, 국어연구소, 1988.
7. 『한글맞춤법 해설』, 국어연구소, 1988.
8. A. T. Weaver, *Teaching of Speech*, Prentice Hall, New York, 1952.
9. J. H. McBurney, *The Art of Good Speech*, Prentice Hall New York 1953.
10. A. H. Monroe, *Principles and Types of Speech*, Scott Foresman Company Chicago, 1949.

용어 및 항목 찾아보기

인명 찾아보기

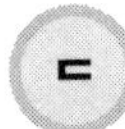

저 · 자 · 약 · 력

전영우(全英雨)

서울대학교 사범대학 국어교육과 졸업.
문학박사, KBS 아나운서 실장, 수원대학교 인문대학 학장,
한국화법학회 학회장 등 역임.
현재, 국립국어연구원 국어문화학교 강사.

<저서> 스피치 개론(1964), 화법원리(1967), 국어화법론(1987),
한국 근대 토론의 사적 연구(1991), 고등학교 화법(1996),
토의 토론과 회의(1996), 신국어화법론(1998), 표준 한
국어 발음 사전(2001), 짜임새 있는 연설(2002), 느낌이
좋은 대화 방법(2003), 설득의 화법(2003)
<역서> 화술의 지식(1962), 방송개설(1970)

화법 개설

인 쇄 2003년 7월 21일
발 행 2003년 7월 28일
저 자 전영우(全英雨)
펴낸이 이대현
편 집 안현진 · 장은미 · 박윤정 · 오희복
펴낸곳 도서출판 **역락** / 서울 성동구 성수2가 3동 301-80
(주)지시코 별관 3층(우133-835)
Tel 대표 · 영업 3409-2058 편집부 3409-2060 FAX 3409-2059
E-mail yk3888@kornet.net / youkrack@hanmail.net
등 록 1999년 4월 19일 제2-2803호

정가 20,000원
ISBN 89-5556-226-8-93710
*잘못된 책은 교환해 드립니다